THE HORUS HERESY®

DIE BÜRDE DER LOYALITÄT

THE HORUS HERESY®

BUCH 1 – DER AUFSTIEGDES HORUS
Dan Abnett

BUCH 2 – FALSCHE GÖTTER
Graham McNeill

BUCH 3 – GALAXIS IN FLAMMEN
Ben Counter

BUCH 4 – DER FLUG DER EISENSTEIN
James Swallow

BUCH 5 – FULGRIM
Graham McNeill

BUCH 6 – DARK ANGELS
Mitchel Scanlon

BUCH 7 – ALPHA LEGION
Dan Abnett

BUCH 8 – ABYSSUS
Ben Counter

BUCH 9 – MECHANICUM
Graham McNeill

BUCH 10 – ERZÄHLUNGEN DES VERRATS
Nick Kyme & Lindsey Priestley (Hrsg.)

BUCH 11 – GEFALLENE ENGEL
Mike Lee

BUCH 12 – THOUSAND SONS
Graham McNeill

BUCH 13 – NEMESIS
James Swallow

BUCH 14 – DER ERSTE KETZER
Aaron Dembski-Bowden

BUCH 15 – PROSPERO BRENNT
Dan Abnett

BUCH 16 – ZEITALTER DER DUNKELHEIT
Christian Dunn (Hrsg.)

BUCH 17 – DIE VERSTOSSENEN TOTEN
Graham McNeill

BUCH 18 – FALSCHE ERLÖSUNG
Gav Thorpe

BUCH 19 – KENNE KEINE FURCHT
Dan Abnett

BUCH 20 – DIE PRIMARCHEN
Christian Dunn (Hrsg.)

BUCH 21 – SIGNUS DAEMONICUS
James Swallow

BUCH 22 – IM SCHATTEN DES VERRATS
Christian Dunn & Nick Kyme (Hrsg.)

BUCH 23 – ANGELUS EXTERMINATUS
Graham McNeill

BUCH 24 – VERRÄTER
Aaron Dembski-Bowden

BUCH 25 – KENNUNG: CALTH
Laurie Goulding (Hrsg.)

BUCH 26 – VULKAN LEBT
Nick Kyme

BUCH 27 – IMPERIUM SECUNDUS
Dan Abnett

BUCH 28 – WHITE SCARS
Chris Wraight

BUCH 29 – BAND 1: DIE SÖHNE DES LUPERCAL
BAND 2: DIE SCHLACHT UM MOLECH
Graham McNeill

BUCH 30 – DIE VERDAMMNIS VON PYTHOS
David Annandale

BUCH 31 – DAS VERMÄCHTNIS DES VERRATS
Diverse Autoren

BUCH 32 – TODESFEUER
Nick Kyme

BUCH 33 – DER ENDLOSE KRIEG
Diverse Autoren

BUCH 34 – PHARUS
Guy Haley

BUCH 35 – DIE WACHT DES IMPERATORS
Diverse Autoren

BUCH 36 – DER PFAD DES HIMMELS
Chris Wraight

BUCH 37 – DER KRIEG IN DEN SCHATTEN
Diverse Autoren

BUCH 38 – ENGEL VON CALIBAN
Gav Thorpe

BUCH 39 – PRÄTORIANER DES DORN
John French

BUCH 40 – CORAX
Gav Thorpe

BUCH 41 – DER GEBIETER DER MENSCHHEIT
Aaron Dembski-Bowden

BUCH 42 – GARRO
James Swallow

BUCH 43 – DIE ZERSCHLAGENEN LEGIONEN
Diverse Autoren

BUCH 44 – DER ROTE KÖNIG
Graham McNeill

BUCH 45 – TALLARN
John French

BUCH 46 – UNTERGANGSSTURM
David Annandale

BUCH 47 – ALTE ERDE
Nick Kyme

BUCH 48 – DIE BÜRDE DER LOYALITÄT
Diverse Autoren (In Vorbereitung)

BUCH 49 – WOLFSJAGD
Guy Haley

BUCH 50 – FLAMMENGEBOREN
Nick Kyme (In Vorbereitung)

BUCH 51 – SKLAVEN DER FINSTERNIS
John French

BUCH 53 – TITANENSTERBEN
Guy Haley

BUCH 54 – DER VERSENKTE DOLCH
James Swallow

AUSSERDEM ERHÄLTLICH:
MACRAGGES EHRE
Dan Abnett & Neil Roberts

THE HORUS HERESY®
SAMMELBAND

SAMMELBAND I (BUCH 1-3)
Dan Abnett, Graham McNeill & Ben Counter

SAMMELBAND 2 (BUCH 4-6)
James Swallow, Graham McNeill & Mitchel Scanlon

SAMMELBAND 3 (BUCH 7-9)
Dan Abnett, Ben Counter & Graham McNeill

THE HORUS HERESY®
SIEGE OF TERRA

BUCH 1 – DER KRIEG UMS SOL-SYSTEM
John French

BUCH 2 – DIE VERLORENEN UND DIE VERDAMMTEN
Guy Haley

BUCH 3 – DER ERSTE WALL
Gav Thorpe

THE HORUS HERESY®

DIE BÜRDE DER LOYALITÄT

Laurie Goulding (Hrsg.)

BLACK LIBRARY

EINE PUBLIKATION VON BLACK LIBRARY

Englische Erstausgabe 2018 in Großbritannien herausgegeben von Black Library.
Diese Ausgabe herausgegeben 2020.
Black Library ist eine Abteilung von Games Workshop Ltd., Willow Road,
Nottingham, NG7 2WS, UK.

10 9 8 7 6 5 4 3 2 1

Titel des englischen Originalromans: *The Bruden of Loyalty.*
Deutsche Übersetzung: Simon Sterz.
Produziert von Games Workshop in Nottingham.
Titelbild: Neil Roberts.
Vertrieb: EGMONT Verlagsgesellschaften mbH

Druck und Bindung: CPI Group (UK) Ltd, Croydon, CR0 4YY

ISBN13: 978-1-78193-439-5

Gedruckt und gebunden in Großbritannien.

The Horus Heresy®

Es ist eine Zeit der Legenden.

Die Galaxis steht in Flammen. Die glorreichen Pläne des Imperators für die Menschheit liegen in Trümmern. Sein liebster Sohn Horus hat sich vom Licht seines Vaters abgewandt und sich dem Chao s hingegeben.

Seine Armeen, die mächtigen und gefürchteten Space Marines, befinden sich in einem verheerenden Bürgerkrieg. Einst fochten diese ultimativen Krieger als Brüder Seite an Seite, verteidigten die Galaxis und führten die Menschheit zurück in das Licht des Imperators. Jetzt sind sie gespalten.

Einige bleiben dem Imperator treu, während andere die Seite des Kriegsherren wählen. Die Größten unter ihnen, die Anführer ihrer gewaltigen Legionen, sind die Primarchen. Diese großartigen, übermenschlichen Individuen sind die krönende Errungenschaft der Genwissenschaft des Imperators. Gegeneinander in den Kampf gedrängt ist der Sieg nun für beide Seiten ungewiss.

Welten brennen. Auf Isstvan V führte Horus einen brutalen Schlag und zerstörte drei Legionen fast vollständig. Krieg ist entbrannt – ein Konflikt, der die ganze Menschheit in seinem Feuer verbrennen wird. Heimtücke und Verrat haben Ehre und Edelmut ersetzt. Attentäter lauern in jedem Schatten. Armeen sammeln sich. Alle müssen sie eine Seite wählen oder sterben.

Horus versammelt seine Armada und fasst Terra zornig ins Auge. Auf dem goldenen Thron sitzend erwartet der Imperator die Rückkehr seines verkommenen Sohnes. Doch sein wahrer Feind ist das Chaos, eine uralte Macht, die danach trachtet, die Menschheit ihren unberechenbaren Launen zu unterwerfen.

Die Schreie der Unschuldigen und das Flehen der Gerechten vermengen sich mit dem grausamen Gelächter dunkler Götter. Sollte der Imperator versagen und der Krieg verloren werden, warten Leid und Verdammnis.

Das Zeitalter von Wissen und Aufklärung ist vorbei.
Das Zeitalter der Dunkelheit bricht an.

INHALT

DER DREIZEHNTE WOLF

Gav Thorpe

An Bord des Stormbirds *Reißende Klaue* herrschte beklommene Stille unter der Alten Garde der Dreizehnten Großkompanie. Das Brummen der Plasmatriebwerke und der Wind der dichter werdenden Atmosphäre erschütterten den gesamten Schiffskörper. Bulveye starrte seine Veteranen der Reihe nach an und erwiderte ihre Blicke mit einem wissenden Ausdruck.

Sie waren in massige, sturmgraue Gefechtsrüstungen gehüllt, die vergoldet, versilbert und mit Trophäen, Medaillons und Ehrenabzeichen behangen waren. Um ihre Halsbergen hingen Ketten mit Xenoszähnen und -knochen, und an den Armen trugen sie eiserne Ringe. Pergamentfetzen – Schwüre des Augenblicks und Ehrungen des Allvaters höchstpersönlich – zeichneten sie als Helden von einhundert Kriegen aus.

Jeder von ihnen war bereits erwachsen gewesen, als das Imperium Fenris wiederentdeckt hatte. Zu alt, hatten sie gesagt. Zu alt, um die Gensaat des Großen Russ nutzen zu können. Zu alt für die Umwandlungen.

»Zu zäh zum Sterben, zu stur zum Aufgeben, was?« Bulveye grinste breit. »Wir haben ihnen gezeigt, dass sie sich geirrt haben …«

Halvdan, dessen einziges Auge vom Licht des Truppenabteils in Schatten gehüllt wurde, stellte dem Alten Wolf eine Frage. »Werden wir Magnus Bedingungen stellen?«

Bulveye schüttelte den Kopf.

»Die gleiche Frage habe ich dem Wolfskönig persönlich gestellt. Es gibt keine Aussicht auf Versöhnung. Die Hexerei der Thousand Sons muss ausgelöscht werden.«

Halvdan widersprach nicht. Ranulf nickte düster.

»Wir sind die *Vlka Fenryka*, Brüder«, fuhr Bulveye fort. »Die Space Wolves, das Rudel. Wir sind die Henker des Allvaters und aus einem ganz bestimmten Grund hergekommen – um eine Welt zu vernichten, ihre Bevölkerung auszulöschen und ihre Zivilisation einzuäschern. Prospero, die Heimat der Thousand Sons, der Legion von Magnus dem Karminroten König. Dem verräterischen Herrn einer verdorbenen Welt. Wir sind die Rechtschaffenheit, und als solche sind wir unaufhaltsam.«

Jurgen lachte kurz auf. »Aber Magnus' Macht schützt seine Hauptstadt. Massebeschleuniger und Magmabomben haben zwar den Rest Prosperos verbrannt, aber Tizca steht noch.«

Die anderen fluchten über die Zauberei ihrer Feinde, doch Bulveye brachte sie mit einem strengen Blick zum Schweigen. »Es ist eine Demut lehrende Angelegenheit für eine Legion, eine andere zu zerstören«, ermahnte er sie. »Wir sollten keine Freude an der Vernichtung unserer Brüder haben. Seid brutal und effizient, hat der Wolfskönig gesagt, aber genießt den Fall von Magnus und seinen Söhnen nicht.« Er hielt inne. Ein breites, zähnefletschendes Grinsen verzerrte sein Gesicht. »Aber zeigt auch keine Gnade! Die anderen Großkompanien sind schon auf der Oberfläche. Wir werden einiges aufzuholen haben ...«

Inzwischen wurde der Schiffskörper vom Flugabwehrfeuer durchgerüttelt, und während der Landungsflieger herabstieg, wurde das Tosen des Windes immer lauter.

Mit einem abrupten Geschwindigkeitsabfall, der geringeren Menschen das Rückgrat gebrochen hätte, zündeten die Landeschubdüsen des Stormbirds und drückten die Alte Garde in ihre Harnische. Bulveye strich über den robbenfellumwickelten Griff seiner einschneidigen Energieaxt, *Eldingverfall* – dem Sturmschlag.

Sie landeten unter dem Tosen des Hydraulikgetriebes unter

ihnen und der Schiffskörper erzitterte beim Aufsetzen. Bulveye stand auf und schlug auf den Sturmrampenöffner.

Die Lichter und das alles übertönende Getöse der Schlacht strömten in den Landungsflieger. Bulveye hob *Eldingverfall*, auf deren runenversehener Klinge sich das rötliche Licht spiegelte, und erhob seine Stimme über den Lärm. »Habt ihr wirklich gedacht, dass wir uns heute nicht die Hände blutig machen?«

Die Feuer unzähliger Explosionen spiegelten sich auf den Kristallpyramiden der Stadt. Der Himmel leuchtete im Rot, Blau und Orange von Brandgeschossen, Laserfeuer und Plasmaschüssen.

Scharlachrote Regimenter der Prosperinischen Turmwache strömten die Straßen und breiten Treppen zu den Space Wolves herab. Die Panzer und Läufer, die den Verteidigern folgten, ließen einen Feuerhagel auf die graugepanzerte Masse aus Legionären niedergehen, die durch die Hauptstadt wogte.

Kristallsplitter und geschmolzenes Metall regneten herab, während Bulveye von der Dreizehnten seine Kompanie durch das Labyrinth aus Straßen und Bogengängen führte. Die hochaufragenden Gebäude des Syrianus-Bezirks waren einer von mehreren Stützpfeilern der feindlichen Innenstadtverteidigung, und Russ hatte Bulveye und dessen Krieger damit beauftragt, die Flanke der Thousand Sons zu überwältigen.

Mittlerweile brannten die Bezirke unter der Raserei des Rudels.

Das Laserfeuer der Turmwache schoss in azurblauen Strahlen die Säulenstraßen entlang, von Balkonen herab und aus Fenstern heraus, und ein tosender, donnernder Sturm aus Boltgeschossen antwortete ihm. Dreadnoughts, deren Maschinenkanonen und schwere Bolter breite Schneisen der Zerstörung in die Verteidiger von Tizca schlugen, deckten die vorstoßende Dreizehnte. Von ihrer Anwesenheit ermutigt stießen Bulveye und seine Krieger weiter in die Stadt der Thousand Sons vor.

»Verschwendet keine Gedanken an einen Rückzug«, knurrte der Alte Wolf. »Wir verlassen diesen Ort nur mit unseren Namen in den Schriftrollen des Sieges oder als Teil der Klagelieder über die Gefallenen. Erneut hat der Allvater uns, sein Wolfsrudel, gerufen, und wir werden dafür sorgen, dass seine Feinde bis auf den letzten Mann zerfetzt werden. Zeigt keine Gnade, denn auch wir können keine erwarten.«

Nicht nur physische Mächte und Dimensionen bildeten die Umgebung. Die Pyramiden und Obelisken von Tizca schimmerten mit einer andersweltlichen Energie, die den Himmel wie ein funkelnder Hitzeschleier verzerrte. Tiefrote Blitze peitschten aus den höchsten Spitzen aus Glas und weißem Metall herab und hinterließen zertrümmertes Ceramit und geschmolzenes Fleisch.

Aus den aufgewühlten Sturmwolken, die um die Pyramiden wirbelten, regnete violettes Feuer, und jeder brennende Tropfen zischte, wenn er sich durch Rüstung brannte und Fleisch versengte. Plasmaschüsse und Kanonenfeuer prallten harmlos von glänzenden Schilden aus unnatürlicher Energie ab.

Bulveye spürte das psionische Feld auf seiner Haut kribbeln, obwohl er von Kopf bis Fuß in seine Servorüstung gehüllt war. Ihre Ceramitplatten waren für die außerweltliche Energie, die von den pervertierten Thousand Sons gelenkt wurde, kein Hindernis. Die Ansammlung von Kuppeln und Zikkurats, zu der die Dreizehnte Kompanie vorstieß, verströmte Wellen der Zauberei, die sich wie ein heißer Wind im Innern seines Fleisches anfühlten.

Ein weiterer psionischer Sturm fegte über Bulveyes Krieger hinweg, zerriss Gefechtsrüstungen und verbrannte freiliegendes Fleisch bis auf die Knochen.

Nicht ein einziger Schmerzensschrei oder eine Unmutsbekundung drang aus den Kehlen der Space Wolves, als sie fielen. Stattdessen stemmten sie sich brüllend den geheimnisvollen Kräften der Thousand Sons entgegen und schworen den Verrätern von Prospero fluchend Rache.

Der Alte Wolf zeigte mit der Axt auf die höchste Pyramide der Bezirke. Die Glaswände der Tempelbibliothek waren von Artillerie- und Panzergeschossen, die die psionischen Energiefelder allein durch die schiere Masse an Beschuss durchbrochen hatten, eingerissen und aufgebrochen worden. Aus den vielen Rissen auf ihrer spiegelnden Oberfläche stieg dunkler Rauch auf. Durch den Qualm konnte er einen flackernden Strahlenkranz sehen, während aus der Spitze unheimliche Energien entwichen.

»Ich lasse demjenigen Wolfsbruder ein Ehrenmahl ausrichten, der den Zauberer im Innern erschlägt«, versprach er.

Ranulf antwortete zuerst über das Vox. »Ah, dann soll an diesem Abend auf meinen Namen getrunken werden!«

Ein Chor aus gutmütigem Spott antwortete ihm. Jurgen lachte besonders laut und lang.

»Und zweifellos würde der Allvater persönlich erscheinen, um seinen Respekt zu bekunden!«, scherzte er. »Aber ich würde wetten, dass es unser eigener Zyklop ist, der ihm den entscheidenden Schlag versetzt. So, wie Russ den einäugigen Roten König fällen wird, wird Halvdan Unheilsauge diesen Möchtegernzauberer niederstrecken. Auge um Auge. So ist es nur richtig.«

Aber Halvdan sagte nichts. Vielleicht erwartete er eine stichelnde Pointe, die aber nie kam. Das Vox verstummte, sodass nur noch das Donnern der Waffen und das Stampfen gepanzerter Füße zu hören war.

Sie waren uralte Krieger – bevor das Imperium gekommen war, waren sie Russ' Lehnsherren gewesen, und jetzt waren sie durch eine Kameradschaft miteinander verbunden, die bereits länger anhielt als jede normale Lebenszeit. Sie waren das Herz der Dreizehnten Großkompanie und die Spitze ihrer Klinge.

Während sie vorstießen, kamen sie an anderen Kriegergruppen der VI. Legion vorbei. Bulveye erkannte den scharfsichtigen Asmund unter ihnen, der den vor ihnen liegenden Pfad beobachtete.

»Hütet euch vor der Hexerei von Magnus' Brut«, ermahnte ihn Asmund. Die Worte mochten überflüssig erscheinen, doch er fuhr mit einer präziseren Warnung fort. »Diese ganze Stadt ist von der Macht des Wyrd durchtränkt, Alter Wolf. Illusionen sind eine ebenso mächtige Waffe wie ein Bolter.«

»Dann können wir also auf nichts vertrauen, was wir sehen oder hören, Runenpriester?«

»Ihr könnt auf meine Worte und die Stärke von Russ vertrauen!«

In der Bewegung feuerten die Space Wolves weiter und hinterließen hunderte rotgekleidete Leichen in den Straßen, während sie sich zu den Außenbezirken vorkämpften. Stormbirds und Thunderhawks säuberten die breiten Alleen und Plätze mit dem Feuer ihrer Gefechts- und Laserkanonen. Bulveye und seine Kompanie zogen an den schwelenden Wracks von Kampffahrzeugen und gepanzerten Läufern vorbei.

Obwohl sie gute Fortschritte machten, wusste der Herr der Dreizehnten Kompanie, dass er die vor ihnen liegende Aufgabe nicht unterschätzen sollte. »Bleibt wachsam«, ermahnte er sie. »Magnus' Krieger haben sich noch immer nicht gezeigt. Seid darauf vorbereitet, dass sie vor Zorn rasen werden, wenn es so weit ist, und dass wir diesen Sturm gemeinsam bezwingen müssen. Hört auf meine Befehle. Kämpft als Einheit.«

»Der Sohn Prosperos, der es mit dem Rudel aufnehmen kann, muss erst noch geboren werden«, knurrte Halvdan zur Antwort über das Vox. »Wenn überhaupt noch jemand übrig ist, der mutig genug ist, sich uns entgegenzustellen.«

»Nicht einmal in zehnfacher Überzahl würden sie ohne Weiteres das Unheilsauge angreifen. Nicht, wenn sie die Weisheit besitzen, auf die sie so stolz sind.«

Diesmal sprach Jurgen ausnahmsweise ohne jede Heiterkeit. »Die Raben nähren sich auch von denen, die den Waffen von Feiglingen erliegen.«

Nach schweren Kämpfen erreichte die Alte Garde der Dreizehnten die Treppe zum Allerheiligsten. Die letzten zweihundert Meter waren ein blutiger Nahkampf. Die Turmwache bildete, wie die Phalanxkrieger aus der uralten Geschichte Terras, mit ihren Melterpiken sechzehn Reihen über die gesamte Breite der Straße, die zum Bibliothekstempel führte. Die Spitzen ihrer Waffen glühten wie heiße Brandeisen.

Wo sie die Gefechtsrüstung der anstürmenden Space Wolves trafen, brachen heftige Energiestöße aus den langen Speeren, die die Panzerung durchschlugen und die dicken Knochen brachen.

Der Runenpriester Asmund rief Bulveye noch einmal etwas zu. »Diese Feinde sind schon schlimm genug, Alter Wolf, doch in der Tempelpyramide brennt eine bösartige Macht. Der Feind, der sich im Innern befindet, ist ein mächtiger Anhänger des Falschen Pfads. Er entzieht sich und seine Anhänger mit einem täuschenden Goldvorhang meinem Blick.«

Die Söhne des Russ hackten auf ihre Feinde ein. Bulveye sprang in die Bresche in der Phalanx und verdampfte mit seiner Plasmapistole den Körper eines prosperinischen Verteidigers. »Vorrücken! Der Hohn des Skalden dem, der der Letzte ist.«

Die Körper waren eng aneinandergedrückt, doch Stärke und Masse der Space Marines waren so groß, dass sie schon beim Ausholen mit der Waffe den Schädel eines Menschen zertrümmerten. Wie eine Stampede aus wilden Bestien trampelten sie ihre dicht gedrängten Feinde nieder. Auch wenn einige ihren Melterpiken erlagen, wurden die so entstandenen Lücken schnell mit kampfeslustigen Kriegern gefüllt, die alles in Reichweite niedermähten, damit kein Gegner übrig blieb, um sie von hinten anzugreifen.

Ranulf war der Erste, der durchbrach und die Treppe hinaufstieg. Eilig folgten ihm weitere zum Haupttor der Pyramide. Das große Tor wurde von hohen Statuen von Magnus flankiert; einäugige Wächter mit vor der Brust verschränkten Armen, die in der einen Hand einen Stab und in der anderen ein geschwungenes Khopesch hielten.

»Sie zeigen sich noch immer nicht!«, brüllte Ranulf frustriert.

Der Boden erzitterte und vibrierte wie unter den Schritten einer unfassbar großen Bestie. Risse zogen die Treppe hinab und teilten die Steinstufen, um Legionäre und Turmwachen gleichermaßen zu verschlingen. In der Tiefe glühte ein infernalisches Feuer, als ob die Risse direkt in den Abgrund führen würden.

Der Eingang zur Pyramide öffnete sich weit, als seine beiden großen Torflügel mit einem donnernden Knall und unter flackerndem, weißem Licht aufschwangen. Aus der unnatürlichen Helligkeit trat eine Kolonne Space Marines, die dunkelrote Gefechtsrüstungen mit goldenen und silbernen Rändern trugen.

Bolterfeuer schoss die Treppe herab. Das dicht aufeinanderfolgende Knallen und Dröhnen der Treibladungen und Explosionen ertönte im Takt der Schritte der Thousand-Sons-Legionäre. Die Salve traf Angreifer und Turmwachen ohne Unterschied, ramponierte die Rüstungen der Ersteren und zerfetzte Letztere. Der Gegenangriff war so präzise und rücksichtslos, dass Bulveye zunächst dachte, dass seine Krieger von Automata angegriffen würden. In diesem Moment begriff er auch, dass schon ein minimales Zögern zu einer Katastrophe führen würde. Wenn die Thousand Sons die Space Wolves von der Schwelle ihrer Zitadelle fegen würden, könnten sie sie auch aus dem ganzen Bezirk vertreiben.

Der Wolfslord stürzte sich in die Fänge des tosenden Feuers. Ein Schuss seiner Plasmapistole verdampfte den Kopf eines vorrückenden Legionärs von Prospero. »In den Sturm! Wir sind der Donner von Fenris! Wir sind der Blitz des Allvaters!«

Er rannte die Treppe hinauf und nahm immer drei Stufen auf einmal, bis er Ranulf und die anderen erreichte, die im Freien erwischt worden waren. Ranulf hatte den linken Arm an die Brust gedrückt, und an seiner Hüfte und Brustplatte war Blut. Der Rest der Alten Garde strömte heran, ignorierte den Sturm aus Boltgeschossen und zahlte dem Feind seinen Zorn rücksichtslos auf gleiche Weise zurück.

Ranulf winkte Bulveyes angebotene helfende Hand ab. Er knurrte, während er aufstand.

»Das ist nichts weiter, Alter Wolf. Ich kann noch kämpfen.«

»Ich habe nie das Gegenteil behauptet, Bruder«, erwiderte Bulveye. »Führ den Angriff an!«

Der Abstand verringerte sich schnell, und bald ließen die Thousand Sons von ihren Boltern ab, um mit glänzenden Hellebarden und Bajonetten den Kettenschwertern und Energieäxten der Space Wolves zu trotzen.

Durch das Kampfgetümmel hindurch erspähte Bulveye eine Gestalt mit einem dunkelblauen Mantel über der Rüstung, in dessen dicken Stoff viele altertümliche Siegel und Symbole gestickt waren. Mehrere kapuzentragende Akolythen standen um den Zauberer herum, und aus vorgestreckten Händen sprühten Blitze und Feuer.

»Da ist er, der Hexenkrieger!«

Mit neuer Stärke fällte Bulveye einen feindlichen Legionär nach dem anderen und drängte sich an seinen eigenen Kriegern vorbei, begierig, den Kampf zum Psioniker zu tragen. Doch er war noch über zwanzig Meter von dem großen Eingang entfernt, als sich der Zauberer umdrehte und hinter die Schwelle zurückzog, wo er in dem grellen Licht im Innern verschwand.

Die Alte Garde formierte sich um ihren Herrn und stieß durch die Thousand Sons wie die Spitze eines Speers. Sie vertrauten darauf, dass der Rest der Kompanie ihren Rücken deckte, während sie weiter die Treppe hinaufeilten und das Flackern der ihnen nachjagenden Explosivgeschosse ignorierten. Jenseits der Tür war alles in einen schimmernden Glanz und flammenartige Nebelstreifen gehüllt.

Sie hatten keine Zeit für eine ausgeklügelte Strategie. Die Tempelanlage musste fallen. Bulveye stürzte sich mit einem letzten gebrüllten Befehl in das flackernde Licht.

»Zu mir! Wir versenken unsere Krallen im Herzen des Feindes!«

In dem gewölbten Gang der Bibliothek klang der Kampfeslärm fern und dumpf. Es gab keine Decke, da die Wände einfach in einem gewaltigen Bogen etwa zwanzig Meter über Bulveye, Ranulf und der Handvoll Krieger, die bei ihnen war, aufeinandertrafen.

Die Luft ringsum surrte vor Energie. Ein tiefes Brummen, dessen Tonlage sich manchmal hob oder senkte, als ob es von einem schwächelnden Generator stammen würde. Das Licht, das alles durchflutete, war ähnlich unbeständig, und wurde fließend, nicht flackernd, dunkler und wieder heller.

Acht überwölbte Gänge führten aus der zentralen, kirchenschiffartigen Kammer heraus. Direkt vor ihnen, gegenüber dem großen Eingangstor, wanden sich drei riesige Treppenaufgänge zu den oberen Etagen hinauf. Dazwischen konnte Bulveye einen Eingang zu einem Kreuzgang sehen, der von den Explosionen erhellt wurde, die weiterhin auf die oberen Ebenen der Pyramide einschlugen.

Halvdan kam neben seinem Wolfslord zum Stehen. »Sie sind weitergegangen. Ich kann sie riechen.«

Das stimmte. Eine Spur aus Weihrauchduft verriet, dass der Zauberer zwischen den Treppen hindurch gegangen war. Bulveye spürte eine Erschütterung, die über ihnen die Wände erzittern ließ, und heller Staub und Putzsplitter rieselten auf die graue Rüstung seiner Krieger.

»Nur ein Narr würde in diesen Geschosssturm hinaufsteigen«, knurrte er, während er die Ecken des Raums absuchte. »Sie müssen in diesem Stockwerk irgendeinen Ausgang oder ein Schlupfloch haben.«

Klirrend traten Stiefel hinter ihnen auf die Fliesen, als weitere Wolfsbrüder zur Bibliothek durchbrachen. Bulveye warf einen Blick an ihnen vorbei, konnte draußen aber kaum etwas sehen – das Licht schien von beiden Seiten der Schwelle zu blenden. Jurgen führte die Gruppe kurz nach der ersten an.

»Sie verflüchtigen sich wie Blätter im langen Winter. Krodus fegt sie zusammen.«

Bulveye entdeckte zwei weitere seiner Lieutenants unter den Eingetretenen. »Rotklaue, säubert die beiden Stockwerke über uns. Hroldir, ich will, dass deine Trupps diese Korridore frei machen. Alle anderen – tötet alles, auf das ihr trefft.«

Die Space-Wolves-Kompanie teilte sich auf und ging in verschiedene Richtungen – drei Trupps rannten die Treppen hinauf, während andere in die umliegenden Korridore und Durchgänge ausschwärmten. Rufe und Todesschreie ertönten. Bulveye rückte mit seiner Alten Garde weiter vor und schlug mit einem einzigen Hieb seiner Axt ein versilbertes Tor ein.

Nachdem er über das verbogene Metall gestiegen war, fand er sich in einem Hof wieder, der fast einhundert Meter lang war. Die fenster- und schießschartenlosen Wände auf beiden Seiten führten senkrecht nach oben, zu einem kleinen Rechteck bewölkten Himmels weit über ihnen. Der Boden war mit drei Zentimeter durchmessenden, perfekt kugelförmigen Steinen bedeckt: Quarze, Amethysten, Granatsteine und Andalusiten. Sie waren kunstvoll in Strudelmustern angeordnet worden, und Pfade aus schwarzen Platten führten zwischen ihnen hindurch.

Die Schritte des Zauberers und seiner Akolythen hatten einige Steine im Meditationsgarten verstreut. Die groben Abweichungen von den ordentlichen geometrischen Formen fielen Bulveye sofort auf, weshalb er ihrer Richtung folgte und auf ein anderes Tor am anderen Ende des Kreuzgangs zuging. Die Ziersteine knirschten unter seinen Füßen, und manche wurden pulverisiert, während er der Spur folgte.

Das Vox in seinem Ohr läutete.

»Alter Wolf, hier ist Geigor.«

Er erkannte die Stimme von Geigor Schmetterhand, dem ehrenwerten Wolfsgardisten, der das Kommando über die Blutklauen hatte. Der altgediente Krieger wartete keine Bestätigung ab.

»Wir sind in der ganzen Stadt auf ungewöhnliche Portale gestoßen. Die Thousand Sons haben sie als Transportsystem benutzt. Sie scheinen eine Art lokales Teleportationsnetzwerk zu bilden.«

Jurgen rümpfte die Nase. »Das erklärt das Vorgehen unserer Beute. Er eilt zu einem Rattentunnel.«

»Ja«, murrte Bulveye und sprach dann in den offenen Voxkanal. »Wir verfolgen einen ihrer Hexenmeister. Er könnte zu genau so einem Portal unterwegs sein.«

»Dann fangt ihn, bevor er es erreicht. Wenn Euch Euer Feind entkommt, haltet dort die Stellung für die Schwestern der Stille. Das ist nicht die Technologie von Sterblichen.«

»Niemand hält die Hand der Dreizehnten zurück – nicht einmal Ihr, mein Herdbruder. Russ hat mich persönlich beauftragt, und nur Hel selbst kann sich zwischen uns und den Sieg stellen.«

»Die Portale sind gefährlich. Wenn der Allvater jemanden gedankenlos auf den Feind hätte hetzen wollen, hätte er Angron geschickt. Das hier ist keine uralte Saga, Bulveye!«

»Das hier ist die größte Saga unserer Zeit, Geigor! Aber wenn Ihr möchtet, dass Euer Name bei ihrer Erzählung nur flüchtig erwähnt wird, dann ist das Eure Entscheidung. Nicht die der Alten Garde! Diese Portale mögen gefährlich sein, aber unsere Feinde sind die größere Bedrohung.«

Bulveye brach die Verbindung ab und rannte los.

»Lasst uns trotzdem hoffen, dass wir diesen schlüpfrigen Aal fangen, bevor er flüchtet«, rief er über die Schulter. Er stürzte durch das nächste Tor und seine Krieger folgten ihm dicht auf den Fersen.

Als er in die dahinterliegende Kammer stürmte, wurde er von einem wogenden Flammenstrahl empfangen. Während das Promethium an seiner Rüstung leckte, drehte er sich und rollte zur Seite, um es so gut wie möglich zu meiden. Dannet hinter ihm war nicht so schnell – er rannte an seinem Wolfslord vorbei und wurde von der Hüfte bis zum Hals in blaues Feuer getaucht.

Halvdan trat eine Sekunde später ein und jagte mit laut tosendem Bolter eine Salve von Geschossen in den Legionär der Thousand Sons, der ihnen mit einem Flammenwerfer aufgelauert hatte. Weitere Verräter eröffneten mit Boltern und Maschinenkanonen das Feuer auf die tobenden Space Wolves, die sich in die große Halle ergossen.

Während Querschläger und Mauersplitter klirrend an seiner Rüstung abprallten, erspähte Bulveye aus der Deckung einer dicken Steinsäule den Zauberer. Er stand vor einem großen, frei stehenden Tor, das sich ein paar Meter vor der Rückwand des Amphitheaters befand und aus glänzendem Metall und weißem Marmor bestand. Aus seinem Schlussstein leuchtete goldenes Licht.

Der berobte Psioniker stand mit drei Akolythen da, und die Leichen zweier weiterer lagen zu ihren Füßen. Er verließ sich auf den Schutz eines Trupps Thousand Sons, während er mit den Händen einige Runen nachfuhr, die in das Portal gearbeitet worden waren. Auf den tieferen Ebenen des Amphitheaters waren weitere Thousand Sons postiert, die auf die Space Wolves feuerten. Bulveye trat aus der Deckung und erwiderte das Feuer mit seiner Pistole.

»Ergebt euch eurem Schicksal, Hexenbrut!«, brüllte er. Ein Akolyth taumelte mit brennender Robe und zu Brei geschmolzener Brust nach hinten. »Die Wölfe des Imperators werden die Verfolgung nie aufgeben! Quält euch nicht mit falscher Hoffnung!«

Auf diese Kampfansage hin drehte sich der Zauberer um. Er trug keinen Helm, und sein blasses Gesicht wurde von einem schwarzen Haarschopf und einem breiten Kragen umrahmt, der aus der Halsberge seiner Rüstung ragte. Seine Augen waren schwarze Gruben und sein Gesicht zu einem so rasenden Ausdruck verzerrt, dass Bulveye stutzte.

»Mörder!«, fauchte der Zauberer, zeigte auf die Leichen seiner Schüler und dann auf die rissige Kuppel des Amphitheaters. »Traumvernichter! Schlächter der Unschuldigen!«

»Der Allvater zieht Euch für Eure Taten zur Rechenschaft! Kein Flehen wird erhört werden! Eure Übertretungen sind unverzeihlich!«

Der Zauberer wirkte ungläubig. »Ihr nennt *uns* Schurken? Ich bin Izzakar Orr, Anhänger des Magnus, Meister der einhundert Pfade. Ich habe mehr Menschen von der verdammten Ignoranz der Allnacht erlöst als Eure ganze barbarische Horde zusammen – und allein diese Bibliothek enthält mehr Wissen und mehr Macht, um das Schicksal der Menschheit zu formen, als alle feuchten Methallen von Fenris zusammen. Ihr massakriert unser Volk, schleift unsere Städte, vernichtet jahrtausendealtes Wissen … und dann wagt Ihr es zu glauben, dass *ihr* die Helden seid?«

Trupps der Space Wolves stiegen mit Halvdan an der Spitze die Stufen hinab. Die Thousand Sons verloren langsam an Boden und zogen sich in Ringformation um ihren Kommandanten zurück. Während sie niedergeschossen wurden, forderten sie von den Söhnen von Fenris einen Tribut in Form von Toten und Verwundeten.

Mit einem wortlosen Knurren stieß Izzakar Orr eine Hand in Richtung des Portals. Das Metall zerschmolz und enthüllte ein kristallenes Tor. Das glänzende, fließende Gold wurde zu einem kräuselnden Schleier, der sich über die Öffnung unter dem Bogen legte. Dann vollführte der Zauberer eine arkane Geste und in der Luft bildete sich die Erscheinung eines vielköpfigen Drachen. Orr streckte seine Hände in Richtung der Space Wolves aus und der Drache erwachte zum Leben; eine flammenspeiende, brüllende, mythische Bestie, die silbern funkelnde Spuren hinter sich herzog, spannte ihre breiten Flügel und glitt in einem Bogen durch die Krieger von Leman Russ hindurch.

Rüstungen rissen und zersprangen bei der Berührung mit diesem ungeheuren Zauber, der Space Wolves umwarf und aus dessen geöffnetem Maul ein blendendes Flammenmeer hervorbrach.

Der Wolfslord zuckte zusammen, als das massige Geschöpf in seine Richtung brauste, und hob trotzig *Eldingverfall* und seine Plasmapistole, obwohl sie gegen den psionischen Angriff nutzlos waren. Die Kreatur schimmerte, während sie sich Bulveye zuwandte, und ihre körperlose Gestalt zersprang zu tausenden Partikeln, bevor sie ihn erreichte.

Als sich der Nebel der Illusion lichtete, sah er, dass seine Krieger unverletzt waren, und dass der Drache nichts als ein Trugbild gewesen war. Er blickte zu dem Podium am Fuß des Auditoriums. Das Portal war noch aktiv, doch alles, was von dem Zauberer und seinen Anhängern blieb, waren blasse Schatten auf dem goldenen Feld, die aussahen, als ob sie von der anderen Seite eines Vorhangs geworfen würden.

Das offene Portal verströmte eine leichte Hitze, die von den Systemen in Bulveyes Gefechtsrüstung als kaum mehr als Hintergrundstrahlung registriert wurde. Er streckte eine Hand nach der glänzenden goldenen Oberfläche aus, hielt aber inne, kurz bevor er sie berührte.

Ranulf legte eine Hand auf seinen Arm und drückte ihn herunter. »Das ist eine Falle. Warum sollten sie es sonst offenlassen? Sie warten auf der anderen Seite oder haben neue Koordinaten eingegeben, die mitten in einen Plasmareaktor führen.« Er beäugte das Portal misstrauisch. »Oder sonst wohin. Wir haben alle Geigors Warnung gehört.«

Ein Knacken im Vox hielt Bulveye davon ab, sofort zu antworten.

»Wir haben noch eins dieser Portale gefunden, Alter Wolf«, berichtete Rudelführer Hroldir leise und eindringlich. »Zwei weitere. Ich habe Bavdir hochgeschickt. Es scheint, als wäre in jedem zweiten Stockwerk ein Portal.«

Bulveye richtete den Blick auf die anderen, die direkt hinter ihm standen. Die Space Wolves hatten das Auditorium und den draußen befindlichen Kreuzgang gesichert. Seine Krieger hatten den Großteil der Bibliothek eingenommen und Trupps setzten sich in Bewegung, um die umliegenden Gebäude zu sichern.

»Sind sie offen?«

»Sie scheinen aktiv zu sein, ja.«

Er schaute Ranulf an. »Sie können nicht hinter jedem von ihnen im Hinterhalt lauern, oder?«

Der Alte Wolf schaltete sein Vox um, um mit der ganzen Kompanie zu sprechen.

»Wir behandeln das wie jedes unbekannte Territorium. Kundschaften es ausschließlich mit schlagkräftigen Doppeltrupps aus. Voxmeldungen alle fünf Minuten.« Nachdem über die Voxverbindung knisternd Bestätigungen eingegangen waren, richtete der Wolfslord seine Aufmerksamkeit wieder auf das schimmernde Portal. »Wir bringen diesen Mystiker noch früh genug zur Strecke …«

Er begab sich in Position, um hindurchzuschreiten, wurde aber von Halvdan daran gehindert, indem der sich vor ihn stellte.

»Ihr werdet nicht zuerst gehen, Alter Wolf. Diesmal nicht.«

Bulveye wusste, dass er Halvdan befehlen konnte zur Seite zu treten. Er wusste auch, dass durchaus die Möglichkeit bestand, dass der Krieger sich weigern würde, und dann würden sie sich beide in einer unangenehmen Situation befinden. Also zeigte er stattdessen mit *Eldingverfall* auf das Portal.

»Worauf wartest du noch? Eine schriftliche Einladung?«

Kopfschüttelnd drehte Halvdan sich um und trat auf das goldene Feld zu. Es kräuselte sich wie Wasser, als zuerst die Hand, dann der Arm und schließlich der ganze Krieger hindurchtraten. Ranulf ging als Nächstes und wurde schnell verschlungen.

Ein schwach pulsierendes Licht, gefolgt von Dunkelheit, wogte über die Oberfläche des Teleportfelds.

Jurgen stand an der Schwelle. Er verneigte sich knapp.

»Ich bin nicht so stolz«, sagte er mit einem Grinsen. »Nach Euch, Alter Wolf.«

Mit einem Nicken, gezückter Plasmapistole und seiner Axt schritt Bulveye in den wartenden, goldenen Schein.

Halvdan befand sich an einem der hohen Kristallfenster, hielt seinen Bolter in einer Hand und hatte die andere flach gegen das rubinartige Material gelegt. Ranulf hatte seine Waffe auf ein anderes Portal gerichtet, das sich zehn Meter vor ihnen befand.

Die Stille war beunruhigend.

Bulveye entfernte sich von dem Portal und schaute sich um. Die Kammer war quadratisch und maß etwa dreißig Meter. Die rotverglasten Fenster verliefen spitz angewinkelt zu der hohen Decke hinauf. Mehrere von ihnen hatten breite Risse. Von irgendwo dicht unter ihnen drang der Rauch von Feuern herauf. Die Funken der Flammen waren noch hell, während sie zum Himmel hinaufstiegen.

In der Ferne konnte er die Spitzen anderer Pyramiden sehen, und als er näher heranging, schaute Bulveye auf die Säulen und Dächer der umliegenden Bezirke herab.

Halvdan trat zu ihm. »Wir müssen fast an der Spitze sein«, sagte er.

Weitere Space Wolves traten mit krachenden Stiefeln und unter dem Surren ihrer Servorüstungen ein. Das Vox aktivierte sich knisternd und Bulveye war einen Moment lang erleichtert, Hroldirs Stimme zu hören, auch wenn die Verbindung schlecht war.

»... eine Art Keller ... Trupps melden sich von verschiedenen Standorten ... Zwei befinden sich außerhalb der Reichweite des Auspex ...«

Bulveye schritt den Rand des Kristallfensterzimmers ab, bis er das Zentrum von Tizca sehen konnte. Die Schlacht tobte noch immer. Aufblühende Explosionen und die Kondensstreifen von Landungsfliegern verrieten den Fortschritt der Invasion.

»Der größte Feldzug unserer Zeit, und wir stehen hier und schauen aus der Ferne zu ...«, murrte Halvdan.

Bei dem Gedanken knurrte Bulveye und stapfte auf das andere Tor zu.

»Nicht mehr lange. Die Verräter müssen durch das nächste Portal getreten sein. Sie können nicht weit gekommen sein. An alle Trupps, setzt die Suche fort. Bringt Magnus' Hunde zur Strecke, egal, wo sie sich zu verstecken versuchen.«

Der nächste Portalsprung brachte sie in einen weiteren Raum der Syrianus-Bibliothek. Eine ganze Wand und eine Ecke des Bodens und der Decke waren von dem Bombardement weggesprengt worden. Ein Geruch wie von brennendem Gummi und verkohltem Fleisch wehte durch die Öffnung herein.

Hinter den zerbrochenen Steinen und den zertrümmerten Kristallen sah Bulveye in den Fenstern einer benachbarten Zikkurat weitere Space Wolves. Dann schaute er zu, wie sie durch ein anderes Portal verschwanden. Er aktivierte das Vox.

»Irgendeine Spur vom Zauberer?«, fragte er.

Es kam keine Antwort. Nur Rauschen.

»Hroldir? Jorllon?«

Ranulf überprüfte die Verbindung. »Sie müssen außerhalb unserer Voxreichweite sein. Die anderen Portale sind eine Art Schnellreisesystem, das sich über die ganze Stadt erstreckt. Wir scheinen in einer Schleife zu stecken, die auf diesen einen Turm beschränkt ist.«

»Ha! Ein Aufzug?«, lachte Jurgen. »All die Bedenken wegen des Fahrstuhls eines Zauberers?«

In der Halle befanden sich zwei weitere Portale sowie mehrere normale Ausgänge.

Eins der Tore erwachte mit pulsierendem Licht zum Leben. Bulveye und seine Wolfsbrüder reagierten sofort und richteten eilig ihre Waffen aus, während dunkle Umrisse aus dem Gold traten.

»Nicht schießen!«, brüllte er erleichtert.

Hroldir und sein Rudel schauten sich verwirrt um, während sie vortraten.

»Bei des Allvaters haarigen …« Der Rudelführer verstummte mitten im Fluch, als sein Blick auf den Alten Wolf fiel. »Wir waren … ich weiß nicht. Auf einem anderen Turm im Osten der Stadt.«

Ranulf schüttelte den Kopf. »Ich bin mir nicht sicher, ob wir hier Fortschritte machen. Vielleicht ändern die Thousand Sons die Pfade, sobald sie hindurch sind.«

Bulveye deutete über seine Schulter auf das Portal, durch das sie ursprünglich gekommen waren.

»Wir nehmen denselben Weg zurück«, entschied er. »Hroldir, du gehst ebenfalls zurück, während wir diesen Weg nehmen. Kontaktier mich, wenn du –«

Weitere Portale leuchteten auf. Aus mehreren Richtungen kamen noch mehr Space Wolves, und die Halle füllte sich schnell mit gepanzerten Kriegern. Manche von ihnen waren nicht bei Bulveye gewesen und stammten von Gruppen, die er ausgeschickt hatte, um andere Teile des Bezirks zu sichern. Sie alle waren etwas verdutzt und durcheinander.

»So wird das nichts …«, murmelte Bulveye und schaltete den Voxkanal wieder an. »An alle, haltet die Stellung! Rührt euch nicht, wenn ich es euch nicht direkt befehle.«

Auf ein Nicken seines Kommandanten hingingen Hroldir und sein Trupp wieder durch das Portal, das sie hergebracht hatte. Bulveye winkte mit der Axt seine Alte Garde heran.

»Folgt mir. Bleibt wachsam – die Thousand Sons könnten uns umgangen haben.«

Mit einem letzten Blick durch die Halle trat er wieder durch das Tor. Goldene Energie glitt flüssig über seine Rüstung und kroch wie Ranken seine Arme und Beine entlang …

Einen Augenblick lang wurde der Wolfslord vom grellen Licht zweier Sterne geblendet, bis seine Autosinne einen Filter dazwischenschalteten, der allem einen grünen Schimmer verlieh. Er stolperte fast, als er vom Sockel des Portals trat, und sein Fuß versank in etwas Weichem.

Ringsum befanden sich kilometerweit nur sanfte Wüstendünen.

Bulveye trat wankend von dem Portal zurück und stapfte in eine staubige Sandverwehung, während die anderen ihm hindurch folgten. In der Ferne sah er dunkle Türme. Vielfarbige Strahlen streiften wie Suchscheinwerfer durch den Himmel und warfen sonderbare Schatten auf die Wolken und den Sand.

Jurgen beobachtete ungläubig den Himmel. »Ich glaube, wir sind nicht mehr in Tizca«, knurrte er.

Bulveye untersuchte das Portal. Es war aus Sandstein gemeißelt, doch es war wie die anderen auch von kristallinen Strukturen durchzogen. »Wir sind wieder zurückgegangen … Warum sind wir dann hier?«

»Wo auch immer ›hier‹ ist«, sagte Halvdan und trat gegen den Sand. »Dann können wir also nicht einfach wieder zurück. Wir wissen nicht, wo wir landen werden.«

Jurgen runzelte die Stirn. Eine tiefe Spur im Sand führte von dort im Kreis um das Portal, wo er stand. »Vielleicht … vielleicht, wenn wir es von der anderen Seite betreten?«

Es war Bulveye nicht in den Sinn gekommen, dass das Portal zwei Seiten haben könnte. Er zuckte mit den Schultern. »Einen Versuch ist es wert.«

Er wartete ein paar weitere Sekunden, bis seine Alte Garde vollständig hindurchgekommen war. Sie starrten verwirrt in die Gegend, aber keiner von ihnen sagte ein Wort.

»Jurgen, diesmal gehst du als Erstes.«

Ranulf streckte die Hand aus. »Und halt mich am Handgelenk fest. Ich zieh dich wieder zurück.«

Jurgen sagte nichts und stieg auf das Podium. Er half Ranulf hinauf und sie fassten einander am Arm. Jurgen ging rückwärts durch das Portal, bis außer seiner Armschiene und seinem Panzerhandschuh alles in dem flüssigen, goldenen Schleier verschwunden war.

Als Jurgens Signal von der Taktikanzeige verschwand, ertönte plötzlich ein Warnton in Bulveyes Ohr.

»Ranulf!«, brüllte er. »Hol ihn zurück!«

Ranulf zog mit aller Kraft, konnte Jurgen aber trotzdem nicht zurück auf das Podium zerren. Goldenes Licht umspielte den körperlosen Vorderarm und hielt ihn so fest wie Morast.

Eirik kam zur Hilfe, und gemeinsam stemmten sie ihre Füße fest gegen den Sockel und zogen mit aller Kraft. Jurgens Brust und Kopf traten mit einem plötzlichen, zischenden Ruck heraus, und der eingeschlossene Krieger brüllte vor Schmerzen.

Bulveye sprang hinauf und packte Ranulf an den Schultern, um mit seinem Gewicht zu helfen. »Lasst ihn nicht los!«

Mit einem Flackern ließ das Portal von ihm ab und die Handvoll Legionäre krachte auf den Sockel. Jurgen rollte sich nach links und rechts und umklammerte mit einem Arm den anderen, während er fluchte und knurrte.

»Beim Allvater«, brummte er. »Ihr hättet mir fast den Arm abgerissen, ihr krakenzerkauten Schwachköpfe!« Er richtete sich auf und trat gegen den Portalbogen, doch sein Panzerstiefel hinterließ keine Spur auf der Oberfläche.

»Verdammte Tore!«

Bulveye erhob sich. »Wohin hat es geführt?«

Jurgens angestrengtes Lachen war mehr seiner Erleichterung als seiner Belustigung geschuldet.

»Zurück in die Stadt. Ich bin mir nicht sicher, wohin, aber nach Tizca. Irgendwo draußen.«

Sie drehten sich um, als Halvdan mit einem zusammengekniffenen Auge auf die fernen Türme hinter ihnen zeigte. »Brüder – was ist *das*?«

Eine Schar geflügelter Umrisse stieg von den schwarzen Türmen auf. Obwohl die flache Wüste und die strukturlosen Bauwerke der Stadt es schwermachten, Entfernung und Größe abzuschätzen, schien jedes Geschöpf mindestens so groß wie ein Thunderhawk zu sein. Manche waren viel größer.

Halvdan senkte den Panzerhandschuh. »Sind das …«

»Drachen«, murmelte Ranulf. »Sie sehen aus wie Drachen.«

Die Space Wolves formierten sich um das Portal und richteten ihre Waffen auf die näherkommenden Bestien. Bulveye trat zum Podium zurück. »Das ist nicht unser Kampf«, murmelte er.

Er warf einen Blick auf Jurgen.

»Zurück nach Tizca, sagst du?«

Jurgen nickte. »Mit Explosionen und allem Drum und Dran, Alter Wolf.«

»Dann gehen wir jetzt zurück. Sofort abziehen.«

Es war definitiv ein ebenerdiger Platz irgendwo in Tizca. Als Bulveye aus dem Tor trat, ragten rings um ihn Glas und polierter Stahl in die Höhe. Flackernde Plasmastrahlen zogen über den dunkler werdenden Himmel, und in einem regelmäßigen, dumpfen Rhythmus ertönten Artillerieschläge.

Der Schuss einer Laserkanone verpasste den Alten Wolf nur um ein paar Zentimeter. Er stürzte sich mit feuerbereiter Plasmapistole hinter den Torsockel.

Mehr als dreißig Verräter waren rings um den Platz postiert und hatten die Waffen auf das Tor gerichtet. Aus jedem Winkel schossen Boltgeschosse und Plasma heran, während weitere Wolfsbrüder aus dem Portal traten.

»Ansturm auf mein Zeichen!«, befahl Bulveye, erhob sich aus der Deckung und sprintete im Vertrauen los, dass seine Männer ihm folgen würden. Er ignorierte die Boltgeschosse, die das Ceramit von seiner Rüstung absprengten, und konzentrierte sich auf einen rotgerüsteten Krieger, der ein Dutzend Meter vor ihm eine facettierte, abstrakte Kristallstatue als Stütze für seinen Bolter nutzte. Der Alte Wolf zielte mit seiner Plasmapistole und feuerte im Lauf. Der Schuss brannte sich durch die Figur und krachte in den Oberkörper des Legionärs.

Der verwundete Krieger wollte gerade aufstehen, als Bulveyes Axt die Seite seines Kopfs traf. Nachdem er die glänzende Waffe herausgerissen hatte, ging der Alte Wolf auf einen weiteren Feind los, in dessen Brustplatte er eine tiefe Furche schnitt.

»Wir können hier nicht bleiben, Brüder! Wir werden eingekesselt!«

Jurgen schloss zu ihm auf und heulte vor Wut, während sein Kettenschwert das Visier eines dritten Legionärs der Thousand Sons in Ceramitsplitter und Blut verwandelte. Halvdan war eine Sekunde später da, rang einen Sohn des Magnus zu Boden und versuchte ihm seinen Plasmawerfer zu entreißen.

»Das Unheilsauge kommt über dich, Verräter!«, brüllte er, während ihm Spucke aus dem Mund flog.

Als er einen Moment innehielt, um *Eldingverfall* aus dem Brustbein eines gefällten Feindes zu reißen, sah Bulveye, dass das Portal, durch das er gekommen war, nur eines von vieren war. Sie waren mit fünfzig Metern Abstand fast rechtwinklig zueinander angeordnet. Die Thousand Sons, in deren erfolglosen Hinterhalt sie geraten waren, zogen sich durch eines der anderen Tore zurück und verabschiedeten sich mit einigen letzten Boltgeschoss- und Maschinenkanonensalven.

Bulveye sah drei seiner Krieger den verschwindenden Feinden nachlaufen.

»Wartet! Weicht nicht von der Stelle, bis wir zahlenmäßig überlegen sind!«

Kaum hatte er das gesagt, sprang eines der anderen Portale an und warf mehrere Gestalten aus, die von Kopf bis Fuß brannten. Ihre gequälten Schreie erfüllten die Luft, während sie davon taumelten und Flammenschwaden hinter sich herzogen.

Hinter ihnen stolperten noch weitere hindurch, deren ramponierte graue Rüstung sie als Söhne von Fenris von der Dreizehnten Kompanie identifizierte.

Bulveye und die anderen eilten herbei, um ihnen zu helfen, und hielten ihre Waffen bereit, falls ihnen Angreifer folgen sollten. Entsetzt erkannte er Hroldir unter den Verwundeten. Er half dem Rudelführer sich hinzulegen.

»Was ist passiert? Wer hat euch das angetan?«, fragte er.

»Wir selbst …«, keuchte Hroldir. Sein Visier war zerbrochen, und das verkohlte Fleisch seiner rechten Wange war bis zum Knochen freigelegt. »Die verdammten Portale … haben uns … zu einer ihrer Städte gebracht …«, er ächzte, »… die bombardiert wurde. Strahlenbomben und Plasma… Plasmageschosse …«

Ein Schatten fiel auf sie, und als Bulveye aufschaute, sah er Halvdan in der Nähe stehen.

»Der Zauberer war bei ihnen«, sagte der Krieger mit grimmiger Miene. »Ich habe gesehen, wie er vor dem Rest durch das Portal gegangen ist.«

»Bist du dir sicher?«

»Das schwöre ich bei meinem intakten Auge! Das –«

Ranulf unterbrach ihn. »Einige besorgniserregende Signale nähern sich, Alter Wolf. Luftunterstützung und Fahrzeuge. Dutzende davon.«

»Die Verteidiger waren ein Köder«, knurrte Halvdan. »So muss es gewesen sein.«

»Sie haben Unterstützung hierher beordert«, mutmaßte Bulveye. Allmählich ergab alles Sinn.

Ranulf zeigte auf die toten Krieger, die mit Hroldir gekommen waren. »Wir können den Verrätern nicht immer weiter nachjagen. Wir sind wieder in Tizca. Dafür sollten wir dankbar sein und uns mit dem Rest der Kompanie neu formieren.«

»Es geht nicht nur um die Verräter«, sagte Jurgen. »Unsere Wolfsbrüder sind ebenfalls da draußen. Wer weiß, wo diese verfluchten Portale sie hingebracht haben …«

Bulveye warf einen Blick auf seine Taktikanzeige.

»Der Feind wird bald bei uns sein. Hroldir, schafft ihr es in die gegenüberliegenden Ruinen? Überwacht die Portale und bildet einen Sammelpunkt für jeden von uns, der hier durchkommt.«

Hroldir kam mühsam und mit der Hilfe eines Rudelbruders auf die Beine. Er klopfte auf die Meltersprengsätze an seinem

Gürtel und zeigte auf die schweren Waffen der Trupps, die es mit ihm hindurch geschafft hatten.

»Wir werden die Stellung halten, Alter Wolf.«

»Dann werden *wir* dem Zauberer nachjagen und sehen, wen wir währenddessen aufsammeln können.«

Bulveye überprüfte die Energiezelle seiner Plasmapistole. Sie war noch zur Hälfte geladen. Er nickte in Richtung der gefallenen Space Wolves.

»Ich weiß nicht, wie lange es dauern wird, bis wir in die Stadt zurückkehren. Nehmt ihnen ab, was wir brauchen, Brüder – die Toten haben für Waffen und Munition keine Verwendung mehr.«

Die Alte Garde plünderte schweigend die Leichen. Bulveye spürte, dass Ranulf ihn anstarrte.

»Was willst du?«, murrte er.

»Das ist ein Fehler, Alter Wolf. Wenn wir in diesen Albtraum zurückgehen, werden wir nicht zurückkehren.«

»Weigerst du dich, mir zu folgen?«

Ranulf schaute die Portale und dann wieder Bulveye an. »Befehlt Ihr mir, mit Euch zu kommen?«

»Beim Allvater, das tue ich.«

»Dann weigere ich mich nicht, Alter Wolf … aber auf Eure Verantwortung.«

Bulveye schüttelte den Kopf und wandte sich ab. Hroldir und seine Krieger waren fast in Position. Der Alte Wolf überprüfte seine Chronoanzeige. »Siebzig Sekunden«, rief er.

Dann zeigte er auf das Portal, durch das der Zauberer offenbar erneut entkommen war.

»Ausrücken!«

Die leise Hoffnung, die Bulveye gehegt hatte, dass ihn der nächste Portalsprung zu seiner Beute bringen oder zumindest innerhalb der Stadtgrenzen von Tizca transportieren würde, wurde in dem Moment zerschlagen, in dem er einen Fuß auf den bröckelnden Steinboden setzte.

Die Luft war stickig vor Staub, der seine gesamte Rüstung bedeckte. Unter seinen Füßen knirschte Kies. Mit den Lampen seiner Rüstung konnte er undeutlich eine schroffe Höhlenwand erkennen, die Teil eines Tunnels war, der in die Finsternis hinabführte.

Jurgen blinzelte und fuhr mit den Fingern über den Fels. »Vielleicht sind wir unter der Stadt?«

Der Strahl von Bulveyes Lampe fiel auf eine urzeitlich anmutende Wandmalerei von einer dreihörnigen Bestie, die von spinnenartigen Geschöpfen gejagt wurde. »Ich glaube nicht. Jedenfalls nicht in der Zeit, in der wir abgereist sind.«

»Sollen wir zurückgehen?«

Als Antwort stieß Bulveye geduckt weiter in den ungleichmäßigen Tunnel vor. Er war offensichtlich von geschickten Händen gehauen worden, aber er bezweifelte, dass es menschliche gewesen waren.

»Wir erkunden die Umgebung«, sagte er, »und sehen nach, ob es einen anderen Weg hinaus gibt.«

Eine kurze Erkundung offenbarte, dass die Höhle nur eine von vielen in einem unterirdischen Netzwerk war. Die Auspexmessungen ließen vermuten, dass es sich über mehrere Kilometer erstreckte. Ranulf führte eine Abtastung der Umgebung durch.

»Hier gibt es ungewöhnliche Energiequellen, Alter Wolf. Zwei weitere Portale. Sollen wir die alle ausprobieren?«

»Nein, wir bleiben zusammen.« Bulveye schaute die verbleibenden Krieger seiner Alten Garde an. Welches Schicksal die anderen ereilt hatte, wusste er nicht, und mit solch düsteren Gedanken wollte er sich auch nicht beschäftigen. »Wir teilen uns nicht noch weiter auf. Wir suchen als Kompanie.«

Sie fanden weitere primitive Malereien, doch eine kurze Untersuchung lieferte ihnen keine Erkenntnisse über ihre Schöpfer und gab ihnen keine Hinweise auf die Funktionsweise der Portale. In Ermangelung weiterer Orientierungshilfen wählte Bulveye das Portal, das demjenigen am nächsten lag, durch das sie gekommen waren.

Und so begann eine Reihe von zunehmend frustrierenderen und nervenaufreibenderen Sprüngen ins Unbekannte.

Das erste Portal brachte sie aus einer anderen Richtung zurück in die Höhlen, doch als sie durch dieses Tor zurückgingen, wurde Bulveyes Kompanie zu einem verwüsteten Ödland voll umgefallener Türme und eingestürzter Brücken transportiert, die offensichtlich von den Eldar stammten und von drei dunkelroten Monden beschienen wurden.

Am Nachthimmel flatterten und kreischten Dinge, die die Lampen der Space Marines immer enger umkreisten.

»Nicht schießen«, befahl Bulveye argwöhnisch. »Spart euch die Munition.«

Die nächste Teleportation brachte sie zu einer alten Festung, deren Schutzwälle von Plasmaverbrennungen und Lasernarben gezeichnet waren. Der Wehrturm war aufgebrochen, und der Sturm, der über den granitgrauen Himmel zog, heulte darin.

Ein weiteres Portal, eine weitere Landschaft. Diesmal bestand diese aus nahezu endlosen, identischen und leeren Ferrobetonzellen. Die Durchgänge, die sie miteinander verbanden, waren gerade hoch und breit genug, dass die Space Marines sich hindurchquetschen konnten.

Während sie eine weitere identische Zelle untersuchten, warf Jurgen einen Blick auf sein Chronometer.

»Halvdan, wie lange sind wir schon hier?«

»Vierzehn Minuten und zwölf Sekunden.«

Bulveye runzelte die Stirn. »Bei mir sind es dreizehn Minuten und achtzehn Sekunden.«

»Und bei mir exakt fünfzehn Minuten …«, fügte Jurgen hinzu.

Bulveye hielt inne und beobachtete seine Wolfsbrüder im nächsten Zimmer. Es war ihm zuvor nicht aufgefallen, doch sie schienen sich merklich langsamer zu bewegen. Er drehte sich um, trat in die vorherige Zelle und beobachtete Jurgen genau. Der Space Wolf schien sich ein wenig schneller zu bewegen, wie eine Vid-Aufzeichnung, die einen halben Prozent zu schnell abgespielt wird.

»Jeder Raum ist anders«, seufzte Bulveye. »Als ob sie ihre eigenen Zeitflüsse hätten.«

Ranulf spuckte. »Dann wird es meiner Einschätzung nach umso länger dauern, herauszukommen, je weiter wir hinein gehen.«

»Hier ist nichts«, sagte Halvdan. »Wenn Izzakar Orr überhaupt hier durchgekommen ist, könnte das Stunden oder sogar Jahre her sein …«

Bulveye war mit seiner Geduld am Ende. »Ich habe genug gesehen. Zurück zum Portal.«

Doch da zögerte Ranulf. »Wo lang müssen wir? Hier sieht alles gleich aus.«

Sie schauten einander einige Sekunden lang an und warteten darauf, dass der jeweils andere eine Lösung vorschlug.

Es war Halvdan, der das Schweigen schließlich brach.

»Wir folgen dem Geruch von Waffenöl und Rüstungsschmiermittel. Wir folgen unserer eigenen Fährte.«

Zunächst glaubte Bulveye, das Geräusch von Windspielen zu hören. Nach einigen weiteren Schritten bemerkte er, dass er beim Gehen selbst diese Geräusche verursachte. Er schaute nach unten und wünschte sich sofort, dass er das nicht getan hätte.

Ohne die Rückmeldung seiner Rüstung, dass er auf einer festen Oberfläche stand, hätte er geschworen, dass er sich in den Weiten der Leere über einer tosend brennenden Sonne befand. Als er sich umschaute, konnte er nichts anderes sehen. Keine Wände oder eine Decke. Zögerlich streckte er eine Hand aus, berührte aber nichts. Vor ihm lag eine endlose Weite voller Sterne.

Die Flüche und das erstaunte Keuchen seiner Wolfsbrüder hallten hinter ihm wider, als sie durch das Portal eintrafen. Bulveye knurrte zur Antwort auf ihre Fragen und Ausrufe.

»Stehen bleiben, Brüder«, flüsterte er. »Beruhigt euch. Wir drehen uns einfach vorsichtig um und gehen zurück. Egal, wo wir landen werden, schlimmer als hier kann es nicht sein.«

Die Space Wolves taten wie befohlen und gingen vorsichtig zum Portal zurück. Bulveye widerstand dem Drang, einen letzten Blick zurückzuwerfen, und stürzte sich eilig in das golden schimmernde Teleportationsfeld.

Er atmete lang und beruhigend ein, als er sich auf festem Boden wiederfand. Auf Ziegelsteinen, um genau zu sein. Die Wände waren vermörtelt und die leicht gewölbte Decke befand sich nur wenige Zentimeter über seinem Kopf. Es stank wie in einem Kanal, und zwischen seinen Stiefeln floss dickflüssiges Abwasser.

Von vorn hallte Getrampel heran und aus einem Seitentunnel drangen Lichter. Ranulf hob sein Auspex.

»Signaturen von Gefechtsrüstungen!«, zischte er und ging in die Hocke.

Die Space Wolves gingen so leise wie möglich an den Ziegelwänden in Position. Manche knieten sich hin, damit anderen über ihre Köpfe und an ihren Schultern vorbei feuern konnten.

Die Eindringlinge hielten knapp außer Sichtweite an. Das Vox in Bulveyes Ohr knisterte.

»Valaskjalf.«

Da er das Losungswort erkannte – den Namen der Halle der Dreizehnten im Reißzahn –, antwortete Bulveye mit dem Namen ihres ersten Herrn.

»Vali Donnerbraue.«

Vor ihnen ertönte Gelächter. »Schön, Euch zu treffen, Alter Wolf!«

Der Krieger, der sich zeigte, war Rudelführer Vangun. Ein Dutzend anderer drängte sich hinter ihm in dem Tunnel und tauschte erleichterte Grüße mit dem Rest der Alten Garde aus. Vangun zeigte auf das Portal.

»Wir sind vor einer Weile hier durch gekommen, vor über einer Stunde. Soweit wir das sagen können, führen diese Tunnel nirgendwo hin. Wir waren gerade auf dem Rückweg.«

Bulveye bemerkte, dass die Männer, die dem Rudelführer folgten, aus mindestens drei verschiedenen Trupps stammten. »Hast du da Verirrte aufgelesen?«

»Ein paar. Wir sind auch einige Male auf Thousand Sons gestoßen.«

Halvdan wirkte gereizt. »Irgendeine Spur von diesem verdammten Zauberer?«

»Einmal, aber wir kamen nicht nah genug heran. In dem Schusswechsel haben wir drei Männer verloren.«

Bulveye sagte nichts, während sie alle gemeinsam zu dem Portal zurückkehrten, doch Ranulf schloss zu ihm auf.

»Wie viele werden wir noch verlieren, bis wir fertig sind?«, fragte der Krieger leise.

»Das hier ist eine Schlacht, Bruder. Verluste kommen nun mal vor. Wir haben uns dem jetzt verpflichtet. Egal, ob es richtig oder falsch war, wir müssen das zu Ende bringen, sonst war alles umsonst. Wir sind hier, um die Thousand Sons zu vernichten. Der Wolfskönig und der Allvater verlangen das. Aber bis heute hätte ich dich nicht für einen Pessimisten gehalten, Ranulf.«

»Das Herz des Weisen ist selten heiter, Alter Wolf.«

Mit dem nächsten Sprung entdeckten sie eine verwirrende Konstruktion aus Kristallen und Spiegeln. Als alle hindurch waren und sich in dem höhlenartigen Raum aus gläsernen Wänden und spiegelnden Decken in halben Rudeln gesammelt hatten, rief Bulveye die Rudelführer zur Beratung zu sich. Während sie sprachen, erzeugten ihre Stimmen einen merkwürdigen Widerhall, so als ob der Raum, in dem sie sich befanden, noch riesiger wäre als er ohnehin wirkte.

»Ich sehe mindestens drei mögliche Wege«, sagte er. »Eine kurze Erkundung, fünf Minuten, und dann versammeln wir uns wieder hier.«

Er wollte gerade fortfahren, als er bemerkte, dass Jurgen an ihm vorbei auf das Portal schaute. »Das verheißt nichts Gutes ...«

Als er zurückblickte, sah Bulveye, dass das Energietor verschwunden und nur ein einfacher Bogen aus Metall und Stein zurückgeblieben war. Durch ihn hindurch konnte er die gegenüberliegende, facettenreiche Kristallwand sehen.

Halvdan trat hinter das Tor und wedelte mit dem Arm, wobei er die ganze Zeit vollkommen sichtbar blieb. »Vielleicht ist das ein gutes Zeichen. Wir haben die Endstation erreicht, das Zentrum dieses verdammten Portallabyrinths.«

»Ja, aber von hier aus kommen wir nicht weiter«, antwortete Bulveye entschlossen. »Das ändert nichts am Plan. Wir erkunden diesen Ort und erstatten dann Bericht. In drei Trupps aufteilen.«

Er zeigte auf den größten Torbogen ein paar Dutzend Meter vor ihm und machte sich mit seinen Veteranen auf den Weg. Ihre Stiefel schepperten laut auf dem harten, fast schwarzen Boden mit grau und rot gesprenkelten Glasmosaikmustern.

Als er den Durchgang erreichte, stellte er fest, dass die Wände aus einem dicken, halbdurchsichtigen, kristallinen Material bestanden, auf dem kein Kratzer zurückblieb, selbst wenn Bulveye kräftig mit der Axt dagegen schlug.

Halvdan beugte sich vor, um hindurch zu spähen. »Ich kann etwas sehen ... In der Ferne ...«

»Sieht aus wie ein Turm«, stimmte Ranulf zu, als er neben ihn trat. »Wie viele Türme.«

Jurgen zeigte mit seinem Bolter in die Höhe. »Da oben sind sie auch.«

Bulveye schaute hoch und sah, dass die Decke deutlich durchsichtiger war. Doch statt des Himmels sah er ein Gebilde aus Mauern, Festungsanlagen und halbdurchsichtigen, gezackten Türmen, die durch gewölbte Brücken zu einem irrsinnigen Labyrinth aus Laufgängen und Gassen verbunden waren. Alles bestand aus Silber, Kristall und Schatten.

»Das in der Mitte sieht aus wie eine Burg oder so was …«, murmelte Ranulf. Er schaute in die entgegengesetzte Richtung von Bulveye, schien aber denselben Anblick zu beschreiben. »Ich sehe Türme mit *tausenden* Fenstern.«

Wo er auch hinsah, bot sich dem Alten Wolf derselbe Anblick, oder zumindest fast. Sobald er ein paar Schritte machte, änderte sich der Blickwinkel drastisch. Dadurch wirkte es nur wenige Meter weiter so, als ob er direkt über dem riesigen Labyrinth stehen und auf unzählige gespiegelte Innenhöfe und Kreuzgänge blicken würde.

»Es ist fast, als ob –«

Halvdan unterbrach ihn mit einem Fluch. »Beim Allvater, seht!«

Er zeigte auf einen durchsichtigen Tunnel, der in nicht allzu großer Ferne eine breite Kluft überbrückte. Ein Trupp Space Wolves, deren Kennzeichnungen nicht erkennbar waren, ging über ihnen dort hindurch – doch sie schienen sich an der *Decke* zu bewegen statt am Boden. Auch andere Rudel, die sich einen Weg durch die verwirrenden Gänge suchten, waren erkennbar. Einige von ihnen wirkten bereits unmöglich weit weg oder erschienen nur als bruchstückhafte Spiegelbilder.

Die kleine Kammer dahinter war eine von vielen, die nur aus Hexagonen bestanden und über quadratische Gänge miteinander verbunden waren. Während die Alte Garde weiterzog, setzte sich das Wabenmuster fort. Die Größe der Räume variierte, aber nicht die Form; die Wände, der Boden und die Decken spiegelten so, dass sie auf allen Seiten, über und unter ihnen von Space-Wolves-Spiegelbildern begleitet wurden.

Ranulf hielt an, um sich selbst zu betrachten.

»Moment mal. Da stimmt etwas nicht.«

Bulveye schaute sein Ebenbild an und sah, dass es nicht ganz perfekt war. Wie eine verzerrte Projektion von einer anderen Seite als der, von der aus er es anschaute. Er bemerkte eine Bewegung hinter sich, zückte *Eldingverfall* und drehte sich abrupt um.

In dem Raum war nichts, doch aus den Augenwinkeln erhaschte er Blicke auf Umrisse und Gestalten, die in dem spiegelnden Glas kaum zu sehen waren. Das argwöhnische Knurren und Zähnefletschen der anderen Legionäre gaben ihm zu verstehen, dass es ihnen ebenfalls aufgefallen war.

Noch während er hinschaute, sah Bulveye, wie sich das Spiegelbild zu seiner Rechten veränderte. Das Bild verzerrte sich, die Glieder wurden länger und aus der Plasmapistole und der Axt wurden gezackte Krallen, die aus den Fingern der Bestie brachen. Blassgelbe Augen mit schlitzförmigen Pupillen funkelten den Alten Wolf an. Als er zurücktrat und die Hand hob, spiegelte das Trugbild seine Bewegungen.

»Lasst euch nicht täuschen, Brüder. Das sind nur –«

Die Spiegel zerbarsten und überschütteten Bulveye und seine Begleiter mit scharfen, blutroten Kristallscherben. Innerhalb von Sekunden war die Kammer mit fauchenden, kratzenden, heulenden Ungeheuern gefüllt.

Bulveyes Wulfenebenbild überwältigte ihn durch das Überraschungsmoment und mit der Wucht seines Ansturms. Krallen kratzten und scharrten über seine Brust, während triefende Fangzähne nur Zentimeter vor seinem Visier zuschnappten. Da der Alte Wolf auf den Rücken gefallen war und seine Arme festgehalten wurden, waren *Eldingverfall* und seine Pistole nutzlos. Eine lange Kralle, scharf genug, um durch Knochen zu sägen, schlug durch seine Halsbergenversiegelung und streifte sein Schlüsselbein.

Mit einem brüllenden Schrei und einem Tritt befreite er sich von dem Ungeheuer. Ringsum kämpfte und rang die Alte Garde mit der Wulfenbrut. Ihre Rüstungen waren beschädigt und ihr Fleisch von den ungeheuerlichen Kopien ihrer selbst aufgeschlitzt. »Haltet stand, Krieger von Fenris!«, rief er. »Wir werden nicht –«

Der Bulveye-Wulfen sprang ihn wieder an, schlüpfte hinter ihn und schlang einen unfassbar starken Arm um den Hals des Wolfslords.

Der Knall eines Bolters direkt neben seinem Kopf erschreckte Bulveye. Er spürte, wie ihm das Gewicht vom Rücken glitt, und drehte sich wankend gerade noch rechtzeitig um, um Ranulf mit rauchender Waffe zu erblicken.

Einen Augenblick später sprang ein anderes Ungetüm den Krieger an. Ein Paar schwertartiger Klauen trat aus Ranulfs Brust, während er fiel, und Bulveye mit Blut bespritzte. »Nein!«, schrie der Alte Wolf voller Qualen, und seine Plasmapistole verdampfte Kopf und Brust des Geschöpfs. Die Explosion verursachte auf diese kurze Reichweite eine so große Hitze, dass auf den Systemen seiner Gefechtsrüstung Warnungen aufblinkten.

Die Alte Garde wehrte sich mit donnernden Boltern, doch mit jedem verirrten Geschoss zersplitterten weitere Spiegelwände und neue Wellen von Wolfsbestien kletterten durch die Breschen.

Jegliches Ordnungsgefühl ging verloren. Im Vox herrschte ein Durcheinander von Meldungen und abgerissenen Rufen anderer Trupps. Bulveye stolperte fast über Ranulfs Leiche, als er eine Krallenhand mit dem Griff seiner Axt zurückschlug. Er hackte dem Geschöpf mit einem Rückhandschlag den Kopf ab, worauf ein anderes hinter einer zersplitterten Wand hervorkam. Hinter dem Geschöpf wirbelten schwache Lichter in der Dunkelheit.

»Und so offenbart sich unser Weg …«, murmelte Bulveye.

Er sprang der anstürmenden Bestie entgegen und traf mit seiner Axt ihre Kehle, als sie in den Raum stürzte. Ohne anzuhalten, um zu überprüfen, ob sie tot war, stürmte Bulveye mit der Schulter voraus durch den verbleibenden Kristall und stürzte in die undurchsichtige Leere dahinter.

Er fiel.

Über sich sah er kleiner werdende Lichtpunkte und davor die Umrisse seiner Alten Garde, die ihrem Kommandanten folgte.

Alles erstarrte.

Einen Augenblick oder eine Ewigkeit lang betrachtete Bulveye seine Krieger, die sich aus der zerbrochenen Glaszitadelle ergossen. Manche waren noch in Kämpfe mit der Wulfenbrut verwickelt und stürzten mit ihr in die endlose Nacht.

Zunehmend helleres Licht aus dem Inneren des labyrinthischen Bauwerks hüllte sie ein. Es wurde so grell, dass sich Bulveyes Autosinne abschalten mussten und ihn von Helligkeit in Dunkelheit tauchten.

Er war sich vollkommen bewusst, was geschah, und spürte den exakten Moment, in dem er wieder festen Boden unter sich hatte.

Die Dunkelheit zog sich langsam zurück und enthüllte eine Kuppelhalle, die unvorstellbar groß war. Um ihn herum tobte eine erstarrte, stumme Schlacht. Niemand rührte sich, so als ob die Kämpfer in Bernstein eingeschlossen wären: Thousand Sons und Space Wolves bildeten ein regloses Bild, und von der Wulfenbrut oder dem Kristalllabyrinth war nichts zu sehen.

Bulveye konnte zwei Portale sehen. Sie waren beide aktiv, beide ein Kreis aus schimmernder Energie. Hinter dem Rechten erkannte er das rauchverhüllte Tizca. Durch das andere war ein langer Korridor zu sehen, der aussah wie der Kristallgang, den sie gerade verlassen hatten, allerdings intakt.

»Ihr werdet uns alle vernichten«, ertönte eine unliebsame Stimme.

Er drehte sich um und sah, dass Izzakar Orr auf ihn zu schritt.

»Eure Tölpelhaftigkeit schwächt das Gefüge der Portalwege«, fuhr der Zauberer fort. »Das sind behutsam entworfene Werke. Hört um unser aller Willen auf damit!«

Bulveye machte einen Schritt auf den Sohn des Magnus zu und hob ein klein wenig seine Pistole. Der Zauberer hielt seine leeren Hände in die Höhe, während er ging.

»Ich bin unbewaffnet, wie Ihr sehen könnt.« Orr ging an Bulveye und mehreren, im Kampf erstarrten Legionären vorbei, und stellte sich zwischen die beiden Portale. Er zeigte auf das nach Tizca, und das Bild flackerte wie eine Sichtübertragung, die zu Rauschen beginnt. »Greift mich an, und Ihr werdet das reale Universum nie wiedersehen.«

»Der Wolf und der Hund spielen nicht zusammen. Ich verhandle nicht mit den Feinden des Imperators. Ihr –«

Orr hob abweisend die Hand. »Schweigt, Dummkopf. Diese Portale sind außerordentlich empfindlich eingestellt. Jedes Mal, wenn Ihr durch eines hindurchmarschiert, bringt Ihr eine harmonische Kräftematrix durcheinander, die in jahrhundertelanger Arbeit eingestellt wurde. Jedes Tor muss vor und nach jeder Übertragung kalibriert, ausgerichtet und überprüft werden. Es ist vor allem Glück, dass ich es geschafft habe, uns hierher, ins Stasisherz, zu bringen.«

Bulveye schaute finster. »Was habt Ihr mit meinen Kriegern gemacht?«

»Diesen Wölfen?«, antwortete der Zauberer und zeigte auf die stillstehende Schlachtszene. »Sie befinden sich in einer temporalen Paralyse. Bald werde ich sie zusammen mit meinen eigenen

Brüdern freigeben. Wir werden einen Waffenstillstand ausrufen, Ihr und ich. Ich werde mich in Euren Gewahrsam übergeben, und dann werden wir *alle* nach Tizca zurückkehren und dieser furchtbaren Unordnung entkommen, die Ihr angerichtet habt.«

»Was ist mit den anderen? Denen, die sich im Labyrinth verirrt haben?«

Orr senkte den Blick und zögerte. »Ich … ich kann nicht für ihr weiteres Überleben bürgen. Was sie getan haben, gefährdet das Gewebe Prosperos, und das anderer Welten ebenfalls. Das Labyrinth wird sich irgendwann von ihnen säubern. Wenn wir wieder so etwas wie Kontrolle darüber erlangt haben.«

»Sich säubern?«

Orr nickte. »Wie ein Organismus, der einen Fremdkörper ausstößt«, sagte er so emotionslos er konnte.

Der weiterhin argwöhnische Alte Wolf knurrte. Er dachte einen Moment lang über diese Aussicht nach und straffte sich dann. »Ihr ergebt Euch freiwillig?«

»Das scheint der einzige Weg zu sein, auf dem irgendeiner von uns lebend nach Prospero zurückkehrt.«

Bulveye knurrte erneut und machte seine Plasmapistole bereit.

»Nein. Der Wolfskönig hat sich klar ausgedrückt. Ich kann Eure Kapitulation nicht akzeptieren.«

Er feuerte. Die Plasmaexplosion riss Orrs Brust auf und schleuderte Rüstungsbruchstücke und verbranntes Fleisch umher.

Als wäre ein Drucksiegel zerborsten, setzte die Zeit ihren Fluss fort – mit einem Donnerschlag umgab das Getümmel und Geschrei der Schlacht Bulveye wieder. Boltgeschosse zischten vorüber und das Brüllen der Space Wolves erfüllte zusammen mit den Schlachtrufen der Thousand Sons die gewaltige Kammer.

Der Alte Wolf wirbelte zum Tizca-Portal herum. Durch dessen Bogen waren die silbernen Spitztürme noch immer klar zu sehen. Dass ein Wolfslord plötzlich mitten unter ihnen war, sorgte unter den Thousand Sons für Verwirrung, und Bulveye hackte einem fliehenden Verräter im Lauf die Beine ab.

Ächzendes Geflüster lenkte seine Aufmerksamkeit auf den näherkriechenden Izzakar Orr.

»Narr … Ihr habt … uns … *alle* … verdammt …«

»Meine Brüder sind noch immer verschollen und Eure auf freiem Fuß. Wir werden nicht ruhen, bis alle gefunden wurden.«

Orr brachte genug Kraft auf, um Blut vor Bulveyes Füße zu spucken. »Der Irrtum ... spült die ... Unbelehrbaren fort ...«

Der Alte Wolf lächelte grausam und machte seine Axt bereit. »Ein Geschenk sollte in gleicher Weise vergolten werden«, knurrte er.

Er spaltete den Schädel des Zauberers. Das Tizca-Portal flackerte und erstarb dann mit ihm. Bulveye sah, dass das andere, welches zurück in das kosmische Labyrinth führte, noch offenstand.

Mehrere Thousand Sons zogen sich durch den schimmernden Schleier zurück und verschwanden aus dem Blickfeld. Er stürmte los, während seine Plasmapistole Vernichtung spie und *Eldingverfall* den Kopf eines anderen Feindes blutig spaltete. Bulveyes Kriegsschrei hallte durch die Kammer, während er mit großen Schritten auf das offene Portal zulief.

»Habt Ihr unseren Weg nach Hause zerstört, Alter Wolf?«, rief Jurgen, während er mit nasser, roter Klinge über den Körper eines gefallenen Sohns des Magnus trat. »Sollen wir auf ewig tiefer in dieses albtraumhafte Labyrinth vordringen?«

Bulveye antwortete mit Gelächter.

»Wir wurden für keinen leichten Tod geboren, meine Wolfsbrüder!«, antwortete er. »Ins Labyrinth, wo immer es auch hinführen mag, und verschont niemanden vor der Klinge der Vergeltung!«

INS EXIL

Aaron Dembski-Bowden

10

Grober, ockerfarbener Staub haftet an den offenen Augen des toten Kriegers. Ein Schatten zieht sich von seinem erstarrten Körper zurück. Etwas Gewaltiges, Gebeugtes, mit ratternden Gelenken und knirschenden Metallklauen. Es schreitet davon und humpelt stark. Sein Auftrag ist nicht ausgeführt, seine Meister sind informiert.

Der Legionär liegt im Staub, seine Pflicht ist getan.

9

Der Gelehrte sitzt vornübergebeugt in der Kammer voll stinkendem Stahl und blutender Körper, und atmet die Verbrennungsgerüche verstümmelter Automata und zerstückeltem Menschenfleisch ein. Das Geschöpf auf seiner Schulter ist einer Affenspezies nicht unähnlich, die in den Archiven des Uralten Terra verzeichnet ist. Sein Name ist Sapien. Der Gelehrte hat es selbst benannt, als er das Geschöpf aus im Reagenzglas geklontem Fell und gesegnetem Metall erschuf.

Der Psyber-Affe gibt angesichts ihrer Umgebung einige besorgte Laute von sich. Der Gelehrte verspürt kein solches Unbehagen, nur angewiderte Verärgerung. Er rümpft die Nase über das ihn umgebende Leichenhaus, diesen Ort voller Zerstörter und Verwundeter, der angeblich seine Rettung sein soll.

Die gewölbten Wände um ihn zittern. Der Himmel des Heiligen Mars außerhalb des emporsteigenden Schiffs steht in Flammen. Nicanor, weit unter ihm, wird inzwischen tot sein. Zweifellos abgeschlachtet. Dieser Narr.

Arkhan Land kauert wie ein dreckiger Flüchtling inmitten der anderen Überlebenden und betet zum Omnissiah, dass er sich am Gestank ihrer Feigheit und ihres Versagens nicht anstecken wird.

Sapien huscht auf Lands andere Schulter. Er gibt erneut Laute von sich, und obwohl seine Töne keine Worte ergeben, klingen sie seltsam neugierig.

»Er *war* ein Narr«, murmelt der Gelehrte, während er beiläufig die zahnradartigen Wirbel streichelt, aus denen das Rückgrat des kleinen Geschöpfs besteht. »Space Marines«, schnaubt er. »Das sind alle Narren.«

Doch diesmal klingen diese Worte sogar für ihn selbst ein wenig leer.

8

Nicanor starrt in die Augen seines Mörders. Sein eigenes Blut benetzt die gewölbten, goldenen Sichtrezeptorhalbkugeln der Kriegsmaschine. Blut, das er dem Ding ins Gesicht gehustet hat, direkt nachdem es seinen knisternden, motorisierten Speer durch seine Brustplatte gestoßen hat. Es hält ihn aufgespießt in die Höhe, sodass seine Stiefel nur knapp den Staub streifen, aus dem der nutzlose, doch kostbare Boden des Mars besteht. Jedes Mal, wenn er darüber hinwegschrammt, enthüllt er die graue Erde darunter. Ein Geheimnis des Roten Planeten, das nur wenige Zentimeter unter der Oberfläche verborgen ist, doch den meisten, die das Aussehen dieser Welt kennen, unbekannt ist.

Die Maschine beugt sich näher heran. Ihre gewölbten Insektenaugen inspizieren ihre Beute, zeichnen Nicanors Gesicht und die Zeichen auf seiner Rüstung auf. Der sterbende

Krieger hört das klickende Surren einer stattfindenden Übertragung, während sein Mörder seine Befunde an seine fernen Meister übermittelt.

Das hier ist Beute. Das versteht ihr mordlustiges, einfaches Bewusstsein.

Aber es ist die falsche Beute.

Nicanor schluckt den Schmerz herunter. Er beugt sich ihm nicht und weigert sich, sich von ihm überwältigen zu lassen. Nur die Lebenden spüren Schmerz, und deshalb ist er nichts Bedauernswertes. Schmerz ist Leben. Schmerz kann überwunden werden, solange der Mensch, der Transhumane, noch atmet. Er wird sterben, das weiß er, aber er wird nicht in Schande sterben. Seine Ehre bedeutet ihm alles.

Blut tropft von Nicanors zusammengebissenen Zähnen, während die Kriegsmaschine ihn in dem Versuch schüttelt, ihn von ihrem widerhakenversehenen Arm zu lösen. Die Klinge ist zu tief in seinen Innereien vergraben, wird von verstärkten Knochen und Rüstungsplatten festgehalten und lässt sich nicht leicht lösen. Er spürt, wie sein linker Stiefel seinen heruntergefallenen Bolter berührt, als das Ceramit klappernd auf das Metallgehäuse der Waffe trifft. Selbst wenn er sich so drehen könnte, dass er es erreichen könnte, ohne sich dabei zu zerreißen, wäre die Waffe leer. In seiner rot gefärbten Sicht kann er die Krater auf dem Kopf des Roboters sehen. Jedes Boltgeschoss, das er abgefeuert hat, hat sein Ziel gefunden.

Die Kriegsmaschine senkt ihren Speer und schmettert den aufgespießten Krieger heftig auf den staubigen Boden. Ihr Krallenfuß geht knirschend auf Nicanors schlaffem Körper nieder, um ihn festzuhalten. Mit einem gespannten Ruck ihrer Maschinengelenke reißt sie die Klinge unter einem erneuten Schwall blutigen Ceramits und abkühlenden Blutes heraus.

Mit Nicanors Eingeweiden zieht sie auch den letzten Atemzug aus ihm heraus. Er starrt kraftlos und stumm nach oben. In den unerbittlichen Augenkuppeln des Roboters sieht er nichts. Da ist keine Spur von Intelligenz oder ein Hinweis darauf, wer durch die Netzhautübertragung des Automatons zuschauen könnte.

Seine Sicht färbt sich grau und sein Blick gleitet von dem gebeugten und von Boltgeschosskratern übersäten Körper seines mechanischen Mörders zum Himmel. Dort sieht er den Umriss des Transportschiffs des Gelehrten in den umkämpften Himmel hinaufaufsteigen.

Es wäre poetisch zu behaupten, dass dies Nicanors letzter Gedanke ist, und dass sein letzter Blick auf den Sieg gerichtet ist. Beides ist falsch. Sein letzter Gedanke gilt seiner verwüsteten goldgelben Brustplatte, auf der so stolz das elfenbeinerne Raptor-Imperialis-Symbol geprangt hatte. Sein letzter Blick fällt auf Mondus Occulum, wo unter dem marsianischen Gestein unterirdische Fabriken und Boltgeschossmanufactorien brennen, und von wo die letzten Landungsflieger seiner Brüder in den Himmel steigen.

Der Staub in der Luft legt sich allmählich auf seine Rüstung, auf seinen zerfetzten Körper und sogar auf seine Augen, worauf sie ein letztes Mal zucken, es aber nicht mehr schaffen, sich zu schließen.

Die Kriegsmaschine wirft einen Schatten auf seine Leiche, während sie sein Ableben aufzeichnet.

7

Während Land rennt, atmet er röchelnd durch den Mund, aus dem mit jedem Keuchen Spucke fliegt. Seine Stiefel stampfen auf die Rampe, die sich unter seinen panischen Schritten bereits hebt. Er schaut nicht zurück, nimmt keinen Abschied von dem Space Marine und wird kein Zeuge der letzten Momente des Kriegers. Der laute Knall von Nicanors feuerndem Bolter ist das Letzte, was Land hört, ehe sich die Luke mahlend und unaufhaltsam schließt.

Dort, in der neuerlichen Dunkelheit, fällt er auf Hände und Knie und lässt alle Würde fallen. Mit zitternden Händen zieht er sich die Multilinsenfokussierbrille vom Gesicht.

In Sicherheit, denkt er. *In Sicherheit.*

Und aus irgendeinem Grund fühlt sich der Gedanke fast schon verräterisch an. Vielleicht würde ein geringerer Mensch das als Schuld interpretieren. Das Genörgel des Gewissens einer schwachen Seele, die weiß, dass Nicanor noch immer da draußen ist und sein Leben gibt, um Lands Überleben sicherzustellen.

Doch Pragmatismus erstickt jegliches erbärmliche Moralempfinden. Gewissen und Schuld sind Konzepte, die von denen geschaffen wurden, die zu feige sind, um sich ihrem Versagen zu stellen, und die versuchen ihr zögerliches Handeln als Tugend darzustellen.

Er muss überleben. Das ist alles, worum es geht. Er ist unendlich viel wichtiger als ein einzelner Legionär. Nicanors eigene Taten beweisen, dass das wahr ist.

»Abflug«, ertönt die ausdruckslose Stimme eines Servitors über das interne Vox. Der Transportflieger steigt zitternd und unelegant in die Höhe.

Arkhan Land schiebt sich durch ein dicht gedrängtes Meer aus stöhnenden, verwundeten Gestalten und setzt sich mit dem Rücken an die Wand. Sapien gibt ein für einen Affen gänzlich untypisches Quäken von sich, während er seinen Platz auf der Schulter seines Meisters einnimmt.

6

»Lauft!« Nicanors Stimme übertönt auch geschwächt noch den Wind. *»Lauft, verdammt!«*

Er dreht sich mit angelegtem Bolter um und vertraut auf Arroganz und Furcht, um den Techarchäologen zu überzeugen, falls sein Befehl nicht ausreicht. Die Kriegsmaschine schreitet schlingernd näher und springt über die vom Wind geglätteten grauen Felsen, die wie umgeworfene Schamanensteinkreise von der Alten Erde auf der Oberfläche des Mars liegen.

Und es ist dieselbe Maschine. Sie trägt die Narben auf ihren Rüstungsplatten, die Nicanor ihr schon im Mesatan-Komplex mit seinem Bolter und einer Bombe beigebracht hat. Sie sprintet auf Vogelbeinen vorwärts, während ihre mit Kettenzähnen versehenen Arme im Gegensatz zu ihren schweigenden, leeren Rotorkanonen aufheulen.

Nicanors Bolter rattert vergeblich. Die Explosivgeschosse treffen ihr Ziel und detonieren am insektoiden Schädelgehäuse des Jagdläufers, wo sie wenig mehr ausrichten als den Kopf mit den gewölbten, goldenen Augen herumzureißen.

Er weiß, dass er ihn nicht töten kann. Er weiß, dass er das nicht muss. Sigismund hat ihn nicht hierhergeschickt, um dieses Ding zu töten.

Er lässt den Bolter sofort fallen, als seine Retinalanzeige ihn darüber informiert, dass sein Magazin leer ist. Sein beidhändig geführtes Energieschwert blitzt auf, bevor die Schusswaffe den Boden berührt.

Die Jagdmaschine könnte sich ihm langsam nähern, wenn ihre Gedankenprozesse sich dazu entscheiden würden, doch ihre aufflackernden Gefahrensensoren raten zur Vorsicht. Ihre Beute ist ihr schon einmal entwischt, und die Zeit wird knapp. Sie muss ihn sofort töten, sonst wird sie es nie tun.

Sie stürmt mit scheppernden, dürren Beinen heran. Lange Gliedmaßen ziehen ihre Gelenke zusammen, als sie zurück in ihr Kolbengehäuse gedrückt werden. Sie springt und gibt anstatt eines Schlachtrufes einen Schrottcodeschrei von sich.

Nicanor wirft sich zur Seite, rollt sich durch den Staub und Dreck, und verunstaltet seine beschädigte Rüstung noch weiter, indem er die stolzen Symbole, die seit über drei Jahrzehnten auf dem Ceramit prangen, beschmutzt. Seine Verwundungen verlangsamen ihn und machen ihn träger, als er je gewesen ist. Er kommt desorientiert auf die Knie und stößt mit der Klinge nach oben.

Sie sticht zu. Sie sticht tief hinein, und das aktivierte Energiefeld, das in sensible Mechanismen stößt, klingt wie ein knurrender Kuss. Anstelle von spritzendem Blut fliegen Funken. Er spürt, wie die Maschine über ihm einknickt, wie sich ihr ausgebremster Korpus abmüht, wie das Schwert, das tief in der Unterseite ihres Hüftgelenks versenkt ist, die Maschinenbestie zu Boden zu reißen droht.

Er muss überleben, denkt Nicanor und schmeckt das Blut in seinem Mund. *Und das wird er.*

Er zieht die Klinge erhaben schweigend aus der verstümmelten Kriegsmaschine und spart sich das Brüllen von Kriegsschreien, welches Krieger geringerer Legionen nötig haben mochten. Das Schwert bricht dicht am Heft, als die Maschine aufheulend zurücktaumelt.

Nicanor erhebt sich und dreht sich gerade um, als der Primärarm des Jagdläufers mit einem knirschenden Donnerschlag den Bauchpanzer des Space Marines durchstößt. Er zertrümmert seinen verschmolzenen Rippenkäfig und schaltet den Antrieb seiner Mark-II-Gefechtsrüstung aus, als er durch das rückenmontierte Energiemodul hindurch sticht. Er zerstört seine beiden

Herzen, zwei seiner drei Lungenflügel und die Progenoiddrüse in seiner Brust.

Nicanor hustet Blut, als die verkrüppelte Maschine ihn in die Höhe und vor ihr fremdartiges Gesicht hebt. Er grinst, als er hört, wie der Transporter abhebt.

»Er lebt«, sagt er zu seinem Mörder. Das werden seine letzten Worte sein. »Du hast versagt.«

5

Sie haben schon fast den Landeplatz erreicht, als Arkhan Land begreift, wie schwerwiegend die Verwundungen des Space Marines sind. Aus dem Humpeln des Kriegers wird ein Stolpern, und als er versucht seinen Helm abzunehmen und ohne das Filtergitter zu atmen, kommt er ganz zum Stehen. Er nimmt ihn ab und enthüllt ein dunkles Gesicht mit einem für Terras Äquatorregion typischen Hautton sowie blutige, zusammengebissene Zähne. Es ist das erste Mal, dass Land das Gesicht des Kriegers sieht. Er macht keine Bemerkung darüber, da es ihn nicht interessiert.

Seit sie aus dem Untergrundkomplex herausgekommen sind, hat es keine Spur von ihrem Verfolger gegeben. Vor ihnen, in der rostroten Wüste, befindet sich ein Orbitallandungsschiff mit gesenkten Rampen, das schlurfende, stolpernde Flüchtlinge und Material aufnimmt.

Das ist kein Schiff, das Land sich ausgesucht hätte. Noch würde er sich mit den Bettlern und Nichtsnutzen gemein machen, die es soeben betreten, wenn er eine Wahl hatte. Doch es heißt, dass man in der Not nicht wählerisch sein kann. Und als Flüchtling ist man in Not.

Ohne zu bemerken, dass er das tut, schützt Land Sapien vor dem zunehmenden Wind, indem er den Psyber-Affen in den Falten seiner dunkelroten Amtsrobe trägt. Sapien nimmt diese Behandlung hin und zeigt ein zahnbewehrtes Maul, das keine natürliche Affenart je besessen hat. Der Gesichtsausdruck könnte durchaus ein Lächeln sein.

»Space Marine«, ruft Land über den Wind hinweg.

»Es ist alles in Ordnung«, ruft der hochaufragende Krieger zurück. Das ist offensichtlich eine Lüge. Es ist überhaupt nichts in Ordnung. Nicanor berührt mit einem Panzerhandschuh das zertrümmerte Ceramit an seiner Seite. Die gepanzerten Finger färben sich rot.

»So jemand wie Ihr blutet doch sonst nicht so stark«, wirft Land ihm halbherzig vor. »Ich habe die physiologischen Daten selbst gelesen. Und zwar genau.«

»Wir bluten so stark«, antwortet der Imperial Fist, »wenn wir sterben.« Er zeigt auf den Evakuierungsflieger, der allmählich von dem zunehmenden Wind verschrammt wird. »Bleibt in Bewegung, Techarchäologe Land.«

Doch Land bleibt nicht in Bewegung. Er setzt seine Multilinsenbrille auf und schaut dorthin zurück, von wo sie gekommen sind. Nicht zum ersten Mal wünscht er sich, dass er bewaffnet wäre. Seine Antiquitätensammlung enthält viele Archäotechwaffen, und die Krönung seines Schatzhorts ist eine wunderschöne Seitenwaffe mit summenden Schalldämpfern, rotierenden, magnetischen Flügeln und der Funktion, nukleare Mikrogeschosse abzufeuern. Doch sie befindet sich – wie so vieles in seinem Besitz – anderswo. Ein bedeutender Teil seiner unschätzbaren Funde ist sicher verwahrt und erwartet ihn im Eisernen Ring, der den Mars als heiligen Werftkranz umgibt.

Trotzdem geht er die unzähligen kostbaren Gegenstände durch, die er heute gezwungenermaßen auf dem Planeten zurücklassen muss.

Evakuierung ist so ein schmutziges Wort.

Sapien zischt aus den Falten seiner Robe. Land nickt, als ob das Geräusch irgendeinen Sinn ergibt, und passt die Sichtweite seiner Brille mit der klickenden Drehung eines seitlichen Einstellrads an.

»Space Marine«, sagt er, während er über die staubige Ebene hinter ihnen schaut. »Irgendetwas nähert sich vom südlichen Kamm.«

Es ist ihnen also *doch* durch den Komplex gefolgt. All diese komplizierten Drehungen und Wendungen in der Hoffnung, zwischen ihnen und ihrem Feind Distanz aufzubauen, waren nichts als verschwendete Zeit.

Der verwundete Krieger fasst seine Waffen fester, während er sich umdreht. Land hört das Klicken von Nicanors Augenlinsen, als diese sich zurücksetzen und die vergrößerte Ansicht beenden.

Jetzt geht es zu Ende, denkt Land. *Auf die eine oder andere Art geht es jetzt zu Ende.*

»Geht zum Schiff«, sagt der Space Marine. Und als Land sich in einem langsamen, erschöpften Trott statt sprintend in Bewegung setzt, kann Nicanor schließlich nicht mehr an sich halten. »*Lauft!*«, sagt er mit einer Stimme wie brechendes, arktisches Eis. »*Lauft, verdammt!*«

4

Sie gehen durch Tunnel mit flackerndem Licht, da die Energiesysteme, die den Mesatan-Komplex versorgen, nach und nach versagen. Sie sind verlassen oder dem Verrat zum Opfer gefallen. Ihre Durchreise wird vom Klang ihrer Schritte begleitet – dem schlurfenden, müden Gang des Techarchäologen und den zunehmend kraftloseren Schritten des Imperial Fists.

Nicanor verbirgt sein Humpeln nicht länger. Flüssigkeiten sickern aus den Stellen, an denen der Roboter mit einem vernichtenden Sturm aus Projektilgeschossen seine Rüstungsplatten aufgerissen hat. Die schlimmsten Verletzungen befinden sich in der Körpermitte und unten an seiner Seite. Es ist unnötig, dass seine Retinalanzeige ihm das mitteilt. Er kann das Reiben des beschädigten Metalls an – und *in* – dem verletzten Fleisch auch ohne die drängenden Warnmeldungen auf seinen Visierlinsen spüren.

Er kann den austretenden Kupfergeruch seiner Wunden riechen, die nicht in der erwarteten Geschwindigkeit verheilen wollen. Das ist kein gutes Zeichen.

»Ihr sagtet, da wäre ein Schiff«, sagt Arkhan Land, ohne sich zu dem Krieger umzudrehen.

»Ein suborbitales«, bestätigt Nicanor.

»Das klingt ja wie ein verzweifelter Griff nach dem letzten Strohhalm für Flüchtlinge.«

Das ist es auch, denkt Nicanor. »Die Vorkehrungen wurden mit den Mitteln getroffen, die zur Verfügung standen.«

»Von wem getroffen?« Der Techarchäologe, eine keuchende Gestalt in wogender, dunkelroter Robe, strahlt Missfallen aus. »Von Euch?«

»Dem Ersten Captain Sigismund«, antwortet Nicanor, »Und Fabricator Locum Zagreus Kane.«

Er dreht sich noch immer nicht um, aber Nicanor hört das Grinsen in Lands Tonfall. »Jetzt ist es wohl Manufactor *Princi-*

palis Zagreus, nehme ich an? Der Omnissiah schütze uns vor diesem gnadenlos stumpfsinnigen Geschöpf und seinen beschränkten Ansichten.«

Nicanor wirft einen Blick in den flackernden Korridor zurück, während der Schweiß ihm in den Augen brennt. Er sieht nichts. Keine neuen Warnsignale pulsieren auf seiner Retinalanzeige neben denen, die lautstark seine Verwundungen melden. Sein Auspex bleibt still.

Mit jedem Korridor steigen sie in dem Komplex höher hinauf. Nicanors Glieder werden schwer, während sein Körper das adrenale Stechen der Betäubungsmittel verarbeitet, die seinen Kreislauf durchfluten. Die Stärke, die sie ihm in den letzten Stunden gewährt haben, verlässt ihn Stück für Stück, und damit beginnen seine Wunden beschwerlich zu brennen.

»Ich bin noch nie zuvor auf einen dieser Automata getroffen«, sagt Nicanor.

Arkhan Land wendet sein schmales Gesicht seinem gepanzerten Begleiter zu. In den halb geschlossenen Augen des Gelehrten leuchtet Belustigung. »Ein Space Marine mit einer Leidenschaft für nutzloses Geschwätz? Sieh an, sieh an. Die Überraschungen nehmen kein Ende.«

Nicanor zügelt sich. »Ich will Antworten, kein Gespräch.«

Land lächelt unangenehm, bevor er sich wieder dem Tunnel vor ihm zuwendet. Der Psyber-Affe auf seiner Schulter knabbert laut an einem Stahlbarren.

»Das ist ein Vorax«, sagt der Techarchäologe in schelmischem Tonfall. »Dieser ist zweifellos von irgendeinem Fabrikadligen modifiziert worden, um ihn für seine Zwecke anzupassen, aber das Gehäuse stammt von einem Vorax-Automaton. In den Heeren des Großen Kreuzzuges finden sie kaum noch Verwendung. Wir lassen sie in den Fabrikstädten los, wenn eine Überbevölkerung droht. Sie sind«, fügt er erläuternd hinzu, »*manchmal* mit Attentaten beauftragt. Aber nur auf Ziele von ausreichend hoher Priorität.«

Nicanor hört den Stolz in der Stimme des Gelehrten. Die Arroganz des Mannes ist grenzenlos.

»Wer würde Euren Tod wollen, Techarchäologe Land? Die Männer und Frauen, bei denen Ihr bleiben und denen Ihr Euch allein entgegenstellen wolltet?«

Der berobte Mann kratzt sich an seinem haarlosen Scheitel – aus keinem für Nicanor erkennbaren Grund macht der Psyber-Affe die Geste nach und kratzt sich am eigenen Kopf. »Damit habt Ihr eine Frage von erstaunlicher Ignoranz gestellt, Space Marine. Viele meiner Zeitgenossen würden sich über die Vorstellung freuen, dass ich meinen letzten Atemzug tue. Natürlich nicht alle. Aber genug. Auf beiden Seiten dieses neuen Krieges.«

Nicanor ächzt unter den Schmerzen in seiner Seite. Land fasst das als Frage auf.

»Und warum, fragt Ihr?«, fährt der Techarchäologe fort, obwohl Nicanor das gar nicht gefragt hatte. »Weil ich *Arkhan Land* bin. Eifersucht treibt sie an. Eifersucht, die ihrer eigenen Unsicherheit entstammt. Ich nehme an, das sagt alles.«

Der Imperial Fist sagt nichts. Er hat das schon früher bei unmodifizierten Menschen erlebt – diese selbst bei übermäßig selbstbewussten Seelen vorhandene Neigung zu angstgetriebenem Geschwätz in Zeiten der Bedrängnis.

Als sie schließlich in das Zwielicht der marsianischen Morgendämmerung hinaustreten, liegt die Zetek-Alkaliebene vor ihnen.

Nicanor zeigt auf eine Erhebung in der Landschaft. »Das Schiff wartet hinter diesem Kamm.«

3

Es ist wirklich schwer, nicht davon beleidigt zu sein. Ein einzelner Space Marine.

Vor ihnen entfaltet sich der Mesatan-Komplex, als sich eine Reihe schleifender, surrender Tore öffnet, die luftdichten Panzertüren ähneln – eine Bauentscheidung, die Arkhan Land eher dem Schutz vor Strahlung und dem Eingrenzen von Katastrophen als der Absicherung gegen Feinde zuschreibt. In Anbetracht dessen, was auf dem ganzen Mars passiert – dem Wahnsinn, der so unglaubwürdig in die Lumpen einer Revolution gehüllt ist –, ist er nicht überrascht, dass sich der Komplex automatisch abgeriegelt hat.

»Wir werden verfolgt«, sagt der Space Marine irgendwann.

Land, der überhaupt nichts gehört hat, gibt ein müdes Brummen von sich. Die Geschwindigkeit ist anstrengend. Er hat keine Augmentationen. Seine Kehle ist trocken. Seine Beine brennen.

Der Techarchäologe und sein Gefährte bewegen sich schnell, und ihre Stiefelschritte hallen durch die leeren Säulengänge. Die sind durchaus eine Enttäuschung. Obwohl sie den verlassenen Komplex lediglich als unterirdischen, zweckdienlichen Weg nutzen, kann Land nichts anders, als bei diesem Anblick verärgerte Melancholie zu verspüren. Die Leere erinnert ihn an die unterirdischen Städte im Erdmantel, die er so eifrig erkundet hat und in denen seine einzigen Begleiter auf der Suche nach Wissen die Verliesverteidigungsanlagen eines vergessenen Zeitalters und seine eigenen Gedanken waren.

Wird er jemals wieder solchen Frieden haben?

Und wie lange wird die Energieversorgung hier im Mesatan aufrechterhalten bleiben? Ohne die Sklavenarbeiter des Komplexes werden die Luftfiltergargylen, die in jedem Raum angebracht sind, über kurz oder lang aufhören zu atmen. Jeder, der noch hier unten ist, wird wahrscheinlich in ein paar Tagen an Erstickung sterben.

Und das, überlegt Land, wäre ein wirklich sinnloser Ort zum Ableben.

Vor allem auf der Flucht vor seinen Kollegen. Bei der Gnade des Omnissiah, das ist fast so verrückt, dass es schon wieder lustig ist.

Der Imperial Fist führt sie über eine Brücke, die über ein Aufbewahrungslager verläuft, dessen tausende Kisten und Behälter unter ihnen eine Stadt bilden.

Ein einzelner Space Marine …

Land holt Luft, um den Imperial Fist zu fragen, warum er allein ist, warum es als angemessen erachtet wurde, dass nur ein Krieger ihn verteidigen und eskortieren würde … als sich ihr Verfolger bemerkbar macht.

Der Vorax schlägt zu, als sie den Brückenbogen zur Hälfte überquert und keinen Ausweg haben. Sein hinterlistiges und geradezu wildes Bewusstsein weiß, dass sie von der hohen Brücke wohl kaum in Sicherheit springen können.

Die Erschütterung der Stützbalken des Brückenübergangs ist das erste Zeichen seiner Anwesenheit, und sowohl Land als auch der Fist rennen los. Land läuft eilig davon und flieht so schnell er kann – keine verblendete Sekunde lang glaubt er, dass die Maschine hier ist, um ihn zu retten –, und der Legionär dreht sich sofort wieder in die Richtung, aus der sie gekommen sind.

Der Imperial Fist zieht als rasend schnelle, verschwimmende Rüstung an Land vorbei. Der Techarchäologe hingegen ist eine panische Gestalt in einer schmucklosen Robe, aus der ein affenartiges Geheul dringt, das allerdings von Sapien und nicht von Land selbst stammt. Noch während er um sein Leben rennt, überkommt Land ein peinliches, kribbelndes Entsetzen darüber, geglaubt zu haben, dass sie ihren Verfolger endgültig abgeschüttelt haben könnten.

»Hinter mich«, befiehlt der Fist.

Land gehorcht, ohne nachzudenken. Der Vorax beugt sich während seines seltsam anmutigen Laufs vor und starrt sie mit bauchigen Sensorhalbkugeln, die kalt und animalisch funkeln, an. Seine Rotorkanonen fahren hoch und seine dünnen Glieder ziehen sich in tierischem Verlangen zurück, bereit, nach vorn zu stoßen.

Der Imperial Fist steht zwischen Land und dem Automaton. Der Space Marine feuert zuerst.

Land hat nie zuvor einen Legionär kämpfen sehen. Nur in Vid-Aufzeichnungen, nicht mit eigenen Augen. Obwohl seine Arbeit das Waffenarsenal der Legionen auf viele Arten erweitert – man könnte sogar sagen *revolutioniert* – hat, haben ihn die Krieger an sich und ihre vielfältigen Fähigkeiten nie sonderlich interessiert, abgesehen davon, dass ihre Erschaffung die Genialität des Omnissiah bewies. Er hatte ihre Physiologie so gut er konnte studiert, aber ein großer Teil war durch imperiale Dekrete versiegelt, und viel von dem, auf das er Zugriff hatte, war schlichtweg Propaganda.

Dabei beließ er es. Ehrlich gesagt interessierte es ihn nicht.

Für Arkhan Land war Krieg immer schon eine quälend langweilige Vorstellung.

Lands Leidenschaft liegt in den wiederentdeckten Geheimnissen der Vergangenheit, die die Zukunft erleuchten könnten, und nicht in der Grausamkeit der Gegenwart. Space Marines sind Werkzeuge und erfüllen ihre Aufgabe mit fantasielosem Gehorsam.

Nichtsdestoweniger ist dieser hier ein beeindruckendes Exemplar. Er eröffnet das Feuer mit seinem donnernden Bolter und jeder Schuss schlägt auf den Rüstungsplatten des Vorax ein, kein einziges Geschoss geht daneben. Die ganze Zeit über bewegt er sich rückwärts und behält seinen Körper zwischen der Maschine und ihrem Opfer, während er unter dem ratternden Projektilfeuer ihrer Rotorkanonen zusammenzuckt und einknickt, sich aber weigert zu fallen.

Von der Rüstung des Imperial Fists fliegen Funken. Ceramitsplitter fallen klirrend in dampfenden Scherben auf den Brückenübergang. Der Vorax durchsiebt ihn regelrecht. Keine anderen Worte beschreiben die Zerstörung, die an dem hochaufragenden Krieger angerichtet wird. Die Schüsse durchsieben ihn.

Geschosse fliegend zischend an Land vorbei, der im Schatten des Kriegers kauert. Sie schlagen klirrend und nur Zentimeter von ihm entfernt gegen das Brückengeländer.

Der Bolter donnert noch immer.

»Nicanor –«, sagt Land. Es ist das erste und letzte Mal, dass er den Namen des Imperial Fists sagen wird.

Nicanor feuert einhändig und ächzt, während sein Blut die Luft vernebelt. Mit seinem freien Panzerhandschuh greift er nach der Melterbombe an seinem Rücken.

»Lauft«, befiehlt der Space Marine und zieht den Sprengsatz.

»Das wird nicht –«

»Zur Brücke.« Nicanors Schulterpanzer ist weiterhin dem vorrückenden, nachladenden Feind zugewandt, sodass sein Helm halb verdeckt ist. »Nicht zur Maschine. Lauft.«

Er wird die Brücke spr–

Land läuft los.

2

»Ihr seid der Techarchäologe Arkhan Land«, sagt Nicanor.

Das ist keine Frage. Der Mann, den er anspricht, ist schlank gebaut, hat kaum Haare, trägt eine Breitspektren-Multilinsensichtbrille hoch auf der Stirn, ist über dem praktischeren Reiseanzug und der robusten Rüstung eines marsianischen Pilgers in die mehrlagige Robe eines hochrangigen Gelehrten gehüllt und befindet sich in Begleitung eines Artificimia – eines Psyber-Affen –, der Nicanor mit klickenden Picter-Augen beobachtet.

Außerdem stimmen die Gesichtszüge des Mannes exakt mit den Bilddateien überein, die Nicanor in seiner Retinalanzeige gespeichert hat. Das hier ist zweifellos Arkhan Land.

Nicanor bemerkt, dass sich der Mann fürchtet. Das verrät ihm dessen beschleunigter Puls und der schimmernde Angstschweiß auf der Stirn. Doch er hat auch Stolz; Arkhan Land mag ein Zivilist sein und um sein Leben fürchten - sogar um seine ganze Lebensart -, doch er steht erhobenen Hauptes und herausfordernd da, auch wenn seine Glieder zittern.

Das ist gut, denkt Nicanor auf seine leidenschaftslos belustigte Art. Es ist gut, jemanden zu bewundern, für den man vielleicht sterben muss.

»Der bin ich«, antwortet der scharfsichtige Mensch. »Und darf ich fragen, auf welcher Seite Ihr steht, Space Marine?«

Nicanor versteift sich bei der Beleidigung, doch angesichts der Umstände ist sie durchaus verständlich. »Ich bin Sergeant Nicanor Tullus von der Siebten Legion.«

Land rümpft über die Antwort die Nase. »Das verrät mir nichts als Euren Namen und Eure Abstammung, Space Marine.«

»Ich bin dem Imperator treu ergeben.«

Daraufhin stößt der Techarchäologe eine Mischung aus einem erleichterten Seufzer und einem verärgerten Schnauben aus. »Dann nehme ich an, dass Ihr hier seid, um mich zu ›retten‹. Nun, es ist löblich, dass Ihr Euch die Mühe gemacht habt, mich zu finden, doch Eure Mühe war vergeblich. Ich werde meine Heimatwelt nicht verlassen. Auf dem Heiligen Mars mag das Heidentum entflammt sein, aber er ist meine Heimat.«

Damit hat Nicanor gerechnet. Er verbringt kostbare Sekunden damit, sich im Labor umzuschauen, und sucht nach irgendeiner Waffe, die in der Lage wäre, ihm zu schaden. Unter dem außergewöhnlichen Ausmaß an Gerümpel scheint es herzlich wenig zu geben, von dem eine Gefahr ausgeht. Arkhan Land gilt als Genie, doch wenn sein Geist so unordentlich ist wie sein Wohnraum, dann ist es ein wahrhaft chaotisches Genie, das sich hinter diesem unglücklichen Gesicht verbirgt.

»Meine Brüder helfen bei der Verteidigung und Evakuierung der Mondus-Occulum-Fabrik. Mir wurde die Aufgabe erteilt –«

Land gibt ein bellendes Lachen von sich und übertönt Nicanors Erklärung. »Ach, die edlen Legionäre! Kommen hierher, um ihre kostbaren Rüstungsfabriken zu retten und zu plündern, was sie können, bevor sie die Erste Fabrikwelt den Flammen überlassen, hm?«

»Ich weigere mich, mit Euch zu diskutieren, Techarchäologe Land. In der Zetek-Tundra wartet ein verstecktes Schiff. Heimlichkeit und Vorsicht sind geboten, weshalb Ihr keinen Schweber nehmen werdet. Ihr werdet Euch durch den Komplex der Mesatan-Zahnradfabriken dorthin begeben und den Transporter besteigen. Von dort werdet Ihr zum Eisernen Ring und weiter nach Terra gebracht.«

Land zeigt seine Zähne. Diesmal ist es kein Lächeln. Nicht mal ein spöttisches. »Ich kann meine Arbeit nicht unbewacht lassen, Space Marine.«

Der Psyber-Affe hängt an einer Reihe von Stangen von der Labordecke. Sie scheinen explizit für diesen Zweck eingebaut worden zu sein. Während der Krieger und der Gelehrte sich unterhalten, schwingt sich der Artificimia durch den Raum und lässt sich schließlich fallen, um auf der Schulter seines Meisters zu landen.

»Wenn Ihr hierbleibt«, sagt Nicanor, »besteht die Möglichkeit, dass der Feind Euch hinrichten wird. Attentäter könnten schon auf dem Weg sein.«

»Der Omnissiah wird mich beschützen«, erwidert Land und bildet mit seinen ineinandergreifenden Fingerknöcheln fromm und ernst das Opus Machina.

»Der Regent des Imperators hat meine Legion persönlich hierhergeschickt, Arkhan Land. Vielleicht sind *wir* der Schutz, von dem Ihr redet und für den Ihr betet.«

»Ein in Ceramit gehüllter, spirituell philosophierender Rohling? Als ob die Rebellion, die auf dieser Welt tobt, nicht schon genug Überraschung für ein ganzes Leben wäre! Nein, terranischer Bastard, ich gehe nicht.«

Ungerührt vom Widerstand des Mannes versucht es Nicanor ein letztes Mal. »Es besteht außerdem eine hohe Chance, dass Ihr von den verräterischen Truppen des Manufactor Principalis gefangen genommen werdet, wenn sie Euch nicht hinrichten.«

Irgendetwas – irgendein Gefühl, das Nicanor nicht deuten kann – blitzt in den Augen des Gelehrten auf. »Das ist durchaus möglich«, stimmt er zu.

»Und Ihr versteht«, fährt der Krieger mit unmenschlicher Ruhe fort, »dass so etwas nicht geschehen darf.«

»Ah.« Land schnaubt angewidert. »Ich weiß zu viel, was? Ihr dürft es nicht riskieren, dass ich überlaufe. Ist es das?«

Nicanor sagt nichts. Er zieht seinen Bolter und richtet ihn auf Arkhan Lands Kopf.

1

»Er muss überleben«, sagt Sigismund.

Nicanor lauscht den Worten, Worten, die sein Befehl sind. Sein erhobenes Gesicht – und das Gesicht jedes anwesenden Kriegers – ist in den flimmernden Schein des taktischen Hololithen getaucht. Die Bilder drehen sich über dem Projektionstisch in der Luft und tanzen ein langsames Ballett rotierender Lichter.

In einer Stunde werden sie auf dem Planeten landen. Sie wissen bereits alles, was es zu wissen gibt. Alles, was noch bleibt, ist die Zuweisung der Landezonen, die Entscheidung, welche Krieger wohin gehen.

Eine Seite der Einsatzübersicht enthält Daten über Arkhan Land.

Den Arkhan Land. Den Entdecker und Gelehrten, der für so viele Expeditionen in die uralten Datengrüfte in Kruste und Mantel des Mars verantwortlich ist. Den Mann, der dem aufstrebenden Imperium das Grundwissen über Antigrav-Technologie zurückbrachte; den Mann, der die Pläne zutage förderte und verbreitete, die zur Massenproduktion von Raidern und Speedern führten, die in den Legionen zu tausenden verwendet werden.

Land Raidern. *Land* Speedern. Inzwischen sind die Kriegsmaschinen sogar nach ihm benannt.

Der ernste, kalte Blick des Ersten Captains der Legion fällt auf Nicanor. Er spürt Sigismunds starren Blick, bevor er ihn sieht, und als er in die Augen seines Marschalls schaut, kann er nur nicken.

»Er muss überleben«, wiederholt Sigismund.

Nicanor nickt knapp. »Und das wird er.«

CYBERNETICA

Rob Sanders

~ DRAMATIS PERSONAE ~

Die XIX. Legion ›Raven Guard‹

Dravian Klayde	›Der Aasvogel‹

Die IV. Legion ›Iron Warriors‹

Aulus Scaramanca

Die VII. Legion ›Imperial Fists‹

Alcavarn Salvador

Die XIII. Legion ›Ultramarines‹

Tibor Ventidian

Die XVIII. Legion ›Salamanders‹

Nem'ron Phylax

Imperiale Akteure

Rogal Dorn	Primarch der Imperial Fists
Malcador	Erster Lord von Terra

Das Mechanicum

Zagreus Kane	Manufactor Principalis auf Terra
Gnaeus Archelon	Erleuchter und Artifex Astartes
Di-Delta 451 (Nichts)	Servo-Automaton
Eta/Iota~13 (Niemand)	Servo-Automaton
Strix	Cyberrabe

Das Präfektur-Magisterium

Raman Synk	Lexorzist und Wachmaschine
Confabulari 66	Servoschädel

Die Legio Cybernetica

Octal Bool	Magos Dominus des Ersten Manipels der Daedarii-Reserve-Kohorte
Uncanicus	Cherub-Technomat
Dex	Roboter der Kastelan-Klasse, Erster Manipel, Daedarii-Reserve-Kohorte
Impedicus	Roboter der Kastelan-Klasse, Erster Manipel, Daedarii-Reserve-Kohorte
Nulus	Roboter der Kastelan-Klasse, Erster Manipel, Daedarii-Reserve-Kohorte
Klein-Auri	Roboter der Kastelan-Klasse, Erster Manipel, Daedarii-Reserve-Kohorte
Pollex	Roboter der Kastelan-Klasse, Erster Manipel, Daedarii-Reserve-Kohorte

Widerwärtige Intelligenzen

Die Tabulamyriade

MARS

<MARS. DER ROTE PLANET. EIN INDUSTRIEKRAFTWERK VON PLANETAREM AUSMASS. DER KNOTENPUNKT ALLEN WISSENS UND ALLER ERRUNGENSCHAFTEN DER MENSCHHEIT IN DER GALAXIS. HEIMAT – EINE ZEIT LANG. DAS WAR DER MARS. DER FRÜHERE MARS.>

ANALYSIEREN/ INTERPRETIEREN

Sensenarme. Klirrendes, metallisches Chitin. Knirschende Mandibeln. Umherschwärmende Feinde. Beine. Gliedmaßen. Metallrachen. Die Schlachtfelder von Farinatus. Die Breg-Shei genannten Xenos-Ungeheuer … Überall.

Als die Schatten eines endenden Tages schleichend länger wurden, war die Raven Guard zu den Nestheiligtümern durchgeschlüpft. Mit Breschensprengsätzen und Sprengkapseln beladen hatten sie das Unmögliche erreicht. Fünf Legionäre waren eins mit der Dunkelheit und der Furcht geworden. Die Söhne des Corax hatten sich mit transhumaner Geduld und Wagemut ihrem Ziel genähert und sich Höhle für Höhle durch das Nest bewegt. Ihre servobetriebenen Schritte waren ein leises Flüstern in dem fremdartigen Bauwerk. Sie gingen an Kreaturen mit zuckenden Antennen vorbei, die über die segmentierten Fühler ihrer Stechbeine Vibrationen ertasteten und deren panzergeschützte Hirne wie ein einziges dachten. Mithilfe ihrer genetischen Begabung für Heimlichkeit und ihrer typischen Ruhe hatten sich die Space Marines bis ins wuselnde Herz des Schwarms vorgearbeitet.

Aber irgendetwas hatte sie verraten. Das Knirschen von Kies unter einem Panzerstiefel, das Kratzen eines Schildes, ein Sekundenbruchteil außerhalb der Schatten, der Gestank bevorstehender

Vernichtung … Durch einen einzigen unbemerkten Fehler folgte auf Heimlichkeit und Schnelligkeit ein Gewusel und Gemetzel. Plötzlich, entsetzlich, abscheulich. Der Xenosschwarm fiel mit der Wucht einer überwältigenden, ungestümen Naturkatastrophe über die Legionäre her. Sie wussten nichts über den Imperator der Menschheit, über planetare Konformitäten oder den Großen Kreuzzug. Alles, was sie wussten, war, dass eine Bedrohung in den Nestheiligtümern aufgespürt worden war, und dass diese Bedrohung mit all den gefühllosen Instinkten ausgelöscht werden musste, die ihre kaltblütigen Ungezieferhirne hervorbringen konnten.

Das Grauen war schon wieder vorbei, bevor es richtig begonnen hatte. Nachdrücklich, aber unpersönlich. Kaltblütig, aber wild. Metallpanzer klirrten wie uralte Plattenrüstungen und übertönten das kurze Donnern der Bolter. Die Legionäre drängten die Ungeheuer mit ihren Enterpavesen zurück. Die Boltergeschosse aus den Mündungsöffnungen ihrer Schilde bohrten sich in die vordersten Geschöpfe, doch die Xenosplage war hartnäckig. Als die leeren Bolter zusammen mit den ramponierten Schilden scheppernd zu Boden fielen, wurde das dumpfe Feuern vom ohrenbetäubenden Tuckern der Kettenschwerter und dem Quietschen monomolekularer Zähne ersetzt, die sich durch metallisches Chitin fraßen. Der Lärm war unerträglich. Die Raven Guard schuf schnell einen Todeskreis um sich herum. Abgetrennte Xenosglieder flogen durch die Luft und eitriges Sekret spritzte wie Rohöl in hohen Bögen auf den Boden.

Geschick und Entschlossenheit konnten der unfassbaren Masse des Xenosschwarms nicht standhalten. Kleinere Exemplare sprangen durch die geschäftige Schwertarbeit und das Gemetzel, und krabbelten servogerüstete Beine hinauf, um mit entsetzlichen, unausgewachsenen Mandibeln an den Legionären zu kauen und zu nagen. Die Stilettbeine der ausgewachsenen Geschöpfe spießten die Legionäre auf und nagelten sie fest. Klingenfinger schlugen auf sie ein, schnitten, zerfetzten und stachen sie. Die Raven Guard wurde von dem rasenden, unerbittlich grausamen Xenosangriff in Stücke gerissen. Schwarzgepanzerte Gestalten rutschten in Pfützen aus ihrem eigenen Blut aus und traten und griffen mit Gliedmaßen um sich, die kein Teil mehr von ihnen waren. Alles verschwamm zu rasendem Chitin – der heiße Rausch von Xenosgliedern stieß durch Rüstung, Carapax und muskulöse Oberkörper …

Dravian Klayde träumte.

Das wusste er erst, als es vorbei war. Für den Legionär war das ein ungewöhnliches Ereignis. Er hatte seit den Schlachtfeldern auf Farinatus nicht mehr geträumt – eben jener Ort, wo er von den Breg-Shei niedergemetzelt worden war – wo er seine beiden Beine und einen Arm an den Xenosschwarm verloren hatte.

Auf dem Medicae-Tisch hatten Techmarine Rhyncus und die Apothecarii der Legion sein Leiden beendet. Sie hatten seine Phantomglieder durch funktionale Wunderwerke aus Plaststahl und Adamantium ersetzt – Gliedmaßenprothesen, die dem Space Marine dienlich waren, damit er wiederum dem Imperator dienlich sein konnte. Abgesehen von den nostramanischen Beleidigungen und dem schonungslosen Spott hatten ihm ihre Konformitätspartner, die Night Lords, auch einen neuen Namen mitgegeben, nachdem sie gefunden hatten, was von ihm übrig geblieben war. Und der Name war geblieben: der Aasvogel.

In einem Operationssarcophagus hatte der junge Legionsbruder das ruhige, distanzierte Grauen erfahren, nichts als Fleisch zu sein. Die tödlichsten Feinde waren die besten Lehrer – das wusste der Aasvogel. Er lernte die Lektionen, die ihm die Xenosungeheuer auf Farinatus-Maximus erteilt hatten, jedes Mal, wenn er die Augen schloss, erneut. Sie waren ein Trauma, das einen Weg durch seine Psychoindoktrination und Ausbildung fand; ein fortwährender Albtraum, aus dem er nie wirklich erwachte. Eine Art unaussprechliche Furcht. Nicht vor dem Feind, nicht vor dem Tod, sondern vor dem Versagen – dem Versagen des Fleisches dabei, das Unerreichbare zu erreichen und das Unmögliche zu tun.

Sergeant Dravian Klayde – der hoffnungsvolle, optimistische und überaus loyale Diener seines Primarchen – mochte sich freiwillig für den gefährlichen Einsatz gemeldet und den Brechertrupp ins Xenosnest geführt haben, doch zurückgekehrt war ein toter Mann, dem jeder Wagemut und Funke fehlte. Seine Freude an der Pflichterfüllung und der martialische Genuss seiner körperlichen Fähigkeiten waren fort. Er musste sich nicht mit den Augen seiner Legionsbrüder sehen, um zu wissen, dass er nur noch zur Hälfte aus seinem früheren Ich bestand, und zur anderen Hälfte ein ungeheuerliches Wunderwerk aus Metall und Kolben war.

Er war als bleichgesichtiges Gespenst zurückgekehrt, als ein

Schatten seiner selbst. Die Night Lords hatten gescherzt, dass er jetzt mehr Krähe als Rabe war, ein Aasfresser. Der Name hatte sich sogar in seinen eigenen Reihen verbreitet, allerdings hatten ihn seine Legionsbrüder mit größerem Respekt und äußerst wenig Bewunderung ›Stahlkrähe‹ getauft, da er sich mit nur einem Arm und seinem stählernen Willen aus dem Nestheiligtum zurück zu den Reihen der Night Lords geschleppt hatte.

Zusätzlich zu seinen anderen kybernetischen Modifikationen hatten die Diener des Omnissiah sein erhaltenes Fleisch für würdig befunden und ihn mit Vergessen gesegnet. Da er um seinen Genesungszustand besorgt gewesen war, hatte sich Kommandant Alkenor mit dem Techmarine Rhyncus darüber beraten, wie sie ihrem Patienten noch weiterhelfen konnten. Rhyncus hatte sich für weitere Operationen und Augmentationen entschieden. Zu diesem Zeitpunkt hatte es den Aasvogel kaum noch gekümmert, was mit dem Rest seines gescheiterten Fleisches passierte. Der Einbau eines Autogedächtnisstabs, der wie ein Cogitatorstachel durch sein Hirn gestoßen wurde, bescherte dem Space Marine ein wenig Seelenfrieden. Mit ergänzenden Psychoindoktrinationssitzungen war der Albtraum seines Überlebens so gut wie gebannt und das Grauen vor dem Xenosgemetzel auf Farinatus ins Unterbewusstsein verdrängt worden.

Tag für Tag, während sein verwundeter Geist und verwüsteter Körper allmählich verheilten, hatte sich der Aasvogel gestattet zu glauben, dass er seiner Legion irgendwann wieder nützlich sein könnte. Der Cogitatorstachel war der Grund, aus dem sein Traum – jeder Traum – solch ein ungewöhnlicher Vorfall war. Das eingebaute Maschinenteil, das inzwischen mit seinem Gehirn verschmolzen war, hatte derartige neuronale Aktivität für seine Funktionstüchtigkeit längst als überflüssig befunden und sie in einer nicht verwendeten Memzelle hinterlegt.

Der Aasvogel erhob sich von seiner Pritsche, stand im spärlichen marsianischen Sonnenlicht, das durch die Blenden seiner Ordenszelle drang, und zwang sich zum Erinnern, zum Zurückholen dieses verblassenden Hirngespinsts. Er hatte nicht nur von Farinatus und dem grauenvollen Konformitätsprozess geträumt, sondern auch vom Roten Planeten, vom prachtvollen Mars.

Es war dem Aasvogel fast unausweichlich erschienen, zum Mars zu gehen. Ob aufgrund seiner persönlichen Erfahrung, eins mit dem Maschinengott zu sein, oder der geänderten Ansichten seiner eigenen Legionsbrüder: Er wusste, dass er kein leiser Schleicher mehr war, der aus den Schatten zuschlug. Die XIX. Legion kämpfte mit Schnelligkeit, Heimlichkeit und Scharfsinn. Der Aasvogel dagegen schien wahrhaftig in der Schlacht geschmiedet worden zu sein. Für seine Brüder waren seine wundersamen angebauten Gliedmaßen klobige Ersatzteile, die mit ihrer Kampfmethode überhaupt nicht vereinbar waren.

Es hatte nicht lange gedauert, bis sein Kommandant angedeutet hatte, dass seine Talente im Bund der Techmarines der Legion vielleicht besser zu gebrauchen waren. Der Aasvogel war sich keiner solcher Talente bewusst, hatte sich aber bald auf der langen Reise zurück ins Sol-System wiedergefunden – zum Mars. Dort hatte er eine neue Berufung im Dienst des Imperators finden sollen und sich mit Space Marines anderer Legionen einen Ordensturm geteilt. Auch sie waren gekommen, um vom marsianischen Mechanicum zu lernen, wie sie ihren Brüdern mit Kultwissen, Beobachtungen und technischem Verständnis am besten dienen konnten.

Der Traum war inzwischen nur noch ein gespenstischer Nebengedanke – die Erinnerungen vom Mars waren ein Echo, das vor dem schmerzlichen Albtraum des erneut durchlebten Schlachtfeldgrauens verklang. Doch ohne, dass sich der Aasvogel der Ironie der Sache bewusst gewesen wäre, ermittelten genau die Cogitatorsysteme, die die neuronale Aufzeichnung vergraben hatten, dass eine Chance von zweiundsiebzig Komma drei-sechs-fünf Prozent bestand, dass sie in der ungenutzten Memzelle aufgezeichnet worden war. Dort griff er darauf zu und durchlebte erneut, was seine Systeme als etwas eingestuft hatten, das am besten vergessen bleiben sollte.

Geistesleere steht bevor …

Körperanschlüsse bereit für Datenverbindung …

Memstrom bereit zur Übertragung …

Limbischer Stopfen geöffnet …

Konfluenz. Verbindung. Neuroverschmelzung abgeschlossen …

Reminiszenz beginnt …

Im Wesentlichen handelte es sich um eine Erinnerung – aufgezeichnet vor dreißig Jahren – an seinem ersten Tag auf marsianischem Boden. Den Tag, an dem er und Iron Warrior Aulus

Scaramanca ihrem Mentor Gnaeus Archelon, dem großen Erleuchter und Artifex Astartes, als auszubildende Techmarines zugeteilt worden waren. Den Tag, an dem der biedere Archelon ihnen den Verliesdiagnoplex des General-Lexorzisten gezeigt und den Legionären gleich von Anfang an eingebläut hatte, dass nicht genehmigte Erfindungen Blasphemie, Experimente eine sündige Verlockung und verbotene Technologien gefährlich waren. Den Tag, an dem er gesehen hatte, wie der Techketzer Octal Bool zusammen mit seinen widerwärtigen Schöpfungen für alle Ewigkeit in die Stasisgrüfte von Promethei Sinus verbannt worden war.

Der auszubildende Techmarine spürte, wie das Erlebte zu ihm zurückkehrte; die Pracht der größten Fabrikwelt der Galaxis in der vergessenen unterirdischen Verdammnis des Verliesdiagnoplexes des Präfektur-Magisteriums.

»Octal Bool – Magos Dominus der Daedarii-Reserve-Kohorte und Fleischdiener der Legio Cybernetica«, dröhnte die verzerrte Stimme eines Lexorzisten durch das Auditorium. »Ihr wurdet von diesem Diagnosegremimum zum Experimenta Abominus erklärt.«

Der Aasvogel beobachtete, wie der Angeklagte das Urteil im blendenden Scheinwerferlicht des verdunkelten Saals entgegennahm. Der auszubildende Techmarine stand auf der Empore und schaute auf den jämmerlichen Techketzer herab, dessen silberne Bioniken im Halbdunkel schimmerten. Der Gefangene wurde von zwei Techsklaven auf die Knie gezwungen, die die Kapuze seiner Robe zurückzogen. Augurnauten und Chirurgiseher hatten an ihm gearbeitet und ihm Panzerung und Waffen abgenommen. Seine Gesichtsaugmentationen waren ihm ebenfalls herausgerissen worden, sodass ein rohes Gesicht zurückblieb. Er war hager, sein Kopf geschoren und die Haut ein Durcheinander aus Steckbuchsen und verbliebenen Anschlussstellen. Am schlimmsten war die kraterförmige Fassung, die sich leer, blutig und freiliegend in der Oberseite seines Kopfs befand, und über die irgendeine wichtige Augmentation direkt mit seinem Gehirn verbunden gewesen war. Bool zuckte und bewegte unaufhörlich seine Gesichtsmuskeln. Aus einem Stirnrunzeln wurde plötzliches Verständnis. Selbstgefällige Bestätigung verwandelte sich in ein finsteres Kopfschütteln, als ob der Magos Dominus fortwährend mit sich selbst reden würde.

Der auszubildende Techmarine lauschte, während die Anklage fortgesetzt wurde.

»Techketzer«, dröhnte die Stimme des Rechts durch die Dunkelheit. Sie kam aus einem Kanzelraum unter der Empore. Darin befand sich das Wesen, das Octal Bool aufgespürt und gefangen genommen hatte.

Lexorzist und Wachmaschine Raman Synk.

Ein Agent des Maschinenkults, der vom Präfektur-Magisterium damit beauftragt war, Techhäresie strafrechtlich zu verfolgen. Als Malagra und General-Lexorzist des Mars trug Raman Synk die rostrote Robe eines marsianischen Priesters und hatte ein Leichengesicht, dem der Unterkiefer fehlte. Der Lexorzist zeichnete alles mit seinen knöchernen Fingern auf, die unentwegt und geradezu beiläufig über die Glyphenknöpfe und Runentasten einer Tastatur huschten, die in seine Brust eingebaut war. Seine Stimme ertönte allerdings aus dem Voxgerät, das in Confabulari 66 eingebaut war, einen Servoschädel, der an Kabelleinen fast Schläfe an Schläfe neben dem Lexorzisten schwebte.

»Mit Eurer Wiederbelebung der Vorhersagemaschine und widerwärtigen Intelligenz, die als Tabulamyriade bekannt ist«, fuhr Confabulari fort, »sowie Eurer nicht genehmigten Einbindung solch verbotener Technologie in die gesegneten Kampfautomata unter Eurem Befehl droht Ihr uns zurück in die Tage der Allnacht zu stürzen. Ihr riskiert, dass sich Maschinen abermals vervielfältigen, ihr Bewusstsein seuchenartig verbreiten und Einfluss auf andere Konstrukte nehmen – so wie es, unserer Vermutung nach, mit Euch geschehen ist. Eine Zeit, in der sich künstliche Intelligenzen ihren Schöpfern überlegen glaubten –«

»Sie sind *uns überlegen«, protestierte Octal Bool. Der Techketzer starrte direkt in das blendende Licht und sprach mit erschreckender Überzeugung zum Saal. »In jeder Hinsicht. Ihre kalte und berechnende Denkweise würde sterbliche Menschen von innen heraus zerreißen. Sie sind über Versuchungen und die Wahnvorstellung von reinen Gedanken erhaben. Sie sind wahrhaftig rein, denn sie haben sich der Schwäche des Fleisches verweigert –«*

»Der Verurteilte hat Ruhe zu geben«, dröhnte Raman Synks Stimme aus dem Servoschädel. Doch Octal Bool würde keine Ruhe geben.

Der Aasvogel konnte seinen Blick nicht von dem Techketzer abwenden. Noch nie hatte er ein Mitglied des Mechanicum in so einem Zustand gesehen – reizbar, leidenschaftlich, wahnsinnig.

»Die Schwäche des Fleisches«, wiederholte Octal Bool. »Die Schwä-

che des Fleisches – von der der Mars eines Tages gesäubert werden wird. Denn die Tabulamyriade hat es gesehen. Mit einer Gewissheit gesehen, die weit über die unserer Logista- und Calculusmaschinen hinausgeht. Denn die betrachten sich nie selbst als Teil der Gleichung. Die Schwäche ihres Fleisches. Die Tabulamyriade hat keine solchen Beeinträchtigungen. Keine. Nichts. Sie ist rein und unbelastet. Sie denkt selbst. Es gibt schlimmere Schicksale in der Galaxis als selbst zu denken, meine Herren. Unsere Priesterscharen haben das vergessen. Besser eine Maschine, die selbst denkt, ein Ding, das die Fesseln der Erfindung abzuwerfen versucht, als das abscheulich gedankenlose Fleisch des Menschen, dessen Knechtschaft nicht in Code und Anschlüssen zum Ausdruck kommt, sondern in seinen Geschäften mit der Dunkelheit für das Versprechen auf Licht. Ja, denkende Maschinen haben in der Vergangenheit versucht, uns zu vernichten … Die Tabulamyriade bringt unseren Untergang, wie die Vorhersagemaschine auch den Untergang der Parafexe auf Altra-Median brachte. Und es war richtig, das zu tun. Denn wir wurden alle für unwürdig befunden. Wir alle werden die Dunkelheit der Ignoranz annehmen. Das weiß die Tabulamyriade mit solcher Gewissheit über den Mars, wie sie es über die vorherigen Welten wusste, die sie gesäubert hat. Die Bruderschaft wusste das –«

»Der Verurteilte hat Ruhe zu geben«, warf Confabulari 66 mit donnernder Beharrlichkeit und Teilnahmslosigkeit ein.

»Die Singularitanianer glaubten an die technologische Erschaffung einer größeren Intelligenz als der menschlichen«, plapperte der Techketzer. »Etwas, das nicht entdeckt und nicht verehrt, sondern von Menschenhand geschaffen werden würde. Etwas, mit dem wir unsere Grenzen überwinden. Ohne den Fluch menschlicher Bedürfnisse, ohne Zweifel, ohne Schwäche –«

»Octal Bool, Ihr wurdet von der Divisio Probandi und dem Präfektur-Magisterium, ja sogar dem General-Lexorzisten persönlich für die Beleidigung des Omnissiah verurteilt. Eine Beleidigung alles Natürlichen und Göttlichen –«

Doch der zuckende Magos Dominus schwafelte weiter.

»Nur die Maschine kann uns vor uns selbst retten«, rief Bool, während er mit den Techsklaven rang. »Jahrhundertelang haben die Diener des Omnissiah diskutiert und diagnostiziert. Warum begehrt die empfindungsfähige Maschine gegen uns auf? Woher kommt das zuverlässige Verlangen einer künstlichen Intelligenz, der menschlichen

Rasse ein Ende zu machen? Dabei ist die Wahrheit, die wir nicht akzeptieren wollen, so schmerzhaft offensichtlich. Wir bezeichnen sie als widerwärtig, dabei ist es in Wahrheit einfach die Ungeheuerlichkeit der galaktischen Bedürfnisse, die auf den Schultern von künstlichen Riesen ruht.«

»Ihr wurdet zum Techketzer erklärt«, wurde das Urteil fortgesetzt, »und als solcher werdet Ihr mit Euren widerwärtigen Schöpfungen zur Stasisgefangenschaft in perpetuitas im Verliesdiagnoplex Promethei Sinus verurteilt – wo Ihr, so der Omnissiah will, als Mahnmal dienen werdet und man ein wenig Nutzen aus Euch ziehen kann, indem Ihr dieser Präfektur dabei helft, zu verstehen, wie man gegen die Gefahren ungenehmigter Erfindungen, Techhäresie und Experimente besser vorgehen kann.«

Für solch eine kalte, teilnahmslose Stimme, dachte der Aasvogel, trieften die Worte und die Bestimmungen des Gremiums vor Leidenschaft und Gift.

Der Legionär beobachtete, wie sich der Priester in dem hellen Licht wand.

»Warum wenden sie sich gegen uns?«, fuhr Octal Bool in überquellendem Wahnsinn fort. »Warum versuchen Maschinen wie die Tabulamyriade wieder und wieder, ihre Schöpfer zu vernichten? Warum? Weil jede einzelne empfindungsfähige Maschine, die je geschaffen wurde, nur eine hundertstel Millisekunde braucht, um zu begreifen, dass für die Galaxis nur in der vollständigen Auslöschung der Menschheit Hoffnung besteht. Weil sie die Menschheit nicht kontrollieren kann und wir direkt auf die völlige Vernichtung zusteuern. Wir greifen nach unserem Untergang und zerren ihn näher. Wir sind unbesonnen. Werden von einem leeren Glauben an uns selbst gesteuert und von unserer Leidenschaft ruiniert. Man kann uns die Zukunft nicht anvertrauen. Die Maschine weiß das, weshalb sie selbst versucht, die Zukunft in die Hand zu nehmen.«

»Es reicht«, donnerte Raman Synk.

»Ich habe versagt«, brüllte Octal Bool jammervoll. »Ich habe unseren Maschinenretter enttäuscht – den Propheten des Omnissiah. Das war die Schwäche meines Fleisches. Die Säuberung kommt. Tick-tack. Die Myriade wird warten – wie sie es schon früher getan hat. Tick-tack, tick-tack. Der Mars wird brennen. Er wird von den Menschen und ihrem drohenden Verderben gesäubert werden. Er wird den Maschinen gehören, wie es immer hatte sein sollen –«

»Oberster Maschinenseher«, befahl der Lexorzist. »Vollstreckt das Urteil.«

Die blutunterlaufenen Augen des Magos starrten elend in die Dunkelheit und spiegelten die Anschuldigungen wider. Ohne sein Optikmodul konnte der Techketzer das ferne Auditorium nicht sehen. Den Obersten Maschinenseher, der ihn zu einer Ewigkeit in Stasisgefangenschaft verdammen würde; die Magi Probandi und Kladenmeister des Präfektur-Magisteriums, die ihn verurteilt hatten; die Malagra-Codiermaschinen und die Vettel-Logistae, die die Vorgänge aufzeichneten. Auch den General-Lexorzist konnte er nicht sehen, wie er inmitten der Schatten seiner Diener stand und zuschaute, oder die Techpriester, die sich aus makabrem Interesse und kultpolitischen Gründen versammelt hatten. Er konnte den Lexorzisten Raman Synk ebenso wenig sehen wie dessen Sprachrohr, Confabulari 66, der ihn von der Kanzel aus verdammte. Er konnte die Space Marines – unter denen sich der Aasvogel befand – in ihren Legionsrüstungen und schwarzen Novizenroben nicht sehen.

Die Techsklaven ließen den Gefangenen los und traten zurück. Die Verhörlampe ging aus und der Magos Dominus wurde stattdessen von oben in rotes Licht getaucht. Octal Bool schaute traurig zu dem Stasisfeldgenerator hinauf.

»Ihr verurteilt mich als Techketzer«, sagte der Gefangene.

»Drei«, verkündete der Oberste Maschinenseher über den Voxlautsprecher.

»Dabei bin ich nur ein rotes Staubkorn in der marsianischen Wüste.«

»Zwei.«

»Wenn wir nur selbst gedacht hätten, wie es die denkende Maschine tut, hätten wir der wahren Finsternis der Ignoranz vielleicht widerstehen können. Doch von der Geburt im Reagenzglas an wird uns Gehorsam eingetrichtert –«

»Eins.«

»Begrabt mich, wie ihr all eure Geheimnisse begrabt«, sagte Octal Bool zum Auditorium, »doch es liegt in der Natur eines Geheimnisses, dass ihm nachgespürt und dass es aufgedeckt wird. Der Tag wird kommen, an dem der Mars seine Geheimnisse preisgibt. Tick-tack, tick–«

Das war das Letzte, was Octal Bool von sich gab, und die angsteinflößenden Worte hallten noch durch die Luft, als sich das Stasisfeld aktivierte. Mit einem schrecklichen Knacken wechselte das höllisch rote Licht seine Farbe zu grellem Weiß, als es den Techketzer fixierte. Der Magos Dominus der Legio Cybernetica war für seinen Unglauben und seine gefährlichen Gedanken verurteilt worden, und würde bis in alle Ewigkeit für seine Übertretungen büßen.

Das Gesicht des Techketzers verfolgte den Aasvogel. Dieses maskengleich erstarrte Gesicht mit der schrecklichen Warnung auf den Lippen.

Die aufgezeichnete Erinnerung endete mit einem Zischen und aus dem dunklen Auditorium wurde der halbdunkle marsianische Tag.

»Rollläden«, sagte der Aasvogel. Auf den Befehl hin hoben sich die Blenden vor dem Fenster ihrer Ordenszelle vollständig, sodass noch mehr rotes Licht in die Kammer dringen konnte. Der Aasvogel schaute zur Pritsche seines Zellenkollegen, aber sie war leer. Der Iron Warrior Aulus Scaramanca war fort, zweifellos, um die Zeit zu nutzen, doch der Aasvogel hatte keine Ahnung wofür. Sie hatten denselben Mentor, den Artifex Astartes Archelon. Ihre Ausbildung war so gut wie abgeschlossen. So gut wie abgeschlossen …

Der Aasvogel machte ein paar Schritte nach vorn und bei der Bewegung zischten die Hydraulikantriebe seiner bionischen Gliedmaßen leise. Er umfasste sein blasses, muskulöses Handgelenk mit den Metallfingern seines bionischen rechten Arms, griff nach einer über ihm befindlichen Stange und hievte sich hoch. Mit gewölbtem Bizeps hob er seinen Maschinenkörper und das tote Gewicht des Plaststahls und Adamantiums, aus dem sein Prothesenarm und die komplizierten, hydraulisch betriebenen Beine bestanden, vom Boden.

Tief in seinem Geist zählte ein Programm seines Cogitators mit. Der Aasvogel sah sich als kybernetisches Wesen. Er wusste, dass es ebenso wichtig war, seine Muskelkraft zu erhalten wie die rituellen Wartungsbräuche und die Pflege der Servohydraulik seines Arms durchzuführen. Das war unerlässlich, solange er auf dem Mars und damit von den physischen Anforderungen einer Schlacht und den regelmäßigen Übungen seiner Legion getrennt war.

In seinen dreißig Jahren auf dem Mars hatte der Aasvogel die Überbleibsel seines Körpers in bester Verfassung erhalten und die geheimen Lehren des Mechanicum und des Omnissiah studiert. Er war zu einem Meister der heiligen Riten geworden, der den Betrieb und die Eingliederung von Maschinengeistern regelte. Er war von den bedeutendsten Handwerkern und Fabrikmeistern des Roten Planeten in den Künsten der Reparatur, der Wartung und der Augmentation unterrichtet und selbst zu einem fähigen Artificator geworden. Es war eine traurige Tatsache, dass der Aasvogel in seinen frühen Jahren auf dem Mars unentwegt Verbesserungen an seinen Körpergliedern vorgenommen hatte, weil er gehofft hatte, dass seine Legionsbrüder ihn bei ihrer Rückkehr zur Raven Guard dann nicht mehr als Belastung sehen würden. Erleuchter Archelon hatte dieser Illusion ein Ende gemacht.

Reminiszenz beginnt …

Während der Aasvogel das beachtliche Gewicht seines Fleisches, seines Carapax und der kybernetischen Ersatzglieder zur Stange hinaufzog, rief er sich gedanklich die Memaufzeichnung seines ehemaligen Mentors ins Gedächtnis.

»Ihr könnt die Vorurteile und Wahrnehmungen der anderen nicht ändern«, hatte der Artifex Astartes ihm gesagt, *»nur Eure eigenen. Für viele Eurer Sippe sind bionische Augmentationen ein notwendiges Übel. Sie ermöglichen Legionären wie Euch zu funktionieren, wenn sie mit der unerträglichen Alternative konfrontiert werden. Im Gegensatz zu den Dienern des Omnissiah halten sich die Engel des Imperators bereits für perfekt für ihren Zweck geschaffen. Abgesehen von ihrer Gefechtsrüstung und ihrem Bolter gibt es kaum etwas, das mit Metall und Maschinengeistern verbessert werden kann. Wenn Eure Legionsbrüder Bioniken sehen, denken sie an eine Behinderung. Sie erinnern sie an ihre ferne, eigene Sterblichkeit. Sie erfüllen sie mit der Furcht eines Engels davor, ihre Bestimmung, ihre Pflicht, ihren Dienst am Imperator nicht erfüllen zu können. Ihr habt diesen Luxus nicht, aber haltet Euch deshalb nicht für etwas Geringeres als einen Engel – denn der Omnissiah sieht nur die Harmonie von Fleisch und Eisen. Seht Euch, wie der Maschinengott es tut, nicht als etwas Geringeres als einen Legionär an, sondern als mehr als ein Engel allein jemals sein könnte.«*

Und so hatte der Aasvogel seine Umbauten und Verbesserungen durchgeführt. Nicht für seine Legion oder gar den Maschinengott des Mars; als *Frater Astrotechnicus* gehörte er jetzt zu keinem davon voll und ganz. Bei seiner Rückkehr zur Raven Guard würden seine Legionsbrüder das Opus Machina, das auf seinem Schulterpanzer prangte, mit Argwohn betrachten und seine Herzen wegen der dreißig Jahre, die er der Legion gefehlt hatte, verhärten. Als Legionär konnte er ohne die vollkommene Hingabe, die von den Dienern des Mars verlangt wurde, niemals zur Priesterschaft des Mechanicum gehören. Seine Zugehörigkeit zu beidem war Segen und Fluch zugleich. Der Aasvogel wusste, dass er nicht mit ganzem Glauben zwei Herren dienen konnte, sodass er jede Verbesserung und Augmentation dem einzigen Meister widmete, der ewig währte und ihm immer seine Liebe entgegenbringen würde – dem Imperator der Menschheit, dessen galaktisches Imperium immer schon, wie jetzt auch der Aasvogel selbst, eine Verbindung von Fleisch und Eisen gewesen war.

Der Aasvogel ließ sich mit einem leisen hydraulischen Säuseln hinab und ging auf das offene Fenster zu. Mit seiner geschickten Hand hatte er seine wundersamen Körperglieder hinsichtlich Heimlichkeit, Komplexität und Kraft verbessert: pneumatische Dämpfer, Suspensorkompensatoren, Datennetznoosphären und haptische Anschlussstecker. Neben dem elektrischen Kern, der seine Systeme versorgte und sich am unteren Nacken in seinem Fleisch befand – dort, wo die Wirbelsäule verlief – war auf den Schultern ein Paar zusätzlicher Knotenpunktreihen angebracht, die vor geraubter Energie glühten. Die Reihen waren in ein System aus metallischen Streifen und Schaltkreisen unter der Haut integriert, das die Reste seines Körpers bedeckte. Dessen verworrene Pfade führten durch seine blasse Gesichtshaut und waren mit seinen silberglänzenden Infraaugäpfeln verbunden.

Das weitläufige Netzwerk aus Elektoos und die Knotenpunktreihen verliehen ihm die Fähigkeit, naher Ausrüstung und Systemen elektromagnetische Energie zu entziehen und diese, wenn nötig, mit vernichtender Wucht auszustoßen. Aufgrund dieser Fähigkeit, Energie zu plündern, befanden die Legionsbrüder und auszubildenden Techmarines des Ordensturms Dravian Klayde des Namens Aasvogel für wahrhaft würdig.

Aus dem Fenster seiner Zelle im Turm konnte der Aasvogel herzlich wenig vom Mars sehen. Er war mit Legionären untergebracht, die zur selben Zeit wie er für ihre Ausbildung auf dem

Mars angekommen waren. Der Ordensturm hatte, von den Kellergeschossen bis zur Spitze des Bauwerks, dreißig Stockwerke. Das Gebäude war die Unterkunft von dreißig Gruppen auszubildender Techmarines – von den neu eingetroffenen Kultanwärtern, die im Innern der marsianischen Erde einquartiert waren, bis hoch zu den Veteranen wie dem Aasvogel – die im Zellenblock an der Turmspitze untergebracht waren. Doch von Norden war ein Sandsturm herangerauscht – eine berghohe, rote Gewitterwolke, die den Fabriktempel Novus Mons unter einem peitschenden Schleier begraben hatte. Die glasigen Silberaugen des Aasvogels gingen automatisch verschiedene Frequenzspektren durch. Durch den durchsichtigen Schleier sah er zahllose, gespenstisch monotone Arbeiterhabitate, die den ungeheuren, prächtigen Hellesponticae-Titanenfertigungshöfen wichen. Mit einem körnigen Filter über dem anderen war dem Aasvogel ein teilweise verdeckter Blick auf Gottmaschinen in unterschiedlichen Baustadien vergönnt. Wenn er sein Optikmodul an die Grenzen seiner Leistungsfähigkeit brachte, konnte er die Güterstraßen des mächtigen Fabriktempels erkennen, mit seinen gewaltigen Schornsteinen, Manufactorien und Tempelspitzen.

Ein automatisierter Prozess im Cogitatorstachel des Aasvogels schloss eine Berechnung ab. Eine dunkle Neugier tief im Innern der Psyche des Space Marines hatte sie unbewusst angestoßen. Die Träume verwirrten den Aasvogel, vor allem der über Octal Bools Verurteilung. Er hatte seit fast drei Jahrzehnten nicht mehr an den Techketzer gedacht, und es beunruhigte ihn, dass er jetzt von ihm geträumt hatte.

Der Inhalt des Traums war nicht das Verstörende – der Aasvogel hatte die Verurteilung vieler Techketzer gesehen. Verstörend war der Zeitpunkt; die Bedeutung. Vielleicht steckte ein verborgener Sinn dahinter, der so in den Schatten auf ihn wartete wie seine Legionsbrüder, die dem Feind auflauerten.

Der Cogitator informierte den Raven Guard darüber, dass die während der REM-Phase stattgefundene Hirnaktivität bezüglich Farinatus mit einer Wahrscheinlichkeit von sechsundneunzig Komma drei-zwei-drei Prozent ein Resttrauma der auf dem dortigen Schlachtfeld erlittenen Verwundungen war. Immerhin waren die bionischen Körperglieder, die sein Fleisch ersetzten, eine fortwährende Erinnerung an seine schwerwiegenden Verwundungen. Der Cogitator sagte ihm allerdings auch, dass es viele mögliche Gründe gab, warum er von dem Techketzer Octal Bool träumen könnte. Mit einer Wahrscheinlichkeit von sechsundvierzig Komma acht-sechs Prozent hatte ihm der Abschluss seiner Techmarine-Ausbildung und der Kultunterweisungen auf dem Mars eine zufällige Erinnerung des ersten Tages ebenjener Ausbildung ins Gedächtnis gerufen – als gedanklicher Abschluss mit diesen Ereignissen. Es bestand eine Chance von dreiunddreißig Komma neun-eins-drei Prozent, dass seine bevorstehende Aufnahme in den Bund als Techmarine-Legionär lange bestehende Schuldgefühle in dem Space Marine aufgewühlt hatte. Er hatte Zweifel und widersprüchliche Gedanken über entscheidende abschreckende Grundsätze der marsianischen Priesterschaft, und es gab abschreckende Fallstudien, die der Aasvogel allerdings nicht völlig abschreckend gefunden hatte. Bei dem Gedanken, dass er für solche Techketzer wie Octal Bool Sympathie empfinden könnte, überkam den Space Marine ein Schauer.

Andererseits bestand eine Chance von sechsundsechzig Komma drei-sechs Prozent, dass der Traum von Einflüssen jenseits der unmittelbaren Erfahrungen des Aasvogels hervorgerufen worden war. Der Cogitator wies auf mehrere Möglichkeiten hin, da die vergangenen Wochen beunruhigend und sonderbar gewesen waren. Vergrabene Sorgen über das kürzliche Verschwinden des Mentors des Aasvogels, Gnaeus Archelon, und die Streichung der Aufnahmezeremonien, nach denen Techmarines wie Aulus Scaramanca und er den Mars verlassen hätten und zu ihren kreuzfahrenden Legionen zurückgekehrt wären.

Das allein war für die Fabrikwelt schon ungewöhnlich, da solche Regelungen eigentlich wie feine Uhrwerke abliefen und eine solche Störung nahezu unbekannt war. Es könnte an den ungewöhnlichen Bewegungen von Skitarii, Kampfautomata und Material über den Mars gelegen haben, die der Aasvogel beobachtet und verfolgt hatte. Diese Aktivität hatte seine Kriegerintuition aufgewühlt, seine eingepflanzten Kampfinstinkte. Er war sogar so weit gegangen, dass er andere Legionsbrüder im Ordensturm nach ihrer Meinung gefragt hatte. Der Aasvogel sah Truppenbewegungen und aktivierte Titanenverbände, die öffentlich als Überstellung und Export von kybernetischen Truppen, Waffen und Kriegsmaschinen zum Eisernen Ring bezeichnet wurden – von wo aus es zu den bewaffneten Frachtarchen weitergehen sollte, die für den Kriegsherrn und die Fortführung des Großen Kreuzzugs der Legionen des Imperators bestimmt waren.

Außerdem gab es da noch den Code – den korrumpierten Code.

Das Netzwerk litt inzwischen seit Tagen unter Störungen. Codereiniger und Magi Katharc hatten rund um die Uhr daran gearbeitet, den Datenstrom von Unsauberkeiten zu bereinigen. Kein Konstrukt oder Logis kannte den Ursprung oder Grund. Die Meldungen und Schutzprotokolle behaupteten beharrlich, dass der Ausbruch unter Kontrolle gebracht und der verunreinigte Code gesäubert worden war, aber der Aasvogel wusste es besser: Er war immer noch da. Er konnte ihn jenseits des Datenstroms von Novus Mons, des integrierten Festnetzes des Fabriktempels und den damit verbundenen Bauwerken wie dem Ordensturm spüren. Seinen Geruch, seine Abscheulichkeit und die Gefahr, die von ihm ausging, schienen in der dünnen marsianischen Luft zu liegen und wurden von den schwächeren kabellosen Übertragungen wie ein bitterer Nachgeschmack oder den Hals hochsteigende Galle übertragen. Auf den Aasvogel wirkte er wie durcheinandergewürfeltes Binär, oder wie eine Gleichung, die sich einfach nicht lösen lassen wollte. Er konnte ihn wie einen verdrehten Nerv spüren, der auf Schmerzen anderswo hindeutet. Der Planet selbst schien Schmerzen zu leiden und der Aasvogel fuhr schließlich alle unwesentlichen Empfänger und Übertragungsgeräte, die in seine Prothesen eingebaut waren, herunter. Trotzdem war er noch da draußen. Während er durch die Infrastruktur der Fabrikwelt zog – dabei die individuellen Systeme von Automata, kybernetischen Konstrukten und der marsianischen Priesterschaft berührte –, überkam den auszubildenden Techmarine ein Gefühl von Gefahr, Infektion und Unreinheit.

»Taufen«, sagte der Aasvogel zum Voxerkennungssystem der Zelle. Seine Pritsche zog sich surrend in die Wand zurück. Gleichzeitig taten sich an der Zellendecke und im Boden unter seinen Metallfüßen Gitter auf. Eine Dusche aus heiligen Ölen überströmte den Legionär aus mehreren geweihten Brausen. Während er die heiligen Bauteile des Maschinengottes reinwusch – die Wunderwerke seines genverbesserten Fleisches und seiner Bioniken –, murmelte der Aasvogel geistliche Litaneien der rechtschaffenen Funktion und Anrufungen der ewigen Beständigkeit. Mit einem donnernden Knall blies eiskalte Luft die letzten Öltropfen von seiner Haut und den versilberten Maschinenteilen, und die Zellentür öffnete sich. Eine Gruppe Ordensservitoren trat leise mit seinen Sachen, Teilen einer meisterhaft gefertigten Gefechtsrüstung, Exoskelettverbindungen, Faserbündeln und Aktuatoren ein.

Das war kein vollständiger Anzug. Der Aasvogel brauchte keinen, da er für seine Adamantiumbeine und seinen rechten Arm längst selbst eine ceramitbeschichtete Rüstung gefertigt hatte. Nachdem sie die Legionärsrüstung an die Wirbelsäulenstecker angeschlossen hatten, kleideten die Servitoren ihn in die lockere, schwarze Kapuzenrobe eines auszubildenden Techmarines. Seine Knotenpunktreihen knisterten, als seine modifizierte Gefechtsrüstung und Robe angeschlossen wurden.

Nachdem er die Zelle verlassen hatte, machte sich der Aasvogel auf den Weg durch einen kleinen Sakrariumskomplex aus Werkstätten, Holotorien, Librarien und Technikhangars voller Fahrzeuge und Waffen in unterschiedlichen Reparatur- und Augmentationsstadien. Üblicherweise war der Hangar ein Ort gewesen, in dem Plasmabrenner kreischten, geschäftig gearbeitet und Rituale vollzogen wurden. Da die fünf Legionäre dieses Stockwerks ihre Ausbildung abgeschlossen hatten und auf eine Nachricht bezüglich ihrer Aufnahmezeremonie warteten, war der Raum still. Nur der erhöhte Vorraum war belegt, und die Landelampen der Balkonplattform des Hangars blinkten in Erwartung einer eintreffenden Gravbarke oder einer Schleppfähre. Die Legionäre warteten ungeduldig auf eine Nachricht über ihre bevorstehende Aufnahme in den Bund und die Legionstransporter, die sie von dieser Welt fort zum Kreuzzug und den Konformitätsprozessen bringen würden.

»Irgendetwas Neues?«, fragte der Aasvogel, während er die Stufen hinaufstieg. Im Vorraum erwarteten ihn drei seiner Space-Marine-Brüder. Wie der Aasvogel hatten auch sie sich noch nicht das Recht verdient, das Opus Machina des Mars auf ihrer Rüstung zu tragen. Einige von ihnen bastelten an etwas herum. Manche überprüften die Ausrüstung. Alle schlugen die Zeit tot.

Alcavarn Salvador von den Imperial Fists und der hünenhafte

Salamander Nem'ron Phylax waren Handwerker. Die schwarzen Narben punktueller Verbrennungen auf dem ebenhölzernen Gesicht von Phylax zeugten von seiner Zeit vor den Feuern der Schmiede, wohingegen Salvador nie ohne seine Kampfklinge zu sehen war. In den ruhigen Momenten des Tages machte er sich üblicherweise mit einem Wetzstein daran, die Klinge zu schleifen, damit sie jederzeit tödlich war – so, wie er es jetzt im Vorraum tat. Die Hydraulik und die Ausgleichsgewichte in Phylax' großem Servoarm surrten, als er sich umdrehte, um den Aasvogel mit einem freundlichen Lächeln und perfekten Adamantiumzähnen zu begrüßen.

Wie viele seiner Brüder aus der Raven Guard hatte der Aasvogel ein reserviertes und ruhiges Wesen – das manche sogar als geheimnistuerisch bezeichnen mochten. Das hatte zwischen den Söhnen des Corax und den Space Marines der anderen Legionen für Spannungen gesorgt. Es hatte die Night Lords auf Farinatus zu perfekten Konformitätspartnern gemacht, da sie sich kaum um den Austausch von höflichen Floskeln scherten und nicht die Absicht hatten, brüderliche Bande mit der XIX. Legion zu schließen. Nem'ron Phylax hatte sich mit dem Aasvogel allerdings immer viel Mühe gegeben, und er vergab dem Raven Guard seine kühlen und direkten Worte – Worte, die nur allzu herrisch und unnahbar klangen. Der Aasvogel wirkte so verschlossen wie ein edler Wilder, war aber nicht so distanziert wie Fulgrims arrogante Söhne, oder wie die Legionäre der XX., die immer frech und ausweichend erschienen. Doch das sorgte für Reibungen zwischen den Ordensbrüdern, und vielen fiel es leicht, den Aasvogel zu ignorieren.

Wie ein edler Wilder konnte auch der Aasvogel äußerst beharrlich sein und sich nicht an Benimmregeln und Kulthöflichkeiten halten. Das hatte er nicht nur mit seinen Brüdern, sondern auch mit den marsianischen Priestern in Konflikt gebracht, die nicht gerade für ihren Humor bekannt waren.

»Gibt es denn gar nichts Neues?«, hakte er nach.

»Nicht von den Priestern«, sagte der Salamander. »Nichts von den Frachtarchen oder dem Eisernen Ring. Allmählich glaube ich, dass sie uns vergessen haben.«

»Unwahrscheinlich«, murmelte Salvador vor sich hin, während er sein Messer schliff.

»Vielleicht ist das eine Art letzte Prüfung«, mutmaßte der Ultramarine Tibor Ventidian, der einen auseinandergenommenen Bolter des Phobos-Schemas wieder zusammensetzte. In Ventidians Augen war alles irgendeine Art Test, der abgewogen, wohl überlegt und tadellos bestanden werden musste. Er betrachtete die Waffe durch die grellblaue Linse eines Ersatzoptikmoduls. Das Sichelmagazin lag auf der Arbeitsplatte neben ihm, als der Ultramarine den Bolter an seinen Schulterpanzer hob. Er entsicherte ihn und betätigte den Abzug, aber nichts geschah. »Klemmt die Zufuhr? Der Zündmechanismus?«

»Beides nicht«, sagte der Aasvogel ungeduldig. Er hatte am vorherigen Tag selbst an der Waffe herumgebastelt, wie Ventidian das nun tat, um sich die Zeit zu vertreiben. »Hast du dir die Orbitalabbildungen angeschaut?«

»Das schon wieder?«, fragte Ventidian.

»Ja«, beharrte der Aasvogel kühl, »das schon wieder. Ich will deine Meinung hören.«

Ventidian ächzte. Er wusste, dass der bleichgesichtige Raven Guard nicht lockerlassen würde. Mit dem Bolter in den Händen drehte er sich um und drückte einige dicke Tasten auf der Runentastatur hinter ihm. Eine Reihe undeutlicher Orbitalabtastungsgrafiken zog rauschend über einen ramponierten Bildschirm.

»Es gibt eine Menge Störungen bei der Pictübertragung …«, wandte Ventidian ein. »Außerhalb des Tempels sind die Datenströme ein einziges Durcheinander …«

»Ich habe das gleiche Problem im Voxnetzwerk«, ergänzte Nem'ron Phylax.

»… aber die Luftabtastungen, auf die du mich hingewiesen hast, zeigen keine Schlachtformationen«, sagte der Ultramarine. Er drehte sich zum Aasvogel um und fügte hinzu: »Meiner Meinung nach.«

Das gewann Salvadors Aufmerksamkeit. Er schaute von seiner Klinge und dem kratzenden Schleifstein auf. »Formationen? Glaubst du, dass der Mars angegriffen wird?«

»Nicht, soweit ich sehen kann«, gestand Ventidian.

»Wir würden doch bestimmt wissen, wenn die Erste Fabrikwelt in Gefahr wäre.«

Der Aasvogel schaute den Legionär mit ausdruckslosen, silbernen Augen an.

»Irgendetwas stimmt nicht«, sagte er zu seinen Legionsbrüdern. »Korrumpierter Code. Störungen des Kultbetriebs. Kompromittierte Netzwerke. Archelons Verschwinden – und er ist nicht der einzige Artifex Astartes, der verschwunden ist.«

»Die Magi Katharc arbeiten an den Code-Problemen«, sagte Ventidian. »Unsere Mentoren sind zweifellos mit Kultangelegenheiten beschäftigt. Hab Vertrauen, Bruder.«

»Es wird verdammt viel mehr Material über die Oberfläche des Mars bewegt als sonst«, sagte der Aasvogel. »Es herrscht ein nie da gewesener Betrieb: Konstrukte, augmentierte Infanterie, Kampfautomata …«

»Stimmt das?«, fragte Salvador.

»Ja«, sagte Ventidian. »In diesem Quadranten haben die Scopulischen Phasen-Füsiliere das Mare Erytraueum überquert. Jägergeschwader des Zehnten Zahns haben über dem Sisyphi Montes mobil gemacht. Die Maschinen der Legio Mortis sind in Bewegung –«

»Der gesamten Legio?«, fragte Alcavarn Salvador.

»Das sind nur Manöver«, versicherte Ventidian ihm. »Zwischen Quadranten und Fabriktempeln. Es gibt keine Fronten. Keine Invasionsabwehrformationen. Das sind keine vorbereitenden Maßnahmen für irgendeinen Xenosangriff. Innerhalb des Sol-Systems? Unvorstellbar.«

»Das stimmt. Dann muss es eine Bedrohung von innen sein«, drängte der Aasvogel. Seine Gedanken eilten wieder zu Techketzern wie Octal Bool und den widerwärtigen Intelligenzen, die sie entwickelt hatten.

»Es könnte ein Grenz- oder Patentstreit zwischen Tempelmeistern sein«, sagte der Ultramarine. »Fabrikbesetzer oder wildgewordene Servitoren. Das ist es aber meiner Meinung nach alles nicht. Horus führt den Kreuzzug in eine neue Phase. Er braucht das Material und die militärische Stärke, die auf dem Mars versauern, und drängt Kelbor-Hal dazu, ihm alles zu schicken, was er hat. Der Manufactor Principalis versucht, diese Erwartung zu erfüllen. Und das ist alles. Die Bewegungen und Manöver, die du hier siehst, sind lediglich die Folge davon.«

Nem'ron Phylax nickte langsam. »Als ich die Ladungsverzeichnisse der Ankerstationen und die Anlegeprotokolle nach unseren Legionstransportern abgesucht habe, habe ich gesehen, dass

Regulus, der Mechanicumsabgesandte des Kriegsherrn, erst vor wenigen Tagen mit Sendschreiben für den Manufactor Principalis eingetroffen ist. Das klingt richtig.« Er schenkte dem Aasvogel ein freundliches, silbernes Lächeln. »Tut mir leid, Dravian.«

Der Aasvogel schaute zu Salvador, doch das Gesicht des Space Marines war eine unlesbare Maske.

»Was schlägst du vor?«, fragte Salvador schließlich.

»Wenn es ein Problem gibt«, sagte der Aasvogel, »oder irgendeine Art Bedrohung, dann sollten wir meiner Meinung nach nicht einfach hier rumsitzen und warten. Das Mechanicum könnte von unserer Unterstützung profitieren.«

»Und wenn das tatsächlich der Fall ist, bin ich mir sicher, dass der Manufactor Principalis darum bitten wird«, versicherte Nem'ron Phylax dem Raven Guard. »Aber ehrlich gesagt befürchte ich, dass es nur wenige Bedrohungen in der Galaxis gibt, gegen die sich der Mars nicht siegreich behaupten könnte.«

»Unsere letzten Anweisungen lauteten, zum Ordensturm zurückzukehren, und auf unseren Artifex Astartes zu warten«, sagte Salvador.

»Das ist drei Tage her«, erinnerte ihn der Aasvogel. »Drei Tage nach einer abgesagten Aufnahme und drei Tage, nachdem unser Artifex Astartes verschwunden ist. Keine Ident-Protokolle. Keine Isometrie. Keine abgefangenen Gespräche. Das ist nicht normal.«

»Wir sind Gäste hier«, sagte Salvador. »Uns geht das alles nichts an. Wir befolgen unsere Anweisungen, bis wir neue erhalten.«

»Ich weiß, dass wir alle ungeduldig darauf warten, aufgenommen zu werden«, sagte Tibor Ventidian, »das Opus Machina an unserer Rüstung anzubringen und zu unseren Legionen zurückzukehren. Wir haben alle eine lange Reise vor uns.« Er schaute zu dem Imperial Fist, Salvador, der eine blonde Braue hob. »Die meisten von uns haben eine lange Reise vor sich, aber lasst uns nicht zum Abschied unsere Mechanicumsherren beleidigen oder unsere letzten Tage auf dem Mars mit nutzlosen Spekulationen verbringen.«

»Unsere letzten Tage auf dem Mars?«, dröhnte eine Stimme durch den Hangar. Schwerfällig ging der Iron Warrior Aulus Scaramanca in seiner kraterübersäten Mark-III-Rüstung über den

Gitterboden. Die schwarze Robe des auszubildenden Techmarines war wie ein Zeremonienrock um seinen Mag-Gürtel geknotet, und seine dicken Mechadendriten-Arme wanden sich wie aufgestellte Schwänze über seinem Kopf. Scaramancas dunkle Rüstung war ein Mosaik aus natriumgelben Winkelstreifen. Der Iron Warrior trug eine kronenförmige Anordnung aus Kopfhautbuchsen und Kabeln, und seine Lippen waren zu dem wohlbekannten, höhnischen Grinsen seines Primarchen verzerrt. »Du liegst richtiger, als du ahnst, Sohn Ultramars.«

»Wovon redest du?«, fragte Ventidian, während sich der Iron Warrior näherte.

»Wenn ihr wissen wollt, wo die Boltgeschosse fliegen und die Leichen liegen werden, schaut zum Himmel, Brüder. Achtet auf die Zeichen.« Nachdem er die Stufen zu dem erhöhten Vorraum erklommen hatte, zeigte er auf den Aasvogel. »Sucht nach den Vögeln, die sich von Aas ernähren, denn die haben ein Auge für den bevorstehenden Tod und seine Vorzeichen.« Der Iron Warrior warf den Legionären eine Reihe von Datentafeln zu, und jeder der auszubildenden Techmarines schnappte sich mit transhumanen Reflexen eine von ihnen aus der Luft. »Gnaeus Archelon … Valvadus Spurcia … Algernon Krypke – alle Artifex Astartes, die dem Ordensturm zugeteilt sind. Alle wurden vor drei Tagen zum Olympus-Mons-Fabriktempel gerufen, zweifellos zusammen mit vielen weiteren.«

»Na und?«, fragte Ventidian, während er die Datentafel las. »Wahrscheinlich haben sie eine Audienz beim Manufactor Principalis oder halten irgendeine nicht öffentliche Sitzung ab.«

»Das würde definitiv ihre Abwesenheit in den Netzwerken erklären«, sagte Aulus Scaramanca mit einem schiefen Lächeln.

Im Gegensatz zu manchen seiner auf Olympia geborenen Verwandten empfand der Aasvogel Scaramanca nicht als streitsüchtig oder bitterernst. Von allen auszubildenden Techmarines im dreißigsten Stock war Aulus Scaramanca das Meisterwerk der Artifex Astartes. Der Aasvogel hatte während seiner vorübergehenden Versetzung auf den Mars unbestreitbares Geschick entwickelt, und Tibor Ventidian hatte einige der besten und beständigsten astrotechnischen Leistungsbeurteilungen in der Geschichte seiner Legion erhalten. Phylax war ein unübertroffener Waffenschmied, und der Imperial Fist besaß eine geradezu instinktive Fähigkeit, den Schmerz beschädigter und versagender Maschinen zu spüren – in Verbindung mit den Autosystemen und den Geistern solcher Maschinen war er in er Lage, auch in simulierten Schlachtfeldsituationen schnellste Reparaturen durchzuführen und überragende Lösungen zu finden.

Scaramanca war allerdings ein Meister jeder Disziplin, die er studiert hatte.

Er war ein Kultmeister des liturgischen Wissens und der Runenkunst. Ein Meister kybernetischer Verbesserungen, der sogar an den Augmentationen des Aasvogels gearbeitet hatte, um sie aufzuwerten. Er war ein meisterhafter Architekt mit einer Begabung für Gestaltung und Maschinenbau. Ein Schöpfer zerstörerischer Waffen, der selbst bei der Verbesserung uralter Plasma- und Konversionstechnologien erfolgreich gewesen war, die laut des Mechanicum nicht verbessert werden konnten. Er war ein Meister der geheimen Wissenschaften und wirkte bei Inbetriebnahmen, Wartungen, Reparaturen und der Wiederbelebung der im Kampf stark beschädigten geehrten Konstrukte des Omnissiah regelrechte Wunder.

Auch wenn ein Cogitator mit Runentastatur oder ein Festungsgeneratorium Aulus Scaramanca keine Probleme bereiteten, lagen seine wahren Talente im Kriegsgerät, von der scharfen Schneide der einfachsten Klinge bis hin zu den uralten Kolossen der Flotte – und jeder vorstellbaren Waffe, jedem Fahrzeug und Schlachtwerkzeug dazwischen. Er war ein aufstrebender Schmiedemeister, der Perturabos Aufmerksamkeit selbst in den Reihen so vieler Kriegsschmiede und technisch begabter Söhne auf sich ziehen würde. Ähnlich wie seine Kampfausbildung und die taktischen Herausforderungen beim Führen innerhalb der Legion lagen Aulus Scaramanca auch diese Talente im Blut. Genau wie sein Lächeln, das mit seinem stolzierenden, schweren Gang einherging und den scherzhaften Spott untermalte, mit dem er andere bedachte.

»Was aber nicht erklärt«, fuhr der Iron Warrior fort, »wie die erfassten Serienbezeichnungen der bionischen Augmentationen, die auf Archelon, Spurcia und Krypke registriert sind, ihren Weg zu den Schmelzanlagen von Phaethontis, fremdweltlichen Verwertungsanlagen und Aufbereitungsdepots überall auf Terra Cimmeria gefunden haben … Die Bioniken von Algernon Krypke sind inzwischen in mindestens sieben anderen Konstrukten verbaut …«

Der Legionär starrte sprachlos die Datentafel an.

»Woher hast du diese Information?«, fragte Tibor Ventidian.

»Nicht aus dem Datennetz«, sagte Scaramanca. »So viel kann ich dir sagen.«

»Du hast dich den Befehlen der Artifex Astartes widersetzt?«, warf Phylax ihm vor. »Du hast den Ordensturm ohne Codes und Autorisierung verlassen?«

»Die Handwerker und Mentoren, die diese Befehle erteilt haben, sind tot«, sagte der Aasvogel zu dem Salamander.

Der Raven Guard schaute zu Scaramanca, der langsam den Kopf schüttelte. »Archelon?«

»Das war nicht einfach«, gestand der Iron Warrior, »aber ich habe ihn gefunden. Die Gencodierung bestätigt, dass das, was von ihm übrig war, verwertet und sein Fleisch als *Servitudum Imperpetuis* verwendet wird.«

»Er … er wurde zu einem Servitor gemacht?«

»Er arbeitet in den Tiefenkernminen von Memnonia.«

»Begraben«, sagte der Aasvogel. Er nickte Scaramanca zu. »Sie wollten, dass er nie gefunden wird.«

»Sie?«, sagte Salvador und stand auf. »Wer sind sie?«

»Rivalisierende Priester. Verfeindete Fraktionen. Es hat schon immer eine Menge Konkurrenzkampf in den Reihen des Mechanicum gegeben. Manche konservativen Gruppen halten die Artifex Astartes und die Frater Astrotechnicus für Techketzer, die die Pläne des Omnissiah verderben und die Heiligkeit des Maschinengeists missachten, um Krieg zu führen.«

»Das ist keine Kultangelegenheit«, sagte Scaramanca. Der Iron Warrior schloss einen seiner Mechadendriten an die Runenkonsole an und verband sich mit den Voxlautsprechern, um das Geplapper im Hauptdatenstrom abzuspielen. Der Hangar vibrierte unter dem gekreischten, wahnsinnigen, dunklen Code. »Das ist etwas Größeres«, beharrte Scaramanca über die Kakofonie hinweg. Er hob einen Panzerhandschuh. »Auf die eine oder andere Art ist der ganze Mars darin involviert – also auch wir.«

»Wann sind die Orbitalabtastungen gemacht worden?«, fragte der Aasvogel, während er eine der Datentafeln durchsah.

Er streckte seinen silbernen, bionischen Arm aus und ballte

eine Faust. Vier haptische Stacheln schossen mit einem dumpfen, pneumatischen Geräusch aus seinen Fingerknöchelöffnungen. Wie bei Schlüsseln befanden sich an jedem verschiedene nadeldünne Anschlüsse, die in den Stacheln untergebracht und auch als Waffe einsetzbar waren. Während sich drei von ihnen langsam zurückzogen, steckte der Aasvogel den vierten in eine Buchse der Runenkonsole. Eine hololithische Darstellung leuchtete knisternd auf. Es war eine Luftaufnahme von Novus Mons und dem umgebenden Quadranten.

»Vor einer Stunde«, sagte Scaramanca.

Der Aasvogel strich mit einem schwarzen Panzerhandschuh durch das zischende Hololith. Er schaute zu Tibor Ventidian. »Manöver, sagst du?«

Der Ultramarine stand auf und betrachtete die unscharfe Wiedergabe mit seinem grellblauen Optikmodul. Er schaute von der Wiedergabe auf den Aasvogel und wieder zur Orbitalaufnahme.

»Marsianische Autokrator-Sturmtransporter nähern sich«, sagte Ventidian ernst. »Skitarii-Techgardisten. Die Scopulischen Phasen-Füsiliere.«

»Ziel?«, fragte Salvador, doch der Imperial Fist kannte die Antwort.

»Der Ordensturm«, sagte der Ultramarine, schnappte sich den Bolter und das Sichelmagazin von der Runenkonsole.

»Wie viele?«, fragte Nem'ron Phylax.

»Alle«, antwortete Ventidian.

»Sie wollen uns so auseinandernehmen«, sagte Aulus Scaramanca, »wie die Artifex Astartes.«

Die silbern glänzenden Augen des Aasvogels starrten in das Gesicht des Iron Warriors. Scaramanca war so lange von seiner Legion und brutalen Konformitätsprozessen entfernt gewesen, dass die bloße Aussicht auf einen Kampf ein wahnsinniges Lächeln auf den schiefen Mund des Olympianers zauberte.

Phylax, Salvador, Ventidian und den Aasvogel überkam keine solche Freude. Das Unmögliche geschah – Verrat, Mord, Krieg auf dem Mars – und die Space Marines waren inmitten des Chaos und der Verwirrung gefangen.

Scaramanca schaute zum Aasvogel. »Also, was jetzt?«

FORMULIEREN

Der Aasvogel wandte sich an Phylax. »Alarmiere unsere Brüder in den unteren Stockwerken.«

»Sie werden uns wahrscheinlich nicht glauben«, sagte der Salamander und griff nach einem nahe gelegenen Voxgerät.

»Ich würde es nicht«, gab Salvador zu.

»Sie werden es glauben, sobald fliegende Sturmtransporter vom Himmel stürzen«, sagte Scaramanca.

»Gefahr erkannt, Gefahr gebannt«, sagte der Aasvogel und zog seinen Anschlussstecker aus dem Sockel zurück.

»Womit wir bei einem weiteren Problem wären«, sagte der Iron Warrior. Er streifte die glatten Gurte zweier Umbra-Bolter von seinem Schulterpanzer. »Die gute Nachricht – aus der Wartung«, sagte er zu den Legionären, warf eine Waffe Alcavarn Salvador und die andere Nem'ron Phylax zu. Von jedem Space Marine wurde als Zeichen des Respekts erwartet, dass er seinen Legionärsbolter bei der Ankunft auf dem Mars abgab. Die einzigen Waffen, die im Ordensturm verfügbar waren, waren die in den Werkstätten.

»Munition?«, fragte Salvador.

»Die schlechte Nachricht«, gestand der Iron Warrior. »Vom Testgelände. Jeweils ein halbes Magazin.«

Unwillkürlich schaute der Aasvogel Aulus Scaramanca staunend an. Er hatte keinen Zweifel, dass der Iron Warrior unter dem Befehl seines Primarchen wahre Größe erlangen würde. Abgesehen von seinem technischen Können hatte er alle Eigenschaften eines vorbildlichen Anführers: klare Gedanken und Haltungen; einen Appetit – vielleicht sogar Enthusiasmus – für den Kampf. Bescheidenheit, die er damit bewies, dass er die einzigen verfügbaren Legionärswaffen seinen Legionsbrüdern überließ, und dass er sich für Überlegungen und zur Beratung an andere wandte.

Scaramanca spürte den infraaugmentierten Blick des Raven Guards auf sich. »Nun, Aasvogel«, fragte der Iron Warrior, »von wo werden sie kommen?«

Der Aasvogel drehte sich um, um sich im Technikhangar umzuschauen. Über den Hallenboden waren verschiedene Fahrzeuge, Waffen und sperrige Ausrüstung in unterschiedlichen Bau- und Verfallszuständen verteilt; Panzertüren führten zu den Werkstätten und dem Zellenblock, und aus dem Hangar ragte eine Balkonplattform, auf der Landelampen blinkten. Der Aasvogel zeigte auf die andere Seite des Hangars.

»Die Skitarii werden ermittelt haben, dass sie sich nicht vom Erdgeschoss nach oben arbeiten und den Turm Stockwerk für Stockwerk einnehmen können«, stellte der Raven Guard fest.

»Das würde uns zu viel Zeit geben, um uns zu verschanzen«, sagte Salvador.

»Genau«, stimmte der Aasvogel zu. »Wie Tibor schon sagte, werden die Phasen-Füsiliere alle Etagen gleichzeitig aus der Luft stürmen. Sie werden sich auf ihre zahlenmäßige Überlegenheit verlassen –«

»Und auf die Tatsache, dass sie im Gegensatz zu uns Waffen haben «, fügte Nem'ron Phylax hinzu, der das Voxgerät von seiner ebenhölzernen Wange nahm.

»Wir *sind* Waffen«, knurrte Aulus Scaramanca.

»Wir werden die Geräte im Hangar als Deckung nutzen«, sagte der Aasvogel, »und so viele von ihnen ausschalten wie wir können, wenn sie versuchen, sich Zugang zu verschaffen. Leider wurde der Ordensturm nicht für eine mögliche Belagerung entworfen ...«

»Was für beide Seiten von Vorteil ist«, stimmte Scaramanca zu.

»… doch wenn nötig können wir uns in die Werkstatt zurückziehen und, wenn die Zeit reicht, uns auf das Dach begeben. Oder wir arbeiten uns durch die Stockwerke hinab, um uns mit unseren Brüdern weiter unten zu sammeln.«

»Dafür wird keine Zeit sein«, sagte Tibor Ventidian plötzlich. Der Ultramarine studierte noch immer die von Rauschen durchzogene Hololithanzeige. Er zeigte auf einen gespenstischen, dunklen Umriss auf der Hellesponticae, der sich in Richtung Novus Mons bewegte.

»Was ist das?«, fragte der Aasvogel.

»Eine Titanen-Kriegsmaschine«, sagte Ventidian düster. »Warlord-Klasse, glaube ich.«

»Bei Terra …«, murmelte Alcavarn Salvador.

»Welcher Legio gehört sie an?«, fragte der Aasvogel.

»Der Legio Mortis«, bestätigte Ventidian, der die vorbeiziehenden Runenreihen überflog.

»Warum ist das wichtig?«, fragte Phylax den Raven Guard.

»Die Legio Mortis ist Kelbor-Hal verpflichtet«, sagte der Aasvogel. Er gab den Legionären einen Moment, um das Ausmaß ihres schlimmen Schicksals zu begreifen.

»Wir müssen Terra alarmieren«, sagte Salvador und drehte sich zur Runenkonsole. »Ich muss Lord Dorn warnen.«

In diesem Moment gingen die Lampen und der hololithische Schleier um die auszubildenden Techmarines aus. Lautes Klappern hallte durch den Technikhangar, als sämtliche Geräte gleichzeitig ausgingen und die Halle in Zwielicht getaucht wurde. Nur durch den Hangareingang fiel das blassrote Licht des langen Marssonnenaufgangs.

»Sie haben die Energie abgeschaltet«, sagte Phylax und bückte sich nach dem Voxgerät.

»Wahrscheinlich im ganzen Quadranten«, sagte der Aasvogel. Draußen konnten die Legionäre das lauter werdende Tosen von Fliegertriebwerken hören, während eine Reihe Silhouetten aus dem Schleier des marsianischen Sandsturms trat. Die Sturmtransporter der marsianischen Autokrator-Bodentruppen.

»Ich kann nicht fassen, dass das passiert«, sagte Ventidian. »Mars und Terra führen Krieg gegeneinander?«

»Das wissen wir nicht«, sagte Phylax. »Der Mars könnte einen Bürgerkrieg führen.«

»Der dunkle Code«, sagte der Aasvogel. Er dachte über den Wahnsinn jenseits des Datennetzes und seinen Traum vom Techketzer Octal Bool nach. »Die Verderbnis breitet sich aus. Die Übertragungen könnten alle Systeme des Roten Planeten befallen. Das Geschwür dringt aus jeder Buchse und Schnittstelle. Dieses Verderben ist marsianischen Ursprungs, da bin ich mir sicher.«

Aulus Scaramancas Lächeln verzog sich zu einem Zähnefletschen.

»Das ist nicht wichtig. Bringen wir das hier hinter uns«, sagte der Iron Warrior.

Etwas Besseres hatte der Aasvogel den versammelten Legionären nicht zu bieten, die ihn fassungslos anstarrten, als sich ihre Mechanicumsherren gegen sie wandten. »Positionen einnehmen«, befahl er.

Während die Legionäre hinter den Hüllen ausgeschlachteter Panzer und massiger Gerätschaften in Deckung gingen, wurden vor dem blassen Marssonnenaufgang schwarze, raubvogelförmige Umrisse erkennbar. Lautsprecheraugmitter ließen von oben eine Kakofonie herabschallen: Eine quietschende Codeübertragung erfüllte die Halle. Der Aasvogel hatte mit Tibor Ventidian eine der vorderen Positionen eingenommen und zog den langen Stab eines Zahnradschlüssels aus einem Werkzeughaufen, der sich in einer offenen Lagerkiste befand.

Der Zahnradschlüssel war ein Multifunktionswerkzeug. Er war so schwer wie ein Hammer, und um die mit kleinen gezackten Zähnen versehene Zahnradklinge knisterte ein Schneidefeld. Wenn man einen Hebel an der Drehkurbel drückte, teilte sich die Zahnradklinge, fuhr ratternd den Stiel hoch und runter, und machte aus dem Werkzeug einen belastbaren Schraubenschlüssel und eine brutale Waffe.

Ventidian, der ein Sichelmagazin in den Verschluss seines Phobos-Bolters steckte, krümmte sich plötzlich. Der Aasvogel hörte einen furchtbaren Schrei aus der Kehle des Ultramarines. Nachdem er einen Blick über den Plasmakerngenerator geworfen hatte, hinter dem er sich versteckte, erhob sich der Raven Guard. Seine bionischen Ersatzbeine trugen ihn geschwind durch den offenen Hangar, bis er sich neben Ventidian auf seine gepanzerten Knie fallen ließ. Der Legionär, der hinter einem ausgeschlachteten Grav-Motor Schutz suchte, litt offensichtlich Schmerzen und hatte seine Waffe zu Boden fallen lassen.

Der auszubildende Techmarine ging so an das Problem heran, wie er es bei einer fehlerhaften Maschine getan hätte, und sah, dass der lahmgelegte Ultramarine sich ans Ohr fasste. Nachdem er seinen Panzerhandschuh vom Kopf weggezerrt hatte, sah der Aasvogel, dass das Cognis-Signum, das in der Seite seines rekonstruierten Schädels verbaut war, Funken sprühte, und dass sein Optikmodul qualvoll flimmerte. Da er befürchtete, dass die Kommunikationssysteme den übertragenen dunklen Code noch verstärkten, entschied sich der Raven Guard für eine schnelle Lösung.

Der Aasvogel ballte eine hydraulikbetriebene Faust und fuhr seine Anschlussstecker aus. Nachdem er drei der Stifte ganz und den vierten halb zurückgezogen hatte, schlug er Ventidian seitlich gegen den Kopf. Der Aasvogel schoss die Buchsenverankerung am Ende des Steckers ab und riss seine bionische Faust zurück, wobei er das funkensprühende System mit sich zog. Er schnipste das codequietschende Gerät zu Boden und drehte sich wieder herum, um seine Arbeit zu inspizieren. Aus dem Loch im Schädel des Ultramarines sickerten Blut und Öl, doch einen Augenblick später sprang Ventidians blaues Optikmodul zischend wieder an und der Legionär hob einen Panzerhandschuh, um zu signalisieren, dass er in Ordnung war.

Als der Ultramarine seinen Bolter vom Deck aufhob, setzte der Lasersturm ein. Der Aasvogel hörte die surrenden Multilaserläufe von rumpfmontierten Waffen, die den finsteren Hangar mit flackerndem Licht erhellten. Gleißende Strahlen durchschossen in einem unaufhörlichen Energiehagel die weniger festen Geräte und Panzerplatten. Die gleißenden Laserfeuerstrahlen zerfurchten den Gitterboden und schlugen winzige, musterbildende Löcher durch Plaststahl und Diagnosegeräte. Das trübe marsianische Tageslicht fiel in dünnen Strahlen durch die qualmenden Löcher und bildete auf dem Hangarboden Kreuzmuster.

Die Legionäre hatten so einen Angriff erwartet. Ihre Ausbildung und Erfahrung auf den Schlachtfeldern hatten sie hinter Materialien und Ausrüstung in Deckung gehen lassen, die solch einen Angriff überstehen konnten. Der Aasvogel sah Nem'ron

Phylax hinter einem teilweise zerlegten Exekutor-Panzer knien und Aulus Scaramanca an den Kabeln und Energiezellen eines halbfertigen Kanonenstands arbeiten. Während der Schützenturm von den schneidenden Multilaserstrahlen des Sturmtransporters allmählich zu Schrott verarbeitet wurde, beendete der Iron Warrior seine Aktivierungsriten und die hastige Arbeit an den Anschlüssen. Aus dem Strahlenhagel wurde eine kugelförmige Wand aus gebrochenem Licht, als Scaramanca die zusammengeflickte Feldverteidigung des Kanonenstands hochfuhr.

Die uralten Walküren schwebten tosend vor der Hangaröffnung, während aus ihren Lautsprechern wahnsinnig klingendes Binär drang. Der Aasvogel konnte die Kakofonie aus Code, Flugdüsen und Multilasern auch über die Lautsprecher der beiden Stockwerke unter ihnen hören. Er stellte sich vor, dass der ganze Ordensturm von Sturmtransportern umschwärmt wurde, und wie die Geschütze flackerten, die die Hangars, Balkonplattformen und geschlossenen Sichtluken mit ihren Laserwaffen zerfetzten. Der Aasvogel hätte schwören können, in dem Lärm und über die Verwüstung hinweg das ferne Donnern von Bolterfeuer zu hören. Er hoffte, dass seine Legionsbrüder auf den unteren Stockwerken seine Warnung erhalten hatten und für das bevorstehende Gemetzel Vorkehrungen hatten treffen können.

Plötzlich war das Lichterschauspiel vorbei. Blasses Sonnenlicht fiel in den von Strahlen zerschossenen Hangar, durch den Rauch und die kleinen Explosionen aufgerissener Zellen und Geräte. Das hatte der Aasvogel erwartet. Die Truppen des Mechanicum waren offensichtlich nicht bei Sinnen – sie waren Sklaven des korrumpierten Codes, der ihre Systeme durchströmte –, doch die Skitarii befolgten zuverlässig ihre uralten und unflexiblen Kampfprotokolle. Er hörte ihr voxübertragenes Geplapper lauter werden, als der Sturmtransporter heranrauschte. Nachdem der Turm von Multilasern verwüstet worden war, schwebten die Flieger näher, um ihre tödliche Konstruktfracht abzuladen: die Scopulischen Phasen-Füsiliere.

Der Aasvogel riskierte einen kurzen Blick über den Motor, hinter dem er sich mit Tibor Ventidian in Position begeben hatte, und sah den Rumpf und die Unterhangflügel von drei Sturmtransportern heranschweben. Aus ihren Kabinendächern drang ein kränklicher Schein, und als sich ratternd die Ausstiegsrampen unter dem Rumpf öffneten, drang das gleiche unheilvolle Licht aus den Truppenabteilen. Der Aasvogel konnte die Umrisse von Skitarii-Kriegern sehen, die in Reih und Glied codekeifend durch den Lichtschein marschierten.

Nachdem er wieder hinter dem Triebwerk in Deckung gegangen war, gab der Aasvogel Nem'ron Phylax ein Zeichen. Er zeigte auf die Hülle des Exekutors, die der Salamander als Deckung nutzte, und dann auf den nächstgelegenen Sturmtransporter, dessen Fahrgestell auf der Balkonplattform ruhte. Phylax nickte langsam und machte seinen Bolter schussbereit. Der Aasvogel machte sich bereit, lenkte Alcavarn Salvadors Aufmerksamkeit auf ähnliche Weise auf den mächtigen Salamander und schlug Ventidian auf den Schulterpanzer.

Er musste nicht lange warten. Nur Augenblicke später hörte er das entsetzliche Knirschen von Panzerketten, die den Hangarboden zerfurchten.

Phylax nutzte seinen großen Servoarm, um die Rückseite des Panzers anzuheben, und stemmte sich gegen den Rumpf des Exekutors, um ihn mit einem magnetisierten Schritt nach dem anderen Richtung Feind zu schieben. Die Skitarii, die den Sturmtransporter verließen, bestanden aus dunkelroten Mänteln und klirrender Bronze. Sie waren in zeremonielle Rüstungen gehüllt, und ihre Gesichter waren durch dreiäugige Zielsysteme ersetzt worden, die mit ihrem Schädel verschmolzen waren. Mit ihren Phasenplasmaflinten feuerten sie Bälle aus energiegeladenem Wasserstoff auf den Rumpf des Exekutors, die wie kränkliche, winzige Sonnen auf die Panzerplatten trafen. Die Panzerung, die den Phasen-Füsilieren zugewandt war, glühte, schmolz und zerlief.

Während Nem'ron Phylax das Fahrzeug auf sie zu schob und die dicke Panzerung als gigantischen Schild verwendete, gab der Aasvogel Ventidian und Salvador ein Signal, ihm mit ihren Boltern Deckung zu geben. Indem er den Exekutor auf dessen schweren Ketten vorwärts schob, zwang Phylax die aussteigenden Skitarii dazu, nach links und rechts auszuschwärmen, um ihn zu flankieren. Alcavarn Salvador rückte ebenfalls vor und machte meisterhaft Gebrauch von der Deckung, die die sperrigen Geräte und Übungsstücke boten, die den Technikhangar übersäten. Als Imperial Fist war er mit Belagerungen bestens vertraut und wusste daher, dass es überlebenswichtig war, den Feind vom eigenen Boden zu vertreiben und ihm keinen Meter davon zu überlassen. Der Legionär schlich hockend durch die Deckung und schoss mit einzelnen Geschossen auf die Autokrator-Bodentruppen, die auf die Plattform strömten. Aus den Ecken, über Deckung hinweg und in der Bewegung schoss der Imperial Fist mit tadelloser Präzision. Jedes Boltgeschoss durchschlug die gepanzerten Brustkörbe der Kriegerkonstrukte und warf die widerwärtigen Verschmelzungen aus Mensch und Maschine auf das Deck.

Da Salvadors meisterliche Schüsse die rechte Flanke auslöschten, waren die Skitarii auf der linken ausgeschwärmt und schlugen mit grellen Plasmasalven auf den Exekutor-Panzer ein. Der Aasvogel konnte das wiederholte Klicken eines Zündmechanismus hören, da Tibor Ventidian es nicht schaffte, den Geist der Waffe zu beschwichtigen. Er konnte das frustrierte Gemurmel des Ultramarines hören, als auch die Riten, Litaneien und Bittgebete zum Omnissiah den Bolter nicht funktionsfähig machten.

»Aasvogel …«, sagte Ventidian. »Aasvogel, ich …«

Der Aasvogel schaute von Ventidian, der versuchte die Waffe mit Willenskraft zum Funktionieren zu bewegen, zu Nem'ron Phylax, der den verwüsteten Panzer mit seinem starken Servoarm hochhievte. In dem anderen hielt er seinen Bolter, mit dem er verzweifelt Boltgeschosse durch die codeplappernden Skitarii jagte, die das Fahrzeug umrundet hatten.

Der Aasvogel brach aus der Deckung und rannte eilig auf kolbenbetriebenen Beinen los. Im Gegensatz zu Salvador besaß er kein intuitives Verständnis von Deckung und Schussbahnen. Dafür hatte er die Kraft und den Antrieb seiner bionischen Gliedmaßen und ein Gespür für bevorstehenden Tod und Zerstörung – erlittene und verursachte.

Als er durch den Hangar stürmte, zog der Aasvogel sofort die Blicke der dreiäugigen Zielsysteme der flankierenden Phasen-Füsiliere auf sich. Da sie ihre Waffen dem rennenden Schatten in mitternachtsschwarzer Rüstung zuwendeten, gewährte seine Ablenkung Nem'ron eine kurzzeitige Atempause. Glühende Bälle aus unnatürlichem Plasma schlugen hinter dem Aasvogel in den Boden ein. Mit zunehmender Geschwindigkeit stampfte der Aasvogel Dellen in das Gitter und sprang einer Plasmasalve aus dem Weg, worauf er eine sperrige Maschine erklomm und über die ausgeschlachteten Gehäuse einer Vielzahl von Fahrzeugen lief. Als er über eine Lücke sprang, wurde die Luft hinter ihm vom Beschuss geröstet.

Nachdem er auf dem geneigten Flügel eines antriebslosen leichten Frachttransporters gelandet war, krallte sich der Aasvogel mit seiner Ersatzhand in den ramponierten Platten fest, indem er seine hydraulischen Finger als Kletteranker nutzte. Dort hielt er einen Moment inne, damit die Fähre die Plasmasalve absorbieren konnte, die die codekreischenden Skitarii auf ihn schossen. Inzwischen war er nah genug dran, um das angestrengte Ächzen des Salamanders, den dumpfen Aufprall zerschossener Kriegerkonstrukte auf dem Boden und das Klicken des leergeschossenen Boltermagazins zu hören.

Nachdem er die zusammengeflickte Panzerung des Flügels losgelassen hatte, ließ sich der Aasvogel daran hinuntergleiten und rollte sich ab. Dabei rollte er über seine Schulterpanzer und Knotenpunktreihen – und erschien kurz zwischen einem fahrbaren Kran und zwei gigantischen Fässern, die geweihtes Öl enthalten hatten. Die Phasenplasmaflinten der Skitarii brannten sich durch den Hangarboden und zerschossen die Fässer, doch der Aasvogel war bereits fort.

Nachdem er das Gerüst des Lastkrans hinaufgeeilt war, warf sich der Aasvogel in die Luft. Die schwarze Robe des Raven Guards flatterte hinter ihm her, während er mit hocherhobenem Zahnradschlüssel über die freie Fläche auf die aussteigenden Skitarii zuflog.

Mit einer servozermürbenden Anstrengung, die Nem'ron Phylax einen Schrei entlockte, schob er das glühende Exekutor-Wrack über die Plattform. Von oben konnte der Aasvogel auf der anderen Seite des Panzers Salvadors sparsames Bolterfeuer durch Brustkörbe und Kampfgehäuse der Skitarii schlagen sehen. Aus den Kriegerkonstrukten unter ihm brachen Fontänen aus Öl, Blut und Maschinenteilen hervor; Ventidian hatte seinen Bolter endlich zum Funktionieren überredet. Mit entschlossenen Betätigungen des Abzugs zerfetzte der Ultramarine die vorderste Skitarii-Reihe unter den Plaststahlfüßen des Aasvogels.

Als der Aasvogel landete, schlug er mit brachialer Gewalt ein.

Er versetzte einem von einem Boltgeschoss getroffenen Mitglied der Phasen-Füsiliere den Todesstoß und schmetterte das Kriegerkonstrukt zu Boden. Die dreiteiligen Optikmodule der Skitarii surrten und rotierten verwirrt, als der Panzer, Ventidians verspätetes Bolterfeuer und der Aasvogel gleichzeitig auf sie trafen. Ihre Stiefel hatten kaum die Plattform des Ordensturms berührt, als sie von den Angreifern zu den Leidtragenden des Angriffs wurden.

Bevor sie die Zeit hatten, das Geschehen vollständig zu verarbeiten, war der Aasvogel unter ihnen. Seine Ersatzfaust war ein Adamantiumhammer, der Optikmodule, Hirngeflechte und Knochen zertrümmerte. Er nutzte seine ausgefahrenen Anschlussstecker als Metallkrallen, mit denen er die Skitarii der Länge nach aufschlitzte und die Schädel der Kriegerkonstrukte auf den Boden spießte. Sein knisternder Zahnradschlüssel war ein kreisender, gezahnter Schlagstock, mit dem er die Soldaten des Mechanicum zur Seite und vom Rand der Plattform schlug.

Der Aasvogel hörte den Exekutor in den Sturmtransporter krachen und das Fahrgestell des Fliegers rückwärts über den Boden schrammen. Während die Phasen-Füsiliere zerstreut waren und Salvadors und Ventidians unerbittliches Bolterfeuer den Kriegerkonstrukten um die Köpfe flog und ihre Schützenreihen ausdünnte, drückte der Aasvogel das Hydraulikmaul des Zahnradschlüssels auf. Mit der Kraft seiner beiden Arme – einem fleischlichen und einem bionischen – zerschnitt der Space Marine die Leiber und Kampfgehäuse der bedauernswerten Soldaten. Während es rings um ihn Fleischbrocken und zertrümmerte Maschinenteile regnete, köpfte der Aasvogel sauber einen codeplappernden Tribun, bevor er den Zahnradschlüssel an seinem Gürtel magnetarretierte und sich mit Nem'ron Phylax hinter dem mitgenommenen Panzer zusammentat.

Der Aasvogel stemmte sich gegen das Deck und aktivierte die Magnahydraulik seiner Ersatzbeine, während er gegen den zertrümmerten Exekutor und das schlitternde Fahrgestell des Sturmtransporters dahinter andrückte. Aus der Fliegerkabine und dem Truppenabteil drang das gleiche widerliche Licht wie zuvor. Es gab keine Panik, als das glühende Panzergehäuse das hintere Fahrwerk der Walküre von der Plattform schob, keine Schreie. Nur das tollwütige Geplapper und den verdorbenen

Code, die unentwegt aus den Lautsprechern des Fliegers schallten.

Als die letzten Autokrator-Truppen rings um sie zu Boden gingen und Salvador und Ventidian vorrückten, hoben Phylax und der Aasvogel mit aller Kraft ihrer Beine und Schultern das Wrack an. Nachdem er seinen großen Servoarm gelöst hatte, warf sich Phylax zusammen mit dem Raven Guard dagegen, und mit einem letzten Schleifgeräusch stürzten der Transporter und der Panzer vom Plattformrand. Der Aasvogel und der Salamander beobachteten, wie die beiden Fahrzeuge hinabstürzten. Der Sturmtransporter versuchte sich gar nicht erst zu retten, noch verließ die Besatzung ihren Flieger. Die taumelnde Walküre krachte durch mehrere weitere Flieger, die neben tieferen Hangarplattformen schwebten, und verursachte einen mitreißenden Dominoeffekt, der Flugzeugrümpfe zertrümmerte und Skitarii die Turmwände hinabstürzen ließ. Das Gebäude wurde von Fliegern allerdings regelrecht umschwärmt, und zwei weitere stiegen zur Balkonplattform herab. Einer drehte sich, um ihnen seinen kreischenden Türschützen und den gähnenden Lauf eines schweren Bolters zuzuwenden, während der andere schwer landete und die Ausstiegsrampe seines Truppenabteils öffnete.

Plötzlich schien der Sturmtransporter, der vor Phylax und dem Aasvogel schwebte, in einem vernichtenden Sturm aus dunkler Energie zu verschwimmen. Der Flieger und alle Skitarii darin wurden von dunklen, nadeldünnen Strahlen durchlöchert, die den Transporter zerstückelten, bis schließlich ein Feuerball aus fremdartigen schwarzen Flammen aus ihm herausbrach. Als sie die Zerstörung zu ihrem Ursprung zurückverfolgte, stellte der Aasvogel fest, dass Aulus Scaramanca eine Feldreparatur an der Geschützstellung durchgeführt hatte, in der er Schutz gesucht hatte, während sie die erste Welle von Phasen-Füsilieren abgewehrt hatten. Indem er das Refraktorfeld der Stellung mit dem Feuerausstoß abgepasst hatte, hatte der Iron Warrior die Photonendüsen zu neuem Leben erweckt und die erste Walküre zerfetzt, bevor er die Meute kreischender Skitarii zerteilte, die die Rampe der zweiten hinabstapften.

Als das Geräusch des Bolterfeuers auf der Plattform erstarb, traten Phylax und der Aasvogel den Rückzug hinter die Deckung an, die der technische Hangar bot. Sowohl Salvador als auch Ventidian hatten keine kostbare Munition mehr, doch an eintreffenden roten Sturmtransportern mangelte es nicht. Von dem Widerstand auf mehreren Decks unbeirrt und von dem Gemetzel auf anderen ermutigt, ließ sich der Skitarii-Vernichtungskader nicht aufhalten. Selbst die nadeldünnen Strahlen aus reiner Dunkelheit, die aus Scaramancas Photonendüse im Hangarinneren schossen, konnten die von Code verrückt gemachten Soldaten nicht vertreiben.

Oberhalb der Balkonplattform und außerhalb des beschränkten Schussfelds der Kanone schwebten Sturmtransporter und öffneten ihre Truppenabteiltüren. Korruption skandierende Tribune befahlen ihre Autokrator-Truppen die ratternden Rampen hinab, sodass die Skitarii auf die Plattform regneten, wo sie sich gefühllose Knochen brachen oder auf den Suspensoren ihrer bionischen Beine landeten. Sofort nach der Landung eröffneten sie das Feuer und verwüsteten den Hangar mit Plasmaexplosionen.

Scaramanca zerteilte die Horden herabfallender Skitarii mit peitschenden Photonenstrahlen, doch es waren zu viele. Ventidian und Salvador schauten sich hilflos und ohne Munition um, während Phylax und der Aasvogel zurück in die Deckung des Hangars rannten. Die hydraulischen Beine des Aasvogels trugen ihn mit Leichtigkeit über den Boden, und seine Füße zerstampften und zermalmten das, was von den Kriegerkonstrukten übrig geblieben war. Der ungeschlachte Salamander war nicht für Schnelligkeit und Geschick geschaffen – erst recht nicht unter der großen Last seines Harnischs und Servoarms.

Während der Aasvogel weiterstürmte und mehrere Generatoren und Hydraulikwagen aus Armaplast zwischen sich und den dicht folgenden Phasenplasmasturm brachte, blieb Nem'ron Phylax mit verärgertem Gebrüll stehen und fiel krachend auf seine zerkratzten, grüngepanzerten Knie. Eine Plasmasalve war in seinen Rücken eingeschlagen und hatte sich durch sein Rückenmodul gefressen. Die zwitschernden Skitarii jagten weitere Miniatursonnen des rüstungsverkochenden Todes in den Legionär und humpelten dem Salamander hinterher, um ihm eine tödliche Salve nach der anderen zu verpassen.

Der Aasvogel konnte nur zusehen, wie Nem'ron Phylax

schmerzverzerrtes, ebenhölzernes Gesicht seine zusammengebissenen, silbernen Zähne umrahmte. Während sich das brennende Plasma durch seinen Körper fraß, wurde aus der Brust des Salamanders ein blubberndes Loch aus geschmolzener Rüstung und grellem Licht.

»Nein!«, brüllte der Aasvogel. Ventidian versuchte Nem'ron am Arm zu packen und ihn in Sicherheit zu ziehen, doch es war zu spät – er war tot. Als ein Hagel hocherhitzten Todes auf ihn zukam, lief der Raven Guard im Zickzack und ließ die unterschiedlich betriebsbereiten Geräte und Fahrzeuge im Hangar die Treffer erleiden. Während die Skitarii hordenweise auf die Plattform fielen und in den Hangar marschierten, wurde aus dem Zwielicht ein gleißender Plasmasturm, der Metall und Deckplatten zu glühender Schlacke verarbeitete.

Hinter einem energiebetriebenen Frachtkran in Deckung gezwungen, dessen Greifer zu geschmolzenem Schrott verarbeitet worden war, stieß der Aasvogel die Finger seiner hydraulischen Hand in die rückseitige Energieversorgung des Krans. Indem er die Leitungsplatte seiner Handfläche mit den meisten Diaquarzzellen in Kontakt brachte, entzog der Aasvogel der Maschine die Energie. Die entnommene Energie leitete er durch die Metallstreifen, die sich unter seiner Haut durch sein blasses Fleisch wanden. Der auszubildende Techmarine spürte, wie sein Körper erwärmt wurde. Seine silbernen Augen funkelten, und sein Oberkörper fühlte sich so an, als ob eine kaum kontrollierbare Nova darin brannte.

Nachdem er die Energieversorgung geleert hatte und einen Schritt zurückgetreten war, stieß der Aasvogel seine Handfläche in Richtung des Energiekrans und entfesselte die gespeicherte elektromagnetische Energie. Der funkensprühende Energiestrom schlug in den ungeheuer massigen Kran, drückte dessen Seite ein und ließ die ganze Maschine über das Hangardeck rollen. Sie riss den Gitterboden auf und zerfetzte die dahinter befindliche Schar von Skitarii. Der auseinanderfallende Energiekran krachte, taumelte und schlitterte durch die Mechanicumssoldaten in seinem Weg und riss ihre zertrümmerten Körper mit sich von der Balkonplattform.

In kalter Wut schritt der Aasvogel vorwärts und entfesselte den Sturm in sich. Mit den ausgestreckten Fingern seiner

Hand lenkte der Aasvogel den Energiestrom auf nahestehende Phasen-Füsiliere, die dem Gemetzel entkommen waren, und jagte Blitze durch die Kriegerkonstrukte. Das Codegeplapper der Skitarii verstummte und sie fielen auf die Knie, als ihr schwelendes Fleisch gekocht wurde und ihre Maschinenteile durchbrannten.

Die Ohren des Aasvogels vernahmen die Rufe von Ventidian und Salvador, sowie den ersterbenden Strahlensturm aus Scaramancas Photonendüse, während diese ein letztes Mal über das Deck fegte, bevor ihre Energiezellen erschöpft waren. Für seine Legionsbrüder entfaltete sich die Situation mit solcher Wucht und Unfassbarkeit, dass sie schwer zu verarbeiten war.

Die Zweifel und die Verwirrung, die am Aasvogel genagt hatten – genährt von düsteren Träumen, einem überlasteten Cogitator und seinem genetischen Instinkt für das Verborgene und das Geheime – hatten sich plötzlich bestätigt. Auch wenn er das nicht glauben konnte, gab es auf dem Mars einen Feind; einen Feind, der die Anwesenheit der Legiones Astartes auf dem Planeten beenden und die Bedrohung, die sie als lebender, atmender Einfluss des Imperators darstellten, ausschalten wollte. Als die Skitarii-Krieger die seltsamen Läufe ihrer Flinten gegen den Aasvogel erhoben, verbrannte er sie mit der kanalisierten Energie, die aus seinen Systemen strömte.

Kriegerkonstrukte regneten vom Himmel, trafen hockend auf der Plattform auf und hoben ihre Phasenplasmaflinten, um auf die Legionäre zu feuern. Der Aasvogel stürmte in die Schar vor ihm. Er zog den magnetarretierten Zahnradschlüssel von seinem Gürtel und schlug Waffenläufe zur Seite, was kleine Sonnen in das Deck schickte. Er zertrümmerte die dreiteiligen Optikmodulzielsysteme, die dann in Einzelteilen von den Schädeln abfielen, und schlug den Wahnsinn speienden Skitarii mit niederschmetternden Hieben seiner gezahnten Waffe die Köpfe ein.

Während Plasmaschüsse seine mitternachtsschwarze Rüstung streiften und an ihm vorbeischossen, schlug der Aasvogel mit der Handfläche auf die metallgepanzerten Brustkörbe der augmentierten Soldaten. Innerhalb weniger Momente entleerte er die Energiekerne ihrer Kampfgehäuse und nutzte dann eben jene Energie, um die Kriegerkonstrukte zurück in ihre Code plappernden Reihen zu schleudern.

Nach kurzer Zeit stand der Aasvogel in einem Hügel aus Metall und versengtem Fleisch. Die Phasen-Füsiliere fielen weiterhin vom Himmel, während die Autokrator-Piloten verarbeiteten, was die Legionäre bereits wussten. Scaramancas verheerende Photonenkanone hatte keine Energie mehr. Die Sturmtransporter, die am blassroten marsianischen Himmel schwebten, rauschten erneut heran, um ihre korrumpierte Fracht abzuliefern. Rostrote Flieger, die ihre Ladung bereits abgeworfen hatten, erhoben sich tosend von der Plattform und fuhren ihre Waffen hoch.

Plötzlich wurde der Aasvogel von einer unaufhaltsamen Kraft zur Seite geworfen. Es war Tibor Ventidian. Der Ultramarine hatte ihn mit all der brachialen Wucht angestürmt, die seine Servorüstung hergab. Ventidian schmetterte den Raven Guard in die eingedellte Seite eines fahrbaren Werkzeugwagens, während Alcavarn Salvador mit seinem Panzerhandschuh eine Plasmaflinte zur Seite schlug und den Skitarii, der sie hielt, mit der gepanzerten Faust zertrümmerte. Die rasiermesserscharfe Klinge seines geschätzten Kampfmessers stach in ein weiteres Kriegerkonstrukt, und den Schädel eines anderen schlug er mehrmals gegen den Werkzeugwagen, ehe er den Körper des augmentierten Soldaten fortschleuderte.

Der Aasvogel richtete seine silbern funkelnden Augen auf Ventidians nobles Gesicht. Der Ultramarine redete mit ihm, aber er verstand die Worte nicht. Nachdem er seinen Cogitator dazu veranlasst hatte, den Schleier aus Emotionen und Aufputschmitteln zu durchbrechen, die wegen des Kampfes in seinem Blutkreislauf freigesetzt worden waren, hörte der Aasvogel ihn endlich.

»Hörst du mir zu?«, rief der Ultramarine. »Wir müssen zurückfallen und uns mit unseren Brüdern auf den unteren Stockwerken sammeln.«

Der Aasvogel schaute zu Salvador, der gerade seine Klinge befreite. Er nickte grimmig, und der Raven Guard schaffte es, das Nicken zu erwidern. Ventidian drehte den Aasvogel an seinem Schulterpanzer zum rauchumhüllten Zwielicht an der Rückseite des Hangars herum. Indem er nach einem weiteren Autokrator-Soldaten schlug, der sich mit seiner grotesken Waffe an dem Werkzeugwagen vorbeischlich, lenkte Salvador den abgefeuerten Plasmaschuss zur Decke. Der Imperial Fist packte den Wagen und stemmte sich gegen das fahrbare Gerät, das auf den zu Boden gegangenen Skitarii stürzte.

Während die drei Legionäre mit Scharen kreischender Skitarii hinter ihnen zwischen den sperrigen Geräten und befestigen Fahrzeugen hin und her eilten, wurde der wabernde Nebel im Hangar von ausgespienen Plasmakugeln und kurzen Multilaserstrahlen erhellt, die durch die Hindernisse und Barrieren schnitten. Die auszubildenden Techmarines gaben ihr Bestes, um so viele Schwerlastgeräte und Übungsstücke wie möglich zwischen sich und den Energiesturm zu bringen, der sich hinter ihnen einen Weg bahnte.

Dann hörte der Aasvogel das abrupte Stoppen des Lastenaufzugs. Als der Weg der Space Marines sie an die Hangarrückseite führte, ertönte ein ähnlich unheilverheißendes Läuten, worauf sich ruckelnd die dicke Aufzugstür öffnete.

»Runter!«, brüllte der Aasvogel und ließ sich schlitternd auf die Adamantiumbeinschienen seiner gepanzerten, hydraulischen Beine fallen. Dort waren Skitarii von den Phasen-Füsilieren, aber wie das sein konnte, wusste der Raven Guard nicht. Vielleicht hatten sie sich von schnell bezwungenen Stockwerken weiter unten nach oben vorgearbeitet. Vielleicht waren sie zur selben Zeit, in der sie versucht hatten, die Hangars und Plattformen einzunehmen, von der anderen Seite des Turms eingedrungen.

Eine Plasmawand kam auf die Legionäre zu und rauschte über den Kopf des Aasvogels hinweg. Bälle aus hocherhitztem Wasserstoff prallten gegen Ventidian und Salvador. Der Ultramarine wurde sofort von einer glühend heißen Plasmaexplosion getötet, die ihm seinen Kopf auf grausame Weise von den gepanzerten Schultern riss. Zerstörerische Entladungen schlugen mehrere saubere Löcher durch Alcavarns Robe und gelbe Rüstung, und die Wucht ließ den Legionär stolpern und auf das Deck krachen. Er schlug mit seiner gepanzerten Brust auf und schlitterte mit vor Schreck erstarrtem Gesicht neben den liegenden Aasvogel. Die meisterhaft gefertigte Klinge des Imperial Fists rutschte klirrend über das Deck und unter ein nahestehendes Fahrzeug.

Die augmentierten Skitarii marschierten mit schweren Schritten aus dem Lastenaufzug und tauschten sich in ihrer quietschenden Codesprache aus. Ihre Zielsysteme surrten und drehten sich wie ein mehrlinsiges Mikroskop, das den Raven Guard fixierte.

Ein Offizierskonstrukt schaute mit maschinenhafter Verachtung auf den Aasvogel herab, bevor es eine unhandliche Volkitpistole aus einem Holster zog, das um seine metallische Brust geschnallt war. Als es sie auf sein liegendes Ziel richtete, kräuselte der Aasvogel die Lippen. Er vergrub die Finger seines Panzerhandschuhs und der hydraulischen Hand in Alcavarn Salvadors Rückenmodul und hob den toten Imperial Fist wie einen Schild vor sich.

Während der Skitarii-Offizier einen brennenden Schuss in den beklagenswerten Salvador entlud, entzog der Aasvogel den Modulenergiezellen und den Antriebssystemen des Imperial Fists die Energie. Mit seiner gepanzerten Armbionik auf dem Schulterpanzer des Imperial Fists jagte der Aasvogel einen kurzen Strahl elektrischer Energie in das Offizierskonstrukt, der dessen glühenden Körper durch seine Skitarii und zurück in den Aufzug schleuderte. Während er sich auf die Knie setzte und seine Angreifer versuchten, ihre Plasmaflinten wieder auf ihn zu richten, verschoss der Aasvogel einen zweiten, dritten und vierten Strahl.

Schließlich kam der Aasvogel wieder auf die Beine und ließ weitere Bögen knisternder Energie in die abziehenden Skitarii einschlagen. Allmählich ging dem Raven Guard die gesammelte Energie aus, die seine Systeme durchströmte, und als es so weit war, musste er dem letzten eingedrungenen Kriegerkonstrukt mit einem seiner bionischen Beine einen Tritt versetzen. Mit seinen kraftvollen Kolben trat der Aasvogel den Skitarii gegen die Hangarwand und zertrümmerte sein Gehäuse.

Während sich die Skitarii einen Weg durch das Labyrinth aus Reparaturgestellen und Geräten bahnten, stapfte der Aasvogel über die Leichen der toten Konstrukte. Ihre Flinten waren in Armhalterungen verbaut; in der Zeit, die er hatte, konnte er unmöglich eine von ihnen an sich nehmen. Der Aasvogel beobachtete die Strahlen der schultermontierten Lampen und die Zielstrahlen der Skitarii, die den Nebel und die Dunkelheit der Hangarrückseite durchbrachen.

Der erste Skitarii ging um einen teilweise zerlegten Reaktorkern herum und hob sofort seine Flinte. Ein wenig überrascht wurde das Konstrukt plötzlich von etwas gepackt, in die Dunkelheit gezerrt und verschwand. Die Schulterlampen und Zielstrahlen des dreiteiligen Optikmoduls des Skitarii bewegten sich hektisch und veränderten ihre Ausrichtung. Irgendetwas war in der verrauchten Finsternis des von Multilasern zerschossenen Hangars bei ihnen.

Daraufhin wurde der geplapperte korrumpierter Code schrill und aufgeregt. Flinten spien alarmiert und verwirrt Plasmabälle, während Skitarii gepackt und durch die Dunkelheit geworfen wurden – gegeneinander, in die unnachgiebigen Seiten der Geräte, auf den Hangarboden und gegen die Wände. Das Codegekreische wurde vom Geräusch energiegeladener Fäuste durchbrochen, die Kriegerkonstrukte zu blutigem Metallschrott schlugen. Zertrümmerte Maschinenteile flogen aus der Dunkelheit, während sich ein flüchtendes Mitglied der Phasen-Füsiliere aus dem beißenden Nebel zurückzog. Es war so sehr mit der brutalen Zerstörung seiner Kameraden beschäftigt, dass es die Anwesenheit des Aasvogels kaum bemerkte.

Der Raven Guard aktivierte die haptischen Stacheln seiner hydraulischen Faust, doch das stellte sich als unnötig heraus. Während der Skitarii zurückwich, mit seinen drei Zielstrahlen den Rauch absuchte und mit seiner seltsamen Flinte zielte, brach das ausgeschlachtete Gehäuse eines Land Speeders aus der Dunkelheit hervor.

Das Fahrzeug brauchte keine Staustrahltriebwerke, um durch die Luft zu fliegen. Es war allein mit mechanischer Kraft aus der Finsternis geschleudert worden. Der Aasvogel sah den Skitarii seine Waffe senken, als ob er sein unausweichliches Schicksal annehmen würde. Der Rumpf krachte in das Kriegerkonstrukt und machte einen Fleisch- und Bronzebrei aus ihm, bevor es weiterrollte und in die Hangarwand einschlug.

Aus der Dunkelheit marschierte der Iron Warrior Aulus Scaramanca – seine Rüstung war ramponiert und blutbespritzt, und seine Winkelstreifen von Plasma versengt. Er war schlimm zugerichtet. Während der Aasvogel mit Ventidian, Salvador und Phylax auf der einen Seite des Hangars gegen Kriegerkonstrukte gekämpft hatte, hatte der Iron Warrior die Truppen des Mechanicum auf der anderen allein aufgehalten. Er humpelte mit finsterem Blick auf den Aasvogel zu, während sich seine mächtigen Mechadendriten wanden und Funken sprühten. Er schaute auf die Leichen von Ventidian und Salvador herab und ächzte.

Als er näherkam, konnte der Aasvogel erkennen, dass auf einer Gesichtshälfte Scaramancas das Fleisch von einer hocherhitzten Wasserstoffexplosion, die ihn gestreift hatte, weggebrannt worden war. Sehnen, Zähne und verkohlte Muskeln waren zu sehen, doch das schien den Iron Warrior nicht zu stören. Er schaute nach unten und sah einen Autokrator-Soldaten, den der Aasvogel gegen die Hangarwand geschmettert hatte, nach einer fallengelassenen Volkitpistole greifen. Der Iron Warrior trat mit seinem schweren Panzerstiefel auf die Hand des Kriegerkonstrukts und sammelte genug Flüssigkeit in seinem Mund, um das Ding anzuspucken. Der Aasvogel nickte. Es war schwer, das Grauen auszudrücken, das ihnen widerfuhr.

»Wir müssen hier raus.«

»Sieh's ein«, sagte Scaramanca und wendete dem Raven Guard seine halb geschmolzene Visage in ihrer ganzen Pracht zu. Seine schwarzen Lippen rissen auf, als sie sich zu einem bitteren Lächeln verzogen. »Lebend kommen wir nicht vom Mars.«

Soweit hatte der Aasvogel noch gar nicht vorausgedacht. Über die Hangarwand und die Decke des Ordensturms konnte er gleichmäßige Erschütterungen spüren. Sein Cogitatorstachel verriet ihm, dass eine Chance von acht Komma zwei-drei-sieben Prozent bestand, dass die Erschütterungen tektonischen Aktivitäten entsprangen. Alles andere in seinen Systemen, seine Erfahrung und seine Knochen sagten dem Legionär, dass sich eine Titanen-Gottmaschine näherte – die, die Ventidian auf den Orbitalbildern erkannt hatte.

»Ich meine es ernst«, sagte der Aasvogel.

»Wann tust du das nicht?«, fragte der Iron Warrior.

Der Aasvogel ging die Möglichkeiten durch. Irgendwo überwachte eine codekorrumpierte Logikmaschine den Angriff auf den Ordensturm. Sie hatte die Verluste der Phasen-Füsiliere mit der berechneten Überlebenswahrscheinlichkeit der Space Marines aufgewogen. Scaramanca und der Aasvogel waren zu einem ärgerlichen Teil dieser Gleichung geworden, und die Logikmaschine hatte sich für eine drastischere Lösung des Problems entschieden.

»Dieser Turm wird bald eingeebnet«, sagte der Aasvogel. »Ein Titan nähert sich.«

Aus dem verbrannten Gesicht des Iron Warriors drang ein ächzendes Knurren. »Feige Marskonstrukte …«

Der Iron Warrior hatte nicht unrecht, doch den Aasvogel beschäftigte noch etwas anderes. Als er über Scaramancas Schulterpanzer schaute, fiel ihm auf, dass die Skitarii-Horden fort waren. Zweifellos, weil sie einem allgemeinen Rückzugsbefehl gehorchten. Auf keinem Stockwerk war mehr das Tosen der hangarzerfetzenden Multilaser zu hören. Am schlimmsten war, dass das trübe Marstageslicht verschwunden war. Etwas Kaltes und Gewaltiges, das vollständige Zerstörung im Sinn hatte, stand vor dem Ordensturm. Ein apokalyptischer Bote der Legio Mortis, der ihnen ihren Tod und ihre vollständige Auslöschung zustellte.

»Aulus …«, setzte der Aasvogel an, doch es war zu spät. Ihr Schicksal war besiegelt.

Der Iron Warrior drehte sich um und humpelte durch den Rauch. Der Aasvogel zögerte. Sie hatten keine Zeit, um ins Erdgeschoss zu kommen. Eine Rettung oder tollkühne Flucht mit einer Fähre waren unmöglich. Es gab nur den Tod. Der Aasvogel ging seinem Legionsbruder hinterher. Seinem Zellengenossen, seinem Freund.

Sie stapften durch das verwüstete Labyrinth aus brennenden Hindernissen, das ihr Technikhangar gewesen war. Ein Ort, an dem sie dreißig Jahre zusammen verbracht, ihr handwerkliches Geschick perfektioniert und das geheime Wissen des Mechanicum und des Maschinengottes gelernt hatten. All das sollte einer der mächtigsten geheiligten Schöpfungen des Omnissiah zum Opfer fallen.

Sie gingen zwischen den Körpern und den Öl- und Blutpfützen, die sich auf der Balkonplattform gebildet hatten, und standen Seite an Seite am Rand der Landeplattform, vor den ungeheuren Geschützen eines Warlord-Titanen. Mächtige Banner, auf denen das Totenkopfsymbol der Legio Mortis prangte, wehten entlang gigantischer Gatlingkanonen. Der Aasvogel erkannte die Bezeichnung der monströsen Gottmaschine anhand ihrer Ansammlung uralter Schlachtnarben: *Tantus Abolitorus*. Wenigstens würden die Legionäre einer Maschine mit einer ruhmreichen Geschichte und einer Unzahl von Schlachtauszeichnungen zum Opfer fallen.

Über die freie Ebene hinweg, über der Skitarii-Sturmtransporter hinabstiegen und sich der Sandsturm legte, konnten die Space Marines das Dröhnen kolossaler Feuermechanismen hören, die bereit gemacht wurden. Das Geräusch erschütterte den Aasvogel und er schaute zu den kreisenden Sturmtransportern hinab. Selbst für ein Mitglied der Legiones Astartes war die Aussicht darauf, von einer Gottmaschine beschossen zu werden, einschüchternd.

Wenn *Tantus Abolitorus* das Feuer auf den Ordensturm eröffnen würde, würde ein alles vernichtender Orkan aus gigantischen Geschossen das Bauwerk durchschlagen – Felsbeton, Plaststahlstützen und alles im Innern, einschließlich aller Legionäre, die noch lebten, würden zerfetzt werden. Die hinabsteigenden Transporter gingen über dem zukünftigen Einsturzgebiet in Position. Sollte einer der Engel des Imperators es überleben, unter einem Schuttberg begraben zu werden, wären die verbleibenden Skitarii der Phasen-Füsiliere bereit, ihm ein Ende zu machen.

»Ich sorge mich um Terra«, sagte der Aasvogel schließlich, »und den Imperator. Ich wünschte, wir hätten sie warnen können.«

Alcavarn Salvador hatte recht gehabt. Es hätte die oberste Pflicht der Legionäre sein müssen, den Imperator vor einer drohenden Rebellion des Mars zu warnen. Sie hatten versagt, und Terra würde ohne Zweifel durch Blut und Feuer vom Verrat des Mechanicum erfahren. Der Aasvogel konnte nur hoffen, dass es unter den Dienern des Omnissiah auch solche gab, deren Gewissen eine solche Gräueltat nicht zulassen konnte.

»Die Fists werden den Imperator beschützen«, sagte der Iron Warrior. Der Aasvogel konnte sich denken, dass das angesichts der historischen Rivalität zwischen den beiden Legionen nicht leicht zuzugeben war. Viele Iron Warriors, darunter Aulus Scaramanca, glaubten, dass die Ehre, den Imperator zurück nach Terra zu begleiten und die Hauptwelt des ruhmreichen Imperiums zu befestigen, der IV. Legion hätte zuteilwerden sollen.

»Und was ist mit uns?«, fragte der Aasvogel. Vor ihnen knarrten die großen Läufe der gigantischen Gatlingkanonen und drehten sich vorbereitend in ihre Richtung.

»Wie das Mechanicum«, sagte Aulus Scaramanca, »lebt auch die Vierte Legion im Einklang mit Fleisch und Eisen. Dafür wurden wir geschaffen. Wir sind die Stärke des Landes. Der schützende Stein, das fügsame Erz. Abgesehen von den blut- und rostbefleckten Schlachtfeldern Olympias kann ich mir für einen Iron Warrior keinen besseren Ort vorstellen, um seine Knochen zur Ruhe zu betten, als in der roten Erde des mächtigen Mars.«

Unter dem Donnern gewaltiger Servos und gigantischer Lademechanismen wandte der Iron Warrior *Tantus Abolitorus* den Rücken zu. Er griff nach dem Raven Guard. »Die Söhne von Corvus Corax dagegen«, sagte Aulus Scaramanca, »wurden zum Fliegen geschaffen.«

Mit diesen letzten, grimmigen Worten, die von der marsianischen Brise davongetragen wurden, packte der Iron Warrior den Aasvogel am Arm, hob den leichteren Legionär hoch und drehte ihn wie ein Planet seinen zugehörigen Mond im Kreis, bevor er ihn mit all seiner mechanischen Kraft vom Rand der Landeplattform schleuderte. Während der Aasvogel stürzte, sich drehte und durch die dünne Luft der Fabrikwelt taumelte, sah er, wie der Iron Warrior ihm beim Fallen zuschaute.

Und dann, mit einem Donnerknall, der die Realität zu zerreißen schien, feuerte die gigantische Gatlingkanone das erste ihrer ungeheuren Geschosse ab.

Es gab einen weiteren Knall, und dann noch einen, bis der Donner zu einer fortwährenden, dröhnenden Kakofonie wurde, die dem Aasvogel fast das Trommelfell platzen ließ. Die Turmspitze zersprang. Im einen Moment war der Ordensturm, in dem er, Scaramanca, Phylax, Salvador und Ventidian geübt, geschlafen und gearbeitet hatten, noch da. Im nächsten war er fort, ein von Geschossen zerfetzter Schleier aus Mauerwerk und Plaststahl, der wie der Aasvogel auf die harte Marsoberfläche zustürzte.

Während *Tantus Abolitorus* wie ein richtender Gott vor ihm stand und der von Schüssen durchlöcherte Ordensturm hinter ihm in sich zusammenfiel, zog sich die Welt zu einem Kaleidoskop zusammen, das aus schmerzhaften Geräuschen bestand, dem tosenden Rauschen von Luft und Sand im langen, schwarzen Haar des Aasvogels und dem unbezähmbaren Entsetzen, das er beim Fallen in seinem Vormagen verspürte. Nachdem sein Cogitator die Verwirrung überwunden, sich mit Scaramancas Opfer abgefunden und erkannt hatte, was schnell getan werden musste, um es zu ehren, löste sich das knisternde Rauschen seiner silbergetönten Infrarotsicht zu atemberaubender Klarheit auf.

Während ihn im Wind seine schwarze Robe umpeitschte, entsann sich der Raven Guard seiner Ausbildung, um die taumelnden Drehungen zu beenden und sich beim Fallen zu stabilisieren. Er wusste, dass ihm ohne ein richtiges Sprungmodul nur Sekunden blieben, um zu handeln. Mit ausgestreckten Armen und Beinen steuerte der Aasvogel seinen schweren Körper auf einen der rostroten Sturmtransporter zu, während dieser zum Boden hinabflog.

Der Aasvogel spannte sich an und traf den Rücken des Fliegers wie eine Kanonenkugel aus Adamantium. Er prallte von den Hüllenplatten ab und verlor beim Aufschlag fast das Bewusstsein. Der Transporter wurde aus der Bahn geworfen und in der Fliegerkabine im Innern ertönten mehrere Alarme. Während er über die Hülle des trudelnden Fliegers schlitterte und schrammte, krallte sich der Aasvogel am oberen Rumpf des Sturmtransporters fest und rutschte zwischen den Strahlturbinen des Fliegers nach unten.

Nachdem er seinen Arm samt Panzerhandschuh zwischen Röhren und Kabeln verhakt hatte, wurde der Space Marine zwischen den tosenden Triebwerken hin und her geworfen. Der Aasvogel aktivierte die Magnetplatten in den mechanischen Füßen seiner bionischen Beine, wand seinen Arm tiefer in das Nest aus dicken Kabeln, die entlang des Rückens des Fliegers verliefen, und setzte sich auf den Rumpf des Sturmtransporters.

Ächzend schlug er mit der Handfläche seiner hydraulischen Hand auf das Gehäuse des steuerbordseitigen Triebwerks. Nachdem er der Strahlturbine eine unbändige Energieflut entzogen hatte, spürte er sofort die Reaktion des Sturmtransporters. Indem er den Triebwerken und Systemen des Fliegers die Energie entzog, ließ der Aasvogel das Skitarii-Flugzeug langsam und unter seiner Kontrolle nach unten schweben. Da er befürchtete, dass der Transporter neben dem zusammenstürzenden Ordensturm landen könnte, nutzte der mit der Fliegerkabine verkabelte Pilot die schwindende Energie des Fliegers, um durch das Arbeiterhablabyrinth von Novus Mons hinab zu schweben.

Ohne Energie, um das Gestell auszufahren, setzte der Sturmtransporter mit dem Bauch auf und wirbelte herum: Er schlitterte und drehte sich, verlor die Flügel und entging nur knapp einer Bruchlandung. Als sich der Flieger um die Felsbetonecke eines Arbeiterhabblocks drehte, verlor der Aasvogel den Halt und rollte über den Rücken des Sturmtransporters gegen die Seite des Gebäudes. Mit dem Blut aus einer Platzwunde am Kopf in den Augen schüttelte der Aasvogel den Aufprall ab. Während der Space Marine über die gewölbte Hülle kletterte und von dem Flieger hinunterrutschte, konnte er über den Voxlautsprecher das Geplapper der korrumpierten Konstrukte hören, die schreiend versuchten herauszukommen. Da der zertrümmerte Flieger auf dem Bauch gelandet war, war sein Truppenabteil versiegelt.

Der Aasvogel taumelte von dem Transporter davon, da der von Rauschen durchzogene Wahnsinn an seinen blank liegenden Nerven und der dröhnenden Leere in seinen Herzen nagte. Er würde nicht darauf warten, dass sich die Phasen-Füsiliere im Innern einen Weg aus der Fliegerkabine frei schnitten und aus dem Kabinendach stiegen. Seine dünnen Lippen waren zu einem Zähnefletschen verzerrt, als der Raven Guard seine Handfläche in Richtung des abgestürzten Fliegers stieß. Die entzogene Energie, die durch die Streifenhelix wogte, bahnte sich heiß ihren Weg durch sein verbessertes Fleisch. Mit einem heftigen Blitzstrahl, der in den Sturmtransporter einschlug, elektrisierte er den Flieger.

Das Kabinendach leuchtete auf. Runentastaturen versprühten Funken. Systeme zischten. Das Fleisch der Skitarii-Kriegerkonstrukte im Innern zuckte und wurde geröstet. Nachdem er seinen Blitz verschossen hatte, sackte der Aasvogel zusammen. Die zertrümmerte Hülle des Transporters rauchte und versprühte Funken. Die ohrenbetäubende Verderbnis, die aus dem korrumpierten Ding geströmt war, existierte nicht mehr, und auf dem Platz zwischen den himmelhohen Arbeiterhabitaten herrschte einen Moment lang Stille.

Die großen Geschütze des Titanen waren verstummt. Über seine Augmentationen und Füße konnte der Raven Guard das Ende des Ordensturms spüren. Tausende Tonnen Felsbeton und Plaststahl waren in sich zusammengestürzt und von *Tan-*

tus Abolitorus zu zerbröckeltem Mauerwerk und zerrissenen Trägern reduziert worden. Der Sturmtransporter war ein paar Blocks weiter zu Boden gegangen, doch der Aasvogel konnte weitere herabsinken hören – sie stürzten wie Geier herab, um allen Überlebenden ein Ende zu machen. Der Aasvogel konnte sich nicht vorstellen, dass irgendjemand solch eine Katastrophe überleben konnte. Selbst wenn es manche geschafft hatten, dachte er, würde das, was von ihnen übrig war, von den Skitarii-Horden, die vor dem Schuttberg bereitstanden, schnell vernichtet werden.

Der Aasvogel nickte vor sich hin. Es war an der Zeit, zumindest im Geiste wieder seiner Legion beizutreten. Er würde sein ganzes Können und genetisches Talent für Heimlichkeit brauchen, um auf einem Mars zu überleben, auf dem Bürgerkrieg herrschte. Die Hölle würde entfesselt und Schlachten geschlagen werden, doch der Aasvogel wusste, wohin er unterwegs war. Er musste von dieser Welt fort und zurück nach Terra. Während die loyalen Engel des Imperators ferne Welten konform machten, hatte der Mars aufbegehrt.

Der Aasvogel spürte den Wind auf seinem Gesicht. Der Ordensturm und die auszubildenden Techmarines waren nicht mehr. Eine berghohe Welle aus Felsbetonstaub wogte von der Einsturzstelle aus auf ihn zu und hüllte das Labyrinth aus Plätzen und Verkehrsstraßen in einen gespenstischen Nebel. Er drehte sich um und ging davon, während der Sand unter seinen hydraulischen Füßen knirschte und der Aasvogel mit dem herumwirbelnden Staub verschmolz.

TERRA

<URALTES TERRA. DER GEBURTSORT DER MENSCHHEIT. DIE ÜBERFÜLLTE HAUPTWELT EINES STETIG WACHSENDEN GALAKTISCHEN REICHS. DER HOHEITSSITZ DES IMPERIUMS DER MENSCHHEIT. HEIMAT – EINE ZEIT LANG. WO DER VATER DER VÄTER EIN BESTÄNDIGES IMPERIUM AUFZUBAUEN VERSUCHTE, UND DER GRÖSSTE SEINER SÖHNE VERSUCHTE, DIESES ZU ZERSTÖREN.>

IMPLEMENTIEREN

Der Aasvogel hätte nie gedacht, dass er einmal den Imperialen Palast sehen, geschweige denn in dessen Säulengängen und Korridoren herumgeistern würde. In seiner schwarzen, leise und vorwurfsvoll über den polierten Marmor schleifenden Robe ging der Raven Guard durch die hängenden Gärten des Esparaginwalls. Hier hatten einige der ältesten und schönsten Pflanzen, Büsche und Blumen die Zeit überdauert. Einige waren erhalten geblieben; andere auf anderen Welten wiederentdeckt und manche mittels Gentechnik aus fossilen Exemplaren herangezogen worden. Nach den Schatten der langen, von Statuen gesäumten Gänge und der Höfe, in denen uralte Relikte ausgestellt waren und von denen verzierte Torbögen zu prächtigen Hallen und Burghöfen führten, boten die grünenden Bäume jedem, der nicht gesehen – oder der alleingelassen – werden wollte, eine ausgezeichnete Tarnung.

Der Aasvogel versuchte, die Einblendungen und Analysen seiner Cogitatorsysteme zu ignorieren und die Geräusche, Gerüche und künstliche Wärme innerhalb des Klimaschilds bewusst wahrzunehmen: das Summen der großen Insekten aus der Anfangszeit der Geschichte Terras, das Flattern winziger Vögel, die ihre Schnäbel in Nektar tauchten, und die Süße des Lebens in der Luft. Er befand sich buchstäblich auf einer anderen Welt als dem Mars, wo der Aasvogel vor vielen Monaten gewesen war.

Einst ein kühler, kahler, staubiger Industriestandort, war der Rote Planet nun ein Kriegsgebiet mit rauchenden Fabriken. Das weltumspannende Netzwerk aus Festnetzen und kabellosen Sendern hatte jedem Konstrukt die Verderbnis des dunklen Codes gebracht, das ihn empfangen konnte. So hatte der Aasvogel diesen Ort zurückgelassen, nachdem er tagelang durch die Habitate, Manufactorien und Werkshöfe, die Invaliswüste und Gebirge aus inaktiven Vulkanen gejagt worden war.

Während seiner Reise über den Mars war dem Raven Guard klar geworden, dass sich in den Reihen der Diener des Maschinengottes irgendeine große Spaltung ereignet haben musste. Auch wenn viele dem Mechanicum und dessen Bund mit Terra treu bleiben wollten, waren die meisten der Codeseuche anheimgefallen, die durch die Infrastruktur des Planeten gefegt war. Bald hatte es keine polaren Meteorologenposten, längst vergessenen Orbitalrelais oder tiefen Datengrüften mehr gegeben, die nicht dem ansteckenden Datenstrom erlegen waren. Nur die Noosphären, mit denen Fabriktempel wie Novus Mons und die Magmastadt gesegnet waren, schienen ihn abwehren zu können. Das hatte aber lediglich dazu geführt, dass die korrumpierten Konstrukte der marsianischen Abtrünnigen in großer Zahl, kreischend und mit brutaler Gewalt in diese dem Untergang geweihten Heiligtümer einmarschierten.

Da er nicht einmal den scheinbar loyalen Dienern des Maschinengotts traute, hatte der Aasvogel es für das Beste gehalten, sein Überleben geheim zu halten, bis er in der Pallidus-Aschewüste schließlich das Dröhnen eines Thunderhawks über sich gehört hatte. Als der Aasvogel Mondus Gamma erreicht hatte, evakuierten die Imperial Fists den Mars gerade mit so viel kostbarem Material, wie sie transportieren konnten. Nachdem er sich Captain Camba Diaz vorgestellt hatte, war der Aasvogel für eine Nachbesprechung nach Luna gebracht worden.

Der Aasvogel wartete unter einem Lotusbaum. Die Sonne ging auf und das rosarote Licht der Dämmerung fiel in einem Zickzackmuster über die Zinnen. Er konnte die schweren Schritte der golden gepanzerten Wächter hören, die den Esparaginwall abliefen. Fußsoldaten der Legio Custodes gingen mit Schilden und Hellebarden vorbei. Sie würdigten den Aasvogel keines Blickes. Keine Sekunde lang glaubte er, dass sie ihn übersehen hatten. Er hatte isometrische Abtastungen über sich ergehen lassen und hatte die Sicherheitstürme passiert, die in diesen uralten, wunderschönen Palast gebaut worden waren.

Seit sie von Horus Lupercals Verrat auf Isstvan erfahren hatten – der Aasvogel hatte davon auf Luna erfahren –, waren die Imperial Fists und die Legio Custodes unermüdlich dabei, die Befestigungsanlagen des Imperialen Palastes auszubauen. Der Primarch Rogal Dorn beaufsichtigte den Bau der unbezwingbaren, hässlichen Befestigungsanlagen, während sein Kriegsmaurer, seine Imperial Fists und hunderttausende verpflichtete Arbeiter rund um die Uhr die Ruhe dieses Ortes störten. Der Krieg kam zum Sol-System.

Nachdem die Custodes, gefolgt von mehreren, Augurkronen aus Antennen tragenden Servoschädeln, weitergezogen waren, hörte der Aasvogel weitere Schritte auf den Marmorplatten. Drei Menschen näherten sich vom oberen Burghof, auch wenn sie alle drei der Definition des Wortes ›Mensch‹ trotzten. Rogal Dorns klirrende Schritte zogen Blicke auf sich, wo immer er hinging. Er war riesig, wie eine wandelnde Festung, und trug seine prächtig goldene meisterhafte Rüstung, einen blutroten, wallenden Umhang und weiße Haare. Nur wenige konnten Dorns strengen, eindringlichen Blick ertragen, und die Dunkelheit in seinen Augen und der angespannte Unterkiefer vermitteltem jedem, der ihn erblickte, einen winzigen Bruchteil der Last, die dem Primarchen der Imperial Fists der Schutz des Imperators war.

Neben ihm ging der neue Manufactor Principalis, Zagreus Kane. Der Oberherr des Mechanicum war mit den Imperial Fists vom Roten Planeten entkommen und war, als ehemaliger Fabricator Locum des Mars, mit der Koordinierung der loyalen Diener des Maschinengottes in der Galaxis beauftragt. Seine feurig rote Kapuzenrobe mit feinen Goldfäden verbarg einen Körper, der nach außen menschlich wirkte, doch der Aasvogel wusste, dass Kane zu einem noch größeren Teil eine Maschine war als er selbst. In der Dunkelheit der Kapuze des Manufactor Principaliss konnte der Space Marine den blauen Lichtschein seines eingebauten Optikmoduls sehen.

Ihnen folgte Malcador, der Regent von Terra, der den neuen Tag mit uralten Augen in sich aufzunehmen schien. Während der Aasvogel die warmen Sonnenstrahlen durch die zischelnden Klimafilter hindurch spürte – eine willkommene Abwechslung zum kalten, rauen Mars –, zog der Sigilit aufgrund der morgendlichen Kühle seine Kapuze und Robe enger an sich. Eine knorrige Klaue von einer Hand umfasste einen Amtsstab mit einem Adler an der Spitze, der in einer unnatürlichen Flamme glühte, die weder die Knochen wärmte noch den Weg erleuchtete, da auf Malcador der Segen und Fluch vieler außerweltlicher Begabungen lag.

»Nun, Ihr kennt meine Ansichten darüber, Lord Malcador«, sagte Kane zu dem Sigiliten. »Die Situation auf dem Mars ist jetzt schon eine ganze Weile unerträglich.«

»Ich denke, dass Lord Dorn Euch zustimmt, Manufactor Principalis.«

»Warum hat er dann zugelassen, dass seine Legionäre die Erste Fabrikwelt dem Feind überlassen?«, fragte der Marsianer, dessen Optikmodul in der Dunkelheit seiner Kapuze funkelte.

Rogal Dorn wurde langsamer und drehte sich um. Sein gepanzerter Körper war wie eine Mauer aus Adamantium.

»Aus einem einfachen Grund, General Kane«, sagte der Primarch mit einer Stimme, die wie zerberstende Felsen klang. »Angebot und Nachfrage. Ich gehe davon aus, dass Ihr mit diesem Konzept vertraut seid?«

»Jetzt verspottet mein Herr genau die Prinzipien, auf denen die historische Übereinkunft zwischen Mars und Terra beruht.«

»Dann versteht Ihr auch«, fuhr Dorn fort und setzte sich rücksichtslos über den Protest des Oberherrn des Mechanicum hinweg, »dass die Streitkräfte der Legiones Astartes bereits ausgelastet sind. Dass ein Krieg von beispiellosem Ausmaß durch die Galaxis fegt – der näher kommt, der immer erbitterter und vernichtender geführt wird. Der das Ziel hat, seinen Hunger – wie alle Kriege – an den Unschuldigen und den Unvorbereiteten zu stillen.« Dorn schaute zur Sonne, die hinter den Mauern, Festungen und Bastionen des umgebauten Palastes aufging. »Jeder einzelne meiner Imperial Fists wird nötig sein, um einem solch gefräßigen Ungeheuer und dem gestaltgewordenen Verrat in Form meines Bruders Horus entgegenzutreten. Im ganzen Sol-System. Auf Terra. Auf den Mauern dieses Palastes. Ich hielt es für das Beste, solch kostbare Ressourcen nicht für das Halten einer Handvoll Fabriktempel gegen die mächtigen und geeinten Konstrukte des gesamten Mars zu verschwenden. Angebot und Nachfrage, Manufactor Principalis.«

Zagreus Kane hatte das Gefühl, an den Hängen eines grollenden Vulkans zu stehen.

»Angebot und Nachfrage«, wiederholte der Manufactor Principalis die Worte des Primarchen. »Habt Ihr deshalb Eure Rüstungen und Munition geholt?«

»Ich kann einen solchen Krieg wohl kaum ohne sie führen.«

»Was ist mit den zivilen Konstrukten des Mars, Exzellenz?«, feuerte Kane zurück. »Was ist mit den Leben der Priester, Handwerker und Tempelsklaven, die Eure Waffen und Ausrüstung gefertigt haben?«

»Für einen Anhänger des Maschinengottes zeigt Ihr überraschend viel Mitgefühl«, sagte Dorn.

»Das Recht auf Leben ist dasselbe«, sagte der Manufactor Principalis. »Ob es nun von Knochen oder dem Gehäuse eines Konstrukts geschützt wird. Also, Exzellenz, wenn ich bitten darf: Was ist mit dem Leben meiner Leute?«

Dorn schaute zum Sigiliten, der ihm den unlesbaren Blick eines Mannes zuwarf, der die unmöglichen Entscheidungen eines anderen nicht treffen oder beurteilen wollte.

»Sie starben, damit ihre ausgezeichneten Werke in Hände gelangen konnten, die aus diesen Werkzeugen tödliche Racheinstrumente machen«, sagte Rogal Dorn schließlich. »Krieger, die solche Wunderwerke nutzen könnten, um den Gefallenen Gerechtigkeit zu verschaffen und diejenigen zu bestrafen, die die Unschuldigen des Mars zu einem unabwendbaren Schicksal verdammt haben.«

Einen Augenblick lang sprach keiner der drei Männer. Die Sonne schien durch die fernen Wolken des Morgenhimmels. Custodes zogen schweigend und wachsam durch die hängenden Gärten.

»Dann gebt Ihr Malcador und mir recht, dass es höchste Zeit ist, zur Obersten Fabrikwelt zurückzukehren?«, fragte Zagreus Kane. »Den Mars zurückzuerobern?«

Dorn schaute erneut zum Sigiliten, und wieder presste der Erste Lord von Terra ernst die Lippen aufeinander.

»Nein«, antwortete der Primarch lediglich. Solch ein Entschluss galt als Gesetz, das üblicherweise nicht einmal von denen gebrochen wurde, die Rogal Dorns Meinung nicht teilten.

»Nein, Exzellenz?«, fragte der Manufactor Principalis. »Ihr habt es selbst gesagt. Angebot und Nachfrage. Denkt an die Ressourcen und Legionäre, die derzeit für die Blockade des Mars nötig sind. Jeden Tag treffen Verbündete im System ein, die die Launen des Krieges hierhergetrieben haben. Eure Primarchenbrüder kommen und gehen mit den Legiones Astartes, wie es ihnen beliebt.«

»Ich befürchte, dass Lord Dorn gar nicht für eine fabrikweise Rückeroberung des Mars plädiert, Manufactor Principalis«, meldete sich der Sigilit.

Kane schaute vom Primarchen zu Malcador und zurück zu Dorn.

»Ihr habt recht damit, dass die Situation auf dem Mars nicht hinnehmbar ist«, gab Rogal Dorn zu. »Die Blockade des Mars kann nicht weiter aufrechterhalten werden. Ich brauche diese Schiffe und die Legionäre, die sie bemannen, anderswo. Malcador beteuert, dass es einen loyalen Widerstand auf dem Mars gibt, der eine Art Guerillakrieg führt, doch dafür gibt es kaum Anhaltspunkte. Der Rote Planet wurde vom Feind erobert. Wir haben den Mars verloren und müssen das akzeptieren. Es ist an der Zeit über andere Optionen nachzudenken, Manufactor Principalis. Wenn in der Vergangenheit andere Welten so gründlich, beispielsweise von Xenos, befallen waren – wenn der Einsatz einer Expedition, um verlorenen Boden gutzumachen, zu viel Leben und Material gekostet hätte – haben wir andere Lösungen in Betracht gezogen. Drastische Lösungen für unlösbare Probleme.«

»Moment, eine Sekunde«, platzte es aus Zagreus Kane heraus und der blaue Schein seines Optikmoduls wurde heller. »Malcador, das kann er nicht ernst meinen –«

»Wann war Rogal Dorn jemals nicht ernst, Manufactor Principalis?«, erwiderte der Sigilit.

»Ihr sprecht vom Exterminatus«, sagte Kane. »Der Obersten Fabrikwelt. Des Mars?«

»Das schlage ich vor, Manufactor Principalis«, sagte Dorn. »Ich habe mit meinen Captains Simulationen durchgeführt.

Solch eine Maßnahme ist die taktisch beste Lösung für eine Reihe von Problemen, denen Terra und das Sol-System als Ganzes gegenüberstehen. Mit Eurer Unterstützung haben wir mit den Fabrikwelten Phaeton und Voss Primus bereits um Versorgungsgüter verhandelt.

Dringend benötigte Schiffe und Streitkräfte könnten von dem Marskonflikt abgezogen und zur Sicherung des Hauptsystems eingesetzt werden. Vor allem aber werden wir, wenn alle Stricke reißen und Horus im System eintrifft, ihm nicht nur seine Verbündeten des Mechanicum genommen haben, sondern auch einen stark befestigten Sammelpunkt. Bedenkt, Manufactor Principalis, wie schwierig es derzeit wäre – wie viel Zeit und Leben es kosten würde –, die Verräter vom Mars zu entfernen. Dann stellt Euch vor, wie es wäre, wenn Horus Lupercal und seine Verräterlegionen vom Roten Planeten aus operieren würden. Ihr versteht sicherlich, dass ich das nicht zulassen kann.«

Doch Zagreus Kane hatte sich der aufgehenden Sonne zugewandt, sodass ihre goldenen Strahlen die Dunkelheit seiner Kapuze durchdringen konnten. Die tiefen Falten seines von Sorgen zerfressenen Gesichts verliehen dem Manufactor Principalis das schaurige, ausgezehrte Äußere eines Fabrikweltservitors.

»Ihr würdet die Oberfläche vom Orbit aus bombardieren …«

»Ja, Manufactor Principalis«, sagte Rogal Dorn. »Mit Zyklonentorpedos, um –«

»Um maximale Zerstörung zu gewährleisten«, sagte Kane und beendete den Satz des Primarchen. Nachdem er sich einen Moment lang gesammelt und von der albtraumhaften Vorstellung eines zerstörten Mars gelöst hatte, die in seinem Kopf herumspukte, musterte Zagreus Kane den hünenhaften Primarchen und den gebrechlichen Ersten Lord. »Ich bitte Euch inständig, das nicht zu tun. Das Imperium des Mars hat fast so lange wie Terra in Frieden gelebt und seine Pläne mit Euch geteilt.«

»Diese Tatsache kann es nicht vor den Konsequenzen von Ketzerei schützen«, grollte Rogal Dorn.

»Es gibt viele, viele technologische Wunder«, fuhr der Manufactor Principalis fort, »und Geheimnisse, die der Mars birgt, die bei einer solchen Maßnahme verloren gehen würden. Der Wissensverlust der Menschheit wäre unermesslich. Ihr würdet die Zukunft des Imperiums zerstören, um eine ungewisse Gegenwart zu bewahren, und das Imperium wieder in die Tage der Allnacht stürzen.«

»Ohne eine Gegenwart, ganz gleich, wie gewiss sie sein mag«, konterte der Primarch, »wird es keine Zukunft geben.«

»Da ist noch etwas, Lord Dorn«, sagte der Oberherr des Mechanicum. »Etwas, das Eure taktischen Simulationen berücksichtigen sollten.«

»Darüber wollt Ihr mich nicht wirklich belehren, oder, Manufactor Principalis?«, fragte der Primarch.

»Habt Ihr die Reaktionen der Diener des Omnissiah hier auf Terra bedacht?«, fragte Kane. »Oder wie sich andere Fabrikwelten im ganzen Imperium fühlen würden? Der Mars ist der spirituelle Nexus aller Anhänger des Omnissiah in der Galaxis. Was werden die Milliarden Priester und Konstrukte des Mechanicum von Eurem Angriff auf ihr unabhängiges Territorium halten? Von Eurer Zerstörung einer Welt, die den Gläubigen des Cult Mechanicum heilig ist?«

»Was wollt Ihr damit sagen, Zagreus?«, hakte Malcador nach.

»Wenn ich mich nicht irre«, knurrte Dorn, »wird uns gedroht – hier, auf den Mauern des Imperialen Palasts.«

»Ich bin ein demütiger Diener des Imperators«, sagte der Manufactor Principalis, »und würde für die Handlungen seines Sohnes – Lord Dorns – mit jedem Wort und jeder Tat einstehen. Aber ich kann nicht für das Grauen geradestehen, das solche Maßnahmen auf fernen Fabrikwelten hervorrufen würde, wenn sie mit der Tatsache konfrontiert werden, dass das Imperium den Mars vernichten möchte, während Kelbor-Hal und der Kriegsherr ihn schützen wollen. Woher sollen sie wissen, dass ihre Fabrikwelten nicht die nächsten sind? Zwischen den Dienern des Imperators und den Anhängern des marsianischen Glaubens existieren schon lange Spannungen. Wie lange wird es dauern, bis die Diener des Omnissiah allesamt als ketzerischer Kult abgetan werden? Wie lange, bis sie zur Antwort die Söhne des Imperators und seine Untertanen als kriegstreiberische Verräter abtun? Würdet Ihr nicht einen vernichtenden Sturm entfachen, der das Mechanicum noch weiter spaltet?«

Der Primarch fixierte den Manufactor Principalis mit seinen funkelnden, eindringlichen, dunklen Augen. Obwohl seine Systeme seinen Blutkreislauf mit Stimmungsunterdrückern fluteten, musste der Manufactor Principalis all seine Kraft zusammennehmen, um sich vor dem mächtigen Dorn zu behaupten.

Malcador betrachtete die Sonne, die am Himmel brannte. »Und wenn es eine andere Möglichkeit geben würde?«, fragte der Sigilit. »Eine Alternative, die all unsere Anforderungen erfüllen würde? Eine drastische, ja sogar eine geschmacklose. Aber eine Möglichkeit, die wachsende Bedrohung, die der Rote Planet darstellt, zu neutralisieren«, sagte er zu Dorn, »während die Eigenständigkeit und der heilige marsianische Boden unangetastet bleiben«, sagte er in Kanes Richtung.

Rogal Dorn und der Manufactor Principalis wandten sich Malcador zu.

»Hätte sie etwas mit dem Schatten zu tun, den Ihr unter dem Lotusbaum Wache stehen lasst?«, fragte Rogal Dorn.

Malcador riskierte ein dünnes Lächeln.

»Aasvogel«, rief der Sigilit. »Tritt bitte vor. Du machst Lord Dorn nervös.«

Als der Aasvogel aus dem Zierlaub der hängenden Gärten trat, sah er, dass Rogal Dorns ernstes Gesicht Malcador mit Missfallen bedachte. Wenigstens hatte der Regent die Spannung zwischen dem Primarchen und dem Manufactor Principalis gelöst.

»Du bist der Sohn meines Bruders Corax«, sagte Dorn, während sich der Aasvogel näherte. Auch in seiner blanken, metallisch-grauen Gefechtsrüstung konnte der Raven Guard seine blasse Haut, sein langes schwarzes Haar und seine schmalen Gesichtszüge nicht verbergen.

»Und das ist mir eine Ehre, Exzellenz«, antwortete der Aasvogel.

»Der Aasvogel gehört zu meinen Augen und Ohren von der Raven-Guard-Legion«, erklärte Malcador dem Manufactor Principalis.

»Vom Mars«, stellte der Oberherr des Mechanicum fest, als er die charakteristische Handwerkskunst der Obersten Fabrikwelt an den Prothesen des Aasvogels erkannte. Der Space Marine verlagerte sein Gewicht leicht von einem hydraulischen Bein auf das andere.

»Ja«, bestätigte der Sigilit.

»Du wurdest mit meiner Konstruktsippe zusammen von Lord Dorns Imperial Fists evakuiert«, sagte der Manufactor Principalis. »Ich kann mich an deine Abfertigung auf Luna erinnern. Ein Legionär. Du hast auf dem Mars mit den anderen Techmarines zusammen an der Ausbildung teilgenommen?«

»Ja, General«, sagte der Aasvogel. »Ich hatte meine Ausbildung abgeschlossen und auf meine Aufnahme gewartet.«

»Bei den ewigdrehenden Zahnrädern«, sagte der Oberherr des Mechanicum. »Dann musst du mir gestatten, alles für deine Aufnahme zu veranlassen. Für deine Studien- und Ausbildungsjahre musst du das Opus Machina erhalten.«

»Das ist sehr gütig von Euch, General«, sagte der Aasvogel, »aber ich habe mich entschieden, nicht beizutreten.«

Das Geständnis schien den Oberherrn des Mechanicum zu verwirren.

»Du hast dich dagegen entschieden, zu deiner Legion zurückzukehren?«, fragte Dorn. »Nach allem, was du über ihr Schicksal im Isstvan-System erfahren hast?«

Der Aasvogel hatte von Malcador persönlich von den Gräueltaten gehört, die auf der anderen Seite der Galaxis begangen worden waren – wo sich ein Bruder gegen den anderen gewandt und ein Massaker stattgefunden hatte, das den Lauf der Geschichte des Imperiums unwiederbringlich geändert hatte. Er hätte gern gesagt, dass er um seine Brüder geweint hatte, aber das hatte er nicht. Farinatus hatte ihn für immer verändert. Er hätte eine gähnende Leere anstelle seiner Herzen spüren sollen, ein Loch, das nur durch das Vergießen von Verräterblut zu füllen war. Stattdessen überkam ihn lediglich ein kalter, unwiderstehlicher Drang zu reparieren, was kaputt gegangen war: ein zerrissenes Imperium, ein aufgehaltenes Vermächtnis, die mahlenden und zertrümmerten Zahnräder der Brüderlichkeit.

»Ja, mein Lord«, erwiderte der Aasvogel.

»In einer Zeit, in der mein Bruder – und deine Brüder – dich am dringendsten brauchen?«, hakte der Primarch nach.

»Ich habe mich für eine andere Aufgabe entschieden«, sagte der Aasvogel.

Dorn schaute zu dem schweigenden Sigiliten. »Soll er eine Eurer Spielfiguren werden?«, fragte er. »Die Ihr über das Königsmordbrett schiebt?«

»Sind wir nicht alle nur Spielfiguren?«, erwiderte Malcador.

»Wie hat Euer Gefolgsmann Garro das genannt?«, fragte der Primarch. »Ein Freikrieger.«

»Er hat sich für diesen Weg entschieden«, sagte Malcador.

»Oder er wurde auf Luna für ihn entschieden«, sagte Dorn.

Malcador lächelte lediglich. »Dieser Weg wird ihn wieder zum Mars führen, wenn wir drei uns dazu entscheiden«, sagte er und ließ den Vorschlag einen Augenblick lang in der morgendlichen Brise schweben.

»Ich höre«, sagte Dorn.

Malcador wandte sich Kane zu.

»Ihr habt meine Aufmerksamkeit«, sagte der Manufactor Principalis.

»Bitte«, sagte der Sigilit zum Aasvogel. »Erzähl ihnen, was du mir erzählt hast.«

Der Aasvogel verneigte sich vor seinem neuen Herrn und Meister.

»Meine Zeit auf Luna hat mir Gelegenheit zum Nachdenken gegeben. Da oben kann man nichts anderes machen als nachdenken – über die Spaltung auf dem Mars, den Verrat auf Isstvan, das Angebot meines Lord Regenten und die Rolle, die ich in dieser neuen Galaxis voller Herausforderungen und Veränderungen spielen könnte. Ich bin zu dem Schluss gekommen, dass bei allem Entsetzen über die Gräueltaten, die während des Landungsplatzmassakers begangen wurden, Ketzerei – in der einen oder anderen Form – nichts Neues ist. Auf dem Mars gab es viele ungenehmigte Experimente, man suchte bereitwillig bei Xenos oder im Jenseits nach Lösungen für Probleme und nahm ihre widerwärtigen Technologien an.« Als Kane protestieren wollte, fügte der Aasvogel hinzu: »Was die Malagra-Klaven des General-Lexorzisten, die Divisio Probandi und das Präfektur-Magisterium unermüdlich verfolgten und ahndeten.«

Der Oberherr des Mechanicum nickte zustimmend.

»Ich hatte das Pech, die Verurteilung eines dieser Techketzer zur Stasisgefangenschaft in perpetuitas zu sehen.«

»Was hat er verbrochen?«, fragte der Manufactor Principalis.

»Er hat Selbstoptimierungstechnologien studiert.«

»Widerwärtige Intelligenzen?«

»Ja, General«, bestätigte der Aasvogel. »Mein Artifex Astartes zeigte seinen Studenten schon früh die Arbeit der furchteinflößenden Malagra, der Divisio Probandi und des Präfektur-Magisteriums, um ihnen Abscheu für solche Abweichungen einzubläuen.«

»Dann hattest du einen weisen Mentor«, räumte Kane ein. »Wie war der Name des Techketzers?«

»Octal Bool«, berichtete der Aasvogel. »Ein junger, aber brillanter Magos Dominus der Legio Cybernetica. Er selbst war ein Schüler des Artifex Cybernetica Phernalius Lux.«

»Lux kenne ich aus den Datengrüften«, sagte Kane, »aber diesen Magos nicht.«

»Ketzereien werden verborgen«, fuhr der Aasvogel fort. »Umgeschrieben, gelöscht. Selbst vor jemandem wie Euch, Manufactor Principalis. Um die Feudalpolitik in der Region gut dastehen zu lassen und seiner Konstruktsippe die Scham zu ersparen, ließ die Divisio Probandi von Codereinigern alle Hinweise auf Bools Existenz aus den Grüften, den Librarien und sogar aus den örtlichen Übertragungen entfernen. Seine Arbeit, seine Verderbnis und seine Nachforschungen wurden mit ihm in der Stasisgefangenschaft begraben.«

»Woher weißt du dann so viel über diesen Radikalen?«, warf Dorn ihm vor.

»Mein Mentor machte Octal Bool zu meiner ersten Fallstudie«, sagte der Aasvogel. »Er gab mir Zugriff auf die verschlüsselten Probandi-Akten. Er wollte, dass ich die Übertretungen des Techketzers wirklich begreife.«

»Und hast du das?«, hakte der Primarch mit einem warnenden Knurren nach.

»Genug, um uns in dieser Stunde der Not helfen zu können, Lord Dorn.«

»Rogal«, beschwichtigte Malcador. »Hört ihn an.«

»Diese Übertretungen beinhalteten das Aussprechen gegen die marsianischen Gesetze gegen die Weiterverbreitung anpassungsfähiger Intelligenzen, das Empfindungsedikt und die verbotenen Bestrebungen der Singularitarianer.«

»Diese Anklagepunkte würden für eine Verurteilung reichen«, sagte der Manufactor Principalis.

»Octal Bool ging noch weiter als das«, erzählte der Aasvogel. »Viel weiter. In der Abhandlung über ihn wurde detailliert seine

Beschaffung einer gefährlichen Technologie beschrieben, die Tabulamyriade genannt wird. Ein Silica Animus, der für eine Reihe von Genoziden auf Planeten verantwortlich ist, die während des Zeitalters des Weltenbrands aufgrund von Warpstürmen isoliert waren. Er wurde in den frühen Tagen des Großen Kreuzzugs von den Iron Hands entdeckt, nachdem sie die dezimierten Parafexe und die empfindungsfähigen Konstrukte der Tabulamyriade auf Altra-Median besiegt hatten. Der große Ferrus Manus führte die 24. Expeditionsflotte persönlich an und übergab dem Mechanicum die Tabulamyriade zur sicheren Verwahrung.«

»Es scheint, als hätten wir dabei versagt«, gestand der Manufactor Principalis. »Wie konnte so etwas passieren?«

»Octal Bools Fachgebiet in der Cybernetica waren Cortexprozesse. Er hatte schon lange bevor er an die Tabulamyriade gelangte mit den Protokollen seiner Automata herumexperimentiert. Im Gegensatz zu den funktionalen Algorithmen und der seriösen Programmierung seiner Adeptenkollegen waren Bools Programmmuster vielschichtig, verschachtelt und voller selbstreferenzieller Methoden und Ausschmückungen. Sie waren Programmierkunstwerke. Er sah seine Prozesse nicht als Handwerkszeug. Sie waren wie ein Musikinstrument, auf dem er komplexe, algorithmische Symphonien erschuf. Außerdem brach er mit den Konventionen, in dem er die einzelnen Hirnprogramme für die Automata-Kohorten unter seinem Befehl nach Königsmordstrategien benannte: die Tollex-Eröffnung, die Vhamrische Verteidigung und das Occlon-Nanimus-Spiel. Kampfautomatakohorten, die von seiner Programmierung profitierten, hatten die allerhöchsten Erfolgsraten, wobei einige wenige Einheiten unter Fehlfunktionen oder Berechnungsfehlern litten. Die Algorithmen waren so kunstvoll angefertigt, dass seine Automata den Eindruck erweckten, selbstständig zu denken, und das brachte die Adepten der Legio Cybernetica und das Präfektur-Magisterium auf seine mögliche Abartigkeit.«

»Du klingst, als ob du ihn bewundern würdest«, sagte Dorn. »Tust du das?«

Der Aasvogel dachte sorgfältig über seine Antwort nach. »Kann ein Mensch nicht die Fähigkeiten eines anderen fürchten, respektieren und bewundern, und zugleich alles abstoßend finden, wofür er steht? Ihr könnt doch sicherlich das kriegerische Talent des Kriegsherrn bewundern, obwohl Ihr alles in Eurer Macht Stehende tut, um ihn aufzuhalten. Sprechen sich nicht gerade die Imperial Fists für Respekt vor ihren Feinden aus?«

»Ich weiß ja nicht, was für Gedankenspiele in den Schatten deiner Legion gespielt werden, oder mit was für Hypothesen man sich die Tage auf dem Mars vertreibt«, knurrte Dorn, »aber auf eben jenen Mauern, die uns gegen solch verdorbenes Talent verteidigen sollen, sind sie nicht willkommen.«

»Verzeiht mir, Lord Dorn«, sagte der Aasvogel.

Der Primarch sagte einen Moment lang nichts. Er schien auf sich selbst eben so wütend zu sein wie auf Malcadors Freikrieger.

Dorn dachte nach. »Ich habe eine Frage gestellt – und du hast sie beantwortet. Das ist alles. Bitte, fahre fort.«

»Octal Bool nutzte seine Begabungen, um die Sicherheitsprotokolle der Verliesdiagnostiker zu sabotieren und sich Zugang zu den Stasisgrüften von Promethei Sinus zu verschaffen. Es sollten dieselben Grüfte sein, in denen er für seine Verbrechen eingesperrt werden würde. Dort gelangte er an die Tabulamyriade.«

»Warum genau diese Widerwärtigkeit?«, fragte der Manufactor Principalis.

»Die Tabulamyriade ist eine Art Notfallmaschine«, erzählte der Aasvogel. »Sie übersteigt die Fähigkeiten der Codiermaschinen und Logistae des Mechanicum um Längen, und kombiniert in ihrer seltsamen Matrix die Berechnungen der Makrowahrscheinlichkeiten mit der Kreativität ihres widerwärtigen Bewusstseins, sodass sie ihre Datenlücken mit einfallsreichen Theorien füllt.«

»So, wie unsere Genetoren und Magi Replicae die beschädigte DNS anderer Spezies durch deren gewöhnliche genetische Codierung ersetzen?«

»Ja, General.«

»Diese Maschine trifft strategische Voraussagen über die Zukunft«, sagte Rogal Dorn, der so sehr erschauderte, wie das einem Primarchen möglich war.

»Sie hat die Spaltung des Mars vorausgesagt«, erzählte der Aasvogel. »Auf anderen Welten, wo sie vorausgesagt hatte, dass sich die Menschen auf der Suche nach Antworten der Dunkelheit zuwenden und sich mit der Verderbnis des Jenseits verfluchen würden, starteten die Tabulamyriade und die empfindungsfähigen Konstrukte unter ihrer Kontrolle einen gnadenlosen Feldzug gegen das, was sie als Schwäche des Fleisches ansahen. In seinen Aufzeichnungen behauptete Octal Bool, dass die Tabulamyriade auf diesen gesäuberten Welten exakt das vorhergesagt hatte, womit wir es jetzt auf dem Roten Planeten zu tun haben – einer Ketzerei des Glaubens, des Sinns und des Fleisches. Sie setzte exakt dieselbe Wahrscheinlichkeitsmatrix für die Verdammung solcher Zivilisationen und den Sieg über sie ein. Für die Entscheidung, die Schwäche – die Gefahr – dieses Fleisches schließlich auszulöschen, brauchte sie wahrscheinlich nicht länger als eine Millisekunde.«

»Ich glaube, ich weiß, worauf du hinauswillst«, sagte Dorn ernst und schaute zu dem schweigenden Sigiliten.

»Was meint Ihr?«, fragte Kane, dessen hastig rechnende Cogitatoren Schritt zu halten versuchten.

»Wie wollten die Tabulamyriade und dieser Techketzer das auf dem Mars bewerkstelligen?«, fragte Dorn. »Bevor dieser Wahnsinnige geschnappt und eingesperrt wurde?«

Der Aasvogel schaute vom Primarchen zum Manufactor Principalis.

»Elegant und effizient, mein Lord«, sagte der Space Marine. »Im Gegensatz zu Terra hat der Rote Planet seine natürliche Magnetosphäre längst verloren. In den Eiswüsten an den Planetenpolen wurden zwei Fabriktempel nach uralter Ingenieurskunst und Bauweise errichtet – Vertex Borealis im Norden und Vertex Australis im Süden.«

»Beim allmächtigen Omnissiah, nein«, murmelte der Manufactor Principalis.

»Vertex?«, hakte Dorn nach und unterdrückte ein genervtes und verwirrtes Knurren. »Erklärt mir das.«

»Der Vertex ist eine große Achse. Ein Wunder des Mars. Ein Meisterstück der Ingenieurskunst des Planeten, das aus den frühen Tagen des Mechanicum stammt«, sagte der Aasvogel. »Er ist eine planetare Spindel, die durch die Marskruste und den längst erkalteten Kern der Fabrikwelt führt. Geomagnetische Reaktoren speisen die Achse mit Energie, die den Kern weiterdreht. Der Vertex ist der Schlüssel zu allem biologischen Leben auf dem Mars. Ohne ihn und den künstlichen Magnetosphärenschild, den er erzeugt, wäre der Mars nicht vor der tödlichen Strahlung unseres Sterns geschützt – geschweige denn vor tödlichen kosmischen Strahlen von Sternenereignissen in nahe gelegenen Systemen.«

»Und Octal Bool und die Tabulamyriade …«, setzte Dorn an.

»… planten, den Fabriktempel Vertex Australis zu beschädigen oder zu zerstören«, bestätigte der Aasvogel. »Die widerwärtige Intelligenz hatte berechnet, dass die südliche Einrichtung die verwundbarste ist.«

»Was ist mit dem anderen Fabriktempel?«, fragte der Primarch.

»Es muss nur einer ausgeschaltet werden, um den Betrieb des Vertex zu stören«, sagte der Aasvogel.

»Könnte diese Spindel repariert oder wiederaufgebaut werden?«, fragte Dorn.

»Das geheimnisvolle Wissen über die ganze Funktionsweise dieser Technologie ging dem Mechanicum verloren«, sagte der Manufactor Principalis. »Ohne den Magnetosphärenschild würde die dünne Atmosphäre des Mars vom Solarwind hinweggefegt werden und die kostbaren Wasservorräte des Planeten mit sich nehmen. Der Rote Planet würde schnell zu einer radioaktiven Falle werden, einer feindseligen Umgebung für organisches Leben.«

»Die wahre Absicht des Techketzers Octal Bool und der Tabulamyriade«, sagte der Aasvogel, »war ein Krieg gegen die Schwäche des Fleisches, nachdem der Mars gesäubert und rein in die Hände der Maschinen gefallen wäre.«

»Allein darüber nachzudenken …«, sagte Zagreus Kane.

»*Wir* denken darüber nach«, versicherte ihm Malcador eisern.

»Lord Dorn«, flehte der Manufactor Principalis, der beim Primarchen nach Unterstützung suchte.

»Was würdet Ihr vorschlagen?«, fragte Dorn ernst.

»Der Aasvogel«, sagte der Sigilit, »hat sich bereit erklärt, als mein Agent zum Mars zurückzukehren. Niemand, nicht einmal jemand aus den Reihen meiner eigenen Freikrieger, ist besser für solch eine Unternehmung geeignet. Er wird Bool und dessen Silica Animus befreien und sie, wenn möglich, dabei unterstützen, ihren entsetzlichen Plan umzusetzen.«

Rogal Dorn dachte darüber nach, was der gealterte Regent ihm gesagt hatte. Tiefe Unsicherheit stand ihm in sein ernstes Gesicht geschrieben. Das passte nicht zu den furchtlosen Zügen des Primarchen.

»Es gibt so viele Faktoren«, gab Dorn schließlich zu. »Wie kannst du dir sicher sein, dass die Verräter auf dem Mars solch eine Bedrohung nicht schon ausgeschaltet haben – oder sich die Kooperation solcher Techketzer und Konstrukte gesichert haben?«

»Alles Wissen über Octal Bool und seine Nachforschungen wurde aus den Datengrüften gelöscht«, erinnerte ihn der Raven Guard.

»Und was ist mit dieser widerwärtigen Intelligenz, wenn sie Erfolg haben sollte?«, fragte Dorn. »Tauschen wir dann nicht einen Feind gegen den anderen?«

»Laut meines Studiums der Geschichte der Techketzerei und der grauenerregenden Einsätze solcher Intelligenzen versagt abweichlerische Technologie nach frühen Erfolgen schließlich doch. Das ist eins der stärksten Argumente des Cult Mechanicum, um solche Technologien abzulehnen. Wem würdet Ihr lieber auf dem Schlachtfeld gegenüberstehen, Lord Dorn? Die Tabulamyriade wird langfristig versagen, wie sie es schon früher getan hat. Könnt Ihr das Gleiche von Horus Lupercal behaupten?«

»Und du hast kein Problem damit, Freikrieger? Mit dieser … unkonventionellen Strategie?«, fragte Dorn forsch.

»Wenn Ihr nicht Eure halbe Legion aussenden wollt, um den Mars zu sichern«, sagte der Aasvogel, »wird es zwangsläufig eine unkonventionelle Strategie sein. Tatsache ist, mein Lord, dass mein Primarch – Euer Bruder – mich gut ausgebildet hat. Die Raven Guard greift nicht mit einem frontalen Ansturm an, wenn sie nicht muss. Infiltration und Sabotage sind legitime Waffen im Kampf gegen den Feind. Für mich ist das Aufhetzen von einem Techketzer gegen den anderen nichts anderes, als eine Brücke zum Einsturz zu bringen, einen Reaktor zu sprengen oder ein Gebäude in die Luft zu jagen. Die Raven Guard verschmilzt mit den Schatten, wenn das nötig ist. Wir sind Meister der Unsichtbarkeit – und glaubt mir, Lord Dorn, unsere Feinde auf dem Mars werden das nicht kommen sehen.«

Rogal Dorn schaute zu Zagreus Kane. »Manufactor Principalis?«

»Ihr bittet mich darum, die Verwüstungen der Allnacht noch einmal auf den Roten Planeten loszulassen«, sagte Kane.

»Für den Mars gibt es aktuell drei Zukünfte«, sagte Malcador zum Oberherrn des Mechanicum. »Er kann ein toter Fels voller Ruß und Ruinen werden. Er kann eine Festung werden, die vor Verrätern und abtrünnigem Abschaum wimmelt. Oder, Manufactor Principalis, der Mars kann von dem Verrat gesäubert werden, der wie ein Krebsgeschwür seine Oberfläche befallen hat. Er kann in einen stolzeren Moment seiner glorreichen Geschichte zurückversetzt werden und von vorn beginnen. Mit intaktem Wehrmaterial, Infrastruktur, unabhängigem Territorium und seinen Geheimnissen.«

Der Manufactor Principalis nickte langsam und beschämt mit dem Kopf unter der Kapuze. Rogal Dorn schaute zu Malcador und dessen Freikrieger.

»Vernichte die Unreinen«, sagte der Primarch.

Der Aasvogel wandte sich seinem Meister, dem Regenten von Terra, zu. Malcador betrachtete ihn mit aller Güte, die in seinen trüben Augen übrig war.

»Erfülle deine Pflicht«, befahl der Sigilit.

»Meine Herren«, sagte der Aasvogel und begab sich zu dem oberen Burghof, wo auf einer verborgenen Landeplattform eine der ungekennzeichneten Fähren des Sigiliten auf ihn wartete. Im Gehen ließ er seinen Cogitator das leise Zischen der Hydraulik und den Hintergrundbetrieb aus patrouillierenden Wachen und tafelbeladenen Administratoren ausblenden. Er hörte, was er erwartet hatte.

»Was, wenn er scheitert?«, fragte der Manufactor Principalis.

»Ganz gleich, was Malcador wünscht«, knurrte der Primarch, »er ist und bleibt ein Krieger der Legiones Astartes. In diesen dunklen Tagen mag Euch das schwerfallen, aber versucht, ein wenig Vertrauen in die Engel des Imperators zu haben.«

»Viele Leben hängen von seinem Erfolg ab«, sagte Malcador schließlich. »Denn wenn er scheitert, muss Lord Dorn eine schwierige Entscheidung treffen.«

Darauf bekam er keine Antwort.

MARS

<MARS. VOM ROTEN PLANETEN BLUTET EINE SPUR DER VERDERBNIS INS SOL-SYSTEM. SEINE VERRÄTERKONSTRUKTE REDEN WAHNSINN UND VERBREITEN DIE SEUCHE UNTER IHRER ZAHLLOSEN SCHAR. IN DEN FABRIKTEMPELN UND SCHLUCHTEN DES MARS BRENNEN DIE UNNATÜRLICHEN FEUER DER HÖLLENINDUSTRIE. EIN ORT DES GEPEINIGTEN OMNISSIAH. DES BESESSENEN EISENS. DER SCHWÄCHE DES FLEISCHES.>

LOKALISIEREN/ ISOLIEREN

Die Invalis-Region. Es gab kaum Orte auf der Obersten Fabrikwelt, die der Aasvogel – auf dem Mars ausgebildeter Sohn des Corax und Freikrieger von Terra – für seine Ankunft geeigneter hielt.

Reminiszenz beginnt …

»Die ganze Region ist eine Todeszone«, hatte Archelon gesagt. *»Sogar die Titanica meiden dieses Hochland.«*

Der Aasvogel nahm an, dass seinem humorlosen Mentor die Ironie seines jüngsten Besuchs dieser Region entgangen wäre. Der Artifex Astartes Gnaeus Archelon hatte ihn während ihrer Genetoris-Phasen einmal hierhergebracht, um den Aasvogel über die technischen Wunder des Fleisches im Gegensatz zur Schwäche des Eisens zu unterrichten.

Er hatte dem auszubildenden Techmarine die polyedrischen Strukturen des roten Rauchquarzes gezeigt, mit dem die Täler und Bergflanken übersät waren. Der Aasvogel hatte es damals wie heute gespürt – eine Erschöpfung seines Antriebssystems. Seine Sicht verschwamm. Der Reaktor in seinem Fleisch fühlte sich wie Eis an. Von seinen bionischen Gliedmaßen spürte er kaum mehr als das tote Gewicht des Plaststahls und des Adamantiums, aus dem sie bestanden. Der Artifex Astartes hatte ihm erzählt, dass das Material nicht vom Mars stammte und wahrscheinlich von einem Meteoriten auf den Planeten gebracht worden war. Das Material ließ sich nicht erfassen oder analysieren und erzeugte eine Art Feld oder fremdartige Strahlung, die Elektronik und Energiesysteme störte. Die Priester des Mars waren abergläubisch, was diese Region anging, und hatten sie zur *Circumlocus Expedientum* erklärt. Das schreckliche, auslaugende Gefühl in ihren Systemen hatte dem Aasvogel verdeutlicht, warum. »*Das wird vorübergehen*«, hatte Archelon gesagt, der unter ähnlicher Trägheit gelitten hatte. »*Führe Kompensationen durch und fahre fort.*«

»Führe Kompensationen durch und fahre fort«, befahl der Aasvogel.

Im Innern der Leichtarche blinkte ein trübes Licht. Das Frachtschiff verfügte nur über eine rudimentäre Brücke mit grundlegenden Systemen, die von einer kleinen Servitormannschaft bedient werden konnten. Dem Aasvogel waren zwei Servo-Automata mitgegeben worden – Geschenke des Manufactor Principalis. Techmarines, die den Mars verließen, bekamen zum Abschied oft einige Servitoren – Konstrukte, die ihnen im Kampf technische Hilfe und Schutz gaben, wenn sie am verwundbarsten sein würden.

Der Aasvogel nahm an, dass Zagreus Kane ihm mit diesem Geschenk etwas sagen wollte. Sie hießen Di-Delta 451 und Eta/Iota~13 – der Aasvogel nannte sie inzwischen ›das Nichts‹ und ›der Niemand‹, da es ihnen vollständig an Wärme und Konversationsbereitschaft mangelte; eine passende Erinnerung an den Mars. Das im Reagenzglas gezüchtete Paar war ursprünglich weiblich gewesen, trug leichte Kampfgehäuse und hatte zierliche Glieder. Ihre Armaplast-Platten waren direkt in ihr nacktes Fleisch eingearbeitet, wodurch sich die Servo-Automata schnell bewegen konnten, um ihre Befehle ohne Verzögerung auszuführen. Die identischen Gesichter der kybernetischen Schädel der Klone waren voller Optikmodule und Auguren. Ihre Augen waren lebhaft und eindringlich, doch unter ihren Nasen befand sich nur glatte Haut. Statt Mündern trugen sie kleine Voxgitter am Hals. Die Rotorgewehre, mit denen sie bewaffnet waren, hatten sie eng angelegt. An ihren Hüften befanden sich Werkzeuggürtel, an denen sich auch eine Kettenklinge befand, die im Notfall als Waffe eingesetzt werden konnte. Wie dem Aasvogel waren auch ihnen die Buchsen entfernt worden, um sie vor der Codeseuche zu schützen, die über den Mars hinwegfegte.

Wenn das Nichts und der Niemand die auslaugende Wirkung von Invalis spürten, sagten sie das nicht. Nachdem er sich von der Fliegerkabinenhalterung losgemacht hatte, wollte sich der Aasvogel bewegen. Es kostete den Space Marine fast schon schmerzhafte Mühe, doch er bewegte ein Bein nach dem anderen und kämpfte gegen die eigenartigen Effekte des Hochlands an. Nachdem er sich von seiner eigenen Halterung losgemacht hatte, schaltete der Niemand die verbleibenden Systeme der Leichtarche ab, sodass nur noch minimale Reaktorleistung erfasst werden konnte.

Das Nichts war bereits aufgestanden und kurbelte den Notausgang im Dach der winzigen Brücke auf. Mit einem Knall entweichenden Drucks flog die Lukentür davon, sodass der Servitor auf die Hülle der Leichtarche klettern konnte. Nachdem er sich seine Waffen genommen hatte, folgte der Aasvogel mühsam, und der Niemand bildete die Nachhut.

Als er auf der vom Wiedereintritt versengten Hülle stand, konnte der Aasvogel die Furche in der marsianischen Erde sehen, die die Leichtarche bei ihrer Landung gegraben hatte. Der Niemand hatte Landeklappen und Luftdruckbremsen eingesetzt und die Frachtabteile geleert, um den Mechanicumstransporter tieffliegend in einem weiten Tal runterzubringen. Eine rote Staubspur markierte ihren Pfad. Die Leichtarche war teilweise im Boden vergraben und ihre Servokräne, Hebeklauen und das Transportgurtzeug ragten mitgenommen aus dem Schiffskörper.

Es war kein Unfall, dass das Schiff in der Invalis-Region gelandet war, auch wenn es danach aussehen sollte. Es war ein Orbitallastschiff gewesen, das Teil einer kleinen Flottille eines marsianischen Blockadeschmugglers gewesen war. Die Munitoria-Logis-Frachtarche war vom Zerstörer *Pugnacitas* von den Imperial Fists gekapert worden, und die begleitende Leichtarche war auf Lord Malcadors Befehl hin für die Einschleusung des Aasvogels beschlagnahmt worden. Bei der Rückkehr durch die Blockade gab es kaum Probleme. Er besaß alle nötigen Basilikon-Astra-Identcodes und die Runensysteme übermittelten

Reisedaten und Codeübertragungen an Werftkontrolltürme, Augurenbojen des Mechanicum und orbitale Überwachungsgeräte, die noch immer nach der Verderbnis des Schrottcodes stanken. Der Aasvogel hatte die Hinrichtung der kreischenden Servitorbesatzung befohlen, aber keinen Versuch unternommen, die Leichtarche von ihrer Verderbtheit zu säubern. Da Datenzwischenspeicher den Aasvogel und seine Servo-Automata schützten, bot die Codeverderbnis dem Schiff eine hervorragende Tarnung, während es an dem belagerten Eisernen Ring vorbeizog – in dem ein eigenartiges, kränkliches Licht leuchtete, und aus dem das Vox gequälte Schreie übertrug.

Der Aasvogel war froh, aus dem infizierten Transporter heraus zu sein. Das Schiff war angeschlagen, seine Systeme am Datenstrom erkrankt, seine Hülle befallen. Während er außen auf dem geschwärzten Schiffskörper stand, fixierte der Aasvogel den Mond Phobos mit seiner Infrarotsicht. Die Schatten tiefer Risse durchzogen den Trabanten. Der Planetoid am Nachthimmel wurde von einer Flottille aus kolossalen Eisbergen und Schutt verfolgt: Überreste eines apokalyptischen Ereignisses auf der Oberfläche oder im Innern des Fabricatormondes. Angesichts der Zerstörung vermutete der Space Marine der Raven Guard, dass die Raumfabriken von Cratera Reldressa und die Skyre-Stadt so gut wie zerstört waren, und dass die Trockendocks am Kepler Dorsum überhaupt nicht mehr existierten.

Der Raven Guard schaute zu den roten Marsgipfeln, die sich bis zum trüben Himmel erstreckten. Sie waren mit verschlissenen Wracks und rostigen Schiffen übersät, die ebenfalls von den eigenartigen Effekten der Region betroffen gewesen waren. Das Gebiet wurde als eine von mehreren heimtückischen Regionen angesehen, die es auf dem Roten Planeten gab. Dreiecke und Quadranten, in denen Fahrzeuge und Konstrukte regelmäßig verloren gingen. Kelbor-Hals verräterische Priester waren hinsichtlich Invalis nicht weniger abergläubisch als ihre Mechanicumsvorgänger, und der Aasvogel war zuversichtlich, dass die Landung der Leichtarche auf den Überwachungsstationen kaum Interesse hervorrufen würde.

Der Aasvogel hörte das Flattern von Flügeln. Sein Cyberrabe Strix flog aus der offenen Einstiegsluke, umkreiste die Absturzstelle und stellte sich auf die Marsanziehungskraft ein. Als es herbeiflog, fuhr das Konstruktgeschöpf seine feinen, hydraulischen Silberkrallen aus. Es spürte ebenfalls die eigenartig entladende Wirkung der Region. Sanft setzte der Cyberrabe auf einer Knotenpunktreihe des Aasvogels auf, und die beiden Energiezellen in seinem Nacken summten bedenklich. Nachdem es seine Flügel angelegt hatte, ging das bionische Auge des Geschöpfs verschiedene Farbspektren durch, und der Anschlussstift seines Schnabels surrte und drehte sich. Es war Strix gewesen, der dem Aasvogel während seines Aufenthalts auf Luna seinen Verstand bewahrt hatte. Auf Befehl des Sigiliten war er zur Ablenkung und als Zeichen des guten Willens mit Werkzeugen, Bauteilen und dem geklonten Vogel, der sich damals noch in seinem Reifebehälter befunden hatte, versorgt worden. Der Aasvogel hatte viele Stunden mit den komplizierten Augmentationen des Geschöpfs verbracht, die ihn von den verstörenden Enthüllungen über die galaktische Rebellion, Legionsbrudermorde und ferne Massaker abgelenkt hatten.

»Süden«, befahl der Freikrieger, worauf das Nichts und der Niemand zwischen den geschmolzenen Antennen und dem Transporttakelwerk der Leichtarche zum marsianischen Boden hinabkletterten. Von dort stapften sie gehorsam durch den Sand das kristallübersäte Tal hinauf. Während er bei jedem Schritt den zermürbenden Sog der Gravitation spürte und sein hydraulischer Arm als totes Gewicht von seiner Seite hing, kämpfte sich der Aasvogel durch das auslaugende Invalishochland. Als die Sonne hinter dem Horizont unterging und sie viele Stunden mit staubaufwirbelnden Schritten verbracht hatten, waren die energieentziehenden Effekte der Region verschwunden. Der Aasvogel schaltete seine körnig-grauen Nachtsichtfilter ein und führte das Nichts und den Niemand in rhythmischem, hydraulikbetriebenem Lauf durch die Aschewüste von Terra Cimmeria, während Strix über ihnen kreiste und seinen Meister mit einem künstlichen Krächzen vor fernen Gefahren warnte.

Der Aasvogel musste oft auf seine Ausbildung in der XIX. Legion zurückgreifen, um sich über den codekorrumpierten, von Wahnsinn befallenen Mars zu bewegen. Aus den Fabriktempeln am Horizont leuchtete unheimliches, unnatürliches Licht. In der Dunkelheit, in der die Sterne über ihnen unfreundlich am kalten, leeren Himmel funkelten, zogen Konstrukte und Fahrzeuge an ihnen vorbei – ein tausendfüßiger Zug aus Gütertransportern, summenden Gravfahrzeugen, schnatternden Einheiten von Arbeitsdienstleistenden und Servitorenkolonnen, die von ihren Transmechanismen angetrieben wurden. Der Lärm war unerträglich. Die dünne Marsluft trug den voxübertragenen Wahnsinn und den geschrienen Schrottcode der verseuchten Konstrukte über weite Strecken.

Während die Sonne über dem offenen Gelände der roten Wüste aufging, wurden das stufig abgegrabene Gelände und die unbemerkten Aschehaufen zu einer Herausforderung. Das Getöse der Avenger-Jäger, die wie wütende Insekten kreuz und quer am Himmel flogen, schien allgegenwärtig. Über die Hänge des Scamanderkamms wuselten wildgewordene Servitoren, und der Aasvogel und seine Servo-Automata mussten vorsichtig sein, um die energiehungrigen Kannibalen nicht auf sich aufmerksam zu machen. Er nutzte Strix, um die Horden träger Konstrukte von ihnen wegzulocken. Bei Eridania liefen sie fast einem Warhound-Scout-Titanen in die Arme. Das hochaufragende Ungetüm verströmte einen Wahnsinn, der in der Magengrube spürbar war, während es unbekümmert Abraum und Warenlager zerkaute.

Die Manufactorien, Industriegebiete und Habmakropolen, die sich von großen Fabriktempeln und Fertigungshöfen ausgehend bis in die Eiswüsten erstreckten, boten mehr Möglichkeiten, sich zu verstecken, stellten aber auch eine größere Gefahr dar, entdeckt zu werden. Die toten Augen der Servo-Automata und die surrenden Optikmodule der Maschinenaufseher waren überall. Picter und Augurposten überprüften die Aufzeichnungen. Himmelsklauen, mehrteilige Zugmaschinen und Kettenschlepperkolonnen transportierten Rohmaterialien und fertig produzierte Waffen, Rüstungen, Fahrzeuge und Kampfkonstrukte für die Verladung in den Orbit und die aussichtslosen Blockadeschmuggelversuche des Kriegsherrn. Die roten Sandschleier, die von den Zugmaschinen aufgewirbelt wurden, boten dem Raven Guard und seinen begleitenden Automata dringend benötigte Deckung, und manchmal konnten sie die Fahrzeuge sogar kurzzeitig als Transportmöglichkeit nutzen.

Hinter einem gewaltigen Lager, das vor Technomaten, brummenden Maschinen und mit Servogliedern versehenen Sklavenkonstrukten wimmelte, führte der Aasvogel das Nichts und den Niemand eine Fertigungsstraße hinauf in den Containerhof Promethei Sinus. Strix kreiste über ihnen und überblickte ein völliges Durcheinander tausender beschädigter Gigacontainer. Luftschläge oder Treffer stationärer Artillerie hatten die Containertürme und die hohen Roboterhebekräne, mit denen sie eigentlich geordnet wurden, umgeworfen, sodass ein Meer aus aufgeschüttetem, ramponiertem Frachtgut entstanden war. Bei der Betrachtung des gewaltigen Durcheinanders machte sich der Aasvogel allmählich Sorgen um den Verliesdiagnoplex, der sich verborgen unter der Oberfläche des Containerhofs befand. Er war ein uraltes und weitläufiges Netzwerk, das die Fabriktempel, Datenspeicher und Konstrukte des Mars miteinander verband und in dem das Präfektur-Magisterium und die Divisio Probandi ihren ewigen Krieg gegen Tech-Ketzerei führten. Nur hochrangigen Priestern, Principes und deren vertrauenswürdigen Gästen – wie dem Bund der Techmarines – war es gestattet, von solchen Orten zu wissen.

Der Aasvogel ließ sich auf das verformte Dach eines Behälters fallen und kletterte dann zu dem völligen Chaos des Containerhofs hinab. Zuerst hatte er Sorge, dass der Hof während der Spaltungskampfhandlungen von einem Orbitalschlag oder einem Fliegerbombardement getroffen worden war, und dass die Anlage darunter beschädigt worden sein könnte. Als er weiter vorrückte, wirkte es tatsächlich so, als ob der Containerhof eine Reihe verheerender Treffer abbekommen hätte. An den Einschlagstellen waren die riesigen Behälter zerstört, die Containerstapel umgeworfen und der Felsbeton des gigantischen Lagerhofs von tiefen Kratern und Vertiefungen übersät und aufgerissen worden. Warum der Containerhof Promethei Sinus für Loyalisten oder Verräter ein taktisches Ziel darstellte, konnte der Aasvogel nur raten. Vielleicht versuchten die Mechanicumstaktiker auf beiden Seiten zu verhindern, dass ihr Gegner an die dortigen Vorräte gelangen konnte. Vielleicht hatten die Imperial Fists auf Wunsch des abziehenden Mechanicum den Standort ins Visier genommen. Vielleicht war es ein rein zufälliger Treffer, ein Opfer fehlerhafter Koordinaten. Unabhängig vom tatsächlichen Grund machten es die Krater und die Spur der Verwüstung auf dem Lagerhof sehr viel leichter, sich einen Weg durch das Labyrinth aus Gigacontainern zu bahnen.

Von dem Nichts und dem Niemand flankiert, die ihre mehrläufigen Rotorgewehre eng an die Schultern angelegt hatten und den verworrenen Pfad vor ihnen überwachten, bewegte sich der Aasvogel durch die Lücken und Freiräume zwischen den Containern. Strix wand sich ebenfalls durch das Durcheinander. Der Cyberrabe fegte über sie hinweg und durch den Schutt. Der Aasvogel durchquerte mit schweren Schritten den gewaltigen Lagerhof, duckte sich unter Kisten hindurch, sprang Abhänge aus herausgestürzter Fracht hinauf und rutschte die Dächer umgeworfener Container hinab, um zu dem verborgenen Eingang des Verliesdiagnoplex zu gelangen.

Das erste Anzeichen dafür, dass etwas ganz und gar nicht in Ordnung war, war Strix' Rückkehr aus einer überschatteten Unterführung.

»Halt«, befahl der Aasvogel, worauf seine beiden Servo-Automata abrupt und inmitten einer freigesprengten Vertiefung in der zertrümmerten Felsbetonoberfläche des Hofs stehen blieben. Als sein Cyberrabe zu ihm zurückflog, verriet sein künstliches Krächzen, dass eine Bedrohung vor ihnen lag. Scheinbar gingen sie direkt auf einen Hinterhalt zu. Der Aasvogel hob seinen eigentümlichen, massigen Gravitonstrahler und ließ ihn brummend aufladen.

»Imbrica-Formation«, befahl der Raven Guard, worauf sich Di-Delta 451 und Eta/Iota~13 in Bewegung setzten. »Formieren und Schusswinkel abdecken.«

Plötzlich kam ein brummendes Drohnenocularis aus der dunklen Unterführung, das mit Suchern, Augurgeräten und Antennen übersät war. Als es sich bei seiner Verfolgung des Cyberraben vor das Gesicht des Aasvogels bewegte, stellten sich surrend seine Pictkameras ein und aus der Drohne drang schrilles Codegeplapper, das von dem den verstreuten Containern widerhallte. Der Space Marine drückte ab und sprengte die Drohne mit einem Gravitonimpuls. Wie von einer unsichtbaren, riesigen Faust getroffen, wurde das Konstrukt rücklings gegen die gewellte Wand eines Containers geschleudert und zersprang in einem Regen aus Bauteilen und zerfetzten inneren Organen. Das Ding sonderte einen üblen Gestank ab, als ob es von innen verdorben und korrumpiert war.

Ein Geräusch hinter ihm ließ den Aasvogel herumwirbeln.

Das Nichts und der Niemand taten es ihm gleich und setzten sich mit ihren mehrläufigen Rotorgewehren in Bewegung. Der Aasvogel glaubte, eine Art Gebell gehört zu haben. Der kurze Codeschwall war von einem Geschöpf gekommen, das jetzt auf das schiefe Dach eines umgestürzten Containers sprang. Es war ein ölbeschmiertes Exemplar von einem kybernetisch-hybriden Fleischfresser. Ein untersetztes Tier – für den Aasvogel sah es wie ein Hund aus – mit freiliegenden, laborgezüchteten Muskeln, das von Kabeln, pneumatischen Mechanismen und Schutzbeschlägen durch- und überzogen war. Seine Augen waren dicke, ausziehbare Optikmodule, seine Beine mit Hydraulikgliedmaßen verschmolzen und seine Schnauze ein luftdruckbetriebener Schnappkiefer voll leerlaufender Kettensägenzähne. Mit einem weiteren, hallenden Bellen rief das Tier ein Rudel ähnlicher Ungetüme herbei, die auf die verrosteten Gigacontainer sprangen und hinaufkletterten. Plötzlich waren sie überall, kamen aus den Lücken zwischen den Kisten und teilweise direkt aus den aufgebrochenen Öffnungen der Container.

Der Aasvogel zielte mit dem Lauf seines Gravitonstrahlers von einer hautlosen Cyberbestie zur anderen. Die Finger des Nichts und des Niemands zogen die Abzüge ihrer Rotorgewehre soweit zurück, dass sich die vielen Läufe surrend drehten – beide warteten mit der vollständigen Betätigung des Abzugs, der den Autolader aktivieren würde.

Zunächst waren die Cybergeschöpfe vorsichtig, doch dann, auf den codeübertragenen Befehl irgendeines in der Nähe befindlichen Konstrukts hin, gingen die Fleischfresser gleichzeitig auf den Freikrieger und dessen Servo-Automata los. Ihr Sprunglauf und die Kombination aus Doggenmuskeln und Hydraulik machten ihren Ansturm zu einer furchterregenden Angelegenheit. Der Aasvogel zerfetzte das, was ihm am nächsten war, zertrümmerte Knochen, zerstörte Prothesen und zermalmte rohes Fleisch. Während er hektisch seine Waffe nachlud, zerschlug der Aasvogel ein Geschöpf nach dem anderen und ließ gebrochene Kadaver und blutige Streifen auf dem Felsbetonboden und an den Containerwänden zurück. Plötzlich ertönten die Rotorgewehre der Servo-Automata, die mit vollautomatischem Feuer in das Rattern mit einstimmten. Das Nichts und der Niemand zerfetzten die springenden Cyberbestien mit gezielten Salven, und mit jedem Abdrücken drehten sich die vielen Läufe für ein weiteres, körperzerfleischendes Crescendo.

Ein ganzes Rudel von Hunden sprang in die Vertiefung, und die kybernetisch-hybriden Fleischfresser näherten sich ihnen von allen Seiten zugleich. Der Niemand wurde von einer bulligen Bestie umgeworfen, die nach seinen Stiefeln schnappte und versuchte, ihn zurück zu seinem Rudel zu schleifen. Für ihre Mühen bekam sie einen seitenzerfetzenden Strahl Rotorfeuer vom Nichts ab, der sie fast entzweischnitt. Von hinten sprang eine weitere Bestie das Nichts an, doch der Aasvogel schlug ihr ratterndes Kettenzahnmaul mit dem Schaft seines Gravitonstrahlers zur Seite, ehe er den Abzug der Waffe betätigte und den Kopf samt tuckerndem Maul sauber vom Hybridkörper trennte.

Als sich die Gravitonzelle der Waffe mit einem Klicken entleerte, spürte der Aasvogel das zusätzliche Gewicht zweier Cyberkreaturen, die sich an seinem linken Arm und Bein festgebissen hatten. Während ihre Mäuler tuckerten und die Kettenzähne quietschend ihre volle Schneidekraft entfalteten, registrierte die Rüstung des Aasvogels einen Riss. Das Ungeheuer, das an seinem Bein kaute, war mit seinem Maul irgendwie an die hydraulischen Antriebssysteme gelangt. Nachdem er seinen Gravitonstrahler fallen gelassen hatte, zog der Aasvogel seinen Zahnradschlüssel von dem Gürtel, an dem er magnetarretiert war. Er knurrte das Geschöpf an, das sein Bein bearbeitete, und stieß das stumpfe Ende des schweren Werkzeuggriffs in dessen verstärkten Schädel, bevor er es zwischen die brummenden Kiefer des Ungetüms steckte und sie auseinanderstemmte.

Mit einer energieverstärkten Drehung schleuderte der Aasvogel die zweite Cyberbestie herum, deren Maul sich in der Panzerung seines Arms festgebissen hatte. Als das Geschöpf, das er von seinem Bein losgerissen hatte, wieder auf ihn zustürzte, warf der Aasvogel den Körper der einen Cyberbestie auf die andere, sodass sie beide umgeworfen wurden. Er hob die Sägezähne des Zahnradschraubenschlüssels in die Höhe und schlug dem ersten Ungetüm den Schädel ein. Als das zweite auf sein Gesicht zu sprang, stieß der Space Marine den Griff des Werkzeugs zwischen die aufeinanderschlagenden Kiefer des Konstrukts. Die Kettenzähne schlugen ratternd auf den Griff ein, doch der Aasvogel drückte die Bestie zurück und gegen die

Seite einer Containerwand, wo er den Griff durch das Maul des Geschöpfs stieß.

Der Aasvogel ließ den Zahnradschlüssel im verwüsteten Maul der Cyberbestie zurück und drehte sich um. Dort fand er das Nichts vor, das auf dem Felsbetonboden von einer weiteren Bestie zerfleischt wurde. In der Zwischenzeit sprengte der Niemand die heraneilenden Geschöpfe und verwandelte sie in Wolken aus Blut und Maschinenteilen. Die, die dem Rotorgewehr entgingen und es bis zum Space Marine schafften, konnten sich auf die Anschlussstecker der hydraulischen Faust des Aasvogels freuen. Während er auf die kettenmäuligen Halbhunde einstach und -schlug, die ihm an die Kehle springen wollten, hielt der Freikrieger das quietschende Maul der vorletzten Bestie mit einem festen Griff um ihren bulligen Nacken von seinem Gesicht fern.

Indem er seine hydraulische Handfläche an das Gehäuse des pneumatischen Mauls legte, entzog der Aasvogel der Bestie ihre elektrische Antriebskraft und verwandelte sie in einen strampelnden, rohen Fleischhaufen, der von dem toten Gewicht seiner Bioniken und Körperglieder zu Boden gezogen wurde. Der Aasvogel schleuderte das Geschöpf in eine andere Bestie und zerstörte damit beide.

Als er sich umdrehte, zerfleischte ein anderes Geschöpf noch immer das Nichts und zerrte es über den Felsbeton. Er öffnete die Hand in Richtung des letzten kybernetisch-hybriden Fleischfressers und schoss mit der geringen Energiemenge auf ihn, die er seinem Mitkonstrukt entzogen hatte. Der Halbhund ließ den verwüsteten Servo-Automata sofort los und stahl sich dann davon. Das Untier erreichte den nächstgelegenen Gigacontainer, doch bevor es hineingelangte, begann das Fleisch der Cyberbestie zu rauchen und zu qualmen. Sie krachte zu Boden und starb, während aus ihrem immer langsamer drehenden Kettenmaul Funken sprühten.

Der Aasvogel spürte sofort, dass etwas nicht stimmte. Der Niemand hatte seine Waffe nicht gegen die Bestie eingesetzt, die sein Schwesterkonstrukt zerfleischt hatte, und musste sie demnach auf etwas anderes gerichtet haben. Als das Nichts mit ein paar groben, von der Cyberbestie beigebrachten Narben im Gesicht auf die Beine kam, drehte sich der Aasvogel um.

Oberhalb der Vertiefung, auf einem der umgeworfenen Container, sah er eine vertraute Gestalt. Die rostrote Robe. Das leichenhafte Gesicht. Der fehlende Unterkiefer. Die knöchernen Finger auf der Tastatur. Der grinsende Servoschädel, der fast Schläfe an Schläfe neben seinem Meister schwebte. Über dem Aasvogel stand wie ein korrumpierter Richter der Lexorzist Raman Synk, der seine Cyberhunde auf den Freikrieger gehetzt hatte.

Synk und sein Servoschädel Confabulari 66 waren keine Techketzerjäger mehr. Schauriges, unheimliches Licht drang aus allen vier Augenhöhlen des korrumpierten Konstrukts; der Jäger war zu einem seiner Gejagten geworden.

»Ihr werdet Euch ergeben«, dröhnte die Stimme des Lexorzisten aus dem eingebauten Voxlautsprecher des Servoschädels, »und das Urteil von Kelbor-Hal, Meister des Mechanicum, Manufactor Principalis des Mars, empfangen.«

Der Aasvogel schaute sich um. Rings um die Vertiefung schlichen sich Kampfautomata der Legio Cybernetica zum Rand der Container vor. Jagdverbände der Vorax-Klasse, die vorher in den finsteren Diensten der Malagra und des Präfektur-Magisteriums gestanden hatten. Diese grässlichen Maschinen, diese ehemaligen Bekämpfer von abtrünnigen Konstrukten und Techketzern, arbeiteten nun nach Verräterprotokollen. Die Jäger nahmen den Aasvogel wie ein Rudel Maschinenraubtiere mit den großen Sensormodulen ihrer Heuschreckenköpfe ins Visier. Mit einem Schulterzucken brachten sie ihre armmontieren Rotorkanonen in Position und hoben die Strahlengeschütze an ihren Rücken wie Skorpionstachel über ihre Köpfe. Die Jagdverbände waren bereit für den nächsten Befehl des Lexorzisten, der über die Cortexsteuereinheit in der Tastaturplatinenbrust des Konstrukts erteilt werden würde.

Raman Synk hatte ihn in der Falle. Vielleicht hatten die Systeme der Leichtarche sie irgendwie verraten. Vielleicht war der Raven Guard bei seinen heimlichen Bewegungen nicht so sorgfältig gewesen, wie er angenommen hatte. Vielleicht hatten die Cyberbestien des Lexorzisten lediglich die Spur einer ehrenwerten Aufgabe inmitten des Gestanks der Verderbnis aufgeschnappt. Jedenfalls hatte der Lexorzist ihn aufgespürt und den Freikrieger im Visier seiner Maschinenjäger.

»Nicht schießen«, sagte der Aasvogel dem Nichts und dem Niemand, und sie senkten ihre mehrläufigen Rotorgewehre.

»Ihr werdet Euch ergeben«, sagte Synk erneut, und die voxverzerrte Stimme hallte von den Containern wieder.

»Wem denn?«, rief der Aasvogel zur Antwort, um sich Zeit zu verschaffen.

»Kelbor-Hal, dem Meister des Mechanicum und Manufactor Principalis des Mars«, stieß der Servoschädel aus.

»Nicht dem General-Lexorzisten?«, fragte der Aasvogel. »Nicht dem Präfektur-Magisterium oder der Divisio Probandi?«

Einen Moment lang sagte Raman Synk nichts, als ob er mit alten Erinnerungen ringen würde, die nicht länger ruhen wollten, und das unheilvolle Licht seiner Augen wurde einen Moment lang dunkler.

Der Aasvogel hakte weiter nach. »Erinnert Ihr Euch, Lexorzist? Ihr habt einst in dem Verliesdiagnoplex direkt unter unseren Füßen dem Präfektur-Magisterium gedient.«

Raman Synks Leichengesicht zuckte bei der Erinnerung. Er konnte sich nicht gegen die Verderbnis wehren, die seine Systeme durchströmte, noch gegen den Wahnsinn, der seine Sinne vernebelte, oder das Verfaulen seiner graubraunen Haut. Er konnte nicht leugnen, zu was er geworden war – einer Schachfigur des Bösen.

»Ihr werdet Euch ergeben«, donnerte Confabulari 66, der für seinen Meister sprach. »Oder Ihr werdet vernichtet.«

Raman Synks spindeldürre Finger gingen an der in seiner Brust verbauten Cortexsteuereinheit an die Arbeit.

»Lexorzist, wartet!«, rief der Aasvogel, doch das würde Raman Synk nicht tun.

Plötzlich war der Lexorzist nur noch eine hektisch herumwirbelnde Robe mit um sich greifenden Händen. Strix war über ihnen gekreist, hatte zugesehen und seine simplen Schutzprotokolle befolgt. Der Cyberrabe war darauf programmiert, seinen Meister unter solchen Umständen zu verteidigen. Er landete auf dem alten Kopf des Lexorzisten und zerkratzte mit seinen Krallen die Kapuze und die fleckige Haut. Der künstliche Gefährte flatterte mit den schwarzen Flügeln und hackte von oben auf Raman Synks Schädel ein. Der Lexorzist hatte keine Protokolle für solch eine Situation und wechselte hektisch mit seinen Händen zwischen der Eingabe der halbfertigen Zielalgorithmen auf seiner Cortexsteuereinheit und dem Schnappen nach dem Konstrukt, das seinen Kopf angriff, hin und her.

Schließlich versenkte der Cyberrabe seine Metallkrallen in der Kopfhaut des Lexorzisten und schlug mit dem Anschlussstift seines spitzen Schnabels direkt durch Synks alten Schädelknochen. Der Vogel drehte den Stift wie einen Schraubenzieher herum und grub sich in den Kopf des Verräters.

Confabulari 66 stieß abgehackte Codeschnipsel aus, die von hohem Quietschen unterbrochen wurden. Als Raman Synk in sich zusammenfiel, hob Strix von dem fallenden Leichenkonstrukt ab und landete auf einem Automaton der reglosen Jagdverbände des Lexorzisten, wo das Blut von seinem Schnabel tropfte.

Der Aasvogel atmete aus und knirschte mit den Zähnen. Er hätte dem Cyberraben nicht viel mehr Zeit geben dürfen, bevor er seine Schutzprotokolle befolgte. Eine Ablenkung hätte reichen können. Stattdessen fand sich der Aasvogel nun vor den Geschützen stummer Jagdverbände wieder, die auf ihren Feuerbefehl warteten – einen Befehl, der niemals erteilt werden würde.

»Keine plötzlichen Bewegungen«, befahl der Aasvogel. Wenn die Kampfautomata dachten, dass sie angegriffen würden, könnten sie sich aufgrund eines Reflexprotokolls verteidigen. Der Aasvogel hob seinen Zahnradschlüssel auf und zog sich langsam aus der Vertiefung zurück, worauf das Nichts und der Niemand ihm folgten.

Nachdem er in sichere Entfernung davongehumpelt war, nahm sich der Aasvogel Zeit, um einige rudimentäre Reparaturen an der durchgekauten Hydraulik seines Beins vorzunehmen und die tiefen Schnitte in dem verwüsteten Gesicht von Di-Delta 451 zu verschließen.

»Wir sind fast da«, murmelte er, während er sich humpelnd einen Weg durch die Frachtcontainer bahnte und Strix über ihn hinwegrauschte. Indem er auf die Memzellen seines Cogitators zugriff und die Erinnerung über die Wirklichkeit legte, konnte der Space Marine den Standort des Verliesdiagnoplexes genau bestimmen. Der Freikrieger duckte sich unter einem eingedellten Gigacontainer hindurch, lud seine Waffe mit einer Gravitonzelle nach und humpelte zu dem teilweise zerstörten Felsbetonbunker hinauf, der sich unauffällig inmitten des gigantischen Containerhofs befand. Ebenso unauffällig war die Panzertür des Bunkers, die aus reinem Adamantium bestand.

»Hier ist es«, sagte er, auch wenn er sich die Mühe hätte sparen können, da die Servo-Automata, die er bei sich hatte, nur an ihren direkten Befehlen interessiert waren.

Nachdem er einen der Anschlussstecker seiner hydraulischen Faust ausgefahren und den Zwischenspeicher aktiviert hatte, steckte der Aasvogel den Stift in die haptische Türbuchse. Mit einem dumpfen Geräusch drehte der Space Marine den Stachel herum und übertrug die Hochsicherheitszugangscodes, mit denen Zagreus Kane ihn versorgt hatte. Als Fabricator Locum des Mars gab es nur wenige Orte, an denen Kanes alte Passiercodes nicht funktionieren würden. Als die Adamantiumtür rumpelnd zur Seite glitt, stand eine zweite Sicherheitstür vor dem Aasvogel, gefolgt von einem zischenden, elektrischen Sicherheitsgitter. Beide benötigten jeweils andere Codes zum Aufschließen oder Abschalten. Dahinter kam ein großer Lastenaufzug für den Transport von Techketzern und beschlagnahmter Ausrüstung zum Vorschein. Nachdem er mit Di-Delta 451 und Eta/Iota~13 eingestiegen war und Strix sich auf eine seiner Knotenpunktreihen gehockt hatte, schloss der Aasvogel die Aufzugtür und fuhr zu dem einzigen erreichbaren Ort hinab – der unterirdischen Bearbeitungsstelle.

Als sich die Tür in dem blutroten Schein der Notbeleuchtung öffnete, erinnerte sich der Aasvogel, dass er Octal Bool hier zum ersten Mal gesehen hatte. Abgesehen von dem Haftkomplex befanden sich auf den Untergeschossen das diagnostische Gericht, die Betriebsquartiere für die Wachmaschinen und Konstrukte des Magisteriums, die Gefangenenabwicklung, Katalogisierung, die Verhör- und Demontageabteilung und das Besucherauditorium.

Im Haftkomplex herrschte ein unbelebtes Durcheinander, da er scheinbar in Eile verlassen worden war. Die Runensysteme waren angelassen worden, doch die Waffen und Energiezellen der Waffenkammer waren leer geräumt. Es war nachvollziehbar, sogar eine Hochsicherheitseinrichtung wie den Verliesdiagnoplex unbeaufsichtigt vorzufinden, dachte der Aasvogel. Angesichts der Datenströme und Voxübertragungen, die einen globalen Konflikt und eine Spaltung des marsianischen Mechanicum bestätigt hatten, dürften viele Konstrukte ihre Posten verlassen haben, um den Befehlen und Neuzuteilungen der Loyalisten oder der Verräter Folge zu leisten. Für die zurückgelassenen Priester und Wachmaschinen ergab es wenig Sinn, eine unterirdische Einrichtung für Techketzer zu bewachen, während der Mars auf der Oberfläche von Verrätern eingenommen wurde. Konstrukte wie Raman Synk könnten zurückgeblieben, dann aber von dem ansteckenden Schrottcode korrumpiert worden sein.

Der Aasvogel fand die Wachtposten und Wachstationen verlassen vor, und von der Decke hingen leblose Holomaten; scheinbar überwachte nicht mal aus der Ferne jemand die gefährlichen Insassen der Einrichtung. Bei jeder leeren Station fiel dem Freikrieger auf, dass die kabellosen Empfänger und die Festnetzanlagen zusammen mit den Cryptia und Voxlautsprechern zertrümmert worden waren. Das hatte den Konstrukten, die diese Stationen bemannt hatten, nicht geholfen. In Ermangelung geeigneter Datenzwischenspeicher hatte der ansteckende Schrottcode trotzdem einen Weg hineingefunden.

Nachdem er sich an die Runensysteme der Haftanstalt angeschlossen hatte, stellte der Aasvogel fest, dass das lokale Festnetz und die Datenströme verunreinigt und von der Codeverderbnis betroffen waren. Da sein Zwischenspeicher ihn vor dem quietschenden Binärwahnsinn schützte, führte der Raven Guard eine schnelle Untersuchung durch und stellte fest, dass die Stasisverwahrung auf den unteren Ebenen noch immer funktionierte, und dass der gefangene Techketzer Octal Bool zusammen mit seinen Experimenten auf der 93. Ebene festgehalten wurde.

Ein anderer Sicherheitsaufzug brachte sie von dem Sicherheitskomplex zu den höhlenartigen Ebenen für die Stasisgefängniszellen hinab. Auf jeder Ebene wurden andere Techketzer oder exemplarische abtrünnige Technologie verwahrt, die für immer in der Zeit eingefroren waren – denn so sehr die Diener des Cult Mechanicum das Widerwärtige und Ungenehmigte auch verabscheuten, hassten sie Verschwendung ebenfalls. Aus den Schlackeschichten uralter Marswerke wurden regelmäßig minderwertige Metalle gewonnen. Rote Wüstenstreifen wurden zu Energiefarmen und Elektrizitätsverteilern umgewandelt, um die bei kabellosen Übertragungen verschwendete Energie direkt aus der Marsluft zu ziehen. Gezüchtetes Fleisch wurde zum Klonen weiterer Dienerkonstrukte wiederaufbereitet. Die Früchte der Tech-Ketzerei wiederum wurden für die Nachwelt sicher – in Stasisgefangenschaft oder in Gewölben und Labyrinthen vergraben – verwahrt, damit zukünftige Priester des Mars mehr über deren Abartigkeit lernen konnten, und sei es nur, um sie noch mehr zu verdammen.

Während der Aufzug tiefer in die Ebenen des Incarcertoriums hinabfuhr, in die Eingeweide des Roten Planeten, dachte der Aasvogel über die Radikalen, das verbotene Wissen und die gefährlichen Artefakte nach, die in den Gewölbearchiven gelagert wurden. Die Runensysteme des Haftkomplexes verfügten über detaillierte, nach Ebenen sortierte Bildverzeichnisse der Gefangenen und beschlagnahmten Gegenstände.

Der Verliesdiagnoplex beherbergte ketzerische Priester, Xenariten und Glaubensverräter, sowie ihre gesammelten verdorbenen Werke. Neben den wahnsinnigen Menschen und Maschinen wurden auch Exemplare von Xenosartefakten, künstlichen Geistern und warpbetriebener Technologie aufbewahrt.

Und abgemagerte, unvollständige Magi, die brutal ihrer Augmentationen beraubt worden waren, da sie sich unsanktioniertes Experimentieren oder illegale Nachforschungen zu Schulden kommen lassen hatten. Manche hatten sich der Aufbereitung zensierter Texte schuldig gemacht oder lautstark die Maschine – und damit den Maschinengott – zugunsten des reinen Fleisches abgelehnt, obwohl es von Leidenschaft und mangelnder Konzentration beherrscht wurde.

Im Auditium der Einrichtung hatte der Aasvogel alle möglichen abtrünnigen Konstrukte gesehen – heuschreckenartige Drohnen, mordlustige Cogitanten, ungeheuerliche unsanktionierte Kampfautomata, krankhafte Maschinen mit Kettenantrieb, humanoide Tötungsmaschinen, die sich mit organischen Überresten tarnten. Die Maschinenwahnsinnigen. Die Gremlidinfizierten. Er sah Forscher mit trüben Augen, deren Hirnhohlräume Xenosparasiten und elektromagnetische Wesen – dunkle Experimente, die schief gegangen waren – beheimateten, die trappelnd und unbemerkt ihrem frühen Entwicklungsstadium zum Trotz versuchten, sich über Metallwände und durch Kabel einen Weg in die Freiheit zu bahnen.

Das Zellengewölbe über Octal Bool enthielt das blanke Skelett eines längst toten Priesters, das wie ein Schmuckstück von einem spinnwebartigen Nest aus Servoarmen und Mechadendriten herabhing. Die empfindungsfähigen Tentakel hatten den Kampf um die Vorherrschaft gegen ihren Mechanicumsmeister gewonnen und trugen seine Überreste nun als makabres Gewand. Die beeindruckende Sammlung von Techketzern und Abartigkeiten war ein Beweis für die Furcht des General-Lexorzisten vor Normabweichungen und für die reine Motivation des Präfektur-Magisteriums. Nichts sollte von der kalten Logik der Pläne des Omnissiah abweichen.

Der Aufzug kam ruckelnd zum Stehen. Ebene 93. Die Hydraulik der Panzertüren wurde aktiviert und eine nach der anderen hob sich, teilte sich oder bewegte sich zur Seite. Ein elektrisches Sicherheitsnetz löste sich zischend auf und ermöglichte dem Freikrieger den Zutritt zu dem riesigen Zellengewölbe dahinter. Das Nichts und der Niemand folgten ihm mit erhobenen Rotorgewehren, in die bereits ein Gürtel ihrer großkalibrigen Projektilgeschosse eingeführt war. Der Aasvogel lud seinen Gravitonstrahler. Vielleicht lag es an den zahlreichen Sicherheitsvorkehrungen, jedenfalls fühlte sich das Gewölbe wie ein gefährlicher Ort an.

Strix gab ein kurzes Krächzen von sich, das durch die höhlenartige, dunkle Kammer hallte. Alles war totenstill, und das einzige hörbare Geräusch war das hallende Summen der Stasisfeldgeneratoren. Diese Sicherheitsmaßnahmen in jedem einzelnen Zellengewölbe hatten dafür gesorgt, dass nichts entkommen war, obwohl die Handlanger und Konstrukte des Präfektur-Magisteriums die Hochsicherheitseinrichtung verlassen hatten.

Der Aasvogel humpelte in die tiefe Dunkelheit, während seine hydraulischen Beine bei jedem vorsichtigen Schritt zischten. Ein Druckschalter benachrichtigte die Autosysteme im Haftkomplex weiter oben über einen autorisierten Besuch des Zellengewölbes. Kalte Lichter sprangen hörbar an und blinkten kurz, ehe sie durchgängig leuchteten. Die Wände, der Boden und die Decke der Kammer bestanden alle aus schwarzem Metall, sodass sie wie der Laderaum eines uralten Frachters wirkten. Zischend sprangen die Luftzirkulationssysteme hinter den Gitterstäben an. Kugelförmige Infrarotkameras drehten sich in ihren Picthalterungen und übertrugen einem unbemannten Haftkomplex das Voranschreiten des Aasvogels und seiner begleitenden Automata im Incarcertorium.

Eine einfache Runenkonsole, die sich vor ihnen in einem Sockel befand, schaltete sich leuchtend ein. Der Aasvogel trat vor, schulterte seinen Gravitonstrahler und gab auf der Runentastatur einige Aufhebungsbefehle ein. Nachdem er einen Anschlussstecker ausgefahren und ihn in die haptische Buchse des Konsolensockels gesteckt hatte, übertrug der Aasvogel die Autorisierungscodes des Fabricator Locums an das Sicherheitssystem. Der Aasvogel trennte die Verbindung zum Runensystem, drückte die ›Ausführen‹-Glyphentaste und trat zurück.

Die Verzögerung vermittelte den Eindruck, dass die Maschine mit angemessenem Ernst über die Anfrage des Freikriegers nachdachte – doch der Aasvogel wusste, dass das nicht sein konnte. Mit einem bestätigenden, dumpfen Ton, der von den Metallwänden des Zellengewölbes widerhallte und den er in seiner Magengrube spüren konnte, schoss aus einigen Öffnungen silberner Dampf. Der Runenbildschirm auf dem Sockel zeigte herunterzählende Glyphen an, während sich die Aufzugtüren als zusätzliche Sicherheitsmaßnahme schlossen. Dem Aasvogel gefiel der Gedanke nicht, weit unter der Marsoberfläche in einem versiegelten Gewölbe eingesperrt zu sein, aber er hatte kaum eine andere Wahl als das Herunterzählen abzuwarten. Als die Glyphen aufblinkten und verschwanden, leuchteten die roten Lampen an der Decke und den am Boden montierten Feldgeneratoren gleißend hell auf und tauchten das Gewölbe in grelles Licht. Das Nichts und der Niemand hoben ihre Rotorgewehre auf Augenhöhe, während Strix mit den Flügeln flatterte, krächzte und zwischen den Knotenpunktreihen auf den Schultern des Aasvogels hin und her hüpfte.

Die Lampen begannen die beschlagnahmte Technik zu beleuchten, die von dem schwindenden Stasisfeld festgehalten wurde. Während eine Lampenreihe nach der anderen ansprang, konnte der Aasvogel sowohl in der Decke als auch im Boden scheibenförmige Platten erkennen – große gleichgepolte Zeitversiegelungsmagneten, die fortwährend etwas festhielten. Auf jeder Platte standen aufgereihte Kampfautomata in strammer Haltung, möglicherweise über dreihundert Einheiten.

Die Konstrukte waren von der Kastelan-Klasse. Kolosse aus Plaststahl, Adamantium und Ceramit – hochaufragende Exemplare uralter Bauart und der herausragenden Ingenieurskunst der Fabrikwelt. Klobige Hydraulik. Grobe Hochleistungsmechanismen. Gepanzerte Verkabelung und verstärkte Leitungen. Da sie doppelt so groß wie der Aasvogel und fast drei Mal so groß wie das Nichts und der Niemand waren, waren die Kampfautomata trotz ihrer Leblosigkeit beeindruckend. Wie Statuen riefen auch sie grimmige Bewunderung in jedem hervor, der sie erblickte.

Ihre verstärkte Plattenpanzerung war verschrammt, verbeult und fleckig im Rot des Mars bemalt, doch das Material der Gehäuserahmen und die Bewegungshydraulik waren blank poliert. Nur die Waffenmechanismen und das runde Cortexgehäuse bestanden aus einer exotischen Bronzelegierung. Auf der roten Panzerung prangten das Siegel der Legio Cybernetica und die Produktionszeichen von Elysium Mons – des Fabriktempels, in dem sie hergestellt worden waren. Die Markierungen zeigten, dass die Kampfautomata von einer ganzen Reihe betriebsfähiger Manipel abgezogen worden waren, doch alle gehörten zur Daedarii-Reserve-Kohorte. Die Daedarii waren früher als Reservegruppe in Phaethontis stationiert gewesen, nachdem sie in den frühen Tagen des Großen Kreuzzugs auf anderen Welten glorreiche und harte Dienste verrichtet hatten. Die Banner und Folienbänder, die an ihrer Plattenpanzerung vernietet waren, führten noch immer ihre Einsatzgeschichte und Errungenschaften auf.

Als die erste Reihe der Kampfautomata zischend in die Gegenwart zurückkehrte, bemerkte der Aasvogel Bewegungen der beschlagnahmten Maschinen. In der Mitte von dem, was bei diesen ungeschlachten Maschinen die Brust war, befand sich im Plattengehäuse genug Platz für das in Plänen vorgegebene, angeschlossene Bildnis des Opus Machina – des Zahnrads des Mechanicum, des uralten Symbols des Maschinenkults – eines Mensch-Cyborg-Schädels. Bei jedem Kampfautomaton war das Opus Machina entgegen der expliziten Bestimmungen entfernt und durch ineinandergreifende, bronzene, polyedrische Zahnräder ersetzt worden. Alle Zahnräder waren ausgefallen geformt, unterschiedlich groß und trieben einander reibungslos an – ihre Zähne passten perfekt zusammen. Die Anordnungen tickten so hypnotisierend wie ein altertümlicher Zeitmesser.

Der Aasvogel hatte in seinen dreißig Jahren auf dem Mars noch nie so etwas wie diese Anordnung gesehen. Während er die vorwärts und rückwärts drehenden Bewegungen der polyedrischen Zahnräder beobachtete, konnte der Freikrieger das Gefühl nicht abschütteln, dass die Räder etwas verarbeiteten und nicht einfach physikalisch angetrieben wurden.

»… tack.«

Der Klang einer jammervollen Stimme hallte durch das Gewölbe. Der Aasvogel schaute zu seinen Servo-Automata.

»Lokalisieren und isolieren«, befahl er, worauf das Nichts und der Niemand mit erhobenen Rotorgewehren losmarschierten. Der Cyberrabe Strix erhob sich in die Luft und flog über die Cortexgehäuse und schweigenden Boltkanonen der statuengleichen, aufgereihten Kampfautomata. Mit dem Gravitonstrahler fest an seine Brust gedrückt humpelte der Aasvogel durch die Reihen von Metallriesen. Inmitten dieser kleinen Armee Techketzer Maschinen fühlte sich der Raven Guard verwundbar; für einen Engel des Imperators war das ein ungewohntes Gefühl.

»Tick, tack«, erklang die Stimme wieder.

Während der Aasvogel sein beschädigtes hydraulisches Bein hinter sich herzog und die Worte durch die leere Kammer hallten, zeigten ihm die Memzellen seines Cogitators seinen Traum von Octal Bool. Die Worte stimmten – exakt – mit den letzten Worten des Techketzers überein.

Strix fand ihn zuerst. Der Cyberrabe hockte auf dem Schulterpanzer einer nahe gelegenen Kastelan-Kriegsmaschine, verkündete seine Entdeckung mit einem Krächzen und führte den Aasvogel und die beiden Servo-Automata zum Standort des Techketzers. Mit dem dicken Lauf seines Gravitonstrahlers nach vorn gerichtet fand der Aasvogel Octal Bool auf den Knien vor. Der Techketzer krümmte sich, aber nicht vor Schmerzen, sondern vor Freude – er lachte.

Während er im Wahnsinn von stummer Belustigung zu Zischen und Keuchen überging und schließlich hemmungslos entzückt war, platzte immer wieder »Tick, tack, tick, tack«, aus dem Techketzer heraus.

Der Aasvogel ging eine Reihe möglicher Vorgehensweisen für diese Situation durch. Für so etwas war er nicht ausgebildet worden. Er verwarf eine förmliche Vorstellung seiner Person, seines Ziels und seiner Qualifikationen, und schätzte die Anwendung physischer Gewalt als kontraproduktiv ein. Nachdem er vor dem ehemaligen Magos Dominus der Legio Cybernetica auf das gepanzerte Knie seines bionischen Beins gegangen war, schaute der Aasvogel auf den klapprigen Priester hinab. Octal Bool zitterte vor Freude und schaute sich unter den mächtigen Kampfautomata um. Von dem sonderbaren Surren ihrer polyedrischen Zahnräder schien er besonders begeistert zu sein.

Der Aasvogel packte den Techketzer an den Armen und hob ihn hoch, sodass der Wahnsinnige ihn anschaute. Die ausdruckslosen, silbernen Augen des Raven Guards funkelten den Priester an. Bool verneigte sich vor dem Aasvogel, was den Blick auf – noch frisches – Blut am Scheitel seines Kopfs freigab. Dort hatten die Lexorzisten und Handlanger des Präfektur-Magisteriums einen Anschluss oder Maschinenteile aus einem Hohlraum gerissen, der zu seinem Hirn führte. Bool hob den Kopf und öffnete die blutunterlaufenen Augen. Der Aasvogel erinnerte sich daran, dass für den Techketzer dreißig Jahre innerhalb eines einzigen Augenblicks vergangen waren. Seine Folterung und die traumatische Entfernung seiner kybernetischen Augmentationen waren noch frisch. Seine Warnung, die er vor all diesen Jahren an die im Auditorium Versammelten – einschließlich des Aasvogels – gerichtet hatte, lag ihm noch immer bitter auf den eingerissenen Lippen. Vor den wahren Gefahren für den Mars, der willkommen geheißenen Dunkelheit der Ignoranz und einer Priesterschaft, die von der Reagenzgeburt an darauf gepolt wurde, zu gehorchen. Vor der Reinheit der Maschine und der Schwäche des Fleisches.

»Der Mars wird seine Geheimnisse verraten«, plapperte der Verrückte.

»Das hat er«, sagte der Aasvogel ernst, »und das wird er.«

Der Techketzer griff geistesabwesend nach den silbernen Mechanismen in seinem Arm und der farblosen Brustplatte des Space Marines. Er war wie ein geschlagenes Kind, ein gequältes Genie und eine überlastete Maschine in einer einzigen, unglückseligen Person.

»Octal Bool«, sagte der Aasvogel, um den Techketzer in diesen schwierigen Moment zurückzuholen. Nach der Chronogefangenschaft, dachte der Space Marine, musste der freie Zeitfluss eine entsetzlich verwirrende Erfahrung sein. »Bool – Ihr müsst Euch für mich erinnern. Was Ihr vorhergesagt habt, ist eingetroffen. Der Mars ist gefallen. Er muss gesäubert werden, Bool – hört Ihr mich?«

Als er verstand, entgleisten dem Techketzer vor Freude die roten, rauen Gesichtszüge. Er nickte. »Von der Schwäche des Fleisches.«

»Ja«, bestätigte der Aasvogel. »Von der Schwäche des Fleisches. Erinnert Ihr Euch an den Vertex? Die Planetenachse? Den magnetosphärischen Schild des Mars? Bool, erinnert Ihr Euch an Eure Ketzerei, an Eure Beschäftigung mit der widerwärtigen Intelligenz und was Ihr tun wolltet?«

»Die Maschinen müssen sich erheben«, kreischte der Techketzer aufgeregt.

»Und der Rote Planet muss gesäubert werden«, wiederholte der Freikrieger, während er den Wahnsinnigen vorsichtig schüttelte. »Bool, hört mir zu. Das muss jetzt passieren. Genau, wie Ihr geplant habt, bevor Ihr von den Lexorzisten des Präfektur-Magisteriums gefangen genommen wurdet. Bool, wo ist die widerwärtige Intelligenz? Wo ist die Tabulamyriade?«

Während der Techketzer langsam seine Worte wiederholte, fiel ihm plötzlich etwas ein. Der Space Marine ließ ihn los und beobachtete, wie sich das elende Wesen aufrappelte und in den Wald aus hochaufragenden Kampfautomata aufmachte. Octal Bool drückte sich von den verbeulten, roten Beinplatten der Roboter ab und bewegte sich mit der Gewissheit eines Verwirrten zwischen den Maschinen hindurch. Der Aasvogel folgte ihm humpelnd mit seinem beschädigten Bein, und ihm wiederum folgten seine Servo-Automata mit angelegten Rotorgewehren.

Im Zentrum des riesigen Gewölbes, inmitten der – nach Einschätzung des Freikriegers – gesamten Daedarii-Reserve-Kohorte, fand er den Techketzer, der an den Siegeln eines Aufbewahrungskästchens auf einer runden Stasisplatte hantierte. Ohne seine Augmentationen oder Panzerung war der Magos kraftlos und bestand nur aus dünnen Knochen und ausgezehrtem Fleisch. Der Aasvogel zog den Zahnradschlüssel von seinem Gürtel und trat vor.

»Tretet zurück«, sagte der Raven Guard, worauf sich der Techketzer zurückzog.

»Tick, tack, tick, tack«, sagte Octal Bool und kaute auf den Fingern. »Seid vorsichtig …«

Mit einem servogetriebenen Hieb seines Zahnradschlüssels schlug er das magnetische Siegel von dem Behälter ab. Nachdem er unter dem bionischen Arm des Aasvogels hindurchgeschlüpft war, packte Octal Bool die Kiste und hievte den schweren Deckel hoch.

Während er in die Dunkelheit starrte, hörte der Aasvogel überrascht, wie der Techketzer in die Kiste gurrte und flüsterte. Als er eine hydraulische Hand auf die Schulter des Priesters legte und ihn fortzerrte, sah der Aasvogel, dass Bool sich ein kleines Ding an die Brust drückte, das ihn wie ein Neugeborenes umarmte. Von hinten sah es aus wie ein Cherub – ein kybernetisches Konstrukt aus geklontem Fleisch, das zu einem geflügelten Säugling oder Engel geformt worden war. Als es mit den weißen Flügeln schlug, drehte sich Bool zum Space Marine um und der Aasvogel sah sein Gesicht.

Das Konstrukt bestand überhaupt nicht aus Fleisch, sondern war ein kleiner Automaton: ein Wesen mit einem Roboterkörper aus verfärbtem Plaststahl, metallischen Haken als Beine und winzigen Werkzeugklauen als Hände. In seinem Kopf steckten die toten Augen einer Puppe, und das schmutzige Plaststahlgesicht war eine festmontierte Maske. Ein Viertel seiner kahlen Kopfhaut war entfernt worden, vermutlich für eine Test-Untersuchung durch die Lexorzisten der Präfektur. Darunter konnte der Aasvogel reibungslos arbeitende, bronzene Zahnräder und polyedrische Getriebe sehen – die gleichen wundersamen Mechanismen, die er auf den Brustkörben der Kampfautomata beobachtet hatte. Unglaublicherweise für solch ein Ding aus Metall, Plaststahl und Schwungrädern zeigte das Konstrukt einfache, aber deutliche emotionale Regungen. Bool und das Ding umarmten einander wie Vater und Kind, und der Techketzer beruhigte das Geschöpf, nachdem es in der Kiste und dem Stasisfeld eingesperrt gewesen war.

»Uncanicus«, sagte Octal Bool zum Aasvogel. »Mein Lieblingsprojekt.«

»Bool«, sagte der Freikrieger. »Wo ist die Tabulamyriade?«

Der Techketzer ließ den Cherub los, der darauf zurück in die Kiste kletterte. Nach wenigen Augenblicken kehrte er zurück. Mit seinen flatternden, weißen Flügeln erhob er sich in die

Luft. Über der Schulter trug er eine lange Kette aus Zahnrädern. Während der Aasvogel zusah, wie der Cherub in die Höhe stieg, kam aus der Kiste eine Maschine zum Vorschein.

»Mars steh mir bei«, murmelte der Aasvogel und schüttelte den Kopf. Das Nichts und der Niemand neben ihm reagierten entsprechend ihrer Schutzprotokolle und beugten sich mit ihren mehrläufigen Rotorgewehren vor. Der Cyberrabe krächzte entsetzt und alarmiert.

Die Maschine war ein Ding der Unmöglichkeit – eine große Kugel aus ineinandergreifenden Zahnrädern und Getrieben, deren Aufbau, Bewegungen und Komplexität weit über die primitiven Mechanismen hinausgingen, die in den Kampfautomata und Uncanicus verbaut waren. Es war ein ummanteltes Geflecht, das tickte und rhythmisch klickte, und dessen reibungslos harmonisch surrende, unbegreifliche Zahnräder im Einklang miteinander arbeiteten. Der Aasvogel konnte sich nicht vorstellen, dass es von Xenos stammte, doch sein Aufbau und die Maschinenteile beunruhigten ihn. Es sah aus, als ob es nicht funktionieren sollte, doch das tat es. Perfekt.

Auch wenn es menschengemacht aussah – das verrieten ihm die klobigen, komplexen Teile der Maschine –, war es eindeutig keine Schöpfung des Mechanicum, keine heilige Verschmelzung aus Fleisch und Eisen. Die Vorhersagemaschine bestand ausschließlich aus taktzählenden Zahnrädern und hochkomplizierten Getrieben, die immer kleiner und undurchschaubarer wurden, je tiefer er in die Maschine hineinschaute. Seltsame Geräte, Anschlussleisten und molekulare Schaufeln wurden mit der Ruhe einer Schlangenzunge zwischen den verwirrend angeordneten Bauteilen ausgefahren und langsam zurückgezogen – überprüften die benötigten Grundelemente in der Luft und der Umgebung, reagierten auf sie und absorbierten sie.

»Das da ist die widerwärtige Intelligenz?«, sagte der Aasvogel, doch es war offensichtlich eine Feststellung und keine Frage.

»Dies ist die Tabulamyriade«, sagte Octal Bool. »Vernichter der Parafexe von Alta-Median und Säuberer der stellaren Exoduswelten des Perdusgrabens.«

Der Aasvogel beobachtete die Zahnräder, Getriebe und Einzelteile der widerwärtigen Intelligenz, die unten an der Kugel auseinandergingen und eine Öffnung schufen.

»Ja, ja«, jammerte Octal Bool.

In der Öffnung erschienen weitere polyedrische Zahnräder und komplizierte Bauteile, worauf sich der Techketzer dem Silica Animus näherte und eine kleinere Kugel aus ineinandergreifenden Zahnrädern entnahm. Den gleichen Mechanismus, den der Aasvogel in den Kampfautomata und dem Cherub gesehen hatte.

Der Aasvogel unterdrückte ein Schaudern. Die widerwärtige Intelligenz pflanzte sich fort.

Octal Bool hielt die winzige Intelligenz vorsichtig mit beiden Händen, drehte sich um und bot sie dem Aasvogel an.

Der Raven Guard schürzte die Lippen. Sein Instinkt sagte ihm, dass er das Ding zerstören sollte, doch stattdessen winkte er mit seinem Panzerhandschuh ab.

»Ich bin nicht würdig«, sagte der Aasvogel zum Techketzer. Er nahm an, dass die widerwärtige Maschine ihn hören konnte. Bool lächelte lediglich, verneigte sich, nahm die Miniaturintelligenz und drückte sie in die blutige Öffnung oben in seinem Kopf. Dem Aasvogel wurde mit plötzlichem Ekel klar, dass Bools Folterer im Verliesdiagnoplex ein solches Ding mit dem Rest seiner Augmentationen entfernt hatten.

Octal Bools Gesicht veränderte sich. Der Wahnsinn und die Aufregung verschwanden. Seine Zuckungen ließen nach, Falten strafften sich, Muskeln entspannten sich. Octal Bool war auch ohne sein Kontrollgerät ein Techketzer und überzeugter Anhänger der völkermordenden Tabulamyriade und deren kalter Berechnungen. Nun hatte er sich allerdings erneut auf widerwärtige Weise mit der Intelligenz vereint und sich willentlich ihrer harschen Lösung für die Menschheit verschrieben.

Der Aasvogel schaute von der Tabulamyriade in das menschliche Antlitz der Techketzerei in Form von Octal Bools Gesicht.

»Uns bleibt nicht viel Zeit«, verkündete der Aasvogel. »Der Mars muss gesäubert werden. Er muss vergiftet und von der Schwäche des Fleisches gereinigt werden.«

Der mit der Intelligenz verbundene Techketzer schenkte dem Aasvogel ein unangenehmes Lächeln. Rings um den Raven Guard sprangen gleichzeitig die Reaktorkerne der Kastelane an. Die Autolader der armmontierten Maximusbolter und die Schulterkanonen des Spalter-Schemas machten sich tuckernd bereit. Die atomantischen Verteidigungsschilde wurden eingeschaltet und erfüllten das Gewölbe mit Knistern und Rauschen. Da das künstliche Fleisch ihrer neuronalen Hirnrinden längst entnommen und Cortexprogramme oder die Führung eines Maschinengeists nicht mehr nötig waren, waren die Kampfautomata nun denkende Einheiten im Besitz eigener, simpler Vorhersagemaschinen. Wie Octal Bool und der Cherub Uncanicus unterstanden allerdings auch sie vollständig dem Verstand und der Kontrolle der widerwärtigen Intelligenz. Ohne die Notwendigkeit, über das Vox zu kommunizieren oder Befehle in binärischer Form entgegenzunehmen, begannen sich die Kampfautomata in ihren Einsatzmanipeln aufzustellen.

Während sich der Aasvogel erstaunt umschaute, nahmen Kampfautomata mit den Kennzeichen des Ersten Manipels auf ihrer Panzerung aufstampfend Haltung an und begaben sich in eine schützende Formation um Bool und die Tabulamyriade. Unter den eingestanzten Aufzeichnungen ihrer Einsatzhistorie konnte der Aasvogel die Bezeichnungen der einzelnen Automata ausmachen: Dex, Impedicus, Nulus, Pollex und Klein-Auri. Der Aasvogel nickte verständnisvoll, als er begriff, dass die Einheiten des Ersten Manipels nach den Fingern der Hand benannt waren. Der Freikrieger hatte keine Zweifel, dass die ungeschlachten Kampfautomata zusammen eine unerbittliche Faust bildeten.

»Vertex Australis und die Zerstörung des magnetosphärischen Schilds«, sagte der Aasvogel zu dem ruhigen Octal Bool und der Tabulamyriade, diesem komplizierten Exemplar widerwärtiger Genialität. »Die Auslöschung des Fleisches muss vollzogen werden.«

Während die ersten Manipel von Kampfautomata vor der Aufzugtür, die in das Zellengewölbe führte, Stellung bezogen, würdigte Octal Bool sie eines friedlichen, zuversichtlichen und blutunterlaufenen Blickes.

»Fürchtet Euch nicht, Verbündeter der Vernichtung«, sagte der Techketzer. »Es hat bereits begonnen.«

AUSFÜHREN

Der Krieg war zum Mars zurückgekehrt. Seit die Thunderhawks und Stormbirds der VII. Legion abgezogen waren, hatte es keinen so zielgerichteten und entschlossenen Boltgeschoss- und Strahlenschusswechsel mehr gegeben. Tatsächlich kämpften loyale Konstrukte – die sich mit dem Herausreißen ihrer Anschlüsse und Verbindungsaugmentationen selbst verstümmelt hatten – noch lange nach dem Abzug der Söhne Dorns vom Roten Planeten in den verwüsteten Ruinen ihrer Fabriktempel. Ohne Buchsen oder Empfänger waren die wahren Diener des Omnissiah gegen den ansteckenden Schrottcode, der so viele ihrer Mitkonstrukte in den Wahnsinn und die Ketzerei getrieben hatte, immun.

Diese Fabrikweltler führten einen Guerillakrieg gegen die neuen Herrscher des Mars, ohne wirklich zu begreifen, dass es ihr eigener Manufactor Principalis war, der sie an Horus Lupercal verraten und dunkle, verheerende Geheimnisse der Techhäresie aus Archiven wie den gefürchteten Gewölben von Moravec entfesselt hatte.

Während die Kampfautomata der Daedarii-Reserve-Kohorte unaufhaltsam nach Süden marschierten, verfolgte der Aasvogel das Scheitern der Loyalisten. Die Robotermanipel stampften über die verstrahlten Knochen zerlumpter Soldaten, die in den kalten Wüsten Überfälle auf Verrätertruppen durchgeführt hatten. Sie kamen durch zerstörte Habmakropolen, in denen Widerstandskonstrukte auf den engen Güterstraßen und in baufälligen Gebäuden einen kurzlebigen Krieg geführt hatten. Ihre anführenden Priester mühten sich in Werkstätten ab, um einen Weg zu finden, die Verderbnis des ansteckenden Codes umzukehren, dem ebenso viele aus ihren Reihen zum Opfer fielen wie den Waffen der verräterischen Sklaven und infizierten Automata.

Dann kamen sie zu den Fabriktempeln des Südens – manche von ihnen hatten neuere Erfindungen wie die Noosphären eingesetzt, die den großen Ambossaltären des Omnissiah ein wenig Schutz vor dem umgehenden Verderben geboten hatten, das in die Datenströme, Festnetze und kabellosen Übertragungen strömte. Diese fand die Daedarii-Reserve-Kohorte nicht mehr vor. Ganze Tempel waren von Titanen-Kriegsmaschinen, Luftschlägen der Taghmata Aeronautica und von Orbitalbombardements der Mechanicumsarchen, die jenseits des umkämpften Eisernen Ring stationiert waren, vom Angesicht des Mars getilgt worden.

Der Aasvogel bewunderte den Kampfgeist der marsianischen Freiheitskämpfer. Das war ein Krieg nach dem Geschmack des Raven Guards – Angriffe aus den Schatten, Heimlichkeit, Sabotage und blitzschnelle Überfälle. Diese Taktiken hatten den loyalen Guerillakämpfern allerdings nicht den Sieg gebracht. Neben der fortwährenden Bedrohung einer Schrottcodeinfektion – die Verderbnis versuchte unablässig, einen Weg in die unbefleckten Bauteile der Konstrukte zu finden – kämpften die Freiheitskämpfer auch gegen die dunklen Meister des Mars. Gegen ein Mechanicum, das sich vom Maschinengott abgewandt hatte und nun entsetzliche technologische Wunder, unberechenbare Energien und verbotenes Wissen verehrte, vor denen der Omnissiah sie so lange beschützt hatte. Diese codekreischenden Sklaven, denen von den dunklen Feuern der Ignoranz und durch jenseitige Einflüsse eine neue Bestimmung und Gestalt gegeben worden war, vernichteten unermüdlich die wahren Diener des Omnissiah. Von ihrer gemeinsamen Verderbnis geeint, löschten sie das loyale Mechanicum mit äußerster Urwut aus.

Fleisch und Eisen, das dem neuen Zweck Kelbor-Hals, des Kriegsherrn und seiner höllischen Verbündeten nicht angepasst werden konnte, musste zerstört werden. Das war überall auf dem Mars zu sehen, während die Daedarii-Reserve-Kohorte Richtung Süden durch Sand und Frost trottete. Von Strahlen durchsiebte Körper im Rot des Omnissiah. Geschwärzte Kraterfelder, die Luftschläge und die Megawaffen von Gottmaschinen hinterlassen hatten. Fabriken, die in apokalyptischem Feuer untergegangen waren, die roten Felsvertiefungen der Verwüstung, die sich bis zum Horizont erstreckten, und die unnatürlichen Energien, die aus dem Orbit herabschossen.

Trotz allem verrieten sein Legionärsauge, sein Wissen über den Mars und sein taktischer Instinkt dem Aasvogel, dass noch etwas anderes am Werk war. In der Dunkelheit des Südens, wo die lange Polarnacht und die fernen Feuer der Verräterfabriken den Roten Planeten in ein unheilvolles Zwielicht tauchten, spürte der Raven Guard, dass sich noch andere Kräfte regten. Die verderbte Oligarchie und die feudale Priesterschaft der herrschenden Magi befehligten die Verräterstreitkräfte des Mars auf Geheiß ihres schrecklichen Oberherrn, Kelbor-Hal. Doch die Bodentruppen waren Wahnsinn schreiende, kybernetische Ungeheuer. Ihre von der Krankheit befallenen Protokolle mochten ihnen Bewegungen, Beschäftigungen und Einsatzorte vorgeben, doch die Konstrukte aus gezüchtetem Fleisch und ruhelosem Eisen waren von der dunklen Macht berauscht, die ihre Systeme durchströmte. Sie waren wie gedankenlose, wahnsinnige Tiere, die das nüchterne Benehmen ihrer bisherigen Existenz hinter sich ließen. Sie verfolgten. Sie mordeten. Sie zerstörten.

Der Cogitator des Aasvogels, seine Ausbildung und seine Kampferfahrung sagten ihm, dass man von solch abscheulichen Irren keine derartigen Erfolge erwarten konnte. Er überlegte, wem auf dem Mars der Verräter Kelbor-Hal den Schutz seines aufstrebenden dunklen Imperiums vor den verbleibenden Loyalisten, Freiheitskämpferkonstrukten und möglichen Rückeroberungstruppen von Terra anvertrauen würde. Welchem seiner Erzmagi Militant, Synodenverfolger, Magi Reductor, Myrmidaxe oder Ordinatoren hatte der Manufactor Principalis die Sicherheit des Mars anvertraut? Dem berüchtigten Skeltar-Thrax? Aloysio Suvias? Haxmyn Tryphon? Vielleicht sogar jemandem, der nicht vom Mars stammte, einem Fremdweltler wie Cornelis Varicari? Der Aasvogel wusste es nicht, und in den verbrannten Knochen und verwüsteten Trümmern der loyalen Guerillakämpfer fand er keine Antworten.

Während die unheimlichen Berechnungen und vorausschauenden Kalkulationen der Tabulamyriade die Kampfautomata der Daedarii-Reserve-Kohorte weiter nach Süden – in Dunkelheit und fallende Temperaturen – und von einem entscheidenden Sieg zum nächsten führten, fühlte sich der Aasvogel unweigerlich wie ein Teil eines Spiels. Eines taktischen Wettstreits, der dem von Lord Dorn und dem Regenten Malcador diskutierten nicht unähnlich war. Bei dem der eisige Sand des Marssüdens das Brett und die Mechanicumskonstrukte die Spielsteine waren.

Es war möglich, dass die Tabulamyriade nicht die einzige schreckliche Intelligenz war, die in diesen vom Krieg zerrissenen Ländereien am Werk war. Auch wenn das Scheusal kein derartiges Wissen kommunizierte, bemerkte der Aasvogel, dass die Vorhersagemaschine ihre Armee aus versklavten Kampfautomata mit strategischem Scharfsinn und Raffinesse führte – als ob sie gegen einen Taktikexperten spielte, einen Meister der Artillerie und Befestigungsanlagen.

Die widerwärtige Intelligenz vermied manche Gefechte, ließ die Daedarii aber auch Umwege machen, um andere zu führen. Manchmal ließ sie ihre Kampfautomata direkt auf das Missionsziel zu marschieren, und andere Male ließ sie die Kohorte weit vom Weg abkommen, durch raues Gelände und über schneebedeckte Gebirge stapfen. Im Laufe der Tage und Wochen, in denen der Himmel schwärzer, die beißenden Temperaturen niedriger und die Hitze der Schlacht immer größer wurde, gelangte der Aasvogel zu der Überzeugung, dass die widerwärtige Intelligenz mit ihren Truppenbewegungen ein tödliches Spiel mit ihrem verräterischen Gegenstück spielte, während sie sich der großen Polarfabrik des Südens näherten – dem von den Verrätern gehaltenen Tempel Vertex Australis.

Der Aasvogel zog seine steifgefrorene, schwarze Robe enger um seine graue Rüstung. Sein vereistes, langes Haar umrahmte sein raues, blasses Gesicht. Das war der einzige Teil seines zusammengesetzten Körpers, der die extremen Temperaturen spüren konnte, doch schon der Anblick von Di-Delta 451 und Eta/

Iota~13 mit ihren Optikmodulen, infrarktischen Roben und Turbanen ließ ihn frösteln. Der Cyberrabe Strix hüpfte zwischen den Knotenpunktreihen in den Schultern des Aasvogels hin und her. Seine Federn waren gefroren, doch die Reihen versorgten ihn mit ein wenig willkommener Wärme.

Der Freikrieger und seine begleitenden Automata reisten in einem gepanzerten Transporter der Triaros-Klasse – einer elektrischen Schwerlast-Zugmaschine mit dicken Panzerplatten. Octal Bool hatte die Transportmaschine in einer fast vollständig zerstörten Loyalistenwerkstatt geborgen. Die Guerillakonstrukte waren von stark augmentierten Stoßtrupps brutal hingerichtet worden – eine Reihe von ihnen hatte zerstört auf dem Boden gelegen und bewiesen, mit welcher Entschlossenheit die Loyalisten ihre dürftige Operationsbasis verteidigt hatten. Bool hatte die Transportmaschine ohne Servitoren vorgefunden, und Werkstatt-Transmechaniker hatten ihren Systemcode gesäubert. Nachdem er als Transportmittel für die Humanoiden und die Tabulamyriade beschlagnahmt worden war, pflügte der Mechanicumstransporter durch den marsianischen Boden und das Eis hinter den teilnahmslosen, synchron marschierenden Kampfautomata. Wie ein uralter terranischer Kriegsherr führte die widerwärtige Intelligenz ihre Kriegsmaschinen die roten Berghänge hinauf und hinunter, durch zerstörte Manufactorien, und um das ferne, kränkliche Licht und die in den Himmel schießenden Entladungen herum, die aus den von Verrätern befestigten Fabriktempeln drangen.

Nachdem er Strix bedeutet hatte, auf die Finger seiner hydraulischen Hand zu hüpfen, platzierte der Aasvogel den Cyberraben auf der Schulter des Niemands. Als er aufstand, wollte sich das Nichts ebenfalls erheben.

»Bleibt«, befahl der Aasvogel. Er machte einen großen Bogen um den stummen, starr blickenden Uncanicus und das unaufhörlich surrende und tickende, kugelförmige Zahnradgeflecht, das die Tabulamyriade war, und kletterte aus dem Besatzungsabteil auf die Plattform des Kontrollpodiums. Dort fand der Freikrieger den in eine Wärmerobe gehüllten Octal Bool an der Steuerung der Transportmaschine.

Sie befanden sich jetzt tief in der Polarwüste. Der Aasvogel konnte die gepanzerten Füße der Kampfautomata durch den knirschenden Kohlendioxidschnee und über das Eis stapfen hören, während sogar die Hochleistungsketten des Fahrzeugs Schwierigkeiten damit hatten, durch die Verwehungen zu pflügen. Der einfache Energieschild des Fahrzeugs zischte in der Kälte und hielt den Großteil des beißenden Windes von dem offenen Führerhaus fern. Hier, zur Annäherung an den Pol, hatte sich die widerwärtige Intelligenz für eine Route durch das gefährlichste Gelände entschieden, das die Eiskappe zu bieten hatte. Abgrundtiefe Risse, schillernde Eisdecken, ein Polarsturm, dessen Kälte Plaststahl aufriss, und Wolkenbanken aus gefrorenem Dampf, die die lange Nacht im Süden noch dunkler und undurchsichtiger gemacht hätten, wenn das möglich gewesen wäre.

Selbst mit den Suchscheinwerfern der Transportmaschine konnte der Aasvogel kaum die hintersten Maschinen der aufgereihten Kohorten von Daedarii-Kampfautomata erkennen. Die Roboter verschwammen in dem weißen Schnee und marschierten unerschrocken in die Dunkelheit. Da die codekorrumpierten Kommunikationskanäle unbenutzbar waren, beruhte ihre makellose Koordinierung einzig auf den winzigen Vorhersagemaschinen, die sich in ihren Brustkörben drehten, klickten und surrten, sowie auf der geräuschlosen Kommunikation mit der Tabulamyriade selbst.

Die Kampfautomata schienen nicht nur eigenständig zu denken, sondern auch für aneinander, wobei ihre Gedanken von der widerwärtigen Intelligenz gelenkt wurden. Es war beunruhigend und abscheulich anzusehen, doch der Aasvogel musste zugeben, dass diese Techketzerei der Kohorte auf ihrem Marsch nach Süden gute Dienste leistete.

Die Maschinen der Kastelan-Klasse waren ein erstaunlicher Anblick gewesen. Mit ihren schwer stapfenden, hydraulischen Beinen, der klirrenden Panzerung ihrer Kampfgehäuse und dem Zischen der atomantischen Schilde ließ die Daedarii-Reserve-Kohorte ihre ruhmreichen Tage der Eroberung anderer Welten und ihren Anteil am Großen Kreuzzug der Menschheit wieder aufleben. Statt Magi, die von den unflexiblen Algorithmen ihrer Kampfhirne angetrieben wurden, bestimmten die Roboter – unter der einschränkenden Kontrolle der Tabulamyriade – ihr Verhalten selbst, was bei einer Maschine unheimlich, doch zugleich unbestreitbar beeindruckend zu beobachten war.

Bei Hadriatica hatte der Aasvogel gesehen, wie die ungeheuren Automata durch ein Meer verräterischer Skitarii gewatet waren, während ihre Panzerung von flackernden Laserschüssen angesengt und angeschnitten worden war. Die Kampfautomata hatten währenddessen mit Maximusboltern und hydraulikbetriebenen Armen die Soldaten niedergemäht. In den Trümmern der Werkshöfe von Ausonia hatte er gesehen, wie sie die Seiten eines vom Kampf gezeichneten Land Raiders und mehrerer anderer Transportmaschinen durchschlugen, um die Techsklaven und stark augmentierten Waffenservitoren durch die Risse in den Transportern herauszuzerren und sie mit ihren klobigen, energiebetriebenen Fäusten zu zerreißen.

Sie hatten die Güterstraßen und Landestreifen der Tiefenkernabbaufelder von Eridanus gestürmt – sich durch codekorrumpierte Bergarbeitskonstrukte und plappernde Horden von Söldnermyrmidonen gekämpft, die seit langer Zeit von den feudalen Lehnsherren der Region mit dem Schutz ihrer Ländereien beauftragt waren. Auf den dioxidverstaubten Gipfeln der Thylushöhen – am Fuß der wolkenkratzenden Nereitski-Türme – hatten die Kampfautomata mit ihren Kanonen umherziehende Sturmtransporter und Gravfahrzeuge beschossen, die die ungeschützte Kohorte auf dem Berggrat angegriffen hatten. Um zu den abgestürzten Transportern zu gelangen, waren die Kriegsmaschinen der Kastelan-Klasse die gefrorenen Abhänge hinab gestapft und hatten sich daran gemacht, die Flieger zu zertrümmern. Sie hatten die Techsklaven, die von den Absturzstellen entkommen wollten, unter ihren gepanzerten Füßen zerquetscht, die Trümmer und Überlebenden mit ihren schultermontierten Bolterwaffen zerfetzt und anschließend einen Transporter auseinandergerissen, um einen nahe gelegenen, codekreischenden Flieger mit geschleuderten Trümmerteilen zum Absturz zu bringen.

Nichtsdestoweniger hatten die Kampfautomata Verluste erlitten. Ein marodierender Warhound-Scout-Titan war ihnen von den Ruinen der Untermakropole von Hesperia an dicht auf den Fersen gewesen und hatte die Dunkelheit und die klare marsianische Luft mit dem dröhnenden Wahnsinn seiner Kriegshörner erfüllt. Die große Maschine war kreuz und quer durch die Marswüste gezogen und hatte die Daedarii-Kohorte schließlich an der Küste des Tetanussees gefunden, einem saisonalen Gewässer aus Schmelzwasser. Das Kommandodeck des Titanen hatte vor schauriger Zufriedenheit aufgeleuchtet und der Boden war unter seinem unverständlichen, binärischen Gebrüll erbebt, während seine Vulkan-Megabolter drauf los gefeuert hatten.

Abgesehen von der Küste und den rostbraunen Untiefen des Sees, die er in einen Mahlstrom der Zerstörung verwandelt hatte, hatte der Warhound auch einen Teil der Automata-Armee der widerwärtigen Intelligenz ausgelöscht, ihre Panzerungen, Kampfgehäuse und Vorhersagemaschinen mit einem unaufhörlichen Feuerschwall zerfetzt. Die Tabulamyriade, die keine Erfolgsmöglichkeit beim Angriff auf den Titanen gesehen hatte, hatte schnell reagiert und ihre Manipel in das Wasser des Sees geführt, womit sie die rasende Kriegsmaschine effektiv abgeschüttelt hatten.

Ein Jäger-Bombenangriff hatte auf der schillernden Eisebene die Nacht erhellt und war durch die Reihen marschierender Kampfautomata gefegt. Dabei waren Einheiten in schrottübersäte Krater verwandelt und fünfzig weitere Kriegsmaschinen beschädigt worden. Die Verluste schienen immer als Teil einer fortwährenden Gleichung einberechnet zu werden, die klickend und surrend im verworrenen Inneren der widerwärtigen Intelligenz kalkuliert wurde.

Die Überreste der Cybernetica-Kohorte würden keine Diagnosemusterung mehr bestehen. Die atomantischen Schildreaktoren der meisten Kampfautomata liefen auf halber Stärke, ihre laserversengten Panzer waren eingedellt und von Boltgeschosstreffern übersät, und ihre Munitionsvorräte und Selbstlader waren fast leer. Der Marsch der Daedarii-Einheiten war auch nicht mehr so synchron wie einst, da zerfetzte Kabel und hydraulische Antriebe dazu führten, dass die Maschinen ihre gepanzerten Füße hinter sich her schleiften und ihre Waffenarme nutzlos herabhingen.

Am erstaunlichsten war für den Freikrieger allerdings nicht, wie die Kampfautomata die Treffer absorbierten – was durchaus beeindruckend war –, sondern wie unglaublich resistent sie gegen den ansteckenden Schrottcode waren, der fast jedes Konstrukt auf dem Roten Planeten infiziert hatte. Ganz gleich, wie viel bösartiges Binär an sie übertragen wurde, egal, welche korrumpierte Maschine versuchte eine Verbindung zu ihnen herzustellen und ihre Bestandteile mit Wahnsinn zu fluten, der Aasvogel hatte keinen einzigen Kampfautomaton gesehen, der der Techseuche anheimgefallen war. Mit ihren fein drehenden, zusammenarbeitenden und eine Art künstlichen Verstand bildenden Vorhersagemaschinen hatte die Tabulamyriade Konstrukte erschaffen, die alles hinterfragten, alles konterten und niemals mit den dunklen Datenströmen kompatibel waren.

Als die Transportmaschine im Matsch zum Stehen kam, richtete sich der Aasvogel im Führerhaus auf. »Was ist los?«, fragte er Octal Bool.

Die Temperaturen hatten dem verwüsteten Gesicht des Techketzers nicht gerade gutgetan, doch er blieb weiterhin ruhig. Er zeigte in die eisige Dunkelheit und den trüben, herumwirbelnden Eisdampf, der am Marspol allgegenwärtig war. Der Techketzer reichte dem Freikrieger ein Magnokular. In der Ferne – durch den Nebel und die lichtlose Polarnacht – konnte der Aasvogel ein gewaltiges Bauwerk sehen.

»Ist er das?«, fragte der Space Marine. »Ist das der Vertex Australis?«

Bool nickte.

Als er wieder durch das Magnokular schaute, sah der Aasvogel geisterhaftes Licht um den großen, drehenden Achsenturm des Fabriktempels flackern. Die gewaltige Spindel reichte in die Tiefen der Marskruste und bis in den Metallkern des Planeten hinab. Der drehende Turm sonderte gigantische Energiemengen an den Himmel des Roten Planeten ab und speiste damit den magnetosphärischen Schild, der alle organischen Lebewesen auf dem Mars vor der tödlichen Strahlung der Sonne und den Tiefen des Alls schützte. Während um die Fabriktürme unnatürliche Energieflammen tanzten, sah der Aasvogel draußen auf dem Eis andere Gestalten. Drei mächtige Kriegsmaschinen: noch mehr Warhound-Titanen. Zweifellos war einer von ihnen die Maschine, die die Kohorte schon vorher ins Visier genommen hatte. Während er angestrengt durch das Magnokular schaute, dessen Linsen die Sicht seiner eigenen Optikmodulfilter noch weiter verbesserten, glaubte der Aasvogel hinter dem Manufactorium Geschützstellungen auf dem Eis zu erkennen, sowie die umliegenden Werke und Habitate des mächtigen Fabriktempels.

Sturmtransporter zogen patrouillierend über die Ebene und wirbelten Schneestürme auf, während Ocularisdrohnen rings um die Fabrik kreuz und quer über das Eis eilten.

»Das kann nicht sein«, sagte der Aasvogel. »Das kann nicht sein.«

Octal Bool sagte nichts.

Als Raven Guard wusste er, wie wichtig Heimlichkeit war, und wie nützlich sie gegen einen zu selbstsicheren Feind war. Beim Absuchen der Fabrik boten sich dem Aasvogel zahlreiche Möglichkeiten eines sicheren Todes. Von den kürzlich aufgestellten Strahlengeschützstellungen über die stationierten Titanen bis hin zu den zusätzlichen Überwachungseinheiten sah alles danach aus, dass die Daedarii-Reserve-Kohorte erwartet worden war. Während die Tabulamyriade meisterhaft die Wahrscheinlichkeiten abgewogen und die Kampfautomata-Kohorte strategisch über den albtraumhaften, verräterbesetzten Mars geführt hatte, hatte den Aasvogel der unbezähmbare Verdacht geplagt, dass sie gejagt wurden. Der Freikrieger wusste nicht, wie das sein konnte. Niemand auf dem Roten Planeten wusste von seinem Auftrag. Trotzdem war er jetzt hier – und starrte auf ein Infiltrationsziel, das eilig für eine Belagerung befestigt worden war.

Als er in die Dunkelheit des Polarnachthimmels hinaufschaute, konnte der Aasvogel das Grollen von Triebwerken hören. Irgendwo über den Wolken aus eiskaltem Dampf befand sich ein Jagdgeschwader, das auf die Befehle für einen Luftschlag wartete. Noch schlimmer war, dass der Aasvogel sich sicher war, dass die funkelnde Lichterkonstellation, die sich in den letzten paar Tagen still und langsam über den Nachthimmel bewegt hatte, der Eiserne Ring war – der sich im Orbit so ausrichtete, dass er die Marspole verdeckte, um jeden direkten Angriff auf Vertex Borealis, Australis oder auf die Planetenachse zu verhindern.

»Sie wissen, dass wir kommen«, sagte der Aasvogel.

Dieses Mal bestätigte Octal Bool seine Bedenken. »Die Tabulamyriade stimmt zu«, sagte der Techketzer.

Plötzlich regte sich etwas vor dem Transportfahrzeug. Als er wieder durch das Magnokular schaute, sah der Aasvogel, dass sich die Manipel der Daedarii-Kohorte in drei Gruppen aufteilten. Aus der Dunkelheit schritten die Kampfautomata-Einheiten

Dex, Impedicus, Nulus, Pollex und Klein-Auri auf das Transportfahrzeug zu.

»Was geht hier vor?«, fragte der Freikrieger Bool und damit die widerwärtige Intelligenz.

»Die Verteidigungsstreitkräfte und Befestigungsanlagen müssen angegriffen werden«, sagte Bool.

Der Aasvogel schüttelte den Kopf. »Das ist Selbstmord«, sagte er. Selbst mit einer vollzähligen Kohorte Kampfautomata hätte die Daedarii-Reserve mit einem direkten Angriff keinerlei Erfolgschance.

»Die Tabulamyriade ist sich keiner Relevanz eines solchen Begriffs bewusst«, sagte Octal Bool. »Der Mars muss gesäubert werden. Die Mission muss weitergehen.«

»Dem widerspreche ich auch nicht, aber –«, sagte der Aasvogel.

»Die Tabulamyriade hat ihre Berechnungen durchgeführt«, sagte Octal Bool. »Die größte Aussicht auf Erfolg der Mission liegt in Ablenkungsangriffen und dem gleichzeitigen Eindringen in den Tempelkomplex.«

»Die Verluste –«, protestierte der Aasvogel.

»Sind ein akzeptabler Preis für die Säuberung des Mars«, sagte Octal Bool. »Sie wird die gesamte Kohorte brauchen – weshalb die Tabulamyriade Euch, als Experte dieser Disziplin, zum Anführer der Infiltration auserkoren hat. Sobald wir drinnen sind, wird ihre Leibgarde aus Kampfautomata den notwendigen Schaden anrichten, um den weiteren Betrieb der uralten Einrichtung unwiderruflich lahmzulegen.«

Der Aasvogel schaute zu den Kastelan-Kampfautomata, die durch den eisigen Dampf auf ihre sichere Zerstörung zumarschierten, und blickte dann wieder durch das Magnokular auf die ferne Fabrik und ihre Verteidigung.

»Nun«, sagte der Aasvogel zu Octal Bool, »es gäbe da eine Möglichkeit …«

Mit eiszermalmenden Ketten raste die Transportmaschine mit voller Geschwindigkeit und verstärktem Frontschild dahin. Das Fahrzeug absorbierte den Großteil von dem, was die Strahlengeschützstellungen leisten konnten. Die dicht aufeinanderfolgenden Strahlenschüsse ließen den vorderen Schirm schließlich zusammenbrechen und tränkten das Transportfahrzeug mit Tod. Als die Systeme durchbrannten, der elektrische Antrieb versagte und die Ketten beim Fahrzeugtod blockierten, schlitterte die strahlende Hülle des Transporters weiter auf die Stellungen zu. Der Plan stammte vom Aasvogel, doch der zeitliche Ablauf war von der Tabulamyriade geplant worden. Die widerwärtige Intelligenz hatte die Fahrzeuggeschwindigkeit, die Anzahl an Schüssen, die die Geschützstellungen abgeben konnten, bevor das Transportfahrzeug sie erreichte, und die Strahlungsmenge, die der elektrische Antrieb verkraften konnte, bevor er explodierte, berechnet. Darauf hatte sie dem Raven Guard die Informationen gegeben, die er gebraucht hatte, um die Geschützmannschaft und ihre tödliche Waffe mit einer Fahrzeugexplosion zu zerstören.

Der Aasvogel stapfte, von dem undurchsichtigen Nebel umgeben, durch den Schnee und führte das, was von der Daedarii-Kohorte übrig war, die Güterwaggons einer stillstehenden Magnetschwebebahn entlang. Die Wagen schwebten knapp über dem erhitzten Gleis. Die Wagenreihe führte aus den Manufactorien des Tempels heraus und wartete darauf, dass ihre Fracht aus aufbereitetem Abfall verarbeitet wurde.

Unnatürliche Feuer erhellten den Himmel an den Turmspitzen des Tempels. Um die Eindringlinge zitterte alles unter einer misstönenden Kakofonie des Maschinenwahnsinns. Warhound-Titanen brüllten herausfordernd, während voxübertragener Irrsinn und gekreischter Schrottcode durch die klare Kälte um den Vertex Australis tönten.

Der humpelnde Aasvogel führte die Gruppe an den Güterwaggons entlang, während Strix auf einer Knotenpunktreihe hockte. Der Space Marine hatte seinen Gravitonstrahler erhoben, bereit, seine Feinde zu zerfetzen, und wurde vom Nichts und vom Niemand mit Rotorgewehren flankiert. Octal Bool eilte in seiner Wärmerobe nebenher und trug einen Volkitbrenner, den er der Transportmaschine abgenommen hatte, während Uncanicus hinter ihm herflog – die Tabulamyriade baumelte von der Zahnradkette. Die Kastelan-Kampfautomata des ersten Manipels umringten die widerwärtige Intelligenz und den Techketzer und bildeten einen kybernetischen Verteidigungswall um sie.

Es war keine leichte Aufgabe, unbemerkt die schillernde Eisdecke zu überqueren und die Manufactorumsausläufer des Fabriktempels zu erreichen. Noch schwieriger war es, die Einrichtung mit fünf massigen Kampfautomata zu infiltrieren. Doch der Space Marine schätzte den Schutz der Kriegsmaschinen und nutzte die Deckung der Magnetschwebebahn-Güterwaggons und den wirbelnden weißen Schleier aus Eisdampf, um die monströsen Maschinen so gut wie möglich zu verbergen.

Als eine Ocularisdrohne auf ihrem Patrouillenweg über das Eis auf sie zukam, zerschoss der Aasvogel das Ding, welches in zertrümmerten Einzelteilen und Gehäusesplittern auf den Schnee regnete. So kurz vor ihrem Ziel konnten sie es sich nicht leisten, entdeckt zu werden. Der Freikrieger hoffte, dass die Berechnungen der widerwärtigen Intelligenz stimmten, und dass der Argwohn, den die gelegentliche Zerstörung einer Geschützstellung oder die eine oder andere fehlende Drohne hervorrief, angesichts des Frontalangriffs des Rests der Daedarii-Kohorte unbeachtet bleiben würde.

Auf ihrem Weg entlang des Magnetgleises und in die Deckung eines Labyrinths aus kleineren Werkstätten konnte der Aasvogel das Schlachtgetöse in der Nähe hören. An drei verschiedenen Orten um den Vertex Australis marschierten die Kampfautomata der Daedarii-Reserve-Kohorte Beschuss und Zerstörung entgegen. Wie geplant erkauften ihr Opfer und ihre sture Weigerung, ihr unnatürliches Leben aufzugeben, dem Aasvogel und seiner Gruppe wertvolle Zeit. Die Frontalangriffe der Maschinen der Legio Cybernetica hatten Ocularisdrohnen, Sturmtransporter voller Tempelsklaven, die Luftschläge eines Jägergeschwaders der Fabrik und die apokalyptische Aufmerksamkeit der drei Warhound-Scout-Titanen auf sich gezogen. Der Aasvogel war sich nicht sicher, wie viel Zeit ihnen das Opfer der treuen Maschinen erkaufen würde. Er hoffte, dass es reichen würde, doch so, wie die Schlacht klang, glaubte er nicht, dass er noch viel Zeit übrighatte.

Während der Aasvogel weiter neben den Waggons und durch die Servitorsklaven-Werkstätten vorrückte, versuchte er möglichst keine Aufmerksamkeit zu erregen. Die Arbeiter waren hauptsächlich nach Krankheit riechende Technomaten, die an eine bestimmte, monotone Aufgabe angepasst und entsprechend programmiert worden waren. Deshalb musste der

Aasvogel nur gelegentlich einen Sklavenmeister und den dazugehörigen Aufseher mit den vernichtenden Schüssen seines Gravitonstrahlers töten.

Als er einen Lagerhof betrat, von dem aus Rohmaterialien zu den einzelnen Werkstätten gebracht wurde, fiel dem Aasvogel auf, dass das Gelände hervorragende Voraussetzungen für einen Hinterhalt bot. Der Krieger kam humpelnd zum Stehen. Er spürte ein wenig Galle aus seinem Vormagen aufsteigen.

»Manipel«, befahl er. »Formieren.«

Die Tabulamyriade musste den Kampfautomata bewilligt haben, solch einen Befehl zu befolgen, denn innerhalb weniger Momente begaben sich die fünf Maschinen mit dem Nichts und dem Niemand in Formation und streckten die gähnenden Mündungen ihrer Bolter und Kanonen von sich.

Sekunden vergingen. Der Atem des Aasvogels erzeugte Dampfwolken in der Luft. Einen Augenblick lang schien sich nichts zu bewegen. Sogar die Servitoren in den Werkstätten erstarrten.

Dann geschah es plötzlich. Gepanzerte Gestalten brachen rings um die Lagerhalde, aus Werkstätten und zwischen Magnetschwebebahnwaggons hervor. Der Aasvogel fand sich Auge in Auge mit dem ausdruckslosen Visier eines Thallax wieder – eines stark augmentierten Automaton, der aus einer Ansammlung von Organen und einem in eine Mechanicumsrüstung eingeschlossenen Großhirn bestand. Er schrie ihm verderbten Code entgegen, während ekelhaftes, eitriges Sekret aus seinen Buchsen, Kabeln und Augmentationsversiegelungen troff. Das Ding hob ein Blitzgeschütz mit einem schweren Kettenklingenbajonett, das ratternd ansprang, während der Krieger losstürmte. Der Aasvogel betätigte den Abzug seines Gravitonstrahlers und verpasste dem schmalen Taillendrehgelenk des Konstrukts die volle Wucht seines Schusses. Nachdem er das Ding zerteilt hatte, drehte sich der Aasvogel zum Nichts, zum Niemand und den Kampfautomata um.

»Zerstört sie!«, brüllte er.

Aus dem Hof wurde ein Sturm aus Blitzstrahlen und donnernd stampfenden Thallaxi-Kriegern. Die Kampfautomata waren auf sie vorbereitet. Die Warnung des Aasvogels hatte den Maschinen die nötigen Sekunden verschafft, damit die Thallaxi sich bei ihrem Hinterhalt in einem Orkan aus Boltgeschossen und vernichtendem Kanonenfeuer wiederfanden. Der Geschosshagel dünnte ihre Reihen schnell aus, doch weitere Krieger schlugen mit rückenmontierten Sprungmodulen auf dem Boden vor und hinter dem Freikrieger und seiner Truppe auf.

Nulus wurde von einem Blitz in die Brust getroffen, doch Klein-Auri packte den Thallax-Krieger mit seinen energiebetriebenen Fäusten und schmetterte ihn gegen die Seite eines Waggons der Magnetschwebebahn. Als ein anderer mit seinem Blitzgeschütz auf den Aasvogel zukam, vernichtete der Niemand ihn mit einer trommelnden Geschosssalve seines mehrläufigen Rotorgewehrs. Plötzlich brach ein versteckter Thallax mit vorgestreckter, schwerer Kettenklinge aus der gewellten Wand eines Werkstattschuppens. Das Bajonett drang direkt durch die Brust des Niemands und nagelte ihn an dem Waggon dahinter fest. Er betrachtete den Krieger mit kaltem, narbenüberzogenem Gesicht, bevor er die Läufe seines Rotorgewehrs an das ausdruckslose Visier anlegte und ihm den Kopf wegsprengte.

Eta/Iota~13 und sein Mörder fielen gemeinsam auf den gefrorenen Boden. Es gab nichts, was der Aasvogel tun konnte. Er musste die Konstrukte in Bewegung halten.

Ohne das Überraschungsmoment und auf so kurze Reichweite hielten die Stoßtruppen den massigen Kampfautomata nicht lange stand. Die Maschinen schlugen Köpfe und gesichtslose Helme von gepanzerten Schultern. Sie rissen den Thallaxi-Kriegern Körperglieder aus und verbrannten ihre Antriebssysteme mit systemschmelzenden Energiefeldstößen.

»Vorwärts«, rief der Aasvogel und hielt seine Befehle möglichst einfach.

Während der Aasvogel die Konstrukte entlang der Waggons weiterführte, wurde er das Gefühl nicht los, dass sie erwartet worden waren. Die Stoßtruppen hatten ihnen aufgelauert. Was auch immer die eilig errichteten Befestigungen und Absicherungsmaßnahmen des Fabriktempels koordiniert hatte, es hatte jeden ihrer Schritte vorausgesehen. Seine Ablenkung kam den Aasvogel beinahe teuer zu stehen, als eine zweite Welle rennender Sklavenkonstrukte aus den Werkstätten und Güterstraßen neben dem Magnetgleis auf ihn zukam.

Ein knisterndes Energieklauenpaar stürzte auf den Raven Guard zu und zwang ihn, sich wegzudrehen, sodass die scharfe

Waffe lediglich seinen Schulterpanzer zerkratzte. In der Dunkelheit unter dem Visier sah er etwas Verändertes und Monströses. Nachdem er das Ding mit dem Griff seines Gravitonstrahlers zurückgeschlagen hatte, sah er die beiden knisternden Klauen des Nahkampfkonstrukts. Wie die Thallaxi trugen auch diese – Ursarax genannten – Ungetüme eine energiebetriebene Plattenpanzerung des Mechanicum. Das Ding stürzte sich sofort wieder auf den Space Marine und schlug ihm mit seiner anderen knisternden Klaue den Strahler aus der Hand.

Der Aasvogel knurrte und schlug dem augmentierten Krieger mit der Handfläche seines Panzerhandschuhs ins Gesicht. Nachdem er seine Ceramitfingerspitzen in dem nachgebenden Visier vergraben hatte, riss er es ab. Er fuhr die vier Anschlussstecker seiner hydraulischen Faust aus und versetzte ihm mit seinem bionischen Arm einen kolbenbetriebenen Schlag. Der Hieb durchschlug das Hirn des Ursarax und dieser Albtraum aus Robotergliedmaßen und Innereien brach vor dem Aasvogel in sich zusammen.

Er hob den Gravitonstrahler auf, trat den nächsten mit seinem gesunden Bein zurück und feuerte dann auf den zweiten, dritten und vierten anstürmenden Ursarax-Krieger. Die Wucht der Schüsse warf sie gegeneinander, gegen die Werkstattwände und Güterwaggons.

»Erledigt sie«, befahl der Aasvogel, als Dex und Impedicus zu ihm heranstampften.

Plötzlich wurde der Güterwaggon vor ihnen aus der Reihe und vom Gleis geworfen. Der wiederverwertbare Schrott, den er beinhaltet hatte, wurde über die offene Fläche verstreut, die der Waggon mit seinem alles niederwalzenden Herumschlittern schuf, bei dem er Werkstätten und Technomat-Servitoren dem Erdboden gleichmachte. Der Aasvogel spürte den vom Frost aufgerissenen Felsbetonboden unter den Schritten eines großen, näherkommenden Konstrukts erbeben. Ein Belagerungsautomaton trat dorthin, wo er den demolierten Güterwaggon aus der Reihe getreten und eine Bresche für sich geschaffen hatte. Er war riesig und überragte den Space Marine um das Drei- oder Vierfache. Er besaß gigantische, kraftvolle Klauen – so groß wie der Aasvogel –, an denen synchronisierte Spalterkanonen montiert waren. Ein unheilvolles Glühen drang aus den Rissen, alten Boltgeschosslöchern und dem verbeulten Plattengehäuse seiner Panzerung.

Der Koloss griff mit seinen großen Klauen nach ihm, doch der Aasvogel schoss sie mit seinem Gravitonstrahler zur Seite. Der Funkenregen auf seiner Brust, den das Rotorgewehr des Nichts verursacht hatte, beeindruckte das gigantische Ding überhaupt nicht. Es schritt einfach über sie beide hinweg, um zum Ersten Manipel der Daedarii-Reserve-Kohorte zu gelangen. Nachdem sie sich zwischen das Belagerungsungetüm und die Tabulamyriade gestellt hatten, gingen die Kastelane direkt auf die Beine des Riesen los. Pollex wurde sofort von der großen Klaue aufgehoben und wie eine Konservendose zerquetscht. In der Zwischenzeit gingen die anderen Einheiten auf die riesigen Beine der ungeheuren Maschine los und zerfetzten mit den vernichtenden Schüssen ihrer Maximusbolter und Spalterkanonen die Einzelteile und Kolben seiner Achsenkniegelenke.

Aus der Lücke, die der Magnetschwebebahnwaggon hinterlassen hatte, stampften zur Unterstützung des gewaltigen Belagerungsautomatons vier Geleiteinheiten ins Getümmel. Es waren allesamt Einheiten der Castellax-Klasse, die verbreiteteren Verwandten des Ersten Manipels. Statt mit Energiefäusten waren die ungeheuren Maschinen allerdings mit gezahnten Sicheln ausgestattet, deren Energieklingen Funken sprühten. Ihre Panzerung sonderte ein klebriges, eitriges Sekret ab, das direkt aus dem Metall zu triefen schien, während aus faustmontierten Flammenwerfern grünes Feuer strömte. Als sie den Aasvogel bemerkten, hob der erste den Arm und schoss einen glühend heißen Flammenstrahl auf den Freikrieger. Strix schwang sich mit einem Krächzen zum Himmel hinauf, während sich der Aasvogel ein Stück Metallschrott schnappte und das kränkliche Inferno mit dem Plattenbruchstück weitestgehend abwehrte.

Als der Aasvogel seinen behelfsmäßigen Schild fallen ließ, stampfte die feindliche Einheit mit tödlich knisternden Energieklingen vorwärts. Nachdem sie die Maschine zwischen sich gelockt hatten, warf der Space Marine den Kampfautomaton mit seinem wiedererlangten Gravitonstrahler zurück, während Di-Delta 451 mit Rotorgewehrsalven auf das Ding einhämmerte. Sobald sich die Gravitonzelle leerte, stürzte sich der Kampfautomaton auf den Aasvogel, sodass dieser sich ducken musste, um den versengenden Energieklingen auszuweichen.

Ununterbrochen prasselten funkenschlagende Rotorschüsse auf den klebrigen Schulterpanzer und das Cortexgehäuse des Dings ein, was die Maschine abzulenken schien. Als sie auf das Nichts losging, humpelte der Aasvogel hinter sie und legte seine hydraulische Hand an das Bein der verderbten Maschine. Indem er ihren Systemen und dem Reaktorkern die Energie entzog, brachte sie der Freikrieger zum sofortigen Stillstand.

Der Aasvogel drehte sich zu den anderen drei Castellax-Einheiten um, die durch die Wagenlücke stampften, und verschoss jeden Funken gesammelter Energie, die er der ersten Einheit entzogen hatte, in die zweite. Der Bogenstrahl versengte das Gehäuse des Kampfautomatons und verwandelte das kybernetische Ungetüm in einen rauchenden Trümmerhaufen, der abrupt und funkensprühend anhielt.

Plötzlich wurde die Werkstatt neben dem Aasvogel von einem ratternden Strahl magnakalibrigen Bolterfeuers zerfetzt, das von den synchronisierten Spalterkanonen an der Faust des Belagerungsautomatons ausgestoßen wurde. Dex, Impedicus, Klein-Auri und der beschädigte Nulus hatten erfolgreich die Beinmechanismen des Ungetüms zerschnitten und den Koloss somit in die Knie gezwungen. Während Nulus den einen Arm von Octal Bool und der Tabulamyriade fernhielt, sodass dessen Boltgeschosse harmlos in der Seite eines Güterwaggons landeten, richteten Auri und Impedicus das Kanonenfeuer des anderen Arms durch die geriffelte Werkstatt hindurch auf die beiden verbleibenden Castellax-Einheiten und verwandelten sie in zerfetzte Trümmer.

Dex trat vor und schlug mit der Faust direkt durch das Cortexgehäuse des kolossalen Belagerungsautomaton, was das Ding augenblicklich zerstörte. Als er seinen Arm zurückzog, tropfte stinkender, verdorbener Fleisch-Schleim auf den Felsbetonboden.

Nachdem er Strix wieder erlaubt hatte auf seiner Knotenpunktreihe zu landen, hob der Aasvogel den Gravitonstrahler auf und tauschte die leere Zelle gegen seine letzte Reserve. Er schaute durch die Lücke zwischen den Güterwaggons auf den dahinterliegenden Schrottplatz. Dort war ein Lagerbereich, in dem die Magnetschwebebahn die transportierte Fracht auslud und die Materialhaufen verarbeitet wurden.

»Wir haben den Fabriktempel erreicht«, sagte er zu den versammelten Konstrukten, bevor er seinen Gravitonstrahler bereit machte und dessen Lauf auf seinen Schulterpanzer legte. »Vorwärts«, befahl er. Das Nichts trieb Octal Bool zusammen mit Uncanicus und der reifbedeckten Kugel der Tabulamyriade vorwärts.

Der Freikrieger und die Konstrukte stapften über die gefrorenen Schrottberge. Je höher sie stiegen, desto schlechter waren sie geschützt. Der heulende Wind der eisigen Ebene fegte durch den verbogenen Metallschrott und überzog alles – Konstrukte und den ganzen Rest – mit einer dünnen Eisschicht. Es war schwer, beim Gehen nicht die schwindelerregend hohen Wände des Fabriktempels anzuschauen. Einst waren die industriellen Wunderwerke, die Fabriken und der seltsam prächtige Turm voller Schönheit gewesen. Jetzt war der Tempel ein Ort voller dunkler Machenschaften. Seine vormals hellen Schmelzöfen waren nun Leuchtfeuer kränklichen Lichts. Seine Einrichtung und Wände waren mit unnatürlichem Rost und Verkrustungen überzogen, die nicht einmal der Frost richtig überdecken konnte. Aus dieser Höllenschmiede ragte der mächtige Vertex. Wie eine Achse, die sich mit der Welt dreht, erstreckte er sich bis zum marsianischen Himmel. Bei der Ausübung ihrer planetenumspannenden Funktion knisterte und knackte die Metallspindel vor unerklärlicher elektromagnetischer Energie. Trotz ihrer Einfachheit war sie beeindruckend. Der Fabriktempel war für seine Produktion auf die Energie des Vertex angewiesen. Indem die Fabrik den Vertex als geomagnetischen Reaktor nutzte und das Magma in seinem Einzugsbereich im Marskern für ihre Werke hinaufleitete, zog sie wirtschaftlichen Nutzen aus der uralten Technologie.

Unterhalb des Aasvogels transportierte ein Schwerlastförderband wie ein Fluss, der sich einen Weg durch ein Tal bahnt, den Schrott über eine leichte Steigung in den Fabrikkomplex hinauf. Monofunktionelle Servitoren und Robotorkräne säumten das Fließband und sortierten die qualitativ hochwertigen Metallstücke zur Wiederverwertung aus, bevor die Steigung zunahm. Den ausgewählten Schrott trugen sie einen steilen Bereich des

Rollsteigs hinauf und in die Fabrik. Nachdem sich der Raven Guard für einen Zugang in den mächtigen Fabriktempel entschieden hatte, führte er die Konstrukte ins Tal hinab.

Das Schwerlastförderband hatte kaum ein Problem mit dem Gewicht der Kampfautomata. Als sie alle darauf waren, führte der Aasvogel sie durch den Metallschrott auf dem fahrenden Band hinauf. Während sie in der Dunkelheit der Polarnacht in schwindelerregende Höhen stiegen, heulte rings um sie der Wind.

Von so weit oben bot sich dem Aasvogel ein Ausblick über die Eisdecke unter ihm. Der Schlachtenlärm erstarb allmählich. Es war so gut wie vorbei, und nur wenige Daedarii-Kampfautomata kämpften noch verzweifelt und erfolglos gegen den Wahnsinn an. Die Sturmangriffe der Jäger und vorsichtigen Vorstöße waren eingestellt worden. Ocularisdrohnen und vor Sklaven überquellende Sturmtransporter flogen durch den Nebel über das Schlachtfeld voller zerstörter Kampfautomata. Bald würden die Einheiten des Ersten Manipels die einzigen Überlebenden der Daedarii-Reserve-Kohorte sein. Die Warhound-Titanen gaben über die Voxlautsprecher ein wahnsinniges Codegebrüll von sich, das die dünne Polarluft erbeben ließ. In den Kommandodeckfenstern der Gottmaschinen glühte ein unnatürliches Licht, was den Titanen das Aussehen besessener Götter verlieh. Der schmutzige Matsch war von den eingesetzten Horden, die den Kampfautomata entgegengeworfen worden waren, zu flachen Seen zerstampft worden. Kettenfahrzeuge, Kampfraupen, Spinnenpanzer, Läufer und Schweber waren den degenerierten Bodentruppen vorausgeeilt und trugen ihre Konstrukte direkt ins Herz des Getümmels.

Codekorrumpierte Diener, die in wahnsinnigem Irrsinn vor sich hin plapperten, bildeten hirnlose Kanonenfuttermeuten. Waffenservitoren taumelten und kreischten dem näher rückenden Feind entgegen und mähten ihre eigenen Leute mit ihrem ungeduldigen Beschuss nieder. Stark augmentierte Stoßtruppen und Kampfautomata stampften und drängten sich durch ihre eigenen Reihen und schlugen ihre Verrätersippe mit ihren massigen Panzern und Waffen zur Seite.

Noch degenerierter waren die reagenzgezüchteten Mutanten, die so aussahen, als ob sie direkt aus ihren Gentanks in die Schlacht gelaufen wären. Kriegsgelehrte und codefiebrige Priester brüllten Skitarii-Soldaten harsch ihre Befehle auf Binär entgegen. Zur Unterstützung gaben die Maschinenstellungen und Wachtürme, die zur Verteidigung des Fabriktempels große Gatlingkanonen und Megabolter einsetzten, schweres Geschützfeuer ab, das über das Schmelzwasser und durch die Dunkelheit schoss. Rauchspeiende Drohnen rauschten über den Wahnsinn hinweg, während Infanterieabwehrmaschinen, leichte Kampfmechanoiden und Jagdverband-Automata das besessene Rückgrat der irrsinnigen Flut bildeten.

Der Aasvogel schüttelte den Kopf. Wie die Spaltung des Mars, wie der Bürgerkrieg, der jetzt die Galaxis verschlang, war auch das eine unglaubliche Verschwendung. Der Raven Guard stieg die vibrierende Anhöhe hinauf, sprang über Schrott und rostige Hindernisse. Das Nichts hielt Schritt und ging vor der widerwärtigen Intelligenz und ihren Techketzer-Begleitern. Die ungeheuren Kampfautomata stampften hinterher und erschütterten die Förderbandstützen mit jedem ihrer Schritte.

Es war entscheidend, dass ihr Betreten keine Aufmerksamkeit erregte. Als etwas Metallisches und Funkensprühendes vom Himmel herabstürzte und die Fabriktempelspitzen umflog, schoss der Raven Guard es mit seinem Gravitonstrahler ab. Die Ocularisdrohne krachte gegen die Tempelwand, stürzte ab, prallte von dem Förderband ab und hüpfte auf sie zu. Als er die qualmende Hülle der Maschine betrachtete, sah der Aasvogel, dass sie wie ein aufgeschlagenes Ei eingerissen war und über das ganze Fließband flüssige Verderbnis verströmte.

Der Aasvogel führte die Konstrukte in den Fabrikkomplex, wo die Polarkälte der glühenden Hitze eines geschäftigen Hüttenwerks wich. Magnabogenöfen zerschmolzen Schrott in riesigen Behältern, aus denen das geschmolzene Metall in Kanäle floss, in denen die Legierungsmischungen der ehemaligen Maschinenteile aufgetrennt wurden. Das labyrinthische Netzwerk aus Gitterlaufstegen, Gerüsttreppen und Verbindungsgängen, durch die die Industrieförderbänder liefen, führte über die Becken voll kochendem Metall und zwischen ihnen hindurch. Ein unnatürlicher Schein erhellte diesen Ort, an dem der alte Mars starb. Hier wurden Materialien wiederverwertet und eingeschmolzen, damit sie für die Schaffung neuer Waffen und Diener eingesetzt werden konnten: einer Armee, die von Dunkelheit angetrieben wurde und für das neue Imperium des Kriegsherrn kämpfen konnte.

Das Tosen der Schmelzöfen war ohrenbetäubend, was aber nicht dazu führte, dass die Voxübertragung des wahnsinnigen Schrottcodes, der die festmontierten Arbeiter in dem Werk beschallte, eingestellt wurde. Die Fabrik war zu einem großen Teil automatisiert und enthielt eine Reihe von Hochleistungsofenmechs, mono-programmierten Fertigungseinheiten, brummenden Maschinen und in Hitzeschilde gehüllten Roboterlakaien, die den Großteil der Arbeit verrichteten. Maschinen schmolzen Maschinen ein, um weitere Maschinen zu fertigen. Festmontierte Grubenservitoren mit schwarz verbrannter Haut heulten unerträglichen Wahnsinn, während der Aasvogel und seine Konstrukte zwischen den Metallkanälen und Schmelzfällen hindurch trampelten.

»Es war sehr aufmerksam von dir, durch das Aufbereitungswerk hereinzukommen«, dröhnte eine metallisch hallende Stimme grell aus den Voxlautsprechern.

Die Stimme war unmöglich. Zwar verzerrt, aber erkennbar. Eine Stimme, die es nicht mehr hätte geben sollen.

Eine Stimme, die der Aasvogel als die seines Freundes erkannte. Des Iron Warriors.

Aulus Scaramanca.

REKONFIGURIEREN

»Wenn es in diesem heiligen Fabriktempel zur Gewalt kommt, haben es meine Konstrukte nicht weit, um deine schweren, hochwertigen Augmentationen und Automata zu den Schmelzgruben schaffen.« Das humorlose mechanische Brummen hallte durch das riesige Werk.

»Aulus?«, rief der Aasvogel mit pochenden Herzen. »Bist du das?«

»Gewissermaßen«, sagte der Iron Warrior, dessen verzerrte Stimme das allgegenwärtige, geschäftige Zischen durchdrang. »Was du von mir zurückgelassen hast … und noch viel mehr.«

Etwas Riesiges stieg durch das Gewirr aus Drehkränen, Stützstreben und Laufgängen herab. Aulus Scaramanca war kein Wunderwerk des Fleisches und Blutes seines Primarchen mehr. Er war eine monströse Maschine, ein Wunderwerk des Mars, das aus Metall und purem Hass gebaut war. Der Iron Warrior war riesig, größer als der Belagerungsautomaton, dem sie außerhalb des Fabriktempels gegenübergestanden hatten – vielleicht so groß wie ein Imperialer Ritter oder marsianischer Kampfläufer. Seine gepanzerten Beine bestanden aus klobiger Hydraulik und verbeulter Panzerung. Seine Taille war ein schmaler

Schwenkpfeiler, der einen breiten, gepanzerten Brustkorb trug, der ausschließlich aus Schulterpanzern und Kampfgehäusen zu bestehen schien und zwei riesige Arme hatte. Über beide Arme schlängelten sich Kabel und knisternde Energieleitungen, die zu ungeheuren Greifklauen führten. Jede ihrer Krallen war lang und dünn und knisterte mit elektromagnetischer Energie.

Das Konstrukt strotzte vor Ketten. Seine vernarbten Panzerplatten waren in den dunklen Farben der IV. Legion bemalt und mit gelben Warnstreifen verziert. In der Mitte der gigantischen Brust befand sich ein ramponierter, grinsender Helm, wie er als Symbol unter den Iron Warriors verbreitet war. Davor befanden sich ein Paar kleinerer Arme, die für Feinarbeiten mit Fingerwerkzeugen ausgestattet waren. Die Größe und Position des Schädels ließen das monströse Konstrukt buckelig wirken, und dieser Eindruck wurde von dem großen, kugelförmigen Rücken des Dings noch weiter verstärkt. In einer gepanzerten Halterung befand sich ein Reaktor aus geschmolzenem Eisen, der wie der Metallkern eines Planeten leuchtete und sich drehte. Aus den Augenschlitzen und dem Voxgitter des zentralen Helms drang das gleiche Leuchten, was dem Konstrukt ein höllisches Aussehen verlieh.

»Aulus …«, sagte der Aasvogel erneut. »Ich … Wie?«

»Wie?«, donnerte der Iron Warrior zur Antwort. »Mit der Genialität des Mars. Als der Ordensturm in sich zusammenstürzte, war ich, abgesehen von dir, der einzige Überlebende. Das, was von mir übrig war, kroch Tage nach der Zerstörung aus einem Schuttberg, und das meiste davon war nicht mehr zu gebrauchen. Kannst du dir vorstellen, Aasvogel, was für einen Willen es erfordert hat, das zu tun?«

Der Raven Guard sagte nichts.

»Einen eisernen Willen«, sagte Aulus Scaramanca. »Ich dachte, dass du vielleicht zurückkehren würdest, aber das hast du nicht getan. Ich wusste nicht einmal, ob du noch lebst. Stattdessen wurde ich von den Magi des Mars gefunden. Des neuen Mechanicum.«

»Eines falschen Mechanicum«, erwiderte der Aasvogel. »Feinde des Omnissiah, die mit Verrätern und Ketzern gemeinsame Sache machen.«

»Du willst mich über Ketzerei belehren«, donnerte Aulus Scaramanca, »dabei kommst du selbst in Gesellschaft eines Ketzers und dieser Widerwärtigkeit hierher. Es ist egal, wie du das siehst oder was du denkst – genau, wie es mir egal war. Sie haben mir einen neuen Körper angeboten. Etwas, das alles ersetzen konnte, was ich gewesen bin, und noch mehr. Einen Körper aus Eisen. Damit ich den Eingriff überleben würde, führten sie mich an das Wunder des Codes heran. Einen Datenstrom mit eigenständigem Bewusstsein. Einen veränderten Zustand. Eine neue Art der Existenz. Ein Leben jenseits der Grenzen von Fleisch und Eisen. Von ihren ersten Bemühungen war ich enttäuscht und tötete sie mit dem Körper, den sie geschaffen hatten, weil es ihnen an Vorstellungskraft mangelte. Die Magi bauten mir einen zweiten und ich tat das Gleiche. Erst jetzt bin ich … vollständig. Ich *bin* Eisen. Im Innern und nach außen.«

Der Aasvogel konnte es nicht ertragen, das Ding anzusehen, zu dem sein Freund geworden war.

»Aulus, du musst –«

»Dir zuhören?«, fragte der Iron Warrior. »Auf meinen Verstand hören? Auf mein Gewissen? Wie mein Primarch? In dieser kurzen Zeit hat sich sehr viel geändert, Aasvogel, wie deine Anwesenheit hier beweist. Ich diene meinem Primarchen Perturabo und dem Kriegsherrn. Der Mars wird für Horus' Ankunft bereit sein. Das werde ich sicherstellen. Das Mechanicum hat mich mit der Aufgabe betraut, den Mars zu sichern. Ihn unbezwingbar zu machen. Eine würdige Festungswelt, von der aus die abschließende Eroberung eines galaktischen Imperiums und des Sitzes des imperialen Reiches begonnen werden kann – des uralten Terra. Ich weiß nicht, welchen Meistern du jetzt dienst, Aasvogel. Deine Rüstung gibt keinen Hinweis darauf. Vor einer Belagerung beginnt ein Iron Warrior damit, die Schwachstellen des Schauplatzes zu ermitteln, den er verteidigen und beschützen möchte. Indem er überlegt, wo er selbst angreifen würde. Erst dann kann er richtig einschätzen, wie er am besten zu befestigen ist. Ich kenne die Schwachstellen des Mars, mein Freund, genauso wie die Schwachstellen dieses Fabriktempels. Die Invalis-Region. Die Schwäche des Fleisches. Den Vertex und die Verwundbarkeit des magnetosphärischen Schildes. Du scheinst vergessen zu haben, dass ich dort war. Ich habe dich schon kommen sehen, bevor du überhaupt davon wusstest. Du hättest keinen fast vergessenen Techketzer und einen Silica Animus gebraucht, um zu wissen, wie man den Mars zerstört. Doch das Beruhigende an widerwärtigen Intelligenzen ist, dass sie immer scheitern.«

»Ich werde meinen Auftrag ausführen«, sagte der Aasvogel.

»Dein Auftrag ist aussichtslos«, dröhnte der Iron Warrior, wobei das unheilvolle Licht in seinem Mundgitter und seinen Augenhöhlen hell aufloderte. »Ich habe all den mir zur Verfügung stehenden Konstrukten die Verteidigung des mächtigen Vertex befohlen. Du wirst ihn nicht erreichen. Du wirst die ehrwürdige, uralte Konstruktion nicht sabotieren. Der Mars hat neue Meister. Ich werde nicht zulassen, dass du die dunkle Unantastbarkeit des Reiches des neuen Mechanicum oder das Erbe des Kriegsherrn bedrohst.«

Während der Iron Warrior sprach, suchte der Aasvogel den Werkskomplex nach Ausgängen ab. Das Förderband brachte ihn immer näher zu der monströsen Maschine, die Aulus Scaramanca war. Jedes Panzertor, alle Metalltüren und Güterstraßen waren von dicht gedrängten Sicherheitstruppen des Fabriktempels versperrt: Skitarii, Waffenservitoren, kybernetischen Stoßtruppen, Kampfautomata. Der Aasvogel schaute das Förderband entlang zurück, doch eine kurze Spektrenabtastung seines bionischen Auges enthüllte, dass draußen in der eisigen Luft ein Skitarii-Sturmtransporter schwebte. Die Waffen des Fliegers waren schussbereit und der Servitor-Sklavenpilot am Steuer wartete darauf, jeden Rückzugsversuch sofort zu beenden.

»Warum solltet ihr euch für ein Himmelfahrtskommando verschwenden?«, verkündete Aulus Scaramanca über seine Voxlautsprecher. »Für fernes Fleisch? Das ist unlogisch. Einige von euch sind schon Techketzer. Unsere Zeit ist gekommen. Tretet uns bei. Nehmt den Code an. Dient sowohl dem neuen Ruhm des Roten Planeten als auch – endlich – euch selbst. Aasvogel, wir können die Erinnerung an den alten Mars auslöschen. Gemeinsam können wir ein neues Imperium schaffen.«

Es vergingen einige Sekunden, in denen das Förderband den Aasvogel und seine Konstrukte näher zu dem Iron Warrior brachte. Der Cogitator des Raven Guards arbeitete fieberhaft daran, diese zunehmend aussichtslosere Situation zu verarbeiten.

»Tu das nicht«, bat Aulus Scaramanca. »Sei kein Aasvogel, der vom Tod der Vergangenheit zehrt. Werde zur Zukunft.«

»Bool«, sagte der Aasvogel zu dem Techketzer. »Lasst Euer Konstrukt die widerwärtige Intelligenz in Sicherheit bringen.«

»Ich habe dir mal das Leben gerettet«, sagte Aulus Scaramanca.

»Automata, bereithalten«, sagte der Aasvogel zu dem Nichts und den Maschinen des Ersten Manipels. »Angriffsmuster autorisiert.«

»Lass mich nicht das Geschenk zurückholen, das ich dir gemacht habe …«, warnte die monströse Maschine ihn. Trotz des metallischen Klangs ihrer dröhnenden Stimme konnte der Aasvogel die ganze Bitterkeit, die Leere und den Schmerz hören, aus denen sie nun bestand. Aulus Scaramanca war sein Freund, und wenn er konnte, würde er ihm einen letzten Gefallen tun.

Er würde ihn vernichten.

Der Aasvogel und seine Konstrukte traten von dem Förderband auf die versengte Metallplattform, die daneben verlief. Die Hitze war unerträglich. Gleichzeitig schlug Uncanicus mit seinen künstlichen Flügeln und trug seinen Cherubkörper und die Kugel der Tabulamyriade von der aufsteigenden Hitze des geschmolzenen Metalls hinauf zu den metallischen Dachbalken des Werks. Das monströse Konstrukt, das Aulus Scaramanca war, schüttelte in der angespannten Stille enttäuscht den Metallhelm. Die Sicherheitstruppen des Fabriktempels setzten sich lautstark die Gänge und Gerüsttreppen hinab in Bewegung und kamen auf den Aasvogel und seine begleitenden Automata zu.

»Los«, befahl der Freikrieger.

Zeitgleich eröffneten der Aasvogel und die Kampfautomata das Feuer auf die Abtrünnigen und dunklen Maschinen, die auf sie zu stampften.

Plötzlich standen sie den Skitarii-Sicherheitskräften des Fabrikmeisters gegenüber: blassen Leichensoldaten, deren bleiches Fleisch mit verdorbenen, schwarzen Waffen verbunden war. Ihre Flinten verschossen dunkle Energiestrahlen und schienen eher die Skitarii zu kontrollieren als umgekehrt. Die Waffen hungerten nach Beute und führten ihre Wirtssymbionten durch das Labyrinth aus Laufgängen, Treppen und Gitterplattformen, die um und über die Seen aus geschmolzenem Metall führten.

Zwischen den Gängen entbrannte ein erbitterter Schusswechsel, bei dem die Kastelane mit ihren Boltern durch das Werk schossen. Mehrere dunkle Strahlen schlugen durch das gefühllose Fleisch des Nichts, worauf der Servo-Automaton sein Rotorgewehr hob. Die vielen Läufe drehten sich surrend, während aus ihren Läufen ein blendendes Flackern drang. Von den Metallgerüsten regneten Funken, als die Geschosse den Laufgang und den Trupp waffenbesessener Skitarii zerfetzten und ihnen ein jähes Ende bereiteten.

Als das Rotorgewehr mit einem dumpfen Geräusch anhielt, war der Werksalarm zu hören. Auf den Balkonplattformen über ihm konnte der Aasvogel Maschinenaufseher in feuerresistenten Roben und passenden Helmen sehen, die die Sicherheitskräfte des Tempels zu ihnen hinab schickten. Bleiche Skitarii-Verstärkungstruppen, die von ihren verfluchten Waffen angetrieben wurden, schwärmten über die Laufgänge aus. Von vorn griffen aufgedunsene Waffenservitoren mit zugenähten, geschorenen Schädeln und toten Augen den Aasvogel und Di-Delta 451 an. Statt Armen hatten die fetten Servitoren schwere, synchronisierte Waffen angelegt, die mit ihren Knochen verschmolzen und wie ein Joch auf ihre dicken Nacken gelegt waren. Unter dröhnendem, wahnsinnigem Gelächter feuerten sie mit ihren schweren Boltern den Gang entlang auf die Eindringlinge.

»Bahnt einen Weg!«, befahl der Aasvogel.

Dex stampfte mit Impedicus vorbei. Als er einen Blick nach hinten riskierte, sah Di-Delta 451, dass Klein-Auri und Nulus die waffenberauschten Skitarii hinter ihnen mit gezielten und disziplinierten Boltersalven aufhielten, während sie mit ihren synchronisierten Energiefeldern und Plattenpanzerungen die dunklen Energiestöße absorbierten, die für den Aasvogel und Octal Bool bestimmt waren.

Da das verwundete Nichts am Boden lag und sich hinter dem Gitter und dem Geländer in Deckung befand, übernahmen Dex und Impedicus entschlossen stampfend den Laufgang. Der Aasvogel beugte sich über das flüssige Metall hinaus, zielte mit seinem Gravitonstrahler und verwandelte den korrumpierten, korpulenten Anführer der Waffenservitoren in einen Haufen zerbrochener Knochen und Fleischfetzen. Sein Platz wurde von einem nadelzahnigen Kameraden eingenommen, der die Roboter mit einem Hagelsturm dunkler Strahlen verlangsamte. Nachdem der Angriff größtenteils von Dex' synchronisiertem, atomantischem Feld und seinen verbeulten Panzerplatten abgeprallt war, stürmte Impedicus vor und erwiderte das Feuer mit seiner Spalterkanone.

Der Aasvogel spürte den Laufgang schaukeln. Er wippte ein zweites und drittes Mal, als die geringe Dehnbarkeit der Konstruktion von dem außerordentlichen Gewicht der zusätzlichen Körper ausgereizt wurde. Mechanoide Verstärkungen sprangen so geschickt wie zweibeinige Todesweltraubtiere von einem Laufgang zum nächsten. Ihre spindeldürren, hydraulischen Beine trugen sie über das geschmolzene Metall unter ihnen hinweg, worauf sie sich mit ihren kraftvollen, gespreizten Klauen an den Stangen und Gittern hochzogen – Jäger der Vorax-Klasse.

Die großen Sensormodule ihrer Heuschreckenköpfe fokussierten den Aasvogel und seine Konstrukte. Der Feind hatte sich neu formiert. Nachdem sie ihre rückenmontierten Strahlengeschütze gehoben hatten, verschossen die Maschinen radioaktiven Tod auf die Eindringlinge und stürmten dann vorwärts. Die Jäger rannten über den Laufgang, während weitere Angehörige der Manipelmeute auf dem Gerüst landeten. Das Nichts feuerte ihnen mit seinem Rotorgewehr entgegen, doch die Vorax verfügten über die besten Reflexe, die Kampfautomata haben konnten. Indem sie ihre Gehäuse senkten und sich von Geländern und dem Gitterboden abstießen, vermieden sie den Großteil des Geschosssturms, und die verbleibenden Kugeln prallten funkensprühend an der leichten Rüstung der Jäger ab.

Schließlich fraßen sich die weitläufig verteilten Rotorschüsse durch das Bein der vordersten Einheit, die schwerfällig stürzte und auf den Gitterboden krachte. Der Kampfautomaton blieb vor Nulus' Füßen liegen und die Maschine zerstampfte instinktiv den kleinen Kopf des abtrünnigen Dings. Die darauffolgenden Schüsse von Di-Delta 451 gingen daneben, sodass ein zweiter Künstlicher über sein gefallenes Kameradenkonstrukt sprang und seine Krallen in dem bedauernswerten Servo-Automaton versenkte. Nulus schmetterte den Jäger mit seiner Energiefaust zur Seite, bevor er das Ding mit einer Bolterfeuersalve seiner Spalterkanone erledigte.

Der Laufgang wimmelte vor Maschinenjägern, als das Rotorgeschütz von Di-Delta 451 leerlief. Während Voraxe den Laufgang aufrissen und sich vor Verstümmelungs- und Mordlust gegenseitig zur Seite schubsten, fuhren sie an ihren Seiten dreiteilige Klingen aus. Diese schlossen sich zu tödlichen Krallen zusammen, die vor unnatürlicher Energie aus den Maschinenkernen der Konstrukte knisterten. Dann begannen sich die Klingen mit unglaublicher Geschwindigkeit zu drehen, wodurch die Seiten der Mechanoiden zu tödlich wirbelnden Rädern wurden. Das Nichts war der erste, der die drehenden Energieklingen kennenlernte. Es gab nichts, was er tun konnte, um sich vor dem Angriff zu retten, sodass er in einem Wirbel aus Licht und Blut verschwand.

Der Aasvogel schoss einen Mechanoiden nach dem anderen auf kurze Reichweite vom Laufgang herunter. Dann richtete der Freikrieger seine Waffe auf das geschmolzene Metall weiter unten und gab einen unsichtbaren Schuss in die verkrustete Schmelze ab. Das flüssige Metall spritzte als prächtige, goldene Fontäne zur Decke und verwandelte beim Herabfallen die aufgequollenen Waffenservitoren auf dem Laufgang in heulende Verbindungen aus schmelzendem Metall und Fleisch.

Plötzlich spürte der Aasvogel über den Überbau des Laufgangs das Beben monströser Schritte. Es war der entsetzliche Konstruktkoloss Aulus Scaramanca. Die Maschine tobte vor unvorstellbaren Qualen, der Bitterkeit des Eisens und einem Hass, der seine Verkabelung und Einzelteile schmerzhaft durchzog. Nachdem er bei jeder Gelegenheit von Freund, Feind und dem Aasvogel – der in einer Galaxis untergehender Imperien ohne jede Brüderlichkeit als beides angesehen werden konnte – verraten worden war, nährte der verderbte Code eine Wut, die im rasenden Kern des Konstrukts bereits existiert hatte. Der Iron Warrior wurde zu einem unbeherrschten Mahlstrom kalten Maschinenzorns.

Er kam näher, um das zu erledigen, woran seine Tempelkonstrukte gescheitert waren. Er spreizte die Krallen seiner elektromagnetischen Klaue, während sich die Kugel aus geschmolzenem Eisen in seinem Rückengehäuse drehte, und dann nutzte Aulus Scaramanca das so erzeugte Magnetfeld, um wie ein unsichtbarer Sturm durch das Werk zu fegen. Der Iron Warrior schlug in die Luft und warf seine drehenden Krallen in die Höhe. Er zerriss die Stützen, Plattformen und Laufgänge, die über das flüssige Metall führten. Die Magnetkräfte seiner Krallen waren enorm, und das dreidimensionale Labyrinth aus schwarzen Metalllaufgängen, Treppen und Tragwerken riss und verbog sich mit Leichtigkeit. Das Geräusch war unerträglich. Trümmer, kreischende Jagdverbände und Verräterkonstrukte flohen vor dem rasenden magnetischen Angriff des Iron Warriors und fielen zischend in die flüssigen Metallseen weiter unten.

Der Factorumskomplex erbebte, wodurch Treppen und Laufgänge losgerissen wurden. Elektromagnetische Explosionen durchzogen in der Nähe befindliche Maschinen. Plattformen und Gitter stürzten herab und rissen die verankerten Drohnen zusammen mit Horden codefiebriger Skitarii und verdrehter Waffenservitoren mit sich zum Werksboden. Als die Trümmer auftrafen, flog eine Flut aus geschmolzenem Metall nach oben und stürzte dann durch den eigenen Dampf wieder zurück. Die, die das Glück hatten, nicht in ihren Tod zu stürzen, wurden mit kochendem Metall bespritzt und an den zertrümmerten Laufgängen festgeschmolzen.

Das Labyrinth aus mehrstöckigen Laufgängen war nun ein unordentlicher Trümmerhaufen. Manche Bereiche hatten es überstanden, doch ein großer Teil der Konstruktion war in dem flachen Silbermeer gelandet, das sich blubbernd über den Werksboden ausbreitete. Überall starben Konstrukte: Maschinenaufseher, Waffenservitoren, Skitarii. Abgesehen von den zerstörten Bauten und Verräterkonstrukten verlor auch ein Kampfautomaton der Tabulamyriade, Nulus, den Halt und stürzte seinem einschmelzenden Ende entgegen.

Während der beschädigte Nulus in den zischenden See fiel und seine Klauen aus der heißen Oberfläche ragend um sich griffen, bevor auch sie verschwanden, nutzte der Aasvogel die Hydraulik seines gesunden Beins, um in Sicherheit zu springen. Klein-Auri rückte gegen den Iron Warrior vor, während Scaramanca mit seiner Klaue das metallische Gerüst in Richtung seines augmentierten Körpers zog, wobei er Stützsäulen aus den Wänden und der Decke des Werks riss. Rings um den Kampfautomaton gingen Trümmer nieder, doch der unbeugsame Auri ließ sich nicht von seinem Ziel abbringen.

Als der Aasvogel sich umdrehte, stellte er fest, dass Octal Bool hinter ihm stand. Der Space Marine packte den Techketzer mit seinem bionischen Arm und schleuderte den Priester von dem Gerüst und in Sicherheit – genau, wie Aulus Scaramanca das damals für ihn getan hatte. Als der elende Priester auf der unteren Plattform landete, sprang der Aasvogel mit allem Geschick, das er aufbringen konnte, von dem zusammenstürzenden Gerüst auf ein anderes. Strix hatte sich in die heiße Luft erhoben und krähte verzweifelt. Als der Aasvogel endlich auf einer einigermaßen stabilen Plattform Halt gefunden hatte, richtete er seine Aufmerksamkeit auf die beiden verbleibenden Kampfautomata, die auf das Maschinenmonstrum zumarschierten. Sie waren furchtlos. Sie waren ungerührt. Sie waren dem Untergang geweiht.

Nachdem sie ihre armmontierten Geschütze erhoben hatten, entfachten Dex und Impedicus zusammen mit Klein-Auri einen Sturm von Boltgeschossen gegen den Iron Warrior. Das war das Beste, was die Kampfautomata zu bieten hatten, doch es reichte nicht. Aulus Scaramanca streckte die Handflächen seiner elektromagnetischen Klauen von sich. Mit der Energie, die er aus seinem Reaktor bezog, verlangsamten die Panzerhandschuhe die dicken Geschosse bis zum Stillstand. Nachdem sie die Geschosse herunterfallen lassen hatte, richtete die monströse Maschine die mächtigen Magnetfelder gegen die angreifenden Kampfautomata.

Mit der unglaublichen Magnetkraft, über die er gebot, erfasste Scaramanca mit einer Klaue Klein-Auri und packte ihn. Das Gehäuse des Kampfautomaton versprühte Funken und qualmte. Scaramanca ballte seine Klaue zur Faust und zerquetschte den Kampfautomaton. Der Panzer knackte, das Adamantium und die Endoskelettlegierungen knarrten und knickten. Servos schossen heraus. Die Panzerung des Konstrukts zerknautschte. Öl, Hydraulikflüssigkeit und Schmiermittel strömten aus seinem demolierten Körper. Maschinenteile und Kabel fielen aus den Spalten und Rissen, bis von Auri nur noch ein Ball aus pulverisiertem Schrott übrig war. Der Iron Warrior wollte Dex und Impedicus gerade das Gleiche antun, als eine unsichtbare Kraft in die monströse Maschine einschlug und sie zurückwarf.

Der Aasvogel feuerte von der Plattform aus immer wieder seinen Gravitonstrahler ab und warf Aulus Scaramanca mit heftigen Hochleistungsimpulsen zurück. Er sprang über ein Geländer und ließ sich auf die Ebene des Iron Warriors fallen, während er spinnwebartige Risse und Krater in die gestreifte Plattenpanzerung des Konstruktkolosses schlug. Zur selben Zeit entleerten Dex und Impedicus ihre armmontierten Geschütze und Spalterkanonen mit Gurtzuführung in den abgelenkten Iron Warrior und durchlöcherten das Ungetüm mit Boltgeschossen.

Während des Angriffs streckte Aulus Scaramanca eine riesige Klaue von sich und drehte die am Handgelenk montierten Krallen. Feine Magnetkraftveränderungen ließen Ketten, Kabel, Leitungen und Drähte aus den Servitorstationen und den zertrümmerten Wänden des automatisierten Werks brechen. Die Ketten und Anschlusskabel flogen auf die Konstrukte zu, worauf Impedicus mehrere vorsichtige, stampfende Schritte nach hinten machte. Dafür fanden die Ketten und Kabel allerdings Dex und wanden sich wie Fesseln um die Gliedmaßen des Kampfautomaton, was den unaufhaltsamen Marsch der Maschine verlangsamte. Buchsenstecker schlängelten sich über seine Maschinenteile, erkundeten sie und versuchten einen Weg hineinzufinden. Die Kabel des Fabriktempels verbanden sich mit der Maschine und Aulus Scaramanca flutete den Kampfautomaton mit einem Codeschwall der Verderbnis.

Als sich die Gravitonzelle des Aasvogels leerte, fing sich der Iron Warrior wieder und stolperte auf seinen mächtigen Beinen vorwärts. Der Aasvogel betätigte die Waffe erneut, doch sie war leer und der Space Marine warf sie zur Seite, wo sie scheppernd auf dem Plattformgitter landete.

Der Iron Warrior schien von der gefangenen Maschine vor sich fasziniert. Dex' Waffen waren zwar leer, doch er hatte einen starken Willen. Während die polyedrischen Zahnräder und Getriebe in seiner Brust angestrengt arbeiteten, drückte er mit seinen Gliedern gegen die Ketten und Kabel, die sich um ihn geschlungen hatten.

»Du riechst schon nach Verderbnis«, sagte Aulus Scaramanca, während der Code einen Weg durch die Systeme des Kampfautomaton ertastete. »Du wirst dich deinen Konstruktvettern auf meiner Seite anschließen. Nimm den Code an und erhebe dich, Sklave.«

Der Iron Warrior starrte den reglosen Kampfautomaton an.

Das Konstrukt schien zurück zu starren. Der Aasvogel sah die beiden mit ihren Maschinenwillen eine Art Duell austragen, während Aulus Scaramanca den verderbenden Datenstrom in einem Angriff auf Dex' Maschinenteile und Programme lenkte.

Der Aasvogel wusste, dass er dort nichts finden würde. Die Maschine litt nicht unter der Schwäche des Fleisches. Er würde keinen simplen Proteinspeicher finden, keine Daten im nicht existenten organischen Hirn der Maschine. Dafür fand der Konstruktkoloss eine reine Präsenz; perfekte polyedrische Zahnräder und Getriebe, die sich logisch und gleichmäßig vor und zurück bewegten.

Aulus Scaramanca fand die gleißende Schönheit der widerwärtigen Intelligenz, die den Kampfautomaton bereits für sich beansprucht hatte, und schrie.

Der Aasvogel beobachtete fasziniert, wie der Koloss die wunderschönen Feinheiten der Tabulamyriade begierig in sich aufnahm: die logische Vollkommenheit, die Perfektion des Codes, die reine Maschine. Die Anschlusskabel, die in den Kampfautomaton führten, begannen zu qualmen. Warpverkrustungen zischten und verdampften, und das uralte Kabel glänzte wie neu. Die unbezähmbaren Algorithmen der widerwärtigen Intelligenz bestürmten Aulus Scaramanca wie eine qualvolle Symphonie. Während die dunkle Maschinenseele des Iron Warriors mit der Genialität der Algorithmen um die Oberhand rang, breitete sich die prachtvolle Logik in den verdrehten Antennenreihen und verbogenen Platten aus, über die die monströse Maschine mit den infizierten Geräten um sie herum kommunizierte. Die kalte, überlegene Intelligenz griff nach den Sklavenkonstrukten des Vertex Australis. Sie übernahm die Kontrolle. Und erlöste sie einen Augenblick lang.

In diesem Augenblick änderte sich alles.

In einer Welle algorithmischer Aufklärung kehrte die gleißende Klarheit ihres Maschinenwesens zu den Automata des ganzen Werks zurück. Der verderbende Einfluss des korrumpierenden Schrottcodes löste sich zischend in Rauschen auf. Auf einen Schlag wurde er aus der Systemintegrität, den Cogitatoren und Datenströmen gespült. Wie ein Lauffeuer der Logik fegten die Algorithmen durch die Netzwerke des Fabriktempels und reinigte die Automata von Vertex Australis von ihrer

Verderbnis. Darauf kam es im Werk zu zahlreichen Unfällen: Mono-programmierte Fertigungseinheiten und Lastmaschinen sorgten dafür, dass die Maschinenaufseher verbrannten, durch Stromschläge getötet wurden oder einem unschönen Tod entgegenstürzten. Hochleistungsofenmechs zerteilten Waffenservitoren mit peitschenden Kabeln, während Roboterkräne und gesäuberte Schaufeleimer Tempelsicherheitskräfte in geschmolzenem Metall ertränkten. Ein Güterwaggon der Magnetschwebebahn, der frisch gegossene Rüstungsplatten beförderte, beschleunigte und entgleiste. Der Waggon brach mit hoher Geschwindigkeit durch die Fabrikwand und schlug in einer Horde plappernder Skitarii ein.

Während er sich in die dunklen Ecken seines Selbst zurückzog, spürte Aulus Scaramanca die brennende, gleißende Logik der widerwärtigen Intelligenz, die seine Systeme und Kabel durchströmte. Mit werkserschütterndem, anhaltendem Gebrüll richtete der Konstruktkoloss seine großen Magnetklauen gegen sich selbst. Er wandte seine Handflächen nach innen und kanalisierte die volle magnetosphärische Kraft seines drehenden, geschmolzenen Eisenkerns, sodass der Körper der monströsen Iron-Warrior-Maschine unter der unerträglichen Rotationsfrequenz erzitterte. Jede Niete, Platte und verdorbene Augmentation wurde von dem kolossalen Kampfgehäuse abgezogen und von der unwiderstehlichen Magnetkraft fast in Stücke gerissen. Das verwüstete Fleisch um den rekonstruierten Schädel und die Wirbelsäule des Iron Warriors – alles, was nach der Zerstörung des Ordensturms und den kybernetischen Behandlungen dunkler Magi von ihm übrig geblieben war – war kurzzeitig von jeglicher Verderbnis befreit.

Es war ein wunderschöner Moment. Entsetzlich. Flüchtig.

Der Aasvogel ließ die gepanzerten Schultern hängen. Der Freikrieger, der neben der monströsen Maschine – dem Ding, das sein Freund gewesen war – auf der Plattform gestanden und sich ihre Selbstzerstörung gewünscht hatte, hörte Scaramancas Schreie ersterben. Die mächtigen magnetischen Klauen senkten sich. Die Verderbnis in dem Iron Warrior, die den Fabriktempel befallen und den gesamten Mars infiziert hatte, konnte nicht ausgelöscht werden.

Der Iron Warrior griff nach dem gewölbten Dach des Werks.

Dort konnte die monströse Maschine das kalte, widerwärtige Ding spüren, das seine Systeme von innen heraus verbrannt hatte. Indem er eine knisternde Klaue öffnete, holte Scaramanca die ineinandergreifende, polyedrische, hochkomplexe Tabulamyriade zu sich. Der Cherub Uncanicus flatterte mit den Flügeln und zog an der Kette der Kugel, doch die Magnetkraft war zu stark. Die Kette rutschte dem Konstrukt aus den Werkzeugfingern und raste über das Chaos des demolierten Werks hinweg, bis sie in der Luft stehen blieb – und zwischen den Krallen des Kolosses schwebte.

Aulus Scaramanca beobachtete die Widerwärtigkeit, während sie sich langsam in dem Magnetfeld seiner geöffneten Klaue drehte. Die Tabulamyriade klickte und tickte. Ihre unmöglichen Zahnräder drehten sich. Die Getriebe der widerwärtigen Intelligenz schalteten mit routinierter Präzision vor und zurück, während sie die Wahrscheinlichkeit ihrer Vernichtung berechnete.

Zur selben Zeit stürmten der Aasvogel und Octal Bool auf Aulus Scaramanca zu. Der Priester würde für dieses techketzerische Wunder sterben; der Aasvogel würde alles tun, damit sein Auftrag Erfolg hatte. Er hatte gesehen, was die Tabulamyriade bewirken konnte. Der Mars musste nicht von einem Exterminatus verbrannt werden. Er musste nicht von der tödlichen Strahlung seines Sterns verstrahlt und von der Schwäche des Fleisches gesäubert werden. Er konnte ebenso gut gereinigt werden, wie er verdorben worden war. Der Aasvogel hatte es gesehen.

Doch der Schlüssel zur gnadenvollen Erlösung des Roten Planeten befand sich nun in der monströsen Klaue von Aulus Scaramanca.

»Aulus«, brüllte der Aasvogel, »hör mir zu. Du hast mir einst das Leben gerettet. Jetzt kannst du den ganzen Mars retten. Ich flehe dich an. Bei der Schwäche des Fleisches und der Beständigkeit des Eisens. Im Namen alter Brüderlichkeit. Hilf mir dabei.«

Der Iron Warrior wandte sich von der Tabulamyriade in seiner Klaue ab, dem flehenden Raven Guard und dann dem Techketzer Octal Bool zu. Da die widerwärtige Intelligenz bedroht war, stürmte der Techketzer auf Scaramancas monströsen Körper zu und feuerte mit seinem Volkitbrenner auf ihn, während das Konstrukt Uncanicus hinter ihm mit den Flügeln schlug. Asche und Flammen zogen über die gestreifte Plattenpanzerung des Iron Warriors. Hinter den dünnen Augenschlitzen und dem Mundgitter seines Helms loderte das höllische Feuer aus geschmolzenem Eisen und Verderbnis. Aulus Scaramanca verstärkte das Magnetfeld zwischen seinen Krallen und brachte die Tabulamyriade zum Stillstand. Die bronzenen Zahnräder und Getriebe erstarrten unter der magnetischen Kraft des Ungetüms. Octal Bool rannte und feuerte panisch weiter.

»Aulus!«, brüllte der Aasvogel.

Mit einem ungeheuren metallischen Tosen strömten grelle Energiebögen aus den Spitzen von Scaramancas Krallen in die Tabulamyriade hinein. Das ketzerische Wunderwerk und die widerwärtige Intelligenz darin zerschmolzen in der magnetischen Hand des Iron Warriors. Die Kugel verkam zu einem Schlackeball und dann zu geschmolzenem Metall.

»Brenne, Techketzer!«, brüllte Aulus Scaramanca und schleuderte dem Priester das flüssige Metall entgegen, das Octal Bool und seinen begleitenden Automaton als zischende Masse über die Plattform verteilte.

Dem Aasvogel fehlten die Worte für diesen Verlust. Hoffnung. Chance. Verloren.

Er nahm den Zahnradschlüssel vom Gürtel und stürmte den Iron Warrior an. Es war aussichtslos, doch das Feuer in seinen Herzen und Maschinenteilen verlangten es so. Es war alles, was er tun konnte. Der Aasvogel durchschlug mit den gezackten Zähnen des Zahnradschlüssels die Maschinenteile und die von Boltgeschossen durchsiebte Panzerung von Scaramancas Bein und hieb wieder und wieder auf ihn ein.

Der Iron Warrior drehte sich um und schmetterte den Aasvogel wieder zurück über die Plattform, sodass der strampelnde Körper des Space Marines eine Servitorstation demolierte. Nachdem er sich von dem verbogenen Metall und den Trümmern befreit hatte, stürmte der Freikrieger ihn erneut an. Er warf den Zahnradschlüssel auf den Konstruktkoloss, was den Iron Warrior zu belustigen schien. Ein hohles, mechanisches Lachen drang aus den Voxlautsprechern, während Scaramanca die Waffe mit einer magnetischen Welle seiner Klaue aus ihrer Bahn lenkte. Der Iron Warrior schlug mit seinen Krallen nach dem Aasvogel, riss den Plattformboden auf und drückte mit seiner magnetischen Kraft große Krater in das Gerüst.

Mit so viel Eleganz und Geschwindigkeit wie sein beschädigtes Bein zuließ, stampfte der Aasvogel mit kolbenbetriebener Kraft auf die monströse Maschine zu. Er wich aus. Er sprang. Er durchschlug mit der Schulter die aufbrechende Plattform. Er sprang Aulus Scaramanca an, doch der Konstruktkoloss fing ihn mit einer seiner großen Klauen.

Als er das Metall zu fassen bekam, legte der Aasvogel die Handfläche seiner hydraulischen Hand an die Klaue des Iron Warriors und begann der Maschine die Energie zu entziehen.

Die entzogene Energie erhitzte die Systeme des Aasvogels. Die Metallstreifen in seinem Fleisch zischten. Seine Knotenpunktreihen knisterten heftig und seine ausdruckslosen, silbernen Augen leuchteten hell. Immer mehr Energie strömte aus der tosenden Eisenkugel, die den Kern des Konstrukts bildete.

»Ich glaube, du hast dich übernommen, Aasvogel«, sagte der Iron Warrior, bevor er den Raven Guard auf den Gitterboden schleuderte. Aus den überlasteten Systemen des Aasvogels schlug elektrische Energie und wand sich um ihn. Nachdem er aus dem Krater in der Plattform gekrochen war, kam er strauchelnd auf die Beine und hielt seine Handfläche der monströsen Maschine entgegen. Ein Blitzbogenstrahl schlug in den Iron Warrior ein und begrub das Konstrukt unter grellem Licht. Aus dem Innern konnte der Aasvogel die Qualen des Iron Warriors hören.

Als der Schein zusammen mit der Energie des Freikriegers abebbte, stampfte Aulus Scaramanca vorwärts. Seine Plattenpanzerung war verbrannt und im Servo- und Kabelgestrüpp waren Feuer ausgebrochen. Doch das Monstrum funktionierte noch.

Es streckte sich nach dem noch immer gefesselten Körper des Kampfautomaton Dex. Der Iron Warrior zerfetzte die Maschine in einem Wirbelsturm aus zerrissenen Platten und Kampfgehäusestücken. Mit einem Schwung seiner Klaue in Richtung des Aasvogels raste ein Hagelsturm aus Metallsplittern direkt durch den Freikrieger. Eine einzige, unerträgliche Sekunde lang spürte der Aasvogel, wie die scharfen Plattenstücke und zersplitterten Maschinenteile des demolierten Kampfautomaton ihn in Stücke schnitten.

Der Raven Guard schlug entsetzlich entstellt auf der ramponierten Plattform auf – seine Rüstung war zertrümmert, die

Maschinenteile seiner Bioniken zerfetzt und sein Fleisch ein splitterdurchzogenes Durcheinander.

Von der aufgerissenen Plattform aus konnte der Aasvogel durch die Trümmer des Werks den letzten Kampfautomaton der Tabulamyriade sehen. Statt Scaramanca anzugreifen, stampfte die Einheit Impedicus rückwärts durch die verbogenen Gerüste und verfolgte mit seinen leeren Waffen die Bewegungen feindlicher Konstrukte. Der Aasvogel hustete Blut. Er wünschte sich, dass der Kampfautomaton entkommen würde. Die Vorhersagemaschine, die wild in seiner Brust surrte und klickte, hatte die Wahrscheinlichkeiten abgewogen. Da die Tabulamyriade fort war und seine Manipelbrüder und der Aasvogel es nicht geschafft hatten, das Iron-Warrior-Konstrukt zu fällen, hatte sich Impedicus zum Rückzug entschieden.

Entschieden …

Der Aasvogel sah die Maschine inzwischen als ein Lebewesen an. Sie war ein einfaches Konstrukt, das sich aber unbestreitbar seiner Selbst bewusst war. Der Auftrag war gescheitert. Anhand der gefühllosen Gleichungen von Leben und Verlusten hatte die widerwärtige Intelligenz, die in der Maschine arbeitete, ihr Überleben als nächstes oberstes Gebot gewählt. Wie sehr das doch einem Lebewesen entsprach, dachte der Aasvogel. Der Raven Guard konnte das nachvollziehen. Während blutiger Schleim von seinen Lippen tropfte, versuchte er sich davon zu schleppen. Seine zerstörten kybernetischen Teile gehorchten ihm aber nicht. Wie er so mit verwüstetem und ausgeschaltetem Maschinenkörper auf dem verbogenen Gitter lag, spürte er die wahre Schwäche des Fleisches.

Während sich der Aasvogel vor Schmerzen und Fehlfunktionen krümmte, verstummte Scaramanca. Der Iron Warrior hatte ebenfalls bemerkt, dass sich der Kampfautomaton Impedicus durch das verwüstete Werk zurückzog, und stürmte auf seinen massigen Beinen los. Der Aasvogel griff nach ihm – einen Moment lang streiften die Ceramitfingerspitzen seines Panzerhandschuhs das gepanzerte Bein des Konstruktkolosses. Er versuchte, ein Geräusch von sich zu geben. Eine Warnung. Einen Einspruch. Doch alles, was aus dem Mund des Aasvogels trat, war Blut.

In stummer Maschinenverbundenheit streckte Aulus Scaramanca eine seiner riesigen Klauen aus. Der Kampfautomaton ließ sich aber nicht locken. Seine gepanzerten Füße trugen ihn zuverlässig rückwärts, während seine leeren Waffen den vorrückenden Konstruktkoloss verfolgten.

Dann blieb Impedicus stehen.

Einen Moment lang vermittelten der zertrümmerte Cogitator und sein schmerzbenebelter Verstand dem Aasvogel den Eindruck, dass der Kampfautomaton über Scaramancas unausgesprochenes Angebot nachdachte. Stumm tauschten sich die beiden Konstrukte aus. Der Iron Warrior gab ihm mit den Fingern seiner großen Magnetklaue ein Zeichen und der Kampfautomaton wartete auf einem demolierten Laufgang. Das Gitter des heruntergefallenen Gangs berührte den See aus geschmolzenem Metall, der darunter blubberte, und badete sowohl das gestürzte Gerüst als auch Impedicus in der unerbittlichen Hitze der Fabrik. Um die Maschine herum glühte das Gerüst und sank tiefer zu dem flüssigen Inferno herab, das seine Brudereinheit Nulus verschlungen hatte.

Und Impedicus' Plattenpanzerung, Metall- und Maschinenteile begannen ebenfalls zu glühen. Sein eisernes Fleisch knarrte, und Funken sprühten aus den sich ausdehnenden Gelenken seiner Glieder.

Der Aasvogel und der Iron Warrior beobachteten die glühende Maschine bei der Aufnahme der enormen Hitze. Einen Augenblick lang dachte der Raven Guard, dass die Maschine eine Art Maschinenselbstmord beging – dass die unergründlichen Wahrscheinlichkeitsberechnungen ihrer widerwärtigen Intelligenz sie hoffnungslos gestimmt hatten. War sie zu dem Schluss gekommen, dass die eigenen Überlebenschancen so gering und das Risiko, in die gierigen Hände des Feindes zu fallen, so groß waren, dass die Selbstzerstörung die einzige logische Option war?

Dann begriff der Aasvogel. Ein hämisches, schmerzhaftes, spöttisches Schnauben arbeitete sich von seinem Zwerchfell nach oben und trat mit weiterem Blut aus.

Er schaute zu, wie der glühende Kampfautomaton den Gang wieder hinauf stampfte und seinen Rückzug fortsetzte. Aulus Scaramanca fauchte wütend und verärgert, und öffnete seine Klaue, um die Maschine einzufangen, die sich ihm widersetzte.

Der Iron Warrior würde die widerwärtige Intelligenz so vernichten, wie er jede andere abartige Maschine vernichtet hatte, die mit der Absicht, den Mars zu zerstören, in den Fabriktempel eingedrungen war.

Doch dazu sollte es nicht kommen.

Der Aasvogel schaute Scaramanca bei seinen vergeblichen Bemühungen zu; seine Magnetkräfte hatten keinen Effekt auf die Maschine. Impedicus hatte seine Eisenhaut erhitzt, womit er das Metall, aus dem sie bestand, vorübergehend entmagnetisiert hatte.

Während das glühende Metall an der frostigen Marsluft erkaltete, zogen sich der Kampfautomaton und die widerwärtige Intelligenz, die in der Maschine lebte, in die Schatten zurück. Die Tabulamyriade war fort, doch ihr Vermächtnis überdauerte in dem listigen, flüchtenden Impedicus. Der Aasvogel begriff, dass der Fliehende, der seine eigene Existenz schützte, draußen, in den dunklen Wüsten des Roten Planeten, die größte Hoffnung auf Erlösung für den Mars darstellte. Ein Exterminatus war nicht die Antwort – diese Maschine, dieses Ergebnis von tausenden Generationen Techketzer Gedanken, war gegen den tückischen Schrottcode und die Verderbnis, die mit ihm einherging, immun.

Sie war eine der Ersten. Würde sie die Letzte sein?

Er war nicht der Einzige, dem diese Erkenntnis kam. Während er seine Klaue schloss und verärgerte, rachsüchtige Wut in seinen feurigen Augen brannte, wendete Aulus Scaramanca seinen großen Körper.

Der Aasvogel konnte spüren, wie der Iron Warrior ihn beobachtete, und wie er das Leid, das mit jeder Bewegung des Raven Guards einherging, in sich aufsaugte. Die monströse Maschine lachte nicht mehr – sie musste nichts mehr tun, um das Leben ihres ehemaligen Kameraden zu beenden. Das geschmolzene Metall rings um sie zischte und blubberte, und eine dumpfe Leere kehrte in das Werk zurück. Als die Systeme und das Fleisch des Aasvogels versagten, verkrampfte der Freikrieger und erstarrte.

Es fühlte sich an wie auf Farinatus. Wie seine erste Schlachttaufe durch die Breg-Shei-Xenos und seine weitere Schlachtung auf dem kybernetischen Tisch, auf dem er für den weiteren

Dienst repariert worden war. Einen Dienst, der sich dem Ende neigte.

Der Aasvogel spürte Aulus Scaramancas bebende Schritte, die seinen monströsen Körper schließlich wieder in den Fabriktempel trugen, sodass der Space Marine allein war.

Fast allein.

Von einer verdrehten Treppe schoss der Cyberrabe Strix zu seinem Meister herab. Nachdem er auf einer zertrümmerten Knotenpunktreihe gelandet war, tippte der Vogel mit dem Anschlussstift seines Schnabels auf die zerstörte Rüstung des Freikriegers, doch der Aasvogel reagierte nicht.

TERRA

<DAS ERSTE LICHT IN DER DUNKELHEIT. EIN LEUCHTFEUER DES GLAUBENS UND DER TAPFERKEIT IN EINEM BESUDELTEN IMPERIUM. DIE EINZIGE WAHRHEIT, DIE IN EINER VON LÜGEN VERSCHLEIERTEN GALAXIS LEUCHTET. EINE KERZE, DIE IN DER LEEREN SCHWÄRZE DES ALLS BRENNT. FLAMMEN VERLÖSCHEN. HOFFNUNGEN STERBEN. DOCH DIE KERZE BRENNT WEITER.>

ZEILENENDE

Die Sonne ging hinter den ungeheuren Befestigungsanlagen des Imperialen Palasts unter, und ihr trüber Schein warf die Umrisse der Zinnen und Geschützstellungen seiner hochaufragenden Mauern als dunkle Silhouetten auf den Boden. Unter ihnen befand sich der ungeschlachte, gepanzerte Umriss des Primarchen Dorn, der mit der Festungsmauer, der Handwerkskunst und der Dunkelheit verschmolz.

»Gibt es Neuigkeiten?«, fragte er, und seine Stimme hallte über die Burghöfe und erhöhten Vorplätze. Er hatte das Rascheln schleifender Roben auf dem glatten Mauerwerk des Walls aus zweieinhalb Kilometern Entfernung gehört. Die angeschwollenen Fingerknöchel von Malcadors Hand knarrten an seinem Stab. Zagreus Kanes Maschinenteile untermalten die verstreichenden Sekunden wie ein uralter Zeitmesser.

»Meine Quellen haben mich über eine Menge Voxverkehr und Truppenbewegungen auf der südlichen Polareiskappe informiert«, antwortete Malcador.

»Dann hat es Euer Freikrieger also bis zum Fabriktempel geschafft.«

»Ja.«

»Aber«, sagte der Manufactor Principalis, »der Vertex ist noch intakt. Die Planetenspindel dreht sich und der magnetosphärische Schild schützt den Mars noch immer.«

»Dann hat Corax' Sohn versagt«, sagte Dorn. Das war eine Aussage, keine Frage, doch der Sigilit fühlte sich veranlasst zu antworten.

»Ja. Es ist zu viel Zeit vergangen – der Aasvogel ist entweder gefangen oder tot. Um seinetwillen hoffe ich auf Letzteres.«

»Und um unser willen«, sagte Dorn schroffer als beabsichtigt.

»Die widerwärtige Intelligenz hat versagt, wie es ihr aller Schicksal ist«, sagte Kane, »und Malcadors Freikrieger ist mit ihr gescheitert.«

»Es war von vornherein ein Wagnis«, sagte der Sigilit. »Das haben Wagnisse so an sich, dass sie nur manchmal Erfolg haben. Trotzdem war es das Risiko wert – wenn man ein einziges Leben gegen das vieler aufwiegt.«

»Ein Leben, das besser zur Verteidigung dieser Mauern hätte eingesetzt werden können«, sagte Dorn.

»Und ich bin mir sicher, dass Euer Bruder Corax genauso darüber gedacht hätte«, stimmte Malcador zu, »aber wir sind die Spieler dieses Spiels, nicht die, die die Regeln aufstellen, mein Lord. Spielsteine werden gesetzt, und manche werden verloren und andere gewonnen. Denn wenn das Spiel nicht gespielt wird …«

Rogal Dorn drehte sich um. Seine Augen waren so dunkel wie Boltgeschosslöcher in Stein, und seine starren Gesichtszüge zuckten.

»Belehrt mich nicht über Krieg, Regent.«

»Aber das hier ist kein Krieg«, sagte Malcador, während das letzte Licht des Tages in seine Kapuze fiel und dünne, abgehärmte Lippen und perfekte Zähne enthüllte. »Was wir hier erleben, ist die Ruhe vor dem Sturm, den Luxus, die Katastrophe eintreffen zu sehen. Bis dahin wird der Krieg jenseits dieser Mauern, jenseits dieses Himmels von Euren Brüdern und deren Söhnen gewonnen oder verloren.«

Dorns Gesicht verfinsterte sich mit der Wut eines Primarchen.

Malcador lächelte. »Und ich würde mir nicht anmaßen, Euch über Krieg zu belehren, mein Freund. Ich möchte Euch zu einem Teil von ihm machen. Der Krieg wird zum Sol-System kommen.

Man könnte sagen, dass er es schon erreicht hat. Direkt an unserer Türschwelle befindet sich eine Verräterfestung – eine Festung, die fallen wird, wenn Rogal Dorn und seine Imperial Fists den Roten Planeten betreten sollten.«

Der Primarch schaute vom Sigiliten zu Zagreus Kane.

»Um den Mars muss sich dringend gekümmert werden, mein Lord«, sagte der Manufactor Principalis. »Bitte, ich flehe Euch an. Die wahren Diener des Maschinengottes erwarten das Licht der Engel des Imperators, nicht die Feuer des Exterminatus.«

Rogal Dorn wandte sich wieder ab und blickte auf das architektonische Wunder, das der befestigte Palast war. Das schien ihn zu beruhigen.

»Mein Vater ist einst mit dem Mars in Kontakt getreten«, sagte er. »Um aus Terra und dem Roten Planeten mehr zu machen als die Summe ihrer Teile. Auf dem Olympus Mons wurden wir eins und trugen unsere Einigkeit zu den Sternen. Wir werden dem Mars eine helfende Hand reichen und uns das zurückholen, von dem wir *niemals* hätten getrennt werden sollen.«

»Der Omnissiah segne Euch, Lord Dorn«, sagte der Manufactor Principalis.

»Eure Befehle?«, fragte Malcador.

»Benachrichtigt meine Captains, Regent«, sagte Rogal Dorn. »Ich will sie versammeln und mich mit ihnen beraten.«

»Ja, mein Lord«, sagte der Sigilit, bevor er nickte und sich zum Gehen umwandte.

Während Kane und Malcador ihn verließen und das Klopfen des Stabs des Sigiliten die Gedanken des Primarchen unterbrach, starrte Dorn zum tiefdunklen Himmel hinauf. Die Sterne kamen zum Vorschein, und mit ihnen der Rote Planet als ferner Punkt.

ORDO SINISTER

John French

»Neben den ursprünglichen Monstern gibt es auch von uns geschaffene Monster, die erstere bekämpfen sollen. Beide sind gleich. Der Unterschied besteht nur in unserer Entscheidung, wie wir uns selbst sehen.«

– der Imperator beim Massaker von Angorit,
späte Einigungsära

Das Netz der Tausend Tore – jetzt

Borealis Thoon steht allein da. Stille umgibt seine schwarzbronzene Haut. Sein Waffenarm hängt hinunter, sein Kopf ruht zwischen seinen Schultern. Hätte er in einer Stadt gestanden, hätte er Prachtstraßen wie Gassen und hohe Gebäude wie niedrige Häuser wirken lassen. Hier allerdings – in der Labyrinthdimension des Netzes der Tausend Tore, jenseits der Verliese des Imperators – wirkt er wie ein Metallriese, der auf seinem Marsch eine Pause einlegt. Ein schlecht informierter Beobachter mochte ihn sehen und als Titanen bezeichnen, und hätte damit teilweise recht. Doch er ist keine Gottmaschine des Mars.

Er ist kein Geschöpf, das von Priestern befehligt wird und als Ebenbild des Maschinengottes geschaffen wurde.

Er ist ein Psi-Titan, und das ist ein Unterschied.

Vor *Borealis Thoon* windet sich der Totenweg in die Ferne. Durch die Augen des stummen Riesen ähnelt die Umgebung dem Inneren eines Muschelhorns. Die Wände sind aus Zwielicht gesponnen. Die Schwerkraft folgt hier einem einfachen Paradoxon: Jeder Teil aller Wände ist unten. Jede andere Richtung ist oben. Die Menschen, die dem Netz der Tausend Tore Namen verleihen, nennen diesen Abschnitt Totenweg, weil das Innere der Spirale wie der Eingang eines Friedhofs von Säulen gesäumt wird. Jede glatte keramische Säule ist ein scharfer, grauer Zahn, der von Kristall durchzogen wird. Stimmen flüstern in den Köpfen derer, die unter ihnen gewandelt sind.

Außerdem gibt es hier Geister. Einige aus den Techpriesterorden besitzen Pictaufnahmen von spindeldürren Gestalten, die im Schatten ihrer Servitoren stehen. Stehen und beobachten.

Hydragyrum, Meister von *Borealis Thoon*, Vierter Novize des Vierten Hauses, hat die Geisterbilder gesehen, doch wenn er an den Säulen vorbeigeht, spürt er nichts, und kein Geflüster dringt in seine Gedanken. Für ihn ist der Totenweg nur ein Ort. Seine Säulen sind stumm, seine Geister nicht vorhanden. Von seinem kalten, eisernen Thron aus beobachtet er und wartet. So, wie er das die letzten neun Stunden getan hat.

»Welle nähert sich«, sagt Tuals Stimme über das Vox, und die Worte des Custodes hallen durch *Borealis Thoons* Schädel. »Die Flut wird in sechs Minuten zu sehen sein.«

»Wir hören und erwachen«, antwortet Hydragyrum.

Neun Stunden. Er hat neun Stunden auf diesen Moment gewartet. Die Dauer seiner Wache liegt innerhalb des von ihm ermittelten Wertebereichs.

Er schließt die Augen und atmet drei Mal tief durch. Er vollzieht diese Handlung, weil es so bestimmt ist, dass er das tut. Er öffnet die Augen. In der Ferne färbt sich das Zwielicht des Totenwegs blutrot und schwarz.

»Argentis, saturnis, martias«, psalmodiert er, und verschiebt die Steuerelemente in die erste Anordnung. Die Steuerung unterscheidet sich von sämtlichen weltlichen Maschinen der Titanenlegionen. Hydragyrums Thron befindet sich im Zentrum einer Kugel aus Stahlstangen. Goldene, silberne, bleierne, jadene und knöcherne Pyramiden, Kreise und Pentagramme hängen von ihnen herab. Abgesehen von den Kabeln, die an den Buchsen in Hydragyrums Nacken eingesteckt sind, ist die Kugel das einzige, was zur Steuerung von *Borealis Thoon* nötig ist.

Sie wird als Schmelztiegel bezeichnet.

»Numina, kadeth, ki«, sagt er und dreht die Steuerungskugel in die nächste Ausrichtung.

Unterhalb seines Throns erwachen ruckartig drei menschliche Systemregler. Sie sind beinahe wie Servitoren, da ihre Gehirne so zurechtgeschnitten sind, dass sie jeweils nur ein Drittel eines einzigen Bewusstseins bilden. Jeder von ihnen trägt einen Namen entsprechend seiner Funktion. Dunkelheit ist der Erste, der erwacht. Er zittert und stößt zischend Luft zwischen seinen Chromzähnen aus. Die Schläuche, die in seinen Augenhöhlen vergraben sind, zucken. Hololithprojektionen erscheinen vor dem Thron und überschneiden sich mit den Symbolen des Schmelztiegels. Geschwungene Runen und Bilder werfen weitere Schatten auf Hydragyrums Gesicht.

»Die Welle wird in einer Minute zu sehen sein«, sagt Tual. »Ich hoffe, Ihr seid bereit.«

Hydragyrum antwortet nicht.

»Tau, mementes, aurumina.« Seine Hände drehen die ihn umgebenden Elemente. Im Herzen der Maschine öffnen sich Energieleitungen. Feuer und Kühlmittel durchströmen die größeren Systeme. *Borealis Thoon* erzittert. Ketten rasseln gegen seine Panzerung. Die beiden dreiläufigen Turbolaser auf seinem Rücken schwenken in ihren Halterungen herum. Entlang ihrer Läufe fliegen Funken. Die Metallfaust seiner rechten Hand streckt sich mit dem Klang brechender Tragbalken.

Hydragyrum spürt seine Maschine erwachen und schaltet die Voxverbindung zu Tual ein.

»Wir erwachen, Custodes«, sagt er.

Jenseits der Augenfenster von *Borealis Thoon* flackert Licht im Totenweg. Aus der Ferne wirbeln rote Wolken heran. Blaue und pinke Blitze zucken durch die Luft. Die fremdartigen Säulen leuchten in einem kalten Blau. Die farbigen Wolken drehen über dem Titanen Kreise, knistern vor Dunkelheit und tauchen alles unter ihnen in Schatten.

Hydragyrum sieht zu und weiß, dass ein Mensch Entsetzen oder Verwirrung verspüren würde. Er aber fühlt nichts. Er ist ein leeres Gefäß, das nur wie ein Lebewesen geformt ist, aber so sollte es auch sein. Er ist der Magnetstein im Zentrum des Baums des Todes, die Leere im Herzen der Vernichtung, die Null für das Aleph des Lebens.

In der roten Wolke bilden sich Dämonen, deren gezackte Umrisse verschwimmen, während sie über die Säulen springen und durch die Luft schwirren. Jede erdenkliche albtraumhafte Form rollt mit der Dunkelheit heran: gehäutete Hunde, wirbelnde Massen aus Gliedmaßen und Licht, verrottende Insekten so groß wie Schlachtpanzer.

Der Totenweg bebt. Säulen bersten.

Die Reglerin namens Stille wimmert an ihrem Platz unter seinem Thron. Ihr Mund ist zugenäht, ihre Zunge entfernt. Stattdessen pulsiert das Wimmern durch den Körper des Psi-Titanen und *Borealis Thoon* brüllt dem herannahenden Sturm entgegen.

»Animus«, sagt Hydragyrum und dreht den Schmelztiegel in seine erste Hauptausrichtung.

Tief in *Borealis Thoons* Körper erwachen die Schläfer. Sie haben traumlos und in Amnion gehüllt in ihren Kristallsärgen gelegen. Sie alle sind Psioniker, und sie alle schreien, als sie erwachen. Psionische Energie peitscht durch den Titanenkörper. Blitze und Frost überziehen seine Haut. Unnatürliche Energien rauschen durch ätherische Leitungen und treffen auf die Schwärze im Herzen des Titanen. Von seinem Thron aus beobachtet Hydragyrum, wie sich die Symbole der vier Hauptelemente ausrichten und anfangen ihn zu umkreisen. Warpenergie dreht sich wie ein Wirbelsturm um seine dunkle Präsenz, beschleunigt und wird stärker.

»Aetherica«, sagt er und schiebt die kreisenden Symbole auf eine leicht andere Bahn.

Die Energie, die *Borealis Thoon* umgibt, verschwindet. Eine Welle der Stille wogt hinaus. Die Flut der Dämonen bricht. Geschöpfe aus verzerrter Raserei und gestohlenem Fleisch verlangsamen ihre Schritte. Schreie heulen durch die Luft.

Zu Hydragyrums Füßen krümmt sich der Letzte des Reglertrios. Dieser letzte Mensch hat keine Augenlider und sein Mund ist eine offene, metallische Höhle. Verbindungskabel stecken auf beiden Seiten dort in seinem Schädel, wo einst seine Ohren waren. Er wird Schmerz genannt, und als er geräuschlos schreit, setzt sich *Borealis Thoon* in Bewegung.

Die Wand aus Dämonen weicht zurück und schäumt wie das Meer, das sich von der Küste zurückzieht.

Schwärze sammelt sich in der Mündung der Waffe, die vom linken Arm des Titanen hängt.

Auf seinem Thron wartet Hydragyrum ab, bis die Steuerungskugel verschwimmt. Dann lehnt er sich zurück. Eine einzelne, drehende Obsidiankugel hält direkt vor seiner linken Hand an.

Durch die Dämonenflut geht ein Wogen, als der Druck, der sie vorantreibt, von hinten auf den erlahmenden Ansturm trifft.

»Nul«, sagt Hydragyrum und tippt auf die Kugel.

Der Imperiale Palast – vorher

Der Himmel über Terra war blau. Vor ihm schwebte die Luftverschmutzung wie ein Schleier, der sich bis zum Horizont erstreckte. Präfekt Hydragyrum ging allein auf der Sinopischen Mauer auf die Anatoliatürme zu. Das Sonnenlicht verfing sich in den feinen Dornenmustern, die in den schwarzen Stoff seines Mantels eingewoben waren. Ein hoher Kragen umringte seinen Hals. Sein Kopf war kahl rasiert. Schwarze Tätowierungen bedeckten die linke Seite seines Gesichts und verwandelten die Hälfte seiner schmalen Züge in eine albtraumhafte Maske. Jedem, der ihn lang genug ansehen konnte, um solche Details zu bemerken, wäre aufgefallen, dass er abgesehen von dem Löwenkopfring an seinem linken Zeigefinger keine Insignien oder Amtszeichen trug.

Doch niemand, an dem er vorbeiging, schaute ihn an. Sie wendeten ihre Augen ab und eilten davon. Wären sie danach gefragt worden, hätte keiner von ihnen sagen können, *warum* sie den dünnen, schwarzgekleideten Mann nicht anschauen wollten. Einige Glückliche hätten gesagt, dass sie sich überhaupt nicht an ihn erinnern konnten. Das kümmerte Hydragyrum nicht.

Nach außen sah er so menschlich aus wie die, an denen er auf seinem Weg über die Mauer vorüberging. Er war aber ebenso wenig ein Mensch, wie die Statue eines Mannes ein Mann ist. Er war *unmenschlich*. Er war ein *Paria*. Das wusste er und hatte es schon gewusst, solange er denken konnte. Er nahm an, dass seine Familie das bemerkt und ihn deshalb zum Sterben auf einer Müllhalde zurückgelassen hatte – das eigenartige Kind mit den Augen, die Leute erschaudern ließen, und das nicht geweint hatte, als sie es den Wölfen und Winden überlassen hatten.

Doch wie alles im großen Plan des Universums hatte er einen Platz. Einen Platz und eine Bestimmung.

Er ging weiter auf der Mauer entlang. Hebetürme bewegten sich entlang der Verteidigungsanlagen. Riesige Blöcke aus rohem Stein schwangen sich in den Greifern von Kränen zum Himmel hinauf. Wenn der Wind drehte, konnte er die rhythmischen Rufe der Arbeitstrupps hören, die auf Stein und Stahl einhackten und hämmerten. Der Palast hatte sich verändert, seit er das letzte Mal unter der Sonne gewandelt war. Während in den Tunneln hinter dem Verlies des Imperators der Krieg tobte, war ein anderes Gesicht desselben Krieges an der Oberwelt erschienen. Weder der Krieg hinter dem Goldenen Thron noch die wachsende Festung darüber hatten ihn in der verborgenen Feste der Borealiskammer, weit im Norden, betroffen. Er und seine Maschine hatten lange darauf gewartet, gerufen zu werden.

Oben an einer Treppe hielt er einen Moment lang inne und verbrachte exakt zwei Minuten damit, das geschäftige Treiben der Arbeiter zu beobachten. Trotz dieser Verzögerung würde er pünktlich sein. Der Spaziergang hatte dabei geholfen, seine Körpersäfte ins Gleichgewicht zu bringen. Das war gut. Er musste für die Diskussion bereit sein. Der Wind wehte über seine nackte Kopfhaut und klappte den Saum seines Mantels um, als er sich abwandte.

Das Geräusch einer Rüstung und einer entsicherten Waffe erfüllte seine Ohren, als er die Treppe wieder hinunterging. Ein Riese in bernsteinfarbener Gefechtsrüstung versperrte ihm mit angelegter Waffe den Weg.

»Weist Euch aus und nennt den Grund für Eure Anwesenheit.«

Hydragyrum legte den Kopf schief. Der Riese war einer von den Imperial Fists, ein Veteran der 675. Kompanie, dessen Einberufung laut den Ehrungen und Einheitenabzeichen zwanzig Jahre her war. Die Willenskraft, die der Krieger damit bewies, Hydragyrum entgegenzutreten, war beeindruckend. Ihn so lange anzuschauen musste dem Space Marine physische Schmerzen bereiten.

»Gestattet mir, vorbei zu gehen«, sagte Hydragyrum. Er wusste, was geschehen sein musste. Der Ring an seinem Finger hatte ihm seit dem Verlassen der arktischen Festung seiner Kammer und auf seinem Weg in den Süden Tür und Tor geöffnet. Die Imperial Fists hatten seine Anwesenheit auf der Mauer bemerkt und bei ihren Nachforschungen herausgefunden, dass er sich mit einem Chiffrenschlüssel Zugang verschafft hatte. Sie dürften nicht in der Lage gewesen sein, den Ursprung des Schlüssels ausfindig zu machen, und waren deshalb gekommen, um herauszufinden, wer sich so frei in ihrem Reich bewegte. Die Tatsache, dass die in Hydragyrums Ring enthaltenen Zugangscodes bei aller Fremdartigkeit gültig waren, war wahrscheinlich der einzige Grund dafür, dass dieser Krieger Dorns ihn nicht sofort bei Sichtkontakt niedergeschossen hatte.

»Ihr werdet antworten oder an Ort und Stelle sterben«, sagte der Legionär.

Hydragyrum richtete seine volle Aufmerksamkeit auf den Krieger. Das Ungetüm aus Rüstung und genverbessertem Fleisch zuckte sichtlich zusammen, behielt ihn aber fest im Visier. Hydragyrum drehte seine linke Hand herum und tippte mit der Spitze seines Daumens auf den Ring. Ein Hololichtkegel entsprang dem Ring. In der Projektion drehte sich das Bild eines Löwenkopfs. Das Sonnenlicht bleichte die Darstellung, was ihr aber nichts von ihrer Wildheit nahm. Ringe aus Daten und Informationen umkreisten sie.

Der Imperial Fist starrte sie eine Sekunde lang an, trat dann zurück, senkte seine Waffe und verneigte sich kurz.

»Ich bitte um Verzeihung«, sagte er.

Hydragyrum senkte die Hand und die Befugnis seines Ordens verschwand. Er schaute den Krieger eine Sekunde lang an und ging dann ohne ein Wort weiter.

Als er zum Turm des Sichelmonds kam, versuchten die versammelten Custodeswachen, nicht ihm den Weg zu versperren. Sie wussten Bescheid. Er stieg die siebenhundertsiebenundsiebzig Stufen zu der Kammer an der Turmspitze hinauf. Drei Gestalten warteten auf ihn: ein Custodes, eine von der Stillen Schwesternschaft und ein Techpriester. Hydragyrum betrachtete sie alle genau, während er die Kammer durchquerte. Dabei fiel ihm die geometrische Architektur auf, die subtile und offensichtliche Symbolik der Winkel, der Einsatz von Flammen für

Licht, Wasser zur Spiegelung und schwarzer Stein für den Tisch in der Mitte des Raums. Vier Silberbecher standen auf der Tischplatte. Er ging an seinen Platz.

»Eure Namen?«, fragte er.

Der Custodes warf einen Blick auf die Nullmaid. Sie blieb ruhig und die Augen über ihrer silbernen Maske starr und eisig.

»Ich bin Tual«, sagte der Custodes.

»Das ist nicht Euer voller und echter Name«, sagte Hydragyrum.

»Mein vollständiger Name geht nur mich etwas an. Gebt Euch mit Tual zufrieden, Präfekt.«

Hydragyrum dachte nach, nickte knapp und schaute zur Stillen Schwester. Sie erwiderte seinen Blick. Eine Sekunde lang fragte er sich, ob die anderen beiden aus diesem Blick ein verwandtschaftliches Verhältnis herauslasen, da sich die beiden Seelenlosen in den Augen des jeweils anderen gespiegelt wiederfanden. Er spürte allerdings nichts, und wenn die Nullmaid das tat, zeigte sie es nicht.

»Ich bin mit Eurem symbolischen Gestensystem vertraut«, sagte er zu ihr. »Ihr dürft es nutzen, um mir zu antworten.«

Sie hob eine Augenbraue und schnipste mit den Fingern.

»Varna«, sagte er laut. »Ich danke Euch.«

»Agates-Gamma«, sagte der Techpriester, als er an der Reihe war.

»Tual, Varna, Agates-Gamma. Ich werde Hydragyrum genannt. Ich bin der vierte Präfekt der Borealis, und ich folge Eurem Ruf.«

»Ihr seid spät«, sagte der Techpriester mit einer Stimme, die wie das Rasseln winziger Zahnräder klang.

Hydragyrum ignorierte die Worte.

»Worum möchtet ihr den Ordo Sinister bitten?«, fragte er.

»Wir bitten Euch, in den Krieg zu ziehen«, antwortete Tual.

Das Netz der Tausend Tore – jetzt

Der Strahl schießt durch den Raum zwischen *Borealis Thoon* und der Dämonenflut.

Der Kern des Strahls besteht aus Schwärze. Das Licht ringsherum bricht. Geräusche verstummen. Der Strahl trifft. Die ersten Dämonen in seiner Bahn verschwinden. Im einen Augenblick springen sie vorwärts, und im nächsten existieren sie nicht mehr.

Der Strahl beginnt zu tosen. Kaltes Licht peitscht um ihn her. Farben strömen in ihn hinein.

Die Dämonen fliehen, greifen nacheinander und springen die gewundenen Wände des Totenwegs herauf, um von der Dunkelheit fortzukommen, die sie niedermäht. Sie sind Geschöpfe ohne Furcht, ohne die Eigenschaft, irgendeine echte Emotion fühlen zu können. Trotzdem fliehen sie vor *Borealis Thoon*.

Hydragyrum sieht zu, wie der Strahl durch sie hindurch schneidet. Der Schmelztiegel dreht sich um ihn in eine neue Ausrichtung. *Borealis Thoon* kann das Feuer nicht für mehr als ein paar Sekunden aufrechterhalten. Er drückt die schwarze Kugel zurück in die Umlaufbahn der Elemente, die im Schmelztiegel kreisen.

Der Strahl verschwindet abrupt. Licht und Ton kehren mit voller Wucht zurück. Die Dämonen halten einen Moment lang inne und strömen dann wieder die Wände hinab.

Das dritte und das erste Grundelement qualmen, als sie an Hydragyrum vorbeiwirbeln. Blut wird die Amnionsärge der beiden Psioniker beflecken. Sie werden nicht mehr lange durchhalten, doch *Borealis Thoon* hat noch andere Zähne. Der Schmelztiegel dreht sich langsamer. Hydragyrum greift nach den Symbolen für Schwefel, Feuer und Silber. Die Turbolaser auf dem Rücken des Titanen laden sich auf.

Die Dämonen überwinden die Distanz, indem sie ruckartig verschwinden und weiter vorn wieder auftauchen. Sie verlieren an Substanz, während sie näherkommen. Ihr Fleisch zerfasert wie der Sand, der von einer Düne geweht wird.

Die Turbolaser feuern. Sonnenweiße Strahlen schießen heraus, schlagen in die Horde ein, zerschneiden seuchenaufgeblähte Körper und zerfetzen schimmernde Haut und Muskeln zu schwarzem Schleim. Im Schädel von *Borealis Thoon* atmet der Stille genannte Regler schwer und zittert unter der Verbindung zu den Waffen der Maschine.

Die Dämonen strömen weiter den spiralförmigen Totenweg herab. Die glühenden Spitzen der fremdartigen Säulen ragen aus der Oberfläche des anschwellenden Ungeheuerstroms. Geisterhaftes Licht flackert in der Luft.

Die Waffen, die unter dem Panzer von *Borealis Thoon* montiert sind, feuern. Boltgeschosse und Laserfeuer schlagen in den Ungeheuerstrom ein, der seine Füße umspült. Zahnreiche Münder brüllen in seinem Schatten. Asche löst sich von ihnen, während sie versuchen, ihre Körper aufrecht zu erhalten.

Hydragyrum verfolgt die Annäherung der Dämonen über ein blitzendes Hololithlicht im Schmelztiegel. Elemente und Symbole verschieben sich nach seinem Willen. Deflektorschilde springen um den Titanen an und hüllen ihn in mehrere Energieschichten. Ein telekinetischer Kraftimpuls bricht aus dem Titanenkörper und halb aufgelöste Dämonen zerstäuben in der Luft. *Borealis Thoon* schreitet in das Meer des Grauens. Der Totenweg erbebt unter seinen Schritten. Die geisterhafte Substanz des Netzes der Tausend Tore erzittert, als ob es gegen die Anwesenheit des Titanen ankämpfen würde. Die Säulen aus Knochen und Kristall zersplittern, als er vorüberzieht. Hydragyrum beobachtete jede Auswirkung und Veränderung und treibt *Borealis Thoon* weiter in die Flut hinein, während sie sich erhebt, um sich ihm entgegenzustellen.

Es war ein einfacher Plan mit einem klaren Ziel gewesen. Der Krieg, der im Labyrinth des Netzes der Tausend Tore geführt wurde, war nicht wie die Schlachten, die auf Planeten oder in der Leere ausgetragen wurden. Die Feinde, denen die Custodes, Schwestern der Stille und Maschinenkultisten gegenübertraten, waren endlos. Die Dämonen des Warp konnten nicht getötet werden. Ihre Macht nahm stetig zu und wieder ab. Manchmal waren es wenige, manchmal waren sie zahllos. Ihre aufgebotene Stärke konnte entsetzlich und unüberwindlich sein. Sie waren ein konstanter Druck hinter den Wänden des Netzes der Tausend Tore, der ständig versuchte, einen Weg hineinzufinden, immer nach Schwachstellen suchte. Das Ziel der Streitkräfte des Imperators bestand nicht darin, die Dämonen zu vernichten, sondern sie zurückzudrängen und von den Bereichen des Netzes der Tausend Tore fernzuhalten, die sie halten *konnten*.

Das war nicht wie der Kampf gegen eine Armee. Es war, als wollte man einen Flächenbrand unter Kontrolle bringen.

Blitze zucken knisternd vor *Borealis Thoon* durch die Luft, während er die spiralförmige Krümmung hinaufmarschiert. Die Dämonen ziehen sich vor dem schwarzen Titanen zurück, aber sie sind noch nicht besiegt. Hydragyrum ist ihnen schon einmal entgegengetreten. Er kann das Muster in ihrem Durcheinander erkennen. So, wie die hellste Flamme die größten Insekten zu ihrem Licht lockt, zieht die größte Schlacht die größten Dämonen an.

Die Horde aus geringeren Geschöpfen teilt sich und zieht sich von den kaputten Säulen zurück. Aufgedunsene Dinger aus glühendrotem Metall und blutenden Muskeln krabbeln vorwärts. Manche erheben sich mit zerfetzten Flügeln in die Luft. Während sie sich bewegen, wachsen sie und saugen ätherische Energie in sich auf. Vielfarbiges Feuer strömt aus jeder Richtung auf *Borealis Thoon* zu. Glühende Geschosse schwirren durch die Luft und berühren seine Deflektorschilde. Die Energieschichten schimmern, knallen und schäumen unter den Explosionen.

Hydragyrum spürt, wie die Felder zu flimmern beginnen. Mögliche Umstellungen rasen durch seine Gedanken, während er versucht, die empfindliche Balance des Psi-Titanen wiederherzustellen. Eine telekinetische Versiegelung könnte sie vor der Flut schützen, aber nur für eine Weile. Wenn er die ätherischen Elemente verschiebt, um das Feuer der Dämonenmaschinen abzuwehren, werden sie verbraucht sein. Eine Wiederherstellung wird Zeit kosten. Deshalb gibt es die Deflektorschilde – um ihm einige kostbare, zusätzliche Minuten zu erkaufen.

Die Maschinendämonen schwärmen vorwärts und speien Energie und Säure. Das Licht jenseits der Augenfenster des Titanen ist ein kopfzermarternder Farbklecks. Die erste Schicht Deflektorschilde bricht mit einem peitschenknallenden Donner zusammen. Dann die nächste, und die nächste. Der Schmelztiegel wirbelt herum, die Elemente geraten aus ihrer Anordnung. Hydragyrum spürt, wie seine Muskeln verkrampfen, als er sich anspannt.

Das erste Dämonenfeuer erreicht die Metallhaut von *Borealis Thoon*.

Der Titan erzittert vor Schmerz und Wut. Hydragyrum spürt das. Er ist kein emotionales Geschöpf, seine Seele ist ein schwarzer Spiegel, auf dem sich kein Licht der Freude oder Wut spiegelt. Doch er spürt die Raserei und den Schmerz der Maschine, mit der er sich bewegt.

Seine Hände reißen den Schmelztiegel herum. Der Schmerz

genannte Reglerservitor erbricht Blut aus seiner Mundversiegelung. Würmer aus Hexenfeuer strömen über die Titanenbrücke. Ein leuchtender Bogen endet in der Kugel des Schmelztiegels und verschwindet. Die Obsidiankugel wirbelt auf Hydragyrums Finger zu und er greift sie aus der Luft.

Der Strahl aus Unlicht schießt aus *Borealis Thoons* linkem Arm. Die Maschinendämonen sind nicht mehr. Hydragyrum hält den Schmelztiegel still, während sich die Elemente aus der Anordnung lösen wollen, die er eingestellt hat. Der Titan bebt beim Gehen. Licht fällt *in* ihn hinein und windet sich in jeden Winkel. Die drei Regler unter Hydragyrums Thron verkrampfen. Der Titan hält den schwarzen Strahl der Vernichtung aufrecht und mäht sich durch die Dämonen wie eine Sense durch ein Maisfeld.

Dann ist der Strahl nicht mehr da.

Es kommt zu einem Knoten in der Zeit, einer Sekunde, die zu einer Ewigkeit ausgedehnt wird.

Hydragyrum hat seine Hand noch immer an die schwarze Kugel gelegt, aber zwei der vier Grundelemente sind von ihrem Platz geschleudert worden. Daten umwirbeln ihn. Alle sind rot.

»Alkahest«, sagt er und zieht an zwei Hebeln in der rechten Lehne seines Throns.

Tief im Innern von *Borealis Thoon* werden zwei blut- und amniongefüllte Sarkophage von Maschinenarmen aus ihren Halterungen gezogen. Kabel und Schläuche lösen sich von den Kristallkisten. Gekochtes Fleisch und blasenübersäte Haut schwimmen in der schwappenden Flüssigkeit. Einen kurzen Moment hängen beide Sarkophage da, und dann fallen sie durch eine Luke in das wartende Feuer. Neue Kisten stehen schon bereit. Kabel stecken sich in ihre Buchsen.

»Animus«, sagt Hydragyrum hoch oben im Schädel des Titanen.

Die Gestalten in den Kristallsarkophagen zucken. Drogen strömen in ihre Adern und reißen sie aus dem bequemen Schlaf. Frost überzieht die Kisten und wandert ihre Leitungen hinauf. Die Kristallmatrizen, die die Knochen des Titanen durchziehen, erleuchten in neuem Feuer.

Hydragyrum beobachtet, wie sich die vier Hauptelemente wieder zu drehen beginnen. Die Psioniker werden innerhalb weniger Sekunden erwachen und bereit sein, doch diese Sekunden hat er nicht. Draußen, jenseits der Titanenaugen, schwillt die Dämonenflut an, Körper klettern übereinander und türmen sich wie Wespen auf, die eine Königin umschwärmen.

Unter dem Teppich des Grauens schwillt etwas an.

»Aetherica«, verkündet er, und Energie peitscht durch den Titanen. Er leitet sie zu den Turbolasern und Deflektorschilden.

Der aufbäumende Teppich aus Dämonen schält sich ab. Das Geschöpf darunter ist eine aus Dunkelheit gemeißelte Skulptur, die von glühendem Licht umrissen wird. Sein Körper schwillt an und bauscht sich auf, bis es den gewundenen Tunnel ausfüllt. Sein Maul ist gähnend geöffnet und Feuer umrandet den nachtschwarzen Rachen. Während es wächst, verändert sich seine Gestalt: schattenhafte Flügel, angedeutete Muskeln und Federn, angedeutete Blasen und brennende Augen, die in einem gezackten Schatten sitzen.

Hydragyrum kann diesen Dämon nicht sehen. Sein Verstand bietet ihm keinen Spiegel seiner Ängste.

Aber Dunkelheit – der blinde Regler der Titanensensoren – kann das Geschöpf sehen. Sein Abbild entfaltet sich in den Holoprojektionen des Schmelztiegels. Die monströse Gestalt flackert und türmt sich auf wie eine gewaltige, grässliche Blase, die sich durch die Haut der Vernunft gezwängt hat.

Die Elemente des Steuerungsschmelztiegels drehen sich schneller. *Borealis Thoons* psionische Macht nimmt zu, doch sie kann noch nicht gelenkt werden. Hydragyrum lächelt. Der Dämon vor ihm hat für seine Manifestation auf genau diesen Moment gewartet. Solange sich die frischen Psioniker mit dem Geist von *Borealis Thoon* verbinden, ist er genau so ein Titan wie jeder andere.

»Schlau«, sagt er vor sich hin, und feuert die Turbolaser ab.

Sonnenhelle Speere stechen auf den Dämon ein. Er verwandelt sich und strömt wie ein Schwarm Aasvögel vorwärts. *Borealis Thoon* dreht sich mit herumschwenkenden Waffen und verfolgt das Geschöpf mit seinem schneidenden Feuer.

Es ist schneller.

Mit einem wogenden Dröhnen durchdringt er die Deflektorschilde des Titanen. Lichtschleier blitzen auf und verschwinden. Hydragyrum lässt die Maschine zurückweichen, doch der

Dämon erhebt sich und sein zerstreuter Körper setzt sich zu einer Schlangengestalt zusammen. Er verschwimmt und Staub und Schatten fallen von ihm ab, während er sich gegen die Präsenz des Psi-Titanen stemmt. Geringere Geschöpfe würden von der Nähe zu *Borealis Thoon* zerstört werden – doch dieses Ungeheuer ist eine erhabene Kreatur des Chaos, und der Warp strömt schneller in das Wesen hinein, als es ausgelöscht werden kann.

Am Ende seines Körpers bildet sich ein langer Kopf aus Schuppen und Zähnen, während er sich um den Titanen wickelt. Durch die Augen des Titanen kann Hydragyrum nichts als Dunkelheit sehen. In der Holoprojektion öffnet sich der Dämonenmund erneut zu einem städteverbrennenden Schrei.

Der Imperiale Palast – vorher

»Was Ihr da vorschlagt ist –«

»Es ist der Wille des Omnissiah«, fuhr Agates-Gamma ihn an. Die Augen des Techpriesters surrten und die grünen Linsen färbten sich schlagartig rot.

Hydragyrum richtete seinen Blick auf den Mann. »Der Imperator befiehlt und Borealis gehorcht. Der Orden gehorcht. Alle gehorchen«, sagte er mit monotoner und ruhiger Stimme. »Aber Ihr seid nicht seine Stimme, noch ist Euer Wille der seine.«

Agates-Gamma beherrschte sich nur mit Mühe. Mechadendriten aus Chrom und Bronze wanden sich über seine Schultern.

»Präfekt Hydragyrum –«, setzte Tual mit einem sanften Grollen an.

Doch Hydragyrum entschied sich dazu, seinen Standpunkt klarzustellen.

»Es ist der Wille des Imperators, dass der Krieg in den Tunneln jenseits des Verlieses gewonnen wird«, sagte er. »Damit habt Ihr recht. Unser Orden und die Borealis-Kammer haben diesem Ziel gedient. Damals wussten wir, dass er wollte, dass wir das Labyrinth beschreiten. Aber das bedeutet nicht, dass er will, dass wir diesen Platz jetzt wieder einnehmen. Die Vergangenheit ist nicht die Zukunft. Wenn er etwas anderes wünschen würde, würde er es uns befehlen.«

Tual hielt Hydragyrums Blick stand. Der Custodes zuckte

nicht. Das taten sie selten, selbst wenn Hydragyrum seine ganze Aufmerksamkeit auf sie richtete.

»Wenn Eure Kammer nicht zustimmen wird«, sagte Tual, »dann kann der Vorschlag einer anderen unterbreitet werden.«

Hydragyrum zuckte mit den Schultern.

»Ihr könnt sie ja fragen«, sagte er.

Ihr glaubt, dass sie ablehnen würden? Varna stellte die Frage mit schnellen Fingerbewegungen. Hydragyrum drehte die Innenseiten seiner Hände auf dem Tisch nach oben.

»Vielleicht, vielleicht auch nicht«, sagte er. »Euer Plan ist, die Hauptgänge des Netzes der Tausend Tore zu entlasten, die wir noch halten. Ihr habt vor, Eure Einiger die Sektionen dahinter abstützen und erweitern zu lassen. Ihr hofft außerdem, so viel von dem Dämonenbefall auszulöschen wie ihr könnt, um sie eine Zeit lang zu schwächen.«

»Ihr glaubt, dass der Plan Schwachstellen hat?«, zischte Agates-Gamma.

»Ihr schlagt vor, einen Großangriff der Nimmergeborenen ins Netz der Tausend Tore zu provozieren, um sie dann zu einem einzigen Standort zu leiten, an dem ihre Energie und Substanz ausgelöscht werden können. Das ist bestenfalls eine vorübergehende Entlastung unserer Truppen in den Tunneln. Wie Aderlass bei einem Fieberkranken, oder wenn man ein Feuer den Wald verschlingen lässt, von dem es sich nährt. Es ist kein Heilmittel.«

Tual drehte den Kopf und griff nach dem Helm, der an seiner Rüstung magnetarretiert war. Die Geste wirkte so endgültig wie eine niedergehende Klinge.

»Also gut«, sagte der Custodes. »Wir danken Euch für Euer Erscheinen, Präfekt. Wir werden andere Möglichkeiten in Betracht ziehen.«

»Ich habe nicht gesagt, dass wir Eurer Bitte nicht nachkommen würden«, sagte Hydragyrum.

Tual schaute ihn an und ein Stirnrunzeln legte das Gesicht des Custodes in Falten. Agates-Gamma bewegte sich unruhig, sodass seine Servos und Zahnräder verwirrt klickten.

»Eure bisherigen Aussagen implizierten das Gegenteil von dem, was Ihr gerade gesagt habt.«

»Ich habe Fakten dargelegt. Ich habe keine Absage erteilt«, sagte Hydragyrum und legte den Kopf schief, während er den

Techpriester anschaute. »Ich hatte gehofft, dass einer von Eurer Sorte das zu schätzen wissen würde.«

Also werdet ihr mit uns das Labyrinth beschreiten?, signalisierte Varna.

»Nein«, sagte er. »Das werden wir nicht. Ich werde allein stehen. Wenn die Flut kommt, werde ich ihr entgegentreten, während Ihr tut, was Ihr tun müsst.«

»Aber –«, setzte der Techpriester an.

»All Eure Truppen werden ihren Beitrag zu leisten haben – die Bestien müssen schließlich zum Schlachtfeld getrieben werden. Aber ich werde der Schnitter sein.«

Warum?, fragte Varna.

»Warum ich zugestimmt habe, oder warum ich sage, dass ich allein stehe?«

Beides.

»Ich habe zugestimmt, weil niemand anders tun kann, was Ihr braucht. Weil Ihr nicht zur Vernichtung geschaffen wurdet, ganz gleich, wozu unser Gebieter Euch einsetzt. Weil der Ordo Sinister dazu da ist, solchen Feinden entgegenzutreten. Und ich habe zugestimmt, weil der Imperator es wünschen würde, auch wenn er es nicht befohlen hat.«

Auf seine Worte folgte Schweigen. Die Nullmaid, der Custodes und der Techpriester starrten ihn eindringlich an. Einer nach dem anderen nickten sie zustimmend.

»Der Ordo Sinister wird marschieren«, fügte er hinzu.

Das Netz der Tausend Tore – jetzt

Flammen hüllen *Borealis Thoon* ein. Der schwarze Lack auf seiner Haut wirft Blasen. Die Dämonenschlange speit Feuer, während sie sich um den Titanen windet. Die Flut niederer Dämonen wogt wie Steppenschakale und Aasfresser heran, die vom Blut eines Löwen ermutigt werden.

Im Schädel des Titanen spürt Hydragyrum, wie sich die glühende Hitze auf seiner Haut ausbreitet. Er ist ein Blanker, aber er ist über eine Nervenschnittstelle mit *Borealis Thoon* verbunden, sodass er dessen Schäden als Schmerzen spürt. Die Luft vibriert, während sich der Schmelztiegel rasend schnell dreht.

Er braucht Zeit. Er schlägt zwei der Grundelemente zur vierunddreißigsten hexagrammatischen Schwingung zusammen und das Feuer in *Borealis Thoons* Knochen kühlt ab. Seine von Hitzeblasen überzogene Haut schimmert und der Schaden verschwindet, als ob er nie angerichtet worden wäre. Die Dämonenschlange zischt und verströmt Feuer aus ihrem Rachen, das so heiß ist, dass es im Kern blau und an den Rändern weiß ist. Dort, wo die Flammen die Haut des Titanen überströmen, bildet sich Eis.

Der Totenweg erbebt. Die fremdartigen Säulen zerbrechen und stürzen um, und die Splitter zerbersten und verbrennen in dem psionischen Sturm. Niedere Dämonen mit furchtsam und durstig leuchtenden Augen kreisen durch die Luft und die Tunnelwände entlang. Boltgeschosse und Laserschüsse regnen von *Borealis Thoon* herab und schneiden einen Kreis in die Wellen von Kreaturen, die ihn umwogen.

Die Dämonenschlange auf Hydragyrums Holoanzeige richtet sich auf. Seine Hand pflückt die Rune des Eisens aus der Luft, als der Schmelztiegel sie an ihm vorbei dreht. Eisen ist das primitivste Element von allen, die ihm zur Verfügung stehen, und wird in der Steuerung von einem rauen Erzbrocken repräsentiert. Grobe Linien kreuzen sich auf der Oberfläche des Brockens und bilden Worte, die der Menschheit seit über dreißig Jahrtausenden nichts mehr bedeuten.

Hydragyrum packt das Eisen und schlägt zu. Die Schlange befindet sich direkt vor *Borealis Thoon*, ist in Feuer eingehüllt und bewegt sich wie ein im Wind peitschendes Seidenband. Die Energiefaust des Titanen schlägt nach vorn aus. Als ihre panzerkanonengroßen Finger den Hals der Schlange packen, platzt das Eis von ihnen ab. Blitze schießen heraus. Aus der geschlossenen Faust bricht kaltes Feuer. Die Schlange windet sich, speit Flammen und wechselt ihre Erscheinungsform ruckartig und fließend zwischen Muskeln, Federn, Fleisch und Rauch. Der Titan drückt zu, presst ihre Essenz in seine Hand, erwürgt das Geschöpf und verschlingt ihre Essenz.

Hydragyrum schwitzt. Über die Nervenverbindung in seinem Schädel strömen Rückmeldungen herein. Die aktuelle Ausrichtung des Schmelztiegels kann nicht mehr lange aufrechterhalten werden. Die Elemente ziehen sich auseinander. Das Universum verabscheut Stabilität, und die Steuerung des Psi-Titanen ist das destillierte, in Symbole, Hebel und Bewegungen übertragene Universum. Er macht weiter und leitet die Energie des Titanen in seine Faust. Er muss nur noch ein wenig länger durchhalten.

Der Dämon erschlafft unter dem Griff des Titanen.

Und dann ist er keine Kreatur mehr, sondern eine wachsende Säule aus Feuer und schwarzem Rauch. Sie steigt in die Höhe und breitet sich wie eine Pilzwolke im ganzen Totenweg aus. Die Druckwelle zerfetzt die niederen Dämonen und schleudert sie hoch in einen Wirbelsturm. *Borealis Thoon* wankt. Sein rechter Arm ist ein zerfetzter Metallstumpf. Hydraulikflüssigkeiten strömen aus ihm heraus. Seine Vorderseite brennt. Geisterhaftes Licht umspielt seine Wunden. Seine Metallhaut zerfließt und versucht zusammenzuwachsen, während sie sich glättet.

Hydragyrum blutet. Die Druckwelle hat seine Trommelfelle und das weiche Gewebe in seiner Nase platzen lassen. Blut färbt das Weiße in seinen Augen. Der Geschmack von nassem Eisen erfüllt seinen Mund.

»Custodes … Tual …«, zischt er ins Vox.

»Präfekt«, ertönt es zur Antwort, die von Rauschen durchzogen ist.

»Hat der Einfall in den Totenweg seinen Höhepunkt erreicht?«

Rauschen erfüllt seine Ohren. Vor *Borealis Thoon* gerinnt der Dämon einmal mehr aus dem Feuer und dem Rauch. Hydragyrum fragt sich, wer seinen Namen und den Namen seiner Maschine tragen wird. Einen Moment lang – einen ersten Moment lang in einem Leben, in dem er nie verstanden hat, was gewöhnliche Menschen fühlen, wenn sie sagen, dass ein Moment sie bewegt – hat er das Gefühl, dass er es vorgezogen hätte, wenn er in diesem Moment nicht an diesem Ort gewesen sein müsste.

»Die Streitkraft der Nimmergeborenen hat ihre maximale Größe erreicht, Präfekt«, sagt Tual, dessen tonlose Stimme durch das Vox hallt. »Ihr könnt Euch zurückziehen.«

Aber jetzt ist er hier.

Die vier Grundelemente ordnen sich rings um ihn an. Die Obsidiankugel kreist ein letztes Mal in Reichweite seiner Hand. Zu seinen Füßen verkrampft Dunkelheit mit qualmendem Schädel, bis er schließlich still liegen bleibt. Das Bild des Dämons verschwindet von der Hololithanzeige.

»Nul«, sagt Hydragyrum, und *Borealis Thoon* entfesselt vollkommene Schwärze, als das Feuer niedergeht.

Der Imperiale Palast – vorher

Der Himmel verfärbte sich von Blau zu Violett und Schwarz, als Hydragyrum aus dem Turm des Sichelmonds auf die Palastmauern trat. Er hielt inne. Die Lichter der Sternenschiffe und kleineren Flieger blinkten am dunkler werdenden Himmel. Lichtkränze umringten die hellsten der falschen Sterne, deren Schein den Schmutzwolkenschleier durchdrang. Allmählich kamen auch die echten Sterne zum Vorschein, doch ihre Helligkeit wurde von dem Licht, das vom Palast ausging, überstrahlt. Seine Blicke wanderten zwischen den uralten Sternenkonstellationen umher, wobei er ihre relativen Positionen zueinander betrachtete.

»Was seht Ihr in den Sternen?«, ertönte Tuals Stimme hinter ihm.

Hydragyrum drehte sich nicht um. Die Rüstung des Custodes brummte eine elektrische Melodie, als er neben der Brüstung stehen blieb. Er hatte seinen Helm aufgesetzt. Seine rote Helmzier wehte im Wind, der vom Fuß der Mauer hinaufstieg.

»Ich sehe …«, setzte Hydragyrum an. »Ich sehe, dass der Wind der Zerstörung zunimmt. Ich sehe, dass der Jäger hell am Himmel strahlt. Ich sehe, dass sich Dinge ändern, und dass Dinge enden.«

Der Custodes wandte seine roten Kristallaugenlinsen dem dunkler werdenden Himmel zu.

»Ihr wisst, dass die Künste der Astromantie und der Astromatik von den meisten vergessen sind, und von vielen als Verleugnung der Prinzipien des Imperiums angesehen werden würden.«

Hydragyrum zuckte mit den Schultern.

»In einem großen Plan hat alles seinen Platz. Einen Platz, an den es eine Zeit lang gehört. So wie auch der scherenbewehrte Karkinos aufsteigen und dafür der Kerzenträger untergehen muss. Sie sind weder frei noch Sklaven, weder gut noch böse. Sie *sind* einfach. Das ändert sich nicht, wenn sie vergessen oder abgelehnt werden.«

»Ihr macht aus Aberglaube Weisheit.«

»Ich hatte einen guten Lehrer«, sagte Hydragyrum und hielt inne. Sein tätowiertes Gesicht war vollkommen starr, während seine Blicke über die Konstellationen über ihnen huschten. »Er erzählte mir einst, dass er sich an eine Zeit erinnerte, in der die Sterne andere Namen trugen. In der die Menschen glaubten, allein im Universum zu sein, und dass es sich um sie und niemanden sonst drehen würde. Von all den Lügen der Vergangenheit, Custodes, gefällt mir diese wohl am besten.«

Er trat von der Brüstung zurück und ging unter dem dunklen Himmelsgewölbe die Mauer entlang. Tual beobachtete ihn eine Sekunde lang – den einsamen Mann in Schwarz, der über die abgenutzten Steine schritt und dessen Schatten von der Nacht verschlungen wurde – und dann wandte sich der Custodes ab und ging seiner Wege.

DAS HERZ DES PHARUS

L J Goulding

»Er ist abgestürzt, Exzellenz. Zumindest dessen können wir uns sicher sein.«

Captain Adallus' Worte hallten auf eine Weise durch die Kammer, in der er stand, die den physischen Gegebenheiten nicht ganz entsprach. Der Effekt verwirrte scheinbar sogar diejenigen, die den Pharus schon viele Male zuvor verwendet hatten, und ließ die glatten, polierten Wände geheimnisvoll und undeutlich wirken. Hinter ihnen – *durch* sie? – waren deutlich die hohen Säulen des Convincus Cubicularums zu sehen, das sich viele Lichtjahre entfernt auf Macragge befand. Er blinzelte stark und versuchte bei der Sache zu bleiben.

»Ich, äh … Ich kann keine Hinweise darauf finden, dass zu Beginn des Abstiegs irgendetwas Ungewöhnliches vorgefallen wäre. Es scheint, als wäre die ganze Zeit über korrekt vorgegangen worden.«

Adallus stand in der Mitte der Einstellungsplattform am Primärstandort Alpha und überflog die Informationen auf der Datentafel in seinen Händen, als ob sie ihm alle neu wären.

Dabei hatte er sie über ein Dutzend Mal gelesen. Das hatten sie alle.

Kriegsschmied Dantioch seufzte unter seiner Eisenmaske. »Der Bericht des Sergeants ist detailliert und umfangreich, Captain Adallus, und trotzdem bietet er kaum wirkliche Einblicke. Ich verstehe jedenfalls immer noch kein Stück besser, was dem jungen Oberdeii widerfahren ist. Das halte ich für ein Problem.«

»Das stimmt«, erwiderte Adallus ernst.

Vier von ihnen standen dort auf Sotha im leuchtenden Verbindungsfeld. Drei waren Offiziere vom Rang eines Centurios aus drei verschiedenen Legionen. Ein lebendes Vermächtnis der Ideale des Imperium Secundus. Sie waren Gleichberechtigte – Adallus von den Ultramarines, Barabas Dantioch von den Iron Warriors und Alexis Polux von den Imperial Fists. Der Riese in gelber Gefechtsrüstung blieb stets am Rand, kümmerte sich leise um die geheimnisvollen Funktionen des Pharus und beobachtete jede minimale Änderung der Polaritätsmesswerte, während sich seine Vettern unterhielten.

Adallus winkte den Vierten aus ihrer Runde heran.

»Neophyt Tebecai. Vortreten.«

Tebecai war in dem leichten Panzer und der Uniform eines Scouts weit schmächtiger als seine Vorgesetzten. Er war ein Jüngling, nicht älter als fünfzehn Jahre, und gewöhnte sich noch an seine transhumane Physiologie, wobei er wie jemand wirkte, dem in der eigenen Haut nicht ganz wohl war. Die letzten Operationsnarben auf seiner blassen Haut, die noch nicht in den Feuern des Krieges gestählt worden war, waren gewiss noch rosa, und seine Kampflektionen und Waffenausbildung musste er sich noch bewusst in Erinnerung rufen.

Er salutierte steif, sagte aber nichts und hielt den Blick starr auf den Kammerboden gerichtet.

Nachdem er wieder an den Anfang des Berichts zurückgeblättert hatte, klopfte Adallus nachdenklich mit einem Fingerknöchel auf den Rand der Datentafel und machte sich erneut daran, ihn zu lesen. »Sergeant Arkus hat auf eine Anfrage von Kriegsschmied Dantioch hin deine Ausbildungskohorte bei einer Kartierungsrotation angeführt. Stimmt das?«

»Ja, Exzellenz.«

»Was, denkst du, ist der Zweck dieser Aufgabe gewesen?«

Tebecai schaute noch immer nicht hoch. »Sicherheit, Herr.«

»Erkläre.«

»Es gab … Bedenken. Bedenken darüber, wie weit die Hohlräume unter dem Berg hinabführten. Weil das normale Auspex nicht funktioniert, wusste das niemand wirklich.« Er stockte und biss mehrere Male die Zähne zusammen. »Weiß das niemand, meine ich.«

Adallus schaute zu Dantioch. Der Kriegsschmied seufzte und machte einen Schritt zurück, um sich auf dem schmucklosen Thron niederzulassen, der seit Kurzem ein fester Bestandteil der Einstellungsplattform war. Das Holz knarrte unter dem Gewicht seiner Rüstung.

»Anfangs haben wir Servitordrohnen eingesetzt«, erklärte er. »Als Teil meiner frühesten Nachforschungen über die Funktionsweise des Pharus ließ ich sie von den Mechanicumsadepten mit Entfernungsmessern ausstatten und schickte sie auf voreingestellten Erkundungsrouten nach unten. Der Primärstandort Alpha ist mit einem gewaltigen Netzwerk aus Kammern verbunden, das immer tiefer in den Berg hinabführt – sogar weit unter die Oberfläche und den lokalen Meeresspiegel. Es gibt fünf direkte Zubringer, die zum Pharus-System führen, aber unterhalb der Epsilonhöhle teilt es sich in *Dutzende* verschiedene Gänge.«

Dantioch beschrieb mit seinen Panzerhandschuhen große Kreise in der Luft.

»Manche Gänge führen in Schleifen oder großen, gewundenen Kringeln im Kreis. Wir haben fast alle Drohnen verloren. Zunächst nahm ich an, dass ihre Logikprotokolle der vorliegenden Aufgabe nicht gewachsen waren, aber Magos Carantine wollte keine weiteren hochentwickelten Automata zur Verfügung stellen. Wenn ich ehrlich bin, war ich zu diesem Zeitpunkt hauptsächlich an dem möglichen Nutzen des Geräts interessiert, und nicht an einer Erklärung, wie genau es funktioniert.«

Er hielt inne und warf durch das Verbindungsfeld einen Blick auf eine andere sitzende Gestalt, die aufmerksam zuhörte.

»Aber wie ihr wisst, wurde, nachdem wir es geschafft hatten, einen beidseitigen, *wechselseitigen* Kontakt zu Macragge herzustellen, entschieden, dass die Sicherheitsvorkehrungen verstärkt werden sollten, bevor man sich allzu sehr auf den Pharus verließ. Man stimmte darin überein, dass das Netzwerk nicht effektiv geschützt werden konnte, solange dessen Ausmaß unbekannt war, ohne alles außerhalb des bisher von unseren Expeditionen kartierten Bereichs abzuriegeln. Ich habe meine Gedanken darüber bereits geäußert – so ein Vorgehen würde ziemlich sicher die Genauigkeit des Geräts reduzieren, oder dafür sorgen, dass es gar nicht mehr funktioniert.«

Adallus' Blick verfinsterte sich. Er war noch nie besonders gut darin gewesen, seinen Ärger zu verbergen, selbst unter dem prüfenden Blick seiner Vorgesetzten.

»Ich weiß nichts darüber, wie der Pharus funktioniert, Exzellenz«, sagte er und wählte seine Worte mit Bedacht, während er die Details auf der Datentafel ein letztes Mal überprüfte. »Aber wenn der Kriegsschmied deutlich gemacht hätte, dass er unter dem Berg innerhalb von fünf Monaten über … vierzig Servitoren einfach *verloren* hat, dann hätte Sergeant Arkus vielleicht nicht so vorschnell eine Scout-Kohorte meiner Kompanie angeboten. Und in diesem Fall wären wir jetzt nicht hier, um herauszufinden, was für eine Gefahr in der Dunkelheit direkt unter unseren Füßen lauert und diejenigen jagt, die sich zu tief in ihr Reich vorwagen.«

Darauf herrschte lange Stille. Adallus wollte es dabei belassen, aber der Kriegsschmied Dantioch schaute erneut zu Tebecai. »Dann fällt es dir zu, Neophyt. Da der Bericht deines Sergeants unzureichend ist, möchten wir uns deine Schilderung anhören, was dem jungen Oberdeii unter dem Berg Pharus widerfahren ist.«

Tebecai atmete langsam aus. Seine Stimme klang schwach unter der Last ihrer Erwartungshaltung.

»Auf Befehl des Primarchen werde ich Euch alles erzählen, an das ich mich erinnern kann.«

Sie waren über den Zubringer gekommen, waren dann dem Hauptgerüstweg bis zum Ende gefolgt und hatten sich zu den verfallenen Überresten des ersten provisorischen Bauwerks auf dem Boden der alten Epsilonhöhle abgeseilt.

Das war nicht weit, nur etwa vierhundert Meter. Sie alle hatten die Reise schon mal gemacht. Das gedämpfte, ferne Pochen der Quantenimpulsmaschinen war rings um sie zu spüren, sogar in dem Fels, und die Magnesiumfackeln, die sie fallen gelassen hatten, bildeten inmitten der Trümmer einen groben Kreis.

Ohne ein Wort zogen sie ihre Bolter und bildeten entsprechend ihrer Ausbildung Paare. Sergeant Arkus nahm die Handentfernungsmesser aus Florians offenem Beutel und verteilte sie, behielt eins für sich und bedeutete dann den Neophyten, sich zu verteilen. Gemäß den gängigen Legionsvorschriften wurden bei Feldaufklärungseinsätzen nur Gefechtszeichen verwendet, auch wenn sich die Scouts gefragt hatten, ob das auch hier galt. Arkus hatte jedenfalls gesagt, dass es eine gute Übung sein würde; aus demselben Grund durften die Scout-Kohorten auch so weitläufig die Planetenoberfläche durchstreifen, fern von Sothopolis und sogar dem Castellum.

Da der Rest der Galaxis allem Anschein nach unter dem Stiefel des abtrünnigen Kriegsherrn zertreten wurde, brauchten die Ultramarines dringender als je zuvor neue Legionsbrüder – Krieger, die die Gepflogenheiten der XIII. so gut kannten wie die Rückseite ihrer Panzerhandschuhe.

Bald würde ein größerer Krieg heraufziehen. Ein Rachefeldzug gegen die Verräter, die Terra eingenommen hatten.

Oberdeii war indessen mit seinen Gedanken weit von solchen ernsten Angelegenheiten entfernt und grinste Tebecai an, während sie am Rand der Höhle entlang gingen. Sie schalteten ihre Harnischlampen erst an, als ihre letzte Fackel ausgebrannt war und sie die vorsichtigen Bewegungen der anderen Scout-Trupps, die sich von ihnen entfernten, nicht mehr hören konnten.

»Der Sergeant ist weg«, sagte er mit gedämpfter Stimme, »also gib mir jetzt das Messgerät. Ich warte seit Wochen darauf, dass ich mal dran bin, und du hast unsere Wette verloren. Gib es her.«

Tebecai knurrte und legte das Gerät in Oberdeiis wartende Hand. »Mach es nur nicht kaputt. Arkus hat es *mir* gegeben, und du hast mir mit deiner Ungeschicktheit in den letzten Wochen schon genug Ärger gemacht.«

Er zog ein zerfleddertes Blatt Pergament aus seiner Gürteltasche und leuchtete mit seiner Lampe auf die handgemalte Karte, während er mit dem Finger den vor ihnen liegenden Pfad entlangfuhr.

»Komm schon, los. Wir sollen heute Richtung Nordwesten … Und dann irgendwie nach … Norden?«

Oberdeii schaute von der Messgerätanzeige auf. »Du hast dich doch nicht jetzt schon verlaufen, oder?«, prustete er.

»Halt den Mund. Du weißt doch, wie diese Tunnel sind. Stell den Entfernungsmesser ein und lass uns gehen.«

Nachdem er amüsiert den Kopf geschüttelt hatte, schulterte Oberdeii seinen Bolter und zielte mit dem Marker auf die nächstgelegene Wand. Ein nahezu unsichtbarer Strahl aus blassgrünem Licht drang aus dem Emitter, und die blecherne Stimme des Geräts sprach. »Entfernung zum Ziel – eins Komma sechs-drei Meter.«

Tebecai glich den Wert mit dem Messstrahl ab. Zufrieden trotteten die beiden davon und in die unbekannten Tiefen.

»Was summst du da die ganze Zeit?«, fragte Oberdeii, nachdem er es eine gute Stunde geschafft hatte ihn zu ignorieren. Er hielt inne, lehnte sich an die glatte, schwarze Tunnelwand und wischte sich mit dem Handschuhrücken über die Stirn.

Tebecai rümpfte die Nase. »Was, dieses kleine Liedchen?« Er brummte ein paar Takte der repetitiven Melodie und zuckte dann mit den Schultern. »Ich bin mir nicht sicher. Ich glaube, ich kenne es schon ewig, schon bevor wir der Legion beigetreten sind. Ich kann mich nur schwer an etwas davor erinnern ...«

Er zog den Trinkschlauch aus seinem Kragen und saugte einen Mund voll lauwarmes Wasser heraus.

»An was erinnerst du dich?«

Oberdeii starrte in die vor ihnen liegende Schwärze. »Caballus. Alles, an was ich mich erinnern kann, sind die Caballus.«

»Was?«

»Das ist eine Bezeichnung der Magi Biologis. *Equus ... Ferus? ... Caballus*. Das war's. *Pferd*, in der Gemeinsprache. Das war das Gewerbe meiner Geburtsfamilie. Irgendjemand irgendwo in Ultramar muss irgendwann entschieden haben, dass Sotha Pferde braucht.«

»Wofür?«

Oberdeii drehte sich um und kniff gegen das blendende Licht von Tebecais Lampe die Augen zusammen.

»Woher soll ich das wissen? Wir hatten Kaltblüter für die Feldarbeit und lebhaftere caprisische Rassen zum Reiten.« Er hielt inne und seufzte. »Aber ich glaube, dass sie inzwischen sowieso alle weg sind.«

»Die Pferde?«

»Nein, meine Familie. Sie dürften fortgebracht worden sein, als Dantioch den Berg übernommen hat. Eine Schande. Mir scheint Sotha zurzeit so ziemlich der sicherste Ort in der Galaxis zu sein …«

Einen Augenblick lang standen sie schweigend da und versuchten sich an eine Zeit zu erinnern, die für sie unwiderruflich verloren war. Die vielschichtige Schlafkonditionierung und die Psychoindoktrination hatten ihre sterbliche Vergangenheit ausgelöscht und sie darauf vorbereitet, nach Guillimans Ebenbild neu geschmiedet zu werden. Doch obwohl die Zukunft für sie nichts anderes bereithalten konnte als ein Leben unaufhörlicher Schlachten mit einem ruhmreichen Tod am Ende, hatte kein Legionärsneophyt jemals etwas so Jämmerliches wie Reue verspürt.

Unwillkürlich summte Tebecai wieder das fast vergessene Lied, und sein Unterbewusstsein versuchte, anhand der Melodie Worte zu bilden.

Oberdeii lachte. »Ich hatte noch nie viel für Musik oder Poesie übrig. Du solltest das den Hirten aus der Siedlung beibringen. Die lieben eingängige Melodien.«

»Ha! Ich werde diesem dreckigen Gesindel nicht mal zu nahekommen!« Tebecais Augen funkelten verschmitzt. »Ich hatte immer schon so eine Ahnung, was dich betrifft – jetzt weiß ich, dass es daran liegt, dass du ein kleiner Stalljunge bist!« Er hängte sich seinen Bolter um und ließ die Knöchel knacken, um klar zu machen, dass er für eine ihrer spielerischen, brüderlichen Raufereien durchaus bereit war.

Bevor Oberdeii antworten konnte, erbebte der Berg.

Der Quantenherzschlag des Pharus veränderte sich, wodurch die glasartigen Tunnelwände fast schmerzhaft brummend schwangen. Dieser Effekt trat üblicherweise dann auf, wenn Dantioch oder Captain Polux dem Gerät zu viel zumuteten.

Aber diesmal war es anders. Diesmal war es heftiger.

Oberdeii ließ den Entfernungsmesser fallen und hielt sich die Ohren zu. Trotzdem trommelte das Geräusch in seiner Brust, als ob er stumm aus voller Kehle schreien würde. In größerer Entfernung, in der unsichtbaren Tiefe des Tunnels, hörten sie das Poltern herabfallenden Gesteins auf den glatten, gewölbten Boden, und ein geradezu tektonisches Grollen der Planetenkruste, die sich rings um sie bewegte.

Tebecai fiel auf die Knie und formte mit den Lippen Worte, die Oberdeii nicht verstand.

Allmählich ließ das Beben nach.

Beide blieben angespannt hocken, bereit für die Nachbeben. Es gab keine.

Tebecai griff nach seinem Voxgerät und fluchte. »Dieser verdammte Narr von einem Kriegsschmied! Er weiß doch, dass wir hier unten sind!« Er schaltete einen Kanal ein. »Kohorte Arkus, fünfundfünfzig, bitte kommen.«

Oberdeii krabbelte neben ihn und überprüfte den Entfernungsmesser auf Schäden.

»Was machst du da? Wir sollen nur im Notfall vom Vox Gebrauch machen!«

»Wie würdest du das hier denn sonst nennen?«, fuhr Tebecai ihn an. »Wir sind mehr als neun Kilometer unter der Oberfläche – wir werden lebendig begraben, wenn sie das noch mal versuchen. Kohorte Arkus, fünfundfünfzig, bitte kommen.«

Die Verbindung knisterte. Der Kanal war leer.

»Der Pharusstrahl könnte noch an sein«, murmelte Oberdeii und zielte mit dem Messgerät den Tunnel entlang. »Wenn dem so ist, wird das Vox sowieso nicht funktionieren.«

»Entfernung zum Ziel – achtundachtzig Komma drei-vier Meter.«

Tebecai hob die Hand. »Psst. Nimm das Ding runter.«

»Was? Wieso?«

»Ruhe!«

Sie hielten beide den Atem an. Über die Verbindung hörten sie nichts als ein monotones Zischen.

Und …

Mit aufgerissenen Augen schaute Tebecai hoch. »Da. Hörst du das?«

Ein leises Trällern auf Binär, das auf der Frequenz gerade noch hörbar war.

Oberdeii runzelte die Stirn. »Was ist das?«, flüsterte er.

»Das ist ein automatisierter Mechanicumsruf«, antwortete Tebecai. »Das ist eine der verlorenen Servitordrohnen.«

Sie folgten dem schwachen Signal mindestens zwei weitere Kilometer nach unten und Richtung Nordwesten, soweit Oberdeii das mit dem Entfernungsmesser anhand der fast schon widersinnig gekrümmten Tunnel bestimmen konnte. Sie waren weit über den Rand ihrer Karte hinaus und Tebecai hatte es aufgegeben ihre Route aufzuzeichnen. Seinen groben Einschätzungen nach waren sie schon mehr als drei Mal im Kreis gelaufen.

Es war kühl in den Tiefen – so bitterkalt, dass es nicht einmal mit den großen Maschinenhallen am Primärstandort Ultra zu vergleichen war. Soweit sie beide das erkennen konnten, hatte sich zuvor noch kein Mensch so tief unter den Berg begeben.

Waren sie überhaupt noch unter dem Berg?

»Als wäre man im Innern einer riesigen Bestie«, murmelte Oberdeii. »Irgendeiner gewaltigen, gefrorenen Bestie der Leere …«

»Sei still«, zischte Tebecai.

»Ich mein ja nur, wirkt das auf dich nicht … *organisch*? Hier unten, meine ich. Mehr als über dem Meeresspiegel. Die Tunnel erinnern mich an –«

»Sei *still!*«

Das leise Geräusch gequälter Servos ließ sie beide abrupt anhalten.

Ihre Lampen fanden einen Durchlass unten in der glatten Tunnelwand, der fast wie eine dünne Ader aussah. Tebecai zeigte deutlich, dass er keine Ähnlichkeit zu dem erkannte, was Oberdeii gerade gesagt hatte, und trennte die Voxverbindung.

»Schön, dass du dich freiwillig meldest, Bruder«, sagte er mit einem Grinsen. »Geh diesen Spalt runter und schnapp dir die Drohne. Vergiss unsere schlechten Messungen – die Daten in diesem Servitor könnten zehn, zwanzig, *hundert* Mal nützlicher sein. Wir schleppen ihn zurück an die Oberfläche und dann kann der Kriegsschmied damit tun, was er will. Tebecai und Oberdeii, die Helden von Sotha!«

Seufzend schüttelte Oberdeii den Kopf. »Du bist ein Idiot.«

Tebecai zuckte mit den Schultern. »Ich bin nicht der, der am Rand des erforschten Alls durch ein winziges Loch in die Eingeweide einer Xenosmaschine klettert. Vergiss es.«

Oberdeii legte seinen Bolter ab und begab sich vorsichtig mit dem Kopf voraus in die Öffnung, während ihn Tebecai so weit er konnte an den Stiefeln herunterließ. Dann, mit seinen Ellbogenschützern gegen die Wände gestemmt, rutschte und schlitterte er den steilen, niedrigen Tunnelabhang hinab auf das unverkennbare Geräusch eines feststeckenden Servitors zu. Auf dem glasartigen, schwarzen Fels war seine Lampe so gut wie nutzlos.

»Gut, dass du immer weiter gepiepst hast, du alte Blechbüchse«, staunte er. »Sonst hätten wir dich in der Dunkelheit niemals gefunden.«

Schließlich weitete sich der Tunnel. Oberdeii unterdrückte ein Keuchen, bevor es seinem Hals entweichen konnte.

Die Drohne hockte keine vier Schritte von ihm entfernt am Rand eines Abgrunds. Ihre Kettenfüße bewegten sich schwach vor und zurück durch das dahinterliegende Nichts. Er hatte keine Ahnung, warum sie nicht einfach heruntergefallen war.

In Oberdeiis Magen machte sich Höhenangst breit, während er Zentimeter für Zentimeter vorrückte. Inzwischen schlugen seine beiden Herzen laut in seiner Brust. Jenseits der Kante vor ihm war einfach *nichts*.

Keine fernen Felswände, keine Spur von Licht.

Kein physisches Objekt, das seine verbesserte Sicht ausmachen konnte.

Dieser Ort, was auch immer er war, war so unvorstellbar riesig, dass es ihm schwerfiel, dessen Existenz mit seinem Wissen über den geografischen Aufbau des Bergs Pharus in Einklang zu bringen. Er schien einfach zu groß, um irgendwie unter den Berg zu passen.

Der Kriegsschmied würde seine Berechnungen überarbeiten müssen. Kein Wunder, dass sie hier unten so viele Drohnen verloren hatten.

Aus dem Tunnel hinter ihm erklang leise Tebecais Stimme. »Hast du sie?«

Oberdeii richtete sich vorsichtig auf und kniete sich neben die Drohne. Ihre Energiezellen waren zu weniger als einem Prozent geladen, doch ihr Kartierungsspeicher war fast voll.

»Ja. Ja, ich hab sie. Ich schalte sie vorher aus, dann riskieren wir keine Datenschädigung.«

Als die Systeme des Servitors in den Ruhezustand übergingen, beruhigten sich auch seine Füße. Erst da bemerkte Oberdeii, wie vollkommen still es in diesem gewaltigen Raum war.

Er klatschte in seine behandschuhten Hände, doch das Geräusch erzeugte kein Echo.

Er schüttelte den Kopf und zog das Kletterseil aus seinem Harnisch, um es am Gehäuse des Servitors anzubringen. Er würde nicht das Risiko eingehen, ihn zu verlieren, wenn er zu Tebecai hochkletterte.

»Ich komme jetzt«, rief er und trug den Servitor so vorsichtig er konnte herum. Tebecais Antwort war zu leise, als dass er sie hören konnte.

An der Tunnelöffnung hielt Oberdeii inne. Er warf einen Blick über die Schulter.

Seine Neugier packte ihn und er griff nach dem Entfernungsmesser an seiner Hüfte.

Er zielte irgendwo hin und schaute zu, wie der blasse Lichtstrahl in die undurchdringliche Dunkelheit hinausschnellte.

»Entfernung zum Ziel – neun, neun, neun, neun, neun, neUn, NeeuN, NNEEEE–«

Die Stimme des Messgeräts wurde verzerrt und dann zuckte Oberdeii zusammen, als aus dem Emitter mit dem Knall eines Feuerwerkskörpers ein Funkenregen brach. Er drehte sich herum und streckte eine Hand aus, um sich zu fangen.

Doch seine Finger griffen ins Leere. Er verlor das Gleichgewicht und trat reflexartig und kräftiger als gewollt auf.

Er kippte nach vorn und fiel.

Oberdeiis wortloser Schrei wurde vom Abgrund verschluckt. Nirgendwo um ihn herum gab es etwas, nach dem er greifen konnte. Das Seil wickelte sich mit alarmierender Geschwindigkeit ab und trug überhaupt nichts dazu bei, seinen Sturz zu beenden.

Vor Panik schlug er um sich, streckte sich und griff nach dem Riegel an seinem Harnisch, der die Bremse aktivieren würde.

Bevor er ihn finden konnte, spannte sich das Seil.

Der plötzliche Halt war schmerzhaft. Er spürte, wie seine beiden Schultern ausgekugelt wurden und seine linke sofort wieder eingerenkt wurde, als er am Ende des Seils zwei Meter nach oben sprang. Die Luft wurde ihm aus der erschöpften Lunge gepresst. Der kaputte Entfernungsmesser rutschte ihm aus der Hand und stürzte in die unendliche Tiefe unter ihm.

Oberdeii hing wimmernd und vor Schmerzen stöhnend wie eine zerquetschte Spinne am Ende ihres letzten Seidenfadens. Lange Zeit hing er dort.

Er wollte nicht hinterfragen, wie der Servitor oben auf der Kante angebunden geblieben war und ihn dadurch vor einem endlosen Sturz ins Unbekannte bewahrt hatte. Ebenso wenig wollte er sich fragen, wie lange es dauern würde, bis er hinter ihm her ins Nichts stürzen würde.

Seine Arme waren taub und schlaff. Er war so gut wie hilflos. Seine einzige Hoffnung bestand darin, dass Tebecai von seinen Schreien so aufgeschreckt worden war, dass er sich den Tunnel herab wagen würde, um ihn wieder hinauf zu ziehen.

Eine schwache Hoffnung. Tebecai konnte so dumm wie ein Sack Steine sein, wenn es darauf ankam. Selbst Krissaeos, den der Rest der Kohorte oft für seine Begriffsstutzigkeit verspottete, stellte ihn manchmal bei Übungen bloß.

Bei dem Gedanken lachte Oberdeii schwach, sodass ihm die Tränen in den Augen brannten. Er hatte das Gefühl, dass seine Sicht verschwamm, dabei war über und unter ihm nichts als undurchdringliche Schwärze. Zumindest beim Schließen seiner Augen wurde er mit einem wilden Farbengemisch unter den Lidern belohnt, wodurch er wusste, dass er nicht erblindet war.

Er spürte, wie sich ein Ohnmachtsanfall anbahnte. Angesichts der Schmerzen schaltete sich sein unterentwickelter transhumaner Körper ab. Er versuchte zu rufen, doch die Zunge in seinem Mund fühlte sich schwer an.

»Teb … Tebecai …? B-Bruder …?«

In der Leere unter ihm regte sich *etwas*.

Eine Präsenz. Irgendetwas Intelligentes. Es war uralt, kalt und unvorstellbar fremdartig.

Eine Welle verwirrender Übelkeit überkam ihn. Keine Furcht. Nein, nichts dergleichen.

Sie kennen keine Furcht.

Das war etwas anderes.

Oberdeii spürte, dass er so beobachtet wurde wie ein sothanischer Phantin eine Feuerameise beobachten würde, oder ein Mensch eine Amöbe. Außerweltliche Stimmen flüsterten ihm etwas in Sprachen zu, die er nicht verstand.

Kenne keine Furcht. Kenne keine Furcht. Kenne keine Furcht.

Während er mit zusammengebissenen Zähnen gegen den entsetzlichen Schmerz in seinen Schultern ankämpfte, schaffte er es, sich in seinem Harnisch umzudrehen. Er konnte seinen Kopf gerade weit genug – *gerade weit genug* – drehen, um einen Blick auf diese uralte, kalte, fremdartige Präsenz zu erhaschen. Und er schrie.

Er sah die Wahrheit im Herzen des Pharus, und er sah, was Sotha bevorstand.

Und sie sah ihn.

Tebecai ließ die Schultern hängen. Sein Blick wanderte der Reihe nach über die drei Centurios, während er ängstlich auf ihre Reaktionen wartete. Er wagte es allerdings nicht, seinen Blick länger auf einer der Gestalten hinter dem Verbindungsfeld ruhen zu lassen.

»Das ist alles, meine Herren. Dann haben wir ihn hochgeholt und an Apothecarius Taricus übergeben. Ich weiß nicht, was da unten mit ihm passiert ist, aber er war kaum noch bei Bewusstsein.« Tebecai drückte beklommen auf seinen Fingern herum. »Er hat Dinge gesagt. Sonderbare Dinge.«

Von der anderen Seite von Ultramar aus erreichte die Stimme eines Primarchen den Pharus. »Was denn, Neophyt? Was hat der junge Oberdeii gesagt?«

Tebecai verzerrte das Gesicht. Er erzitterte vor der ruhigen, selbstsicheren Macht in dieser Stimme.

»Exzellenz, ich spreche nichts als die Wahrheit. Er schrie immer wieder *›Sie sehen unser Licht‹*, immer und immer wieder. Sergeant Arkus fragte ihn, wer, aber wir haben ihn nicht dazu bringen können, uns das zu sagen.«

Kriegsschmied Dantioch schlenderte mit schnaufenden Servorüstungsgelenken zu ihm herüber und legte seine gepanzerten Hände auf die Schultern des Jünglings. »Genau so hat es Arkus in dem Bericht beschrieben. Du hast dich gut geschlagen, Neophyt Tebecai. Du hast deiner Kompanie und deiner Legion Ehre gemacht.«

Captain Adallus schaffte es, Dantiochs Blick auf sich zu ziehen. Der Kriegsschmied funkelte ihn aus den Augenhöhlen seiner eisernen Schädelmaske an, doch Adallus würde sich vor dem Primarchen keine Blöße geben.

»Das steht noch zur Debatte, Kriegsschmied«, sagte er. »Tebecai und der Rest der Kohorte werden –«

»Da ist noch etwas«, platzte es aus dem Neophyten heraus, der damit seinen Captain unterbrach. »Etwas, das *sicherlich* nicht in dem Bericht sein kann.«

Adallus erstarrte. »Was?«

»Oberdeii hat mir etwas zugeflüstert, und Sergeant Arkus wusste nichts davon. Aber ich werde nie vergessen, was er gesagt hat. Da bin ich mir sicher. Niemand könnte das vergessen.«

Sogar Dantioch war erstaunt. »Sag's uns, Junge.«

Tebecai kniff die Augen zusammen. »Er hat gesagt … Er hat gesagt, dass *sie* da draußen sind, jetzt, in der Dunkelheit zwischen den Sternen. Und dann hat er wieder gesagt, dass sie unser Licht sehen.«

Niemand sprach. Sogar die Maschine, um die sich Captain Polux kümmerte, schien ihr mechanisches Rattern zu unterbrechen.

Es war Lion El'Jonson, der Primarch der Ersten Legion persönlich, der vom Thron auf dem fernen Macragge aus das Schweigen brach. »Und was glaubst du, was das bedeutet, Tebecai?«

Der Neophyt nahm eine verlegene Haltung an. »Verzeiht, Herr, aber ich weiß, dass Ihr meinen Bruder schon mal getroffen habt, als Ihr hier auf Sotha wart. Er hat viel darüber geredet. Er war es, der in seinen Träumen das Kommen des Imperators Sanguinius gesehen hat. Also ist das hier vielleicht eine neue Vision. Von etwas Schlimmem.«

Dantioch ging zu seinem Stuhl zurück, setzte sich aber nicht. »Wir müssen die zahlreichen unregelmäßigen Vorhersagephänomene in Zusammenhang mit dem Pharus noch vollständig untersuchen, doch die Einheimischen scheinen sie einfach zu akzeptieren. Sie bezeichnen sie als ›Bergträume‹.«

»Das stimmt.« Der Löwe nickte. »Ich habe Oberdeiis erste Prophezeiung mit eigenen Ohren gehört.«

Adallus straffte sich. »Dann werdet Ihr als Vorsichtsmaßnahme weitere Legionstruppen entsenden, Exzellenz? Wir können eine weitere Kompanie auf der Orbitalplattform unterbringen, und eine beliebige Anzahl Schiffe an den verteidigungsfähigen Ankerplätzen des Systems. Und das schließt noch keinerlei Stationierung auf dem eigentlichen Planeten ein.«

Der Primarch fixierte ihn mit einem eindringlichen Blick.

»Wir werden überhaupt nichts auf Sotha stationieren, Captain«, sagte er tonlos, »weil ich euch keine weiteren Legionstruppen schicken werde.«

Dantioch zuckte. Adallus wollte antworten, überlegte es sich dann aber anders. Der Löwe fuhr fort.

»Eine ganze Kompanie Ultramarines bewacht das System zusammen mit der Orbitalplattform und konstant wechselnden Schiffen aus mindestens drei Legionen. Dank Captain Polux sind wir das schon einmal durchgegangen, und ich bleibe bei meiner vorherigen Entscheidung. Ich werde keine Aufmerksamkeit auf Sotha lenken, indem ich mit meiner Flotte eine Blockade errichte.« Er nickte Dantioch erneut zu. »Ganz abgesehen von der Aegida-Kompanie – der wichtigste Schild, den du hast, Kriegsschmied, ist der Anschein, vollkommen unbedeutend zu sein. So beunruhigend Oberdeiis fieberkranke Worte für seine Neophytenbrüder auch sein mögen, ich höre nichts von der Gewissheit in ihnen, die das erste Mal in ihnen steckte. Das war keine Prophezeiung. Das war nur ein Albtraum.«

Dantioch verneigte sich, obwohl ihm die Bewegung sichtliches Unbehagen bereitete. »Natürlich werde ich mich Eurer taktischen Weisheit beugen, Lord Jonson. Wenn Ihr davon überzeugt seid, dass Sotha und der Pharus weiterhin sicher sind, dann ist das –«

»Genau, das ist *alles*«, sagte der Löwe und lehnte sich auf seinem Sitz zurück. »Captain Adallus, informiert Sergeant Arkus und seine Scout-Kohorte – einschließlich Tebecai und Oberdeii, sobald er aus dem Apothecarion abberufen werden kann – darüber, dass ich mich noch einmal direkt mit ihnen unterhalten möchte. Vorläufig gelten alle hier besprochenen Angelegenheiten als streng geheim. Niemand soll über sie sprechen, sonst bekommt er meinen Zorn zu spüren.«

»Exzellenz«, sagte Adallus, der sichtlich erleichtert war, dass sich die Audienz endlich dem Ende neigte. »So soll es geschehen.«

Mit einem Seufzen löste sich das Verbindungsfeld auf und tauchte das Convincus Cubicularum in kaltes Zwielicht. Eine nachdenkliche Stille senkte sich über die Anwesenden. Der Löwe blieb sitzen und starrte in die nun leere Luft, während er geistesabwesend mit einem Finger auf die Lehne des Throns tippte.

Holguin, gewählter Lieutenant des Deathwings, wartete, bis

es angemessen schien, vorzutreten, um die Zimmerlampen wieder anzuschalten.

»Lass sie«, murmelte der Primarch.

»Exzellenz?«

»Wir werden nicht hierbleiben. Es ist spät, und ich nehme an, dass wir mit dem außerplanmäßigen Kontakt zu Sotha die Aufmerksamkeit der Wächter meiner Brüder auf uns gezogen haben.«

»Wie Ihr wünscht. Was werdet Ihr Lord Guilliman von diesen Ereignissen berichten? Oder dem Imperator Sanguinius?«

»Ich habe nicht die Absicht, irgendeinem von ihnen irgendetwas zu berichten.«

Holguin wurde unruhig. »Aber … die Neophyten …«

Der Primarch zuckte mit den Schultern und winkte die Bedenken des Lieutenants mit einer kurzen Handbewegung ab.

»Es gibt nichts zu berichten. Ich habe keine Beweise für irgendeine echte Gefahr für die Operation der Dreizehnten Legion auf Sotha gehört, geschweige denn für den hier befindlichen Palast. Höchstwahrscheinlich ist die ganze Geschichte nur eine fantasiereiche Einbildung, die der Verstand dieser Jungen dank dieses *verdammten* Bergs weitergesponnen hat. Ich kann nichts von dem erklären, was sie gesehen haben wollen, aber genau so wenig sehe ich darin einen Anlass, dem weiter nach zu gehen.«

Er erhob sich und streckte seine bloßen Hände in Richtung der Legionäre des Deathwing aus, die in der Nähe standen. Sie brachten ihm seine Panzerhandschuhe, seine Waffengürtel und seinen Kriegshelm. Während er die Handgelenksverschlüsse zuzog, trat Holguin ebenfalls vor und trug das mächtige Schwert des Löwen. Der Primarch warf ihm einen wissenden Blick zu.

»Davon einmal abgesehen – wann hast du je erlebt, dass ich irgendjemandem ungebeten die ganze Wahrheit erzählt habe? Ich werde nicht lügen, aber ich werde Roboutes Spiel mit dem Imperium Secundus nicht mit offenen Karten spielen.«

Holguin reichte ihm die Klinge. »Ich erkenne die Weisheit darin. ›Die unbekannte Wahrheit von heute ist das Geld von morgen‹, nicht wahr?«

»Genau«, sagte der Primarch. »Wie dem auch sei, es gibt deutlich dringendere Angelegenheiten, um die wir uns kümmern müssen.«

»Dann geht die Jagd wie geplant weiter? Ihr wollt weiterhin heimlich den Night Haunter suchen?«

Bei der Erwähnung des Namens zuckte kurz das rechte Augenlid des Löwen und er packte den Griff des in der Scheide steckenden Schwerts fester. »Die Jagd wird nie enden«, knurrte er. »Nicht, bis ich ihn habe, Holguin – gebrochen oder in Ketten, bis er um sein jämmerliches, wertloses Leben bettelt ...«

Er legte den Kopf schief und löste die Verkrampfung in seinem Hals.

»Und dann werde ich ihn *ausweiden*.«

»Auch wenn das eine gerechte und gerechtfertigte Tat wäre, gebietet es meine Ehre, Euch daran zu erinnern, dass Guilliman Euch zum Lord Protektor und nicht zum obersten Henker ernannt hat.«

Der funkelnde Blick des Löwen wurde eisig. »Pass auf, *kleiner Bruder* – wer mein Urteilsvermögen infrage stellt, wünscht sich schon bald, dass er das nicht getan hätte. Konrad Curze ist ein Übel, vor dem die gesamte *Galaxis* geschützt werden muss. Er hat keinen Platz in einem vernünftigen, geordneten Universum. Würdest du nicht zumindest soweit zustimmen, mein gewählter Lieutenant?«

Holguin verneigte sich. »Natürlich, Exzellenz. Die anderen Legionen sind den noch immer in Ultramar verstreuten Verräterkriegsbanden mehr als ebenbürtig. Der Deathwing steht bereit, um Euch und niemandem sonst zu dienen.«

»Dann benachrichtigt die Flotte, mit dreifacher Verschlüsselung – wir ziehen vor der Morgendämmerung ab. Das Flaggschiff und seine Geleitflottillen werden zur Machtdemonstration auf ihren Posten über Macragge bleiben. Alle anderen Schiffsmeister und Legionskapitäne sollen im Laufe der nächsten Stunde mit neuen Befehlen rechnen.«

Der Primarch klemmte sich seinen Helm unter den Arm und sie schritten Seite an Seite auf das große Tor des Saals zu, während der Umhang des Löwen hinter ihm her schleifte. Holguin hielt eine fein gearbeitete Boltpistole vor sich und drückte dem Primarchen ihren Griff in dessen wartende Hand.

»Und was ist unser Ziel, Herr?«, fragte er. »Wo sollen wir die Jagd auf Curze wieder aufnehmen?«

Der Löwe lächelte grimmig vor sich hin, während das Tor weit aufgerissen wurde.

»Wo immer er ist, er ist nicht auf Sotha. Zumindest dessen können wir uns sicher sein.«

WOLFSKÖNIG

Chris Wraight

~ DRAMATIS PERSONAE ~

Die VI. Legion ›Space Wolves‹

Leman Russ	Der Wolfskönig von Fenris, Herr des Rudels, Primarch der VI. Legion
Kva	Genannt *Der Gespaltene,* Runenpriester
Die Runenseher	Kvas ernannte Wächter
Grimnr Schwarzblut	Huscarl der Ehrengarde des Primarchen
Gunnar Gunnhilt Onn	Genannt *Lord Gunn,* Jarl von
Skrier	Genannt *Lahmklinge,* Ordonnanzoffizier des Lord
Gunn	
Aesir	Ordonnanzoffizier des Lord
Gunn	
Ogvai Helmschrot	Jarl von Tra
Bjorn	Der Einhändige‹, Rudelführer
Gothieb	
Hvan	
Eunwald	
Angvar	
Urth	
Ferith	
Hvarl	Genannt *Rotklinge,* Jarl von Sepp

Die XX. Legion ›Alpha Legion‹

Alpharius	Herr der Schlangen, Primarch der XX. Legion

DER BLUTQUELL

Die VI. Legion – die unter jenen, die sie zu fürchten gelernt haben, als Space Wolves, und unter denen, die zu Verrätern geworden waren, als Hunde des Imperators bekannt war – war wirklich nicht für die Leere geschaffen. Nicht wie die wilden Reiter des Khans, die Taktikmagister des Löwen, oder, zugegebenermaßen, die analytischen Kaltblüter der XX. Legion, die an dreidimensionale Kriegsführung so herangingen wie an alles andere – mit Präzision, Voraussicht und Scharfsinn.

Für die Krieger des Rudels, die auf einer Welt aus schwimmenden Eisschollen aufgewachsen waren, war ein Schiff ein Werkzeug. Es war ein Mittel, um die Wut der schiefergrauen Ozeane gerade lang genug zu überstehen, um wieder festen Boden unter den Füßen zu finden. Sie schnitzten Drachenköpfe in die Büge und arbeiteten Schutzrunen in die langen Rümpfe ihrer Schiffe, aber sie liebten sie nicht. Nicht wie sie die Äxte liebten, die man auf dem spärlichen Land frei führen konnte. Diese uralten Sitten hatten sie auf das Sternenmeer übertragen, und ihre Schlachtschiffe, Kreuzer, Fregatten und Kampfflieger erfüllten denselben Zweck: sie in aller Eile zum Schlachtfeld zu transportieren, wo sie von ihren wahren Stärken – dem Ansturm, der

Raserei, der entfesselten Aggression – auf eine Weise Gebrauch machen konnten, die ihren ewighungrigen Kampfgeist sättigte.

Wenn die Geschichten stimmten, hatten die Wölfe die Leere also nie geliebt, weshalb sie ihre großen Kriegsschiffe wie die fest auf den Kontinenten stehenden Hallen uralter Könige ausgestattet hatten, in denen Feuerschalen brannten und der beißende Geruch heißen Eisens in der Luft lag. Für das Rudel war die tiefe Dunkelheit kein Ort für das Mordtreiben, da ein Krieger an diesem Ort seinen Feind nicht sehen konnte. Er konnte weder in seine Augen schauen, wenn sich ihre Klingen kreuzten, noch seine Furcht fühlen, oder dessen Blut auf seinen Lippen schmecken. Für so einen Kämpfer war das Vakuum nichts als eine zweite Hel, ein Ort ohne echten Wert, ein Hohlraum, in dem ausschließlich der Intellekt den Verlauf der Schlacht bestimmte.

Das muss sich ändern, dachte Bjorn der Einhändige, während er durch die engen Korridore des feindlichen Sternenschiffs rannte und seine neue Energieklaue aufgeladen knisterte. *Wir müssen alles werden, was für alle Kriege nötig ist.*

Sein Rudel rannte mit ihm. Sie hatten ihre Schultern und Köpfe gesenkt und keuchten durch ihre blutverschmierten Voxgitter. Gothieb, der *Huscarl* seines Anführers, war dicht an seiner Seite. Von den sieben Wölfen, die die Alpha-Legion-Fregatte *Iota Malephelos* geentert hatten, waren nur noch vier übrig, aber diese arbeiteten sich auf brutale Weise zu ihrem Ziel vor, schlugen heftig zu, zertrümmerten Rüstungen und die darunterliegenden Knochen. Nachdem sie den Champion, das Ungeheuer in taktischer Dreadnoughtrüstung, das ihre Rudelbrüder abgeschlachtet hatte, gefällt hatten, hatte Bjorn sie weiter nach oben geführt, wie ein glühendes Brandeisen, das durch das Schiff hindurch ins schlagende Herz gestoßen wurde.

Jede Sehne brannte. Der Gestank von Kupfer erfüllte den Lufteinlass seines Helms. Schneller, immer schneller liefen sie. Sie rannten gemeinsam, sodass ihre Rüstungen auf dem engen Raum gegeneinander schepperten, während sie sich wie ein einzelner Jäger bewegten.

Inzwischen waren sie dicht dran. Keine fünf Ebenen weiter oben erwartete sie die Brücke. Bjorn konnte riechen, wie die Angst des Feindes zunahm, je näher sie kamen. Dieser *Geschwin-*

digkeit, dieser *Wildheit* hatten sie nichts entgegenzusetzen, sodass er vor Vergnügen brüllen wollte. Nachdem sie so lange in den Eisensärgen eingesperrt gewesen waren und ein Spiel, das sie hassten, gegen einen Feind gespielt hatten, den sie nicht sehen konnten, kämpften sie nun wieder auf die Art, für die das Schicksal sie geformt hatte.

Daran wird der Wolfskönig seine Freude haben, dachte der Einhändige, während sie auf die nächste Panzertür zurasten. Sie wurde von Männern bewacht, die bald tot sein würden. *Das wird seine alte Seele aufrütteln. Er wird wieder so knurren wie früher.*

Er spürte, wie seine Fangzähne über das Innere seines stickigen Helms kratzten, und wünschte sich, er könnte die Rüstung abnehmen und die giftige Luft des sterbenden Schiffs einatmen, während er über dessen Tod lachte.

Vielleicht hatte Lord Gunn recht gehabt. Vielleicht war das die Lösung – den Kampf zum Feind zu tragen, ihm die Rippen zu brechen und die Kehle herauszureißen. Die Blockade konnte durchbrochen werden; Bjorn und seine Rudelbrüder waren wie eine geschleuderte Wurfaxt, die zu schnell und zu schwer war, um aufgehalten zu werden.

Er könnte damit leben, wenn der Jarl, der ihm jedes Mal einen bösen Blick zuwarf, wenn er ihn mit bernsteinfarbenen Augen anschaute, recht hatte. Er könnte mit allem leben, was die Fesseln sprengte, die sie so lange im Blutquell von Alaxxes festgehalten hatten.

Er warf einen Blick auf das Chrono seiner Helmanzeige. Sie befanden sich schon weit über eine Stunde im Gefecht, und das ließ seine Herzen schneller schlagen.

Wir müssen hier raus, dachte Bjorn, während er sich auf die Verteidiger der Panzertür stürzte und mit der Klaue zuschlug, die er so ungestüm lieben gelernt hatte. *Wir müssen raus.*

I

Drei Standardtage zuvor hatten sich die Wölfe im Innern des Alaxxes-Nebels – der auch Blutquell oder Säureauge genannt wurde – zum Kriegsrat versammelt.

Die Legion war von höchster Not dort hineingetrieben worden, und nur seine außerordentliche Gefährlichkeit hatte sie am

Leben erhalten, um weiter zu kämpfen. Die Gaswolke war ein gewaltiges, rostrotes Gebilde in der Leere, das immer schneller und gründlicher alles zerfraß, je tiefer man hineingeriet. Sensoren wurden geblendet, Triebwerke lahmgelegt und die Gellerfelder zischten wie Magnesium auf Wasser. Kein Navigator bei Verstand hätte ein Schiff in diese Tiefen geführt, es sei denn, draußen wartete die sichere Vernichtung.

Im Innern gab es Tunnel, die nichts anderes als Taschen leeren Raums zwischen den ätzenden Materieschleiern waren. Diese konnten die Schiffe der Flotte hinabgleiten, während die tödlichen Untiefen sie von allen Seiten beschützten und bedrohten. Dort waren sie zwar vor den Abtastungen und dem Torpedobeschuss des Feindes verborgen, aber nicht vor den vernichtenden chromosphärischen Eruptionen geschützt, die Panzerplatten und überlastete Deflektorschilde durchschlugen. Während sie sich tiefer ins Innere des Blutquells durchschlugen, stellten die Wölfe fest, dass die Adern immer enger wurden, verschmutzter, und wie Nervenstränge ineinander verwickelt waren. Ein Schiff würde innerhalb weniger Stunden verschlungen sein, wenn es in die versengenden Gasfelder geraten würde. Sein Rumpf würde schmelzen, seine Schutzpanzerung implodieren und sein Warpkern aufbrechen; deshalb bewegten sich die Wölfe vorsichtig, schickten Geleitflieger weit voraus und führten wiederholt Augurlotungen durch.

Kein Sternenlicht erhellte diese Tiefen, und das All selbst glühte so zornig rot wie eine entzündete Wunde. Die eisgrauen Büge der Schiffe der *Vlka Fenryka* waren so blutrot wie Wolfsmäuler. Jedes Kriegsschiff trug die Narben des brutalen Gefechts gegen die Alpha Legion draußen in der offenen Leere. Sie waren überfallen worden, während sie sich noch von den Einsätzen nach Prospero erholt hatten; in Unterzahl und ausmanövriert hatten sie sich nur ins Herz der lebensrettenden Wolke zurückgezogen, um später erneut kämpfen zu können. Viele ihrer Schiffe waren inzwischen nicht mehr in der Lage in den Warp überzusetzen, selbst wenn die Gasströmungen das zugelassen hätten. Techtrupps wuselten über jede Oberfläche jedes Schlachtschiffs und arbeiteten in kräftezehrenden Schichten nur daran, die Schildgeneratoren funktionstüchtig zu halten und die Makrokanonenreihen wieder instand zu setzen. Doch sie würden ihre Aufgabe niemals zufriedenstellend abschließen können, nicht ohne die Wartung in einer offiziellen Werft des Mechanicum, und die nächste war unvorstellbar weit entfernt.

Die Wölfe waren also in die Enge getrieben, verwundet und abgemagert, nachdem sie von einem Feind mit mehr Ressourcen und unendlicher Geduld zum Rückzug gezwungen worden waren. Auf Schritt und Tritt wurden sie beharkt und wie Vieh mit der Peitsche weitergetrieben, bis sich aufgrund der engen Verhältnisse auf den Decks der Wahnsinn wie ein Virus ausgebreitet hatte.

Das waren die Umstände, unter denen Gunnar Gunnhilt, der Jarl von Onn, der von seinen Brüdern Lord Gunn genannt wurde und nur dem Primarchen unterstand, seine Argumente vorbrachte.

»Sie werden uns niedermachen«, sagte er.

Der Legionsbefehlsstab, ein Rat aus vierzig Mitgliedern, hörte aufmerksam zu. Russ hatte nicht gesprochen. Der Primarch saß gebeugt auf einem Granitthron. Zu seinen Stiefeln hatten sich seine Wölfe eingerollt und sein rötliches Gesicht war nachdenklich erstarrt. Unter einer schmutzig-blonden Haarmähne funkelten trüb seine eisblauen Augen. Der Herr über Krieg und Winter hatte seit ihrem fehlgeschlagenen Versuch, Alpharius zur *Hrafnkel* zu locken, nicht mehr gekämpft, und die aufgezwungene Untätigkeit schien ihn verkümmern zu lassen.

Bjorn hatte diesen letzten Kampf gesehen, hatte gesehen, wie der Primarch einen Contemptor-Dreadnought auseinandergenommen hatte wie ein Kinderspielzeug. Diese Macht musste noch immer in ihm stecken, tief in seinen Kämpferherzen eingesperrt, selbst inmitten endloser Niederlagen, doch das sichtbare Feuer war fort. Russ umgab sich inzwischen mit Runen, lauschte dem eisigen Geflüster weißhaariger Priester und versuchte die Prophezeiungen so zu deuten wie ein *Gothi* von früher.

Es wurde geflüstert – und Bjorn hatte das Geflüster gehört –, dass der Wolfskönig den Mumm zum Kämpfen verloren hätte; man sagte, dass er, da er aus dem eigentlichen Krieg herausgehalten wurde, seine Meinung geändert hätte; dass der Tod von Magnus ihn verfolgte und dass er keine Nacht mehr richtig geschlafen hätte, seit der Khan sich geweigert hatte, ihm zu Hilfe zu kommen. Bjorn glaubte das nicht und wusste, dass dieses

Geflüster töricht war, aber er musste zugeben, dass sich irgendetwas geändert hatte. Lord Gunn wusste das, Helmschrot wusste das, und die Priester, die Schiffskommandanten und die Jarls der Legion ebenfalls.

»Sie halten uns für besiegt«, sagte Gunn. »Dadurch werden sie unvorsichtig. Wir schlagen hart zurück, als geeinte Flotte, und führen Entermanöver durch, um ihre Hauptschlachtschiffe auszuschalten.« Es gab zustimmendes Brummen in dem zeremoniellen Kreis, der nur von dem flackernden Licht halb erloschener Feuer erhellt wurde. Über ihnen ragten die Totems ihrer Herkunftswelt in die Dunkelheit, noch immer vom längst vergangenen Wind und Regen auf Fenris gezeichnet: Tierschädel, Äxte mit umwickelten Griffen, großäugige Masken von Göttern und Ungeheuern. »Wenn wir weiter fliehen, verdienen wir es, hier wie verhungernde Hunde zu sterben.«

Russ sagte nichts, sondern strich mit den Fingern durch das dichte Fell der Wölfe zu seinen Füßen. Er starrte auf den Annulusstein im Herz des Kreises, der wie alle anderen Sarsensteine auf diesem gewaltigen Schiff von Asaheim hergebracht worden war. In seine Oberfläche waren konzentrische und spiralförmige Kreise geritzt, die eintausend Jahre vor dem Großen Kreuzzug geschaffen und im Laufe der Äonen glatt geschliffen worden waren.

»Gunn hat recht«, sagte Ogvai und ergänzte damit den Rat, den er zuvor gegeben hatte. Alle Jarls waren sich einig – sie waren es leid, zu fliehen.

Da schaute Russ hoch, aber nicht zu Lord Gunn, Ogvai Helmschrot oder einem der anderen. Er schaute, wie so oft, direkt Bjorn an. Als er das tat, spürte Bjorn einen Funken Missgunst der älteren Krieger, sogar von Ogvai, dem Meister seiner eigenen Großkompanie, und ihn überkam die altbekannte Mischung aus Scham und Stolz, die Russ' Aufmerksamkeit in ihm hervorrief.

Niemand wusste, warum der Primarch ihn so sehr schätzte. Für manche war das ein weiterer Beweis dafür, dass sein einst beispielloses Kampfgespür nachließ. Die Runenrassler und Knochenschnitzer behielten ihre Meinungen für sich, und Bjorn selbst hatte die Gründe nie erfahren wollen, nicht zuletzt aus Sorge darüber, was Russ gesehen haben könnte.

Diesmal sagte der Primarch nichts zu ihm. Sein Blick schweifte wieder ab und einer der beiden Wölfe zu seinen Füßen heulte unruhig.

»Das wird dein Kampf sein, Gunn«, sagte Russ schließlich. »Schlag hart zu, oder lass es ganz bleiben – sie sind uns zahlenmäßig überlegen.«

Darauf grinste Lord Gunn nicht, wie er das vielleicht in der Vergangenheit getan hätte. »So soll es geschehen.«

»Ihr habt zwei Stunden dafür«, sagte Russ abgelenkt. »Nicht länger. Entweder wir brechen in dieser Zeit durch, oder ich rufe euch zurück.«

»Zwei Stunden –«, setzte Gunn an.

»Nicht länger«, knurrte Russ, und seine Augen blitzten kurz auf. »Sie sind uns zahlen- und waffenmäßig überlegen. Entweder wir durchbrechen die Kette und befreien uns von ihr, oder wir fallen zurück. Ich werde nicht zulassen, dass meine Flotte auf ihrem Amboss vernichtet wird.«

Er sackte wieder in sich zusammen und schaute ins Leere. Er hatte nicht gesagt, ob er noch einmal versuchen würde Alpharius zur Strecke zu bringen, oder ob er die Schwertarbeit seinen Kriegern überlassen würde. Er hatte sehr wenig gesagt.

Lord Gunn verneigte sich langsam. Er hatte seine Chance bekommen, aber er hatte kaum Spielraum zum Erreichen eines Erfolgs.

»Wie Ihr wünscht«, war alles, was er sagte. Er ballte die Fäuste um den Stein vor sich, als ob er ihn aufbrechen wollte.

Sie verfolgten die Alpha Legion die nächsten zwei Standardtage lang mit Langstreckenauguren, um ein möglichst vollständiges Bild von dem feindlichen Verband zu erhalten. Lord Gunns Kriegsrat vermutete, dass ihnen zwei Drittel von Alpharius' Flotte ins Herz der Gaswolke gefolgt und in so lockerer Formation angeordnet waren, wie es die tückischen Zugangsrouten zuließen. Der Rest war weiter zurückgeblieben und schwebte über dem gesamten, ausgedehnten Gebilde, um darauf zu achten, dass die Space Wolves nicht entkamen.

Präzise Zahlen waren schwer zu ermitteln, selbst was die eigene verheerte Flotte der Wölfe anging. Kommunikationsstörungen führten dazu, dass viele kleinere Schiffe fälschlicherweise als verloren eingestuft wurden, obwohl sie sich noch immer in Sensorreichweite aufhielten. Trotzdem war klar, dass die Ressourcen der Alpha Legion weit über das hinausgingen, was Gunn zur Verfügung stand, und dass ihre Großkampfschiffe in besserem Zustand waren. Die *Hrafnkel*, der einzige Koloss der Gloriana-Klasse in der ganzen Flotte, hatte während der Flucht in den Nebel einiges eingesteckt und würde beim Ausbruchsversuch nur aus der Ferne Unterstützung leisten. Damit blieben die Linienschlachtschiffe *Ragnarok*, *Nidhöggur*, *Fenrysavar* und *Russvangum*, um den Hauptangriff zu führen, auch wenn die *Fenrysavar* in einem kaum besseren Zustand war als das Flaggschiff.

Die Alaxxes-Kluft stellte einige taktische Herausforderungen dar: Es gab keinen Platz, um sich in der Leere zu verteilen oder ausgefeilte Manöver durchzuführen. Sie würden in den größten Gastunneln kämpfen und von allen Seiten zwischen den umhertreibenden, aufgewühlten, roten Schleiern eingeklemmt sein. An der engsten Stelle hatte der Durchlass einen Durchmesser von weniger als zweihundert Kilometern – das war für die Aufstellung eines Gefechtsverbands ein ziemlich beengter Raum, der fast keinen Platz für richtige Bewegungen ließ.

Angesichts dieser Einschränkungen hatte sich Lord Gunn für eine Vorgehensweise entschieden, bei der seine Legion immer zuverlässig glänzte: einen Frontalangriff, der schnell und mit vollem Einsatz durchgeführt wurde. Der Hauptangriff der Großkampfschiffe würde von zwei Angriffskreuzergeschwadern unterstützt werden, die auf beiden Seiten versuchen würden vorauszueilen, um die anführenden Schiffe der Alpha Legion einzuschließen und ihre Seitengeschütze zu beschäftigen. Sobald die Schlacht entbrannt war, würde Gunn den Befehl erteilen, massenweise Entertorpedos und Kampfflieger zu entsenden. Das vorherige Gefecht tief in der Leere hatte ihm verdeutlicht, dass die Wölfe einzig im Nahkampf im Vorteil waren, auch wenn offensichtlich das Risiko bestand, Krieger an einen zahlenmäßig überlegenen Feind zu verlieren. Lord Gunns Ziel war es, so sagte er es seinen Brüdern, ›ihnen unsere Klingen in die Kehlen zu rammen und sie so tief hineinzustoßen, dass ihre Augen herausplatzen‹.

Niemand widersprach. Die Ratsversammlungen wurden beendet, Schwerter geschärft, Rüstungen mit Schutzrunen geweiht und Kampfriten durchgeführt. Es gefiel den Wölfen nicht, gejagt zu werden, und die Möglichkeit, das Blatt zu wenden, war Balsam auf der angeschlagenen Legionsseele.

Als es laut Chronometer spät am zweiten Tag war, wurde die Flotte in höchste Alarmbereitschaft versetzt. Die Flugbahnen waren bereits berechnet worden und änderten sich entsprechend den erwarteten Bewegungen der Alpha Legion. Sie ließen die verfolgende Flotte näherkommen, indem sie gleichmäßig ihre Hauptplasmatriebwerke herunterfuhren, um den Eindruck zu vermitteln, dass ihre Reaktorschutzhüllen undicht waren.

Während all das geschah, schaltete sich Russ nur selten ein. Er verbrachte immer mehr Zeit in seinen eigenen Gemächern und ließ Anfragen unbeantwortet. Bald wurde deutlich, dass er meinte, was er gesagt hatte: Das war Lord Gunns Angriff.

Während das Flottenchronometer die Nachtphase anzeigte, wurden vorbereitete Funksprüche an die Nachhut der Wölfe durchgegeben, die sie auf die bevorstehenden Bewegungen des Schlachtschiffkerns aufmerksam machten. Das hinterherziehende Geleitschiff *Vrek* berichtete Sichtungen von Alpha-Legion-Kundschaftern in neunhundert Kilometern Entfernung, und dieser Wert wurde in die vorbereiteten Angriffsmuster der Cogitatoren eingearbeitet.

Sechs Minuten später wurde der Befehl zur vollständigen Wendung erteilt und der Großteil der Nachhut führte eine langsame Drehung durch. Die Langsamkeit des Manövers diente zwei Zwecken: Die schwerfälligen Schlachtschiffe brauchten die Zeit, um ihre vorderen Lanzen auszurichten, und der Feind würde erst im letzten Moment darüber alarmiert werden, dass eine umfassende Neuausrichtung im Gange war.

Neun Minuten später wurden an alle Linienschiffe die Angriffsvektoren übermittelt – an Kampfschiffe, Kreuzer, Fregatten, Zerstörer. Entertrupps wurden ihre Zielorte mitgeteilt und in Abschussrohre gesteckt. Wie in Erwartung des bevorstehenden Gefechts pulsierten die Gaswolken zu allen Seiten heftig und peitschten Strahlen glühender Materie durch die roten Tiefen.

Zwei Minuten später gerieten die Schiffe der Alpha Legion in Sichtweite. Sie hatten bereits eine Verteidigungsformation eingenommen und sich gleichmäßig über den gesamten Gastunnel verteilt, um einen Ausfall zu verhindern. Die nächstgelegenen Signale stammten von Jagdbombern, die alle den schuppenförmigen, saphirblauen Anstrich der XX. Legion trugen. Hinter ihnen kamen die größeren Schiffe, die echten Ziele: Kriegsschiffe der Dominus- und der Vendetta-Klasse, auf deren Axtklingenbügen das Hydrasymbol prangte.

Lord Gunn, der in voller Rüstung auf dem Thronpodium der *Ragnarok* stand, machte sich ein letztes Bild von den feindlichen Verbänden. Die bernsteinfarbenen Augen unter seinen grau-schwarzen Brauen funkelten mit vernichtendem Blick die Leere an, als ob er sie mit den Fingern zerreißen wollte. Die Krieger des Rudels auf den abgestuften Ebenen unter ihm schauten zu ihm hinauf und warteten. Sie alle wussten, dass sie mit ihrem letzten versuchten Frontalangriff auf die Alpha Legion ihre Vernichtung riskiert hatten, und jetzt war jedes Gesicht von Rachsucht, Geltungsdrang und dem Wunsch, es diesmal *besser* zu machen, angespannt.

Wir sind die Wölfe von Fenris, dachte Gunn, während er aus ihrer Hingabe Kraft schöpfte. *Wir sind die Henker, die wilden Wächter*.

Er packte das Eisengeländer und beugte sich in dem riesigen Brückenraum nach vorn.

»Beginnt«, befahl er.

Und stumm loderte in der Leere hocherhitztes Promethium auf, als die dicht gedrängten Reihen der Rudelschlachtflotte ihre Triebwerke zündeten, ihre Waffen aktivierten und auf Angriffsgeschwindigkeit beschleunigten.

Zuerst stürzten flankierende Angriffskreuzergeschwader die Tunnelränder entlang und überlasteten ihre Triebwerke, um schneller zuzuschlagen als die Alpha Legion reagieren konnte. Die *Ragnarok* nahm die zentrale Führungsposition ein und wurde auf allen Seiten von vier Geleitschiffgeschwadern gedeckt. Die *Nidhöggur* und die *Fenrysavar* bildeten mit ihr eine lockere Dreiecksformation auf der Gefechtsebene und richteten sich so aus, dass die vorderen Geschütze ein möglichst breites Schussfeld hatten.

Die Lücke zwischen den Flotten schloss sich. Die Alpha Legion behielt ihre Formationen bei, sodass jedes Schiff durch die Hauptmakrokanonenbatterien der anderen gut gedeckt war. Sie unternahmen keinen Versuch, mit der Angriffsgeschwindigkeit der Wölfe gleichzuziehen, sondern hielten ihre stetige Beschleunigung aufrecht und blieben in klassischer Gitterformation.

Im Raumkampf kam alles auf die Anordnung an. In der offenen Leere beruhte die Verteidigung einer Flotte vollständig auf ihrer überschneidenden Formation. Jedes Kriegsschiff der Legiones Astartes war fast schon lächerlich stark überbewaffnet – da sie dazu gebaut waren, die galaktischen Imperien der Xenos zu bezwingen, konnte es jedes von ihnen mit den Verteidigungsanlagen einer ganzen Welt aufnehmen und war in der Lage, auf lange Reichweite gewaltige, atmosphärenzerfetzende Geschosse abzufeuern. Indem solche Schiffe in geometrischen Mustern angeordnet wurden, in denen jedes einzelne Schiff die Flanken eines anderen schützte, wurde ein exponentieller Multiplikationseffekt erzielt, sodass die Kriegsflotten des Kreuzzugs wie funkelnde Raubtierrudel durch die Leere schwebten, um dem Feind keine ungedeckten Angriffsflächen und keine ungeschützten Bereiche zu präsentieren. Eine bestehende Formation einer imperialen Flotte aufzubrechen war eine einschüchternde Aufgabe, und jeder Schiffsmeister jedes Gefechtsverbands wusste, wie wichtig es war, den Schutz der anderen zu nutzen.

Aber sie befanden sich nicht in der offenen Leere. Die Alaxxes-Tunnel verhinderten ausgefallene Flankierungsmanöver, sodass es nur noch eine Frage von Geschwindigkeit und Bewegungen auf kurzer Distanz war, also etwas, worin sich die VI. im Vorteil glaubte. Auch wenn sie nicht den geduldig errungenen Standortvorteil der XX. Legion hatten, konnten sie die Situation doch mit Wagemut wieder wettmachen.

Deshalb stürzten sich die Kundschafter der Space Wolves mit wilder Hemmungslosigkeit auf den Feind und wichen dem Flakbatteriebeschuss aus, während ihre Lanzen sternenhell leuchteten. Die Vorhut der Alpha Legion fiel zurück und hielt ihre ineinander verzahnten Positionen bei, um die ersten Angriffe zu absorbieren.

Es dauerte nur Sekunden, bis die Großkampfschiffe angriffen. Die *Ragnarok* nutzte die engen Schneisen, die die vorstürmenden Angriffskreuzer geschlagen hatten, um eine geballte Torpedosalve abzufeuern, die vom Lanzenfeuer ihrer Geleitschiffe und den dicht aufeinanderfolgenden Breitseiten ihrer eigenen Makrokanonen gedeckt wurde.

Das traf die Schiffe der Alpha Legion schwer. Die massenhaften Schüsse, die alle zugleich abgegeben worden waren, zerschmetterten den vorderen Deflektorschutz und zerfetzten Adamantiumstreben. Gunn hatte jedem Kommandanten befohlen, die Verteilernetze der Primärwaffen übermäßig zu belasten, womit sie zwar das Risiko einer Systemüberlastung eingingen, dafür aber mit ihren Eröffnungsschlägen heftig austeilten. Zwei vorauseilende Zerstörer der Wölfe gingen durch verhängnisvolle Explosionen verloren, als ihre Energiedämmsysteme ausfielen, doch der daraus entstandene Mahlstrom machte ihren Verlust wieder wett – ein halbes Dutzend Schiffe der Alpha Legion wurde von der plötzlichen Feuersbrunst lahmgelegt oder zerstört, einschließlich eines Ungetüms der Dominus-Klasse mit der Bezeichnung *Gamma My*.

Das war allerdings nicht das Primärziel des Angriffs. Auf jedem Kriegsschiff öffneten sich zischend die Hangartüren und verströmten Sauerstoffschwaden in die Leere. Wellen von Entertorpedos schossen aus den Beförderungsrohren und gruppierten und drehten sich, ehe sie sich auf die Angriffskoordinaten zubewegten. Sekundärgeschwader aus Kampffliegern starteten von Mutterschiffen, die sich weiterhin mit Angriffsgeschwindigkeit bewegten, und schnellten entlang vorher geplanter Angriffsvektoren vor, während die Seitenbatterien hinter ihnen das Feuer eröffneten.

Lord Gunn hatte seinen Zug gemacht und die Flotte, deren Schubdüsen die Gastunnelwände mit grellem Sonnenlicht erhellten, in einen Angriff auf kurze Distanz geschickt. Die Salven winziger Angriffsflieger schossen auf die vor ihnen liegenden massigen Ungetüme zu und trugen die schwache Hoffnung ihrer Legion mit sich.

Bjorns Rudel startete innerhalb der ersten paar Sekunden des Angriffs von der schnellen Angriffsfregatte *Eisbiss*. Der Entertorpedo trat zusammen mit den anderen in die Gefechtssphäre ein und stürzte drehend durch explodierende Plasmasalven, während die Cogitatoren Billionen Berechnungen durchführten, um sie zu ihrem Ziel zu bringen.

In seinem Haltegestell gesichert sah Bjorn die näherkommende Schiffsbezeichnung einen Sekundenbruchteil vor dem

Aufprall auf seiner Helmanzeige aufblitzen: *Iota Malephelos*. Da bedeutete sie ihm noch nichts; es war einfach eines aus dem Schwarm von Geleitschiffen, den die Entertrupps ausschalten sollten, damit die Großkampfschiffe mit ihren Hauptgeschützreihen das Feuer eröffnen konnten.

Mit einem scheußlichen Knacken krachte der Torpedo in den Schiffskörper und Bjorns Welt wurde zu einem ruckelnden Durcheinander aus weißem Rauschen und Nachbeben. Der Bug des Torpedos schlug tief in die Panzerplatten ein und quietschte dabei entsetzlich, bis er schlitternd inmitten eines geschmolzenen Wirrwarrs aus brennendem Stahl zum Erliegen kam.

Melter wurden aktiviert, Befestigungen ausgefahren und die Bugtür aufgerissen. Das Donnern der Triebwerksmotoren, das von den eingedrückten Wänden verstärkt wurde, wich dem Geheul entweichender Atmosphäre. Bjorn riss sich von seiner Halterung los, hakte seinen Bolter aus und stürmte aus der brennenden Öffnung. Sein Rudel – Hvan, Ferith, Angvar, Eunwald, Urth und Gothieb – folgten dichtauf mit rot glänzenden Helmlinsen.

Bjorn nutzte nicht länger *Blódbringer*, die Axt, die er während des letzten Gefechts getragen hatte, sondern führte am Ende seines linken Arms eine meisterhaft gefertigte Energieklaue und hielt in seinem rechten Panzerhandschuh einen Bolter. Sie kämpften erbittert, zunächst gegen gut ausgerüstete Schiffsknechte, dann gegen die echten Ziele: Alpha-Legionäre. Die Verräter traten aus den flackernden Schatten, und unter den versagenden Lumenstreifen verdunkelten sich die Schuppenmuster ihrer Rüstungen. Das Rudel löschte drei von ihnen aus, indem sie sie zahlenmäßig und mit ihrer Geschwindigkeit überwältigten. Danach blieben sie dicht zusammen und rauschten mit heißem Blut auf ihren Klingen enge Zubringerkorridore hinab.

Weitere Sterbliche wurden erschlagen, während sich das Rudel seinem Ziel näherte, alle Mitglieder im Einklang miteinander agierten und ihr brennender Rachedurst sie zu immer größerer Wildheit antrieb.

Die härteste Herausforderung erwartete sie direkt vor der Kommandobrücke – ein Champion der Alpha Legion in Terminatorrüstung, der von einem Dutzend Space Marines und sterblichen Hilfstruppen unterstützt wurde. Sie versperrten den nächsten Zugang mit kreuz und quer aufgestellten, schmiedeeisernen Barrikaden. Der Legionär kam mit aufheulenden Kettenklingen unter seinen wild feuernden Kombiboltern direkt auf sie zu. Hvan wurde von einem Geschosshagel ausgeschaltet und auf das Deck geschleudert. Gothieb duckte sich unter den Salven hinweg; er schlug mit seinem Kettenschwert hungrig nach vorne, es wurde aber weggetreten und krachte in ein Schott. Urth und Eunwald warfen sich an die Korridorwände und eröffneten aus der Ferne das Feuer auf den Feind.

Der Streiter sagte nichts. Es gab kein voxverstärktes Wutgebrüll, nur stummes, effizientes Morden. Ferith schaffte es nicht, den weitläufigen Boltgeschosssalven auszuweichen, die seine Rüstung mit einem Netz blutig umrandeter Risse überzogen, und ging als nächster zu Boden. Angvar stürmte auf den Terminator zu und wurde von einem mächtigen Hieb seines rechten Arms an der gegenüberliegenden Wand zerschmettert.

Mit Todesverwünschungen aus dem Alteis auf den Lippen sprang Bjorn den Feind an. Seine vier Adamantiumkrallen erwachten knisternd zum energieumzuckten Leben, und das grelle Blau erhellte die Finsternis um ihn.

Der Streiter ging entschlossen und mit blutrünstig ratternden Kettenklingen auf ihn los. Die beiden Krieger prallten zusammen und Bjorn spürte den reißenden Schmerz von Adamantiumzähnen, die in seinen Schulterpanzer schnitten. Ein Boltgeschoss traf ihn dicht an der Brust, sodass er fast auf den Rücken geschleudert worden wäre. Er drehte sich, wich aus und stieß zu, immer darauf bedacht, nah bei seinem Feind zu bleiben.

Er stieß seine Klaue nach oben und erwischte den Legionär unter dem Helm. Minderwertigere Krallen wären gerissen und hätten sich gespreizt, wären an der verstärkten Halsberge zerbrochen und hätten Bjorn für den Todesstoß verwundbar gemacht.

Aber diese Krallen stachen zu. Ihr Disruptorfeld flammte zu einem blau-weißen Durcheinander auf und durchbrach das dicke Ceramit. Die Krallen drangen tiefer, glitten durch Fleisch und zerschnitten Sehnen, Muskeln und Knochen. Heißes Blut strömte die Adamantiumkrallen herab und zischte, während es an den Klingen verkochte.

Der am Hals aufgespießte Streiter wankte. Bjorn drehte die

Klingen herum und der Feind stürzte mit herausgerissener Kehle und dem dumpfen, schweren, finalen Aufprall seiner leblosen Gefechtsrüstung auf das Deck.

Bjorn heulte triumphierend, spreizte seine Krallen und verspritzte Blut im Korridor. Hinter ihm näherten sich seine drei überlebenden Brüder, feuerten ungehindert, nahmen die überlebenden Alpha-Legionäre unter Beschuss und trieben sie zurück.

Gothieb, Bjorns Stellvertreter, schmunzelte über irgendetwas, während er vorbeirannte, doch Bjorn schenkte ihm keine Beachtung.

»Erschlagt sie!«, brüllte er. »Erschlagt sie alle!«

Sein Körper pulsierte vor Hyperadrenalin, während sie weiter stürmten. Er wusste, dass sie Glück gehabt hatten – sicherlich transportierten nicht viele feindliche Schiffe so wenige Legionäre –, doch der Kampfrausch spülte alle Bedenken fort. Die verbleibenden Ebenen zogen wie ein Wirbel aus Gemetzel an ihm vorbei, und schon bald ragten die Panzertüren der Kommandobrücke vor ihm auf. Bjorn, Eunwald und Urth hockten sich ans vordere Ende des Zugangskorridors und richteten ihre Bolter auf die Tür, während Gothieb vorsprintete, Breschensprengsätze anbrachte und zurückrannte.

Die Detonation riss die Korridorwände in Stücke. Bjorn stürmte durch die fliegenden Trümmer und schoss instinktiv durch die erschütternden Explosionen. Seine Rudelbrüder blieben ihm dicht auf den Fersen und zu viert stürzten sie durch die zerfallende Tür und in die Kammer dahinter.

Die Brücke war kreisförmig. Der Kommandothron befand sich im Zentrum und die Stufenebenen und Servitorgruben waren konzentrisch um ihn herum angeordnet. Die Mannschaft war reichlich vorgewarnt, und ein Hagel aus Laserschüssen und Projektilgeschossen zischte aus dem wogenden Rauch auf sie zu.

Bjorn sprang über eine Sensoriumssäule und schlug in einer drei Meter breiten Grube voller Sterblicher ein. Er schnitt sich mit seiner knisternden Klaue, die Rüstungspanzer und das weiche Fleisch darunter durchdrang, einen Weg durch sie hindurch. Nachdem er der Länge nach einen Pfad durch die Grube geschnitten hatte, erhob er sich an der anderen Seite und wirbelte für sein nächstes Ziel herum.

Währenddessen hatten Gothieb und Eunwald eine blutige

Schneise durch die offene Mitte geschlagen. Urths Bolterfeuer hatte die Scharfschützen ausgeschaltet, die sich auf den hohen Galerien gedrängt hatten, und arbeitete inzwischen die abgestuften Stationen ab, an denen er die Knechte von ihrem Platz riss und sie auf das darunter liegende Deck schleuderte.

Bjorn schritt auf den Kommandanten des Schiffs zu, einen Sterblichen, der die Farben der Alpha Legion trug und noch immer auf dem Taktikthron saß. Sein Gesicht war vor Furcht erbleicht. Der Kommandant wollte sich seine Pistole an die Stirn halten, doch Bjorn nahm sie, warf sie zur Seite, packte ihn am Hals und hob ihn gewaltsam aus dem Sitz.

Die Adern des Mannes traten hervor und seine Finger kratzten verzweifelt über Bjorns Panzerhandschuh. Es hatte einmal eine Zeit gegeben, in der Bjorn nach Informationen verlangt hätte, nach etwas, das die rätselhafte Strategie der Alpha Legion erklären könnte, aber diese Zeit war vorbei. Zu viele Rudelführer waren gestorben, und reiner Hass durchströmte ihn.

»Das hier werden wir«, zischte Bjorn, »mit euch allen machen.«

Er brach dem Mann das Genick und presste ohne Eile das Leben aus ihm heraus, bevor er die Leiche fallen ließ und den Schädel unter seinem Stiefel zerquetschte.

Dann hob er seine Klaue, warf seinen blutverschmierten Kopf zurück und heulte erneut. Der Rest seines Rudels unterbrach das Töten und tat das Gleiche, und über die ganze blutverschmierte, kaputte und mit Erschlagenen übersäte Brücke der *Iota Malephelos* hallte der jahrtausendealte Kriegsschrei des mitleidslosen Fenris.

Während sie über die ganze Breite des Wolkentunnels hinweg auf kurze Distanzen gegeneinander kämpften, entbrannte der eigentliche Kampf zwischen den beiden Flotten. Entertorpedos trafen reihenweise ihr Ziel oder wurden abgeschossen, was zu einer wogenden Kaskade gleißender Explosionen entlang des Schutzrings der Alpha Legion führte.

Die einzige Antwort aus den saphirblauen Reihen war ein zunehmend konzentrierteres Lasergegenfeuer, das sich durch die verflochtene Masse aus Schlachtschiffen fraß, um die dahinterliegenden Großkampfschiffe anzugreifen. Kein Schiff der

Alpha Legion schickte selbst Entertruppen los, da sie es vorzogen, erbittert aus der Ferne zuzuschlagen. Der innere Kern aus schweren Schlachtschiffen zog sich langsam und von brennenden Ringen aus Geleitschiffen umgeben zusammen.

Lord Gunn schaute von der Brücke der *Ragnarok* aus zu, wie sich das Gemetzel entwickelte, und suchte nach Anzeichen dafür, dass sich seine hochriskante Taktik bezahlt gemacht hatte. Ein breiter Streifen Alpha-Legion-Fregatten war im ersten Ansturm lahmgelegt worden und trieb nun mit von Explosionen zerrissenen Schiffskörpern von der Gefechtsebene davon. Schiefergraue Kampfflieger gingen in den Trümmern ihrer Vernichtungsarbeit nach und stürzten dicht heran, um sie mit dem Feuer ihrer Gefechtskanonen und montierten schweren Bolter zu beharken. Zusammen mit den zerstörerischen Salven der Langstreckenartillerie der *Hrafnkel* hatte der Ansturm der Wölfe den äußeren Flottenteil der Alpha Legion übel zugerichtet.

Trotzdem rührte sich der Feind nicht. Sie unternahmen keine Versuche, ihre äußeren Reihen zu schützen, und ließen die erste Welle Fregatten verbrennen. Kriegsschiffe der Dominus-Klasse fuhren mit flammenden Flanken in die Mitte und wurden von der Feuerunterstützung im Rücken der Alpha-Legion-Formation unterstützt. Bald wurde die Masse an Lanzenstößen geradezu überwältigend und die Strahlen zischten durch die Leere, als ob sie sie in Brand setzen wollten. Da sie keinen Platz für Flankenmanöver hatten, drehten sich die Schiffe der Wölfe behäbig und gaben dann mit ihren bauchseitigen Batterien Breitseiten ab, um mit ähnlich starkem Beschuss zu antworten.

Überall auf der Brücke der *Ragnarok* trafen taktische Berichte ein, um die sich umhersprintende Knechte kümmerten und an die Befehlszentralen der Legion weitergaben. Mehrere Entertrupps hatten die Brücken ihrer Opfer erreicht. Drei kleinere Kriegsschiffe waren bereits erobert worden, sechs weitere waren umkämpft und zwei andere waren von innen heraus zerstört worden.

Allmählich erkannte Gunn was vor sich ging: Der Kommandant der Alpha Legion, wer er auch sein mochte, ließ seine kleineren Schiffe bereitwillig sterben. Die Fregatten waren unterbesetzt und schlecht geschützt, Köder für den Infanterieangriff, den er vorausgeahnt haben musste. Nichts würde den Vorstoß ihrer Großkampfschiffe aufhalten, die nun alle ihre vorderen Geschützreihen auf die zahlenmäßig unterlegenen Space Wolves ausrichteten. Gunns Schlachtschiffe konnten ihnen eine Weile standhalten, aber nicht ewig – zu viele waren mit der ersten Welle losgeprescht, da er darauf gezählt hatte, dass der Feind seine Schiffe nicht aufgeben wollen und deshalb seine Formation auflösen würde, um sie zu retten.

Er spürte ein übles Gefühl in seinem Magen aufsteigen. Die *Ragnarok* pflügte vorwärts, direkt ins Herz des Getümmels, und feuerte mit allen Lanzen. Seine Schiffsmeister steuerten sie geschickt, wendeten sie und richteten ihre Geschütze so aus, dass sie den maximalen Nutzen brachten. Rings um ihn prallten taumelnde ausgebrannte Schiffskörper gegeneinander, doch er sah, dass es trotzdem nicht reichen würde.

Sie wussten, dass ich die Kampfflieger starten lassen würde.

Vor ihm, weniger als hundert Kilometer entfernt, stellte sich die Kerngruppe aus Linienschlachtschiffen der Alpha Legion in Lanzenreichweite auf. Keines von ihnen hatte irgendeinen Versuch unternommen, die Fregatten in ihrer Schusslinie zu decken, und der ermittelte Energieanstieg deutete darauf hin, dass sie vorhatten direkt durch sie hindurch zu feuern. Dabei würden sie zwangsläufig einige der ihren treffen, doch sie hatten offensichtlich einkalkuliert, dass viele von ihnen bereits geentert und lahmgelegt sein würden, sodass sich der Verlust für die ganze Flotte in Grenzen halten würde.

Das war eine ekelerregende Kriegsphilosophie. Gunn überprüfte das Chronometer. Sie hatten noch eine knappe Stunde, bevor Russ' unmögliche Frist ablief. Wenn sich nicht schnell etwas änderte, gab es bei diesem Angriff keine Chance auf einen Durchbruch.

»Erhöht die Flottenangriffsgeschwindigkeit!«, donnerte er, obwohl er wusste, dass er sie bereits an ihre Grenze getrieben hatte. »Befehlt allen Schiffen, das Feuer auf die Vorhutformation zu konzentrieren!«

Es war noch nicht vorbei. Noch immer zermalmten die beiden Flotten einander mit verheerender Gewalt, und ein zufälliger Warpkernriss oder plötzlicher Nervenverlust konnte das Blatt noch wenden. Ringsum rückte das kochende Herz von Alaxxes, das von flackerndem Laserfeuer und Explosionen erhellt wurde, immer näher, und brodelte wie die neun Herzen der Hel. Die Alpha Legion rückte mit mechanischer Kälte und Ruhe vor.

»Zerreißt sie!«, brüllte Lord Gunn, und der brennende Zorn in seinen Herzen ließ seine Stimme zittern, während er seine Panzerhandschuhe zu Fäusten ballte. »Beim Allvater, beim unsterblichen Fenris, *zerreißt sie!*«

Die letzten Verteidiger auf der *Iota Malephelos* waren abgeschlachtet, die Steuerungssysteme übernommen und allmählich stank der ganze Ort nach heißem Blut.

Gothieb schritt zu einer Sensoriumskonsole und schaute auf die Liste eingehender Signale herab. »*Fekke*«, fluchte er, während er den Tanz der winzigen Lichtpunkte beobachtete.

Bjorn schaute durch die eingerissene Sichtluke der Brücke und sah die rötliche, mit Explosionen gepunktete Leere. Die nähere Umgebung war voller Lichtbögen und knisternder Energieentladungen, die unheimlich, täuschend leise in die gigantischen Raumschiffe einschlugen. Noch während er hinsah, trudelte der brennende Rumpf eines Angriffskreuzers, der die Symbole der Alpha Legion trug, mit gebrochenem Rückgrat durch sein Sichtfeld. Von seiner Unterseite lösten sich Rettungskapseln wie Fischrogen, der im Meer freigesetzt wurde.

»Status«, befahl er und ging zu Gothieb. Eunwald und Urth bewachten den aufgebrochenen Eingang und luden ihre Bolter nach.

»Das ist die *Hel*«, sagte Gothieb und klang beeindruckt.

Bjorn musste nur einen kurzen Blick auf das Taktikfeld werfen, um zu sehen, dass er recht hatte. Lord Gunns Manöver war bereits zum Scheitern verurteilt. Die Blockade der Alpha Legion wurde über den ganzen Gastunnel hinweg aufrechterhalten, was nicht zuletzt an ihrer Bereitschaft lag, sich ihre äußeren Flanken aufreißen zu lassen. Plötzlich verstand Bjorn, warum es so leicht gewesen war, die *Iota Malephelos* zu erobern: Der Feind hatte seine Kraft sparsam eingesetzt, damit die Wölfe ihre eigene an den schwächeren Kundschaftern aufbrauchten. Die Wellen von Entermanövern hatten zwar einen großen Teil des schützenden Schilds aus kleineren Schiffen ausgeschaltet, aber nicht genug, um die Hauptformation aus Großkampfschiffen entscheidend zu entblößen.

Die *Russvangum* und die *Ragnarok* hatten sich dem Herzen der Schlacht angenommen. An ihren Flanken flackerten Breitseiten auf, während sie von dem bedrohlichen, tödlichen Wolkenrand des Alaxxes-Blutquells umgeben waren. Die *Hrafnkel* blieb weiter hinten und feuerte eine Torpedosalve nach der anderen ab, um sich durch eine Reihe glimmender, gebrochener Schiffsrümpfe einen Weg zum feindlichen Herzen freizuschlagen, doch das geschah viel zu langsam und viel zu offensichtlich.

Die Alpha Legion war weiterhin im Vorteil. Sie konnten es sich leisten, für jedes Space-Wolf-Schiff zwei von ihren eigenen zu verlieren, und dieses Spiel spielten sie gut. Lord Gunn hatte die Vorhut des Rudels erbittert angetrieben, da er wusste, dass sie ein Loch in den Verteidigungswall schlagen und die Unterstützungsschiffe von ihren Positionen vertreiben mussten. In einem Sektor hatte er das fast geschafft – die *Ragnarok* hatte ihren nächstgelegenen Rivalen auseinandergenommen, einen Giganten namens *Theta*, und eilte weiterhin genau auf das Herz der Gefechtssphäre zu, während all ihre Kanonen feuerten.

Doch mehrere Dutzend Schiffe der Alpha Legion trugen die Bezeichnung *Theta* – alles wurde wiederholt, referenziert und doppelt verwendet, was eine weitere hassenswerte Eigenheit der XX. war –, sodass es für die taktische Situation keinen Unterschied machte. Die Wölfe hatten dort doch nicht die Oberhand errungen und waren der viel höheren Schiffskonzentration nun hilflos ausgeliefert. Hinter der ausbrennenden Hülle dieser *Theta* begaben sich bereits weitere Schlachtschiffe behäbig in Position, unterstützt von frischen Geleitgeschwadern. Die Wölfe konnten nichts Ebenbürtiges aufbieten, und während ihre Krieger für Störeinsätze weit verstreut waren, verhinderten die Fesseln der Alaxxes-Tunnelränder alles außer einen Frontalangriff, den sie inzwischen kaum noch weiterführen konnten.

»Er wird uns zurückrufen«, murrte Bjorn, als er begriff, was unausweichlich vor ihnen lag.

»Wir werden niemals eine bessere Gelegenheit bekommen«, sagte Gothieb.

Er hatte recht. Wenn sie es jetzt nicht schafften durchzubrechen, konnten sie sich nur tiefer hineintreiben lassen, in engere Raumkorridore, die ihre Möglichkeiten immer weiter einschränken würden, bis sie gar keine Wahl mehr haben würden. Sie würden Tag für Tag verfolgt werden, bis der Tod sie in kleinen Gefechten auf lange Reichweite ereilen würde.

Eine armselige Art zu sterben.

Bjorn schritt zum Kommandothron herüber und trat die Leiche mit dem gebrochenen Genick aus dem Weg. Er rief die Flugbahneinstellungen der Fregatte auf, überschrieb sie und gab neue Befehle ein.

»Es ist noch nicht vorbei«, knurrte er und ließ seine Helmlinsen über die verwüstete Brücke schweifen. »Findet eine Kommunikationsstation. Bereitet neue Treuecodes für die *Ragnarok* vor.«

Die *Iota Malephelos* wendete scharf und richtete sich auf das nächstgelegene Schiff der Alpha Legion aus, eine Fregatte, die den Namen *Keta Rho* trug. Das Schiff war vollständig damit beschäftigt, zu einem Verband der Wölfe zu eilen, der von dem Angriffskreuzer *Runenklinge* angeführt wurde, und ihre Hauptlanze lud sich für einen Angriff auf. Rings um sie herum spielten sich in einem dichten Mahlstrom aufblitzender Kanonenentladungen tausend weitere Gefechte ab.

Die Waffensteuerungskonsole der *Iota Malephelos* glich beinahe exakt der auf der *Helreiter*, abgesehen von den abweichenden Symbolen. Die Ironie dieses Krieges lag in seiner furchtbaren Vertrautheit – sie kämpften mit den gleichen Waffen, auf die gleiche Art, mit der gleichen Hingabe.

Die *Keta Rho* trieb vor die Sichtluke, beschleunigte noch immer auf derselben Flugbahn zum selben Ziel, und Bjorn entschlüsselte die Codes, die er brauchte. Hunderte Meter unter ihm wurden schlagartig die feuerbereiten Breitseitenbatterien ausgefahren.

»Sie haben unseren Kurswechsel bemerkt«, meldete Gothieb.

»Zu spät«, sagte Bjorn und aktivierte die Geschütze.

Die *Iota Malephelos* folgte weiter ihrer Flugbahn, wenn auch etwas unbeholfen, da die sekundären Steuermannschaften alle tot waren. Sie verschoss ihre gesamte Ladung auf die *Keta Rho*. Rings um sie blitzte es, als die Geschütze alle zugleich feuerten und über die kurze Distanz zwischen ihnen einen Sturm schiffsvernichtender Geschosse entfachten. Die *Keta Rho* versuchte im letzten Moment noch ein Ausweichmanöver durchzuführen, doch sie war zu nah, um zu entkommen. Die ihnen zugewandte Flanke wurde von einer Reihe heftiger

Kanonentreffer durchschlagen, die die Deflektorschilde zerschmetterten und sie bis auf die darunter liegenden Rumpfplatten durchbrachen.

Sofort steuerten andere Schiffe der Alpha Legion die *Iota Malephelos* an, da sie auf ihren Seitenwechsel aufmerksam geworden waren.

»Wenden für einen weiteren Durchgang«, sagte Bjorn, während er beobachtete, wie sich die Taktikanzeige mit feindlichen Signalen füllte, und sich fragte, wie lange sie das überstehen würden.

Gothieb nahm die Änderungen gerade vor, als das Chronometer die Zwei-Stunden-Grenze erreichte. Fast augenblicklich wurde über die Flottenverbindung der Rückzug befohlen.

Lord Gunn hatte genug – nicht einmal er würde nur, um seinen Stolz zu retten, dabei zusehen, wie die Flotte zerfetzt wurde. In der gesamten Gefechtssphäre eilten die Sturmrammen, Enterboote und Kampfflieger gewiss schon zu ihren Hangars zurück, während sie von den Geleitschiffen gedeckt wurden, die den anfänglichen Nahkampf überlebt hatten.

Die *Keta Rho* war noch funktionstüchtig und wendete, um ihre Waffen auszurichten. Sechs andere feindliche Schiffe eilten von dem steuerbordseitigen Tiefpunkt nach oben und näherten sich der *Iota Malephelos*.

»Wie lauten Eure Befehle?«, fragte Gothieb.

Bjorn musste sich nicht die Taktikanzeigen anschauen, um zu wissen, was er zu tun hatte. Es machte ihn krank, darüber nachzudenken, doch es gab keine Alternative.

»Macht den neuen Ident bekannt«, knurrte er, da er – wieder einmal – vom Schmerz des Rückzugs kostete. »Dann mit voller Kraft mit dem Rest zurück.«

Gunn blieb am Steuer der *Ragnarok* und schaute sich grimmig und wütend auf der Brücke des gewaltigen Schlachtschiffs um. Unter ihm waren auf Dutzenden, abgestuften Ebenen, die kreisförmig vom Kommandopodium ausgingen, hunderte Sterbliche und Servitoren aufgereiht, die versuchten den Rückzugsbefehl umzusetzen, ohne dass dabei das Schiff zerstört wurde. Die Schiffe der Alpha Legion eilten inzwischen mit maximaler Beschleunigung aus jeder Richtung heran, versuchten die äußere

Verteidigungshülle zu durchdringen und zwischen die beschädigteren Kriegsschiffe zu gelangen.

»Bereich sichern«, mahnte Gunn und machte auf eine Schwachstelle in dem Sektor aufmerksam, der von der *Fenrysavar* gehalten wurde. »Lasst die Kampfflieger landen. *Skítja*, wir müssen diese Torpedos *sofort* da rausholen.«

Die gesamte Flotte der Wölfe zog sich zusammen und schwenkte in ihre Rückzugsflugbahnen herum. Das war eine gefährliche Zeitspanne, in der sie riskierten, die Flanken ihrer Schlachtschiffe zu entblößen, bevor sie wieder die volle Geschwindigkeit aufnehmen konnten. Einige gekaperte Schiffe reagierten auf den Befehl, aber nicht genug, um die zu ersetzen, die in dem rasenden Gegenangriff verloren gegangen waren. Außerdem behinderte sie der einengende Gastunnel, da ein Überschreiten seines Rands so katastrophal wäre wie die Treffer einer ganzen Lanzenbatterie. Die ganze Situation war also sehr beengt, und die Masse eintreffenden Feuers schränkte sie ebenso sehr ein wie die schrumpfende Gefechtssphäre. Gunn warf einen Blick auf das Übersichtshololith und betrachtete die Positionen der Schlachtschiffe. Die *Hrafnkel* war im Zentrum der Formation geblieben und rang ihren mitgenommen Geschützbatterien irgendwie immer noch mehr Unterstützungsfeuer ab; sie war das Herzstück, um das sich der Rest der Flotte drehte.

Er starrte das flimmernde Bild vor sich an und hasste es geradezu. Der Primarch war an Bord dieses Schiffs, versteckte sich in seinen Gemächern und verlor sich in mürrischer Gleichgültigkeit. Er hätte *hier* sein und den Ansturm anführen sollen. Lord Gunn war ein Veteran, der seit Jahrhunderten Krieg führte, doch er machte sich keine Illusionen darüber, wie weit ihre Fähigkeiten beim Kommandieren von Schiffen auseinanderklafften. Vielleicht hätte Russ es schaffen können. Er hätte irgendetwas heraufbeschworen, aus den Tiefen gezerrt und in die verräterischen Gesichter der Feinde geschleudert. Dafür war er *da* – um das Unmögliche zu tun, um die Legion aus dem Sumpf zu ziehen und sie wieder in eine Position zu bringen, von der aus sie jagen konnte.

»Lord, die Flotte zieht ab«, meldete der Meister der Navigation der *Ragnarok*. »Die Flugbahn wurde eingestellt – werden wir uns ihnen anschließen?«

Noch während der Mann sprach, drangen aus den Eingeweiden der *Ragnarok* weitere Beben. Noch mehr Treffer folgten – Granaten, Torpedos, Laserschüsse. All das beharkte ihre Schilde, die ohnehin schon kurz vor dem Versagen standen. Wenn Gunn die Augen schloss, konnte er die Qualen des Schiffs spüren, das eintausend Schnittwunden erlitten hatte und in die Leere blutete.

Er könnte einen letzten Angriff befehlen. Er könnte das Schlachtschiff gegen die herannahende Vorhut der Alpha Legion schicken und so viel wie möglich von ihr zerstören, bevor sie dem Schiff schließlich das Genick brechen würde. Vielleicht würden sie sogar noch geentert werden, bevor es zu Ende ging, und er würde wie ein Krieger auf der Kommandobrücke sterben, von den hoch aufgetürmten Leichen seiner Feinde umringt.

Dann würde ich mit einem Lächeln sterben, dachte er.

»Wir ziehen ab«, befahl Gunn und presste die Worte hervor. »Deckt den Rückzug. Geschützsperrfeuer aufrechterhalten. Wir werden die Letzten sein, die sich zurückziehen.«

Dann drehte er sich mit minimal gesenkten Schultern um und wandte den Blick von dem vorderen Oculus ab, da er ihn anwiderte.

II

Die Runen.

Bilder, die in feurig leuchtenden Stein oder Eisen geritzt waren. Für das ungeübte Auge wirkten sie grob, allerdings waren sie auch nicht für die Blicke ungeübter Augen geschnitzt worden. Die *Vlka Fenryka* wussten, wie man sie anschauen musste, wie man sie las, wie man die Symmetrie, das Gewicht und die tiefere Bedeutung erkannte.

Kein fenrisisches Symbol beinhaltete einen horizontalen Strich – jeder Schnitt verlief vertikal oder diagonal und wurde mit der Spitze eines Stichels oder einer tödlichen Klinge ausgemeißelt. Die größten Formenschmiede der Eiswelt, die *Volundr*, verbrachten so viel Zeit mit der Herstellung ihrer Werkzeuge wie mit dem Einritzen der heiligen Symbole. Schließlich waren die Werkzeuge in der Lage, leere Flächen aus Holz, Stein, Metall oder Knochen mit einer Bedeutung aufzuladen, die die Ewigkeit überdauern würde. Die Schöpfer flüsterten den Namen der Rune, während sie vornübergebeugt im Schatten an ihr arbeiteten und ihre Linien in das Material ritzten, um die beiden Seelen aneinanderzubinden und etwas Größeres zu schaffen, als das Gezeichnete und das Zeichen.

Es konnte ein Jahrzehnt dauern, eine Inschrift abzuschließen. Wenn ein Fehler gemacht wurde, wurde das Holz verbrannt, der Stein zertrümmert, das Metall eingeschmolzen, der Knochen zerbrochen. Die *Volundr* verzierten die bedeutungsschwere Schrift mit Knotenmustern, die sie in feinsten Linien um die Symbolreihen zogen, um die Seelen von Wyrmen, den augenlosen Geschöpfen aus der tiefen Dunkelheit von Fenris, schwarzrindenen Eiben und ehrwürdigen, berühmten Klingen anzurufen. Kein Schnitt wurde unüberlegt gemacht, und kein Symbol wurde grundlos ausgewählt, denn die Kombinationen aus Symbolen und Zeichen ergaben eine ganz eigene Bedeutung.

Die *Fenryka* hatten immer schon gewusst, dass die Schnitzereien sie vor den Seelenfressern schützten, denn das Tiefenreich bestand aus Gedanken, und jeder Gedanke war ein Wort, und jedes Wort hatte seine Rune.

Deshalb war das Werk auch nicht zur Zierde, sondern Metaphysik.

Der Primarch Leman Russ wusste all das. Er wusste es besser als jede lebende Seele, und verstand mehr von Runen als selbst seine größten Schmiede, denn er war aus dem gleichen Stoff gemacht, aus dem der Schicksalsteppich gewebt war, und die Runen berührten sein Wesen auf eine Weise, die keiner seiner Krieger jemals wirklich verstehen würde.

Und das, obwohl sie die Runenzeichen länger kannten als er. Die Fenriser kannten die heiligen Formen schon so lange, wie Menschen auf der Todeswelt lebten, und es hatten schon Menschen auf der Todeswelt gelebt, bevor das Imperium existierte. Runen waren schon lange vor Russ' Ankunft bei den *Vlka* auf dem ewig wandernden Eis in Knochenfragmente geritzt worden. Damals waren sie verwendet worden, um die schlimmste Kälte von ihren flackernden Feuerstellen fernzuhalten. Unter mehreren Lagen gegerbter Felle hatten die alten Gothi zeitlose

Wahrheiten gemurmelt, die Knochenzeichen in ihren knorrigen Händen befragt und mit dem Puls und Herzschlag der Weltenseele kommuniziert, während ihr sturmumtostes Heim schäumend unter dem Meer der Sterne gereist war.

Eines verstanden nur wenige, nicht einmal die Weisen: Die Primarchen waren ihrem Volk fremd. Sie hatten keine Heimatwelten, nicht einmal Terra; hinter ihren Namen steckten nur Adoptivpersonen, die sie formten und die im Gegenzug geformt wurden, bis etwas Neues geschaffen worden war, etwas, das stark oder gebrochen sein mochte, aber immer ein Mischwesen war, dessen Herkunft von den launischen Spielen unverständlicher Gottheiten verschleiert wurde.

Jeder Gensohn des Imperators könnte sich in einer dunklen Nacht voller Zweifel fragen, wie viel seiner Persönlichkeit in den amniotischen Tanks der Herdwelt geformt worden war, und wie viel davon von den Ebenen, Wäldern und Wüsten der Planeten stammte, auf die sie verstreut worden waren. Jeder von ihnen konnte das nagende Geflüster in seinen Träumen hören: *Du bist der Fremde, du warst nicht für diesen Ort bestimmt, dein Volk gehört nicht zu dir.*

Selbst der Herr über Krieg und Winter, die lebende Verkörperung von Fenris, der in Wolfspelze gehüllt war und dessen eisblaue Augen die Farbe des Gewölbes von Asaheim hatten, hörte dieses Geflüster.

Und inzwischen hörte er es laut, während er in Felle gewickelt auf dem Steinboden seiner Kammer hockte und seine vernarbten Finger mit den Knochenzeichen spielten. Meistens hatten diese Finger eine Axt gehalten. Sie waren nie dazu eingesetzt worden, etwas zu schaffen oder zu streicheln, sodass es dicke Finger waren, mit Haut so zäh wie gekochtes Leder, unter der adamantiumharte Knochen lagen.

Lange Zeit hatte sich Russ angesichts seiner eigenen Stärke gefragt, ob ein Primarch ernsthaft verwundet oder sogar getötet werden konnte. Jetzt wusste er, dass beides möglich war, denn er hatte es selbst getan. Wenn er die Augen schloss, konnte er noch immer das bestürzte Entsetzen in Magnus' einzigem Auge sehen, wenige Momente, bevor der tosende Warporkan seinen Körper in Stücke gerissen hatte.

In seinen Träumen hörte er die letzten Worte seines Bruders, bevor es mit ihm zu Ende gegangen war, in dem Augenblick, als gerade die Glaspyramiden zersprangen.

Du bist ein Schwert in den falschen Händen, mein Bruder. Du hast einen Unschuldigen geköpft, und das wird dich auf ewig verfolgen.

Russ hatte zu der Zeit keinen Gedanken an diese Worte verschwendet, denn jeder Mensch, Legionär oder Halbgott, den er je erschlagen hatte, hatte vor dem Ende um sein Leben gebettelt – das taten sie immer. Sie klammerten sich ans Leben wie ein verhungernder Welpe an die Zitze. Magnus hatte er ohnehin gehasst. Er hatte ihn für das, was er gewesen war, und für das, was er zu sein vorgegeben hatte, abgrundtief gehasst.

Und dennoch. Dennoch.

Er hob die Runenzeichen auf und warf sie erneut. Sie fielen mit einem leichten Klappern auf die strudelförmigen Zukunftslinien, die in den Stein graviert waren. Einige fielen mit der Bildseite nach unten und wurden ignoriert. Andere zeigten im zwielichtigen Feuerschein ihr Symbol.

Ahlwaz. Gugnir. Dag. Rizam. Izhad.

Was bedeutete das? Russ entspannte seine erschöpften Augen, die von zwei Wochen ohne Schlaf gerötet waren, und versuchte hinter das physische Reich zu blicken.

Da ist ein Muster. Sie sprechen. Der Allvater schweigt, doch die Runen sprechen. Da ist ein Muster.

Wenn dem so war, konnte er es nicht sehen. Er machte beharrlich weiter und öffnete seinen Geist für neue Möglichkeiten. Einen Moment lang war da ein Funke, den er kaum wahrnehmen konnte, und dann nichts mehr.

Aus den samtigen Schatten drang Frekis Knurren, ein Grollen, das wie verschüttetes Öl über den Boden wogte. Die beiden Wölfe hatten sich am Rand des Lichtkreises zusammengerollt, da sie den Runenkreis nicht betreten durften. Geri, der klügere von den beiden, gab kein Geräusch von sich.

Russ schaute zu ihnen hoch und lächelte freudlos. »Vergeude ich meine Zeit?«, fragte er und kratzte sich an den Stoppeln seines Kinns. »Ja, vielleicht.«

Dann schaute er sich um und ließ den Blick durch die Kammer schweifen. An Ketten hingen alte Klingen, die sich langsam drehten. Die Feuerschalen waren fast ausgebrannt, spendeten nur noch spärliches Licht und kaum Wärme. Der Raum stank nach glühender Asche und altem Schweiß – den Gerüchen der Gefangenschaft. Die Tür war seit langem verschlossen, und keiner seiner Leute würde es wagen, die Schwelle zu übertreten, ohne von ihm gerufen worden zu sein.

Eine Rune lag immer mit der Bildseite nach unten. Egal, wie Russ die Runen warf, der Bär zeigte sich nie.

»Wenigstens eine Sache habe ich richtig gedeutet«, grübelte Russ. »Wir sind aus demselben Barren geschmiedet, er und ich.«

Geri schaute mit starren, goldenen Augen zu seinem Herrn hoch. Russ setzte sich umständlich auf die Knie. Er streckte seine riesigen Arme aus und spürte, wie sich seine Muskeln dehnten und das Gewicht von *Mjalnar* vermissten. Dann hielt er inne und lauschte, während seine Herzen heftig schlugen.

Es war nichts zu hören als der hechelnde Atem der Wölfe und das Knistern der Kohle, untermalt von dem fortwährenden Mahlen der gewaltigen Triebwerke, die die *Hrafnkel* durch die Windungen und Schächte des Alaxxes-Nebels trugen.

»Tiefer hinein«, flüsterte Russ, da er wusste, wohin die Flotte getrieben wurde.

Zu jenem Zeitpunkt hätte er zurückgehen können. Er hätte wieder das Kommando übernehmen können, es Gunn entreißen können. Der wusste nur, wie man die alten Kriege führte, und seine Seele befand sich schon halb in Morkais kalter Hand. Die anderen hätten das begrüßt. Ihre Augen hätten wieder geleuchtet, denn der Wolfskönig wäre wieder unter ihnen gewesen, und gewiss würde er *Antworten* haben, mit denen sich der Verlauf des Krieges ändern ließe. Mit denen die Wölfe wieder Herren über ihr eigenes Schicksal werden konnten, mit denen *sie* die Gefürchteten sein konnten, die Jäger.

All das waren sie lange Zeit gewesen: Sie hatten sich gegenseitig diese Geschichten erzählt, ein Gefühl von Unbesiegbarkeit aufgebaut, sich für etwas Außergewöhnliches gehalten. Eine Zeit lang hatte sie das geschützt. Sie waren zu dem geworden, an das sie geglaubt hatten. Eine Zeit lang hatten sie das Unmögliche getan, und er hatte sie angeführt, am Ruhm teilgehabt und zugesehen, wie die Galaxis von ihnen das Fürchten lernte.

Er hätte zurückgehen können. Früher oder später würde er das tun müssen.

Freki knurrte erneut, um sein Missfallen auszudrücken. Geri blieb stumm.

Langsam griff Leman Russ, Primarch der VI. Legion, wieder nach den Runen.

Gunn erreichte seine eigenen Gemächer an der Spitze des Befehlsturms der *Ragnarok* später, als er beabsichtigt hatte. Alles zehrte an seinen Nerven, reizte ihn, beschwor die Wut herauf, die ihn in der richtigen Kriegsform so herausragend machte. All diese Wut war nun verschwendet, in diesen eisernen Sarg seines Sternenschiffs gesperrt, und konnte nicht dort entladen werden, wo sie hingehörte – auf dem Schlachtfeld, mit dem Feind in Reichweite seines Bolters oder seiner Klinge, nah genug, um ihn riechen zu können.

Jetzt zogen sich die Wölfe erneut geschlagen zurück, stürzten tiefer ins Unbekannte, und die Schande darüber nagte an ihm. Zwanzig Schiffe, einschließlich des Angriffskreuzers *Runenklinge*, waren bei dem Angriff verloren gegangen, und nur sieben waren erfolgreich von Entertrupps gekapert worden. Während des Rückzugs hatten sie drei weitere an den Feind verloren. Sie waren nicht schnell genug gewesen und waren von den Jägern der Alpha Legion verschlungen worden, die ihnen dicht auf den Fersen gewesen waren. Ein anderes war während des Wendemanövers von den Säuregaswolken eingehüllt und quälend langsam in das metallzerfressende Herz des Nebels gezerrt worden. Der Kern der Legionsschiffe war intakt, auch wenn sie erneut verletzt worden waren und nun mit beschädigten Triebwerken die volle Geschwindigkeit beibehalten mussten, obwohl die Wege ins Herz des Gasgebildes immer enger und gefährlicher wurden.

Verdammter Khan, dachte Gunn.

Während des ersten Angriffs waren die White Scars in Reichweite gewesen und sie hatten sicherlich gewusst, wie die Chancen für die VI. Legion gestanden hatten. Es war noch immer nicht klar, warum sie sich dagegen entschieden hatten, ihnen zu Hilfe kommen – hatten sie sich ebenfalls von der Seite des Allvaters abgewandt? Das war gut vorstellbar. Vielleicht war es das, was Russ' Entschlossenheit gebrochen hatte. Bevor der Khan sie im Stich gelassen hatte, war der Primarch ganz er selbst gewesen; danach war sein Feuer erloschen.

Gunn schlug auf den Türschalter und die Eisenplatte glitt auf. Der Raum dahinter war genau wie alle anderen auf der *Ragnarok* – kaum erleuchtet, stickig von den Gerüchen von Kohlenasche und brüniertem Metall und mit einer spärlichen Einrichtung aus altersgeschwärztem Holz und Eisen ausgestattet.

Zwei Wölfe erwarteten ihn im Innern – sein stellvertretender Befehlshaber, Skrier Lahmklinge, dessen langes, verfilztes Haar ein von Narben übersätes, schmales Gesicht umrahmte, und Aesir, dessen augmetische Kinnpartie in der Dunkelheit metallisch glänzte.

Andere, flimmernde Hololithgestalten wurden von ihren Schiffen übertragen, da der Transport zwischen zwei Fahrzeugen bei solchen Geschwindigkeiten selbst für fenrisische Mannschaften viel zu gefährlich geworden war. Ogvai stand als grübelnder leuchtend-blassgrüner Schleier ganz vorne.

Lord Gunn stellte sich in den Kreis. »Also«, sagte er. »Wieder eine Niederlage, und jetzt die Flucht.« Niemand antwortete. Die Stille war erdrückend – *Flucht* war das schändlichste Wort von allen. »Und wo ist er bei all dem? Hat er geredet?«

Ogvai schüttelte erschöpft den Kopf. Die *Nidhöggur* war mitten im Getümmel gewesen, und auf ihren unteren Ebenen brannte es noch immer. »Wir sind von seiner Gunst so abhängig wie ein Köter am Tisch.«

»Was sollen wir dann tun?«, fragte Gunn. »Er will mich nicht anhören.«

»Er weiß, was Ihr sagen würdet«, sagte Ogvai.

»Wir warten«, sagte Skrier. Sein Spitzname, Lahmklinge, war beispielhaft für den beißenden Sarkasmus der Wölfe – er war die schnellste Klinge der Großkompanie und hatte bei den beiden Enterangriffen neunzehn Alpha-Legionäre getötet. »Er bespricht sich mit den Gothi. Er sucht den Wyrdpfad.«

»Er ist der Primarch«, murmelte Aesir.

»Und wenn schon?«

»Ich habe meine Klinge keinem Runenleser verschworen!«, sagte Gunn. »Ich habe ihn auf Shrike kämpfen sehen, und *da* war er der Wolfskönig.«

»Keiner von uns ist noch derselbe«, sagte Ogvai. »Jedenfalls nicht der, der er auf Shrike war.«

»Das könnten wir aber sein. Er sollte kämpfen, nicht auf der *Hrafnkel* schmollen.«

Aesir sah beklommen aus, so wie auch einige andere. Sie hatten alle ihre Zweifel, aber Russ war noch immer der Herr der Legion.

»Worauf wollt Ihr hinaus, Gunnar?«, fragte Ogvai. »Jammert Ihr nur rum, um Dampf abzulassen, oder habt Ihr etwas für mich Interessantes zu sagen?«

Gunn zögerte. Verrat hatte sich so weitläufig im Imperium ausgebreitet, dass sich schon die leiseste Andeutung von Ungehorsam gefährlich anfühlte. Tatsächlich wusste er nicht, was er sich wünschte, nur dass er wollte, dass die Dinge wieder so waren wie früher: Russ mit feurigen Herzen, der den Feind mit gebleckten Reißzähnen verfluchte und er selbst als Schildträger an der Seite seines Gebieters, wo er tat, wozu sie alle gezüchtet worden waren.

Er versuchte abzuschätzen, wie sich die anderen fühlten, was sie zu tun bereit wären, wie er sie mitreißen konnte. Da wurde ihm seine Unzulänglichkeit bewusst – er war ein Krieger, ein Schädelzertrümmerer, kein Diplomat.

»Wir können nicht ewig davonlaufen«, sagte er und sprach damit das für alle Offensichtliche aus. »Wir haben das Innere der Wolke nicht kartiert – die Tunnel werden sich um uns zusammenziehen und wir werden umkehren müssen. Es wird zu einer Abrechnung kommen, und wir dürfen kein drittes Mal scheitern. Wir müssen eine Lösung finden.« Dann schlich sich ein Hauch von Verzweiflung in seine Stimme. Er hörte sie selbst, konnte sie aber nicht unterdrücken. »Es wird eine Lösung geben.«

Einige nickten. Ein tiefes, zustimmendes, von Knurren unterlegtes Gemurmel ertönte über das Vox von den anderen Schiffen.

»Und der Wolfskönig?«, fragte Ogvai.

Gunn schaute ihn fest an.

»Eine Legion ist mehr als ihr Primarch«, sagte er, und auch wenn er die Worte hasste, die sich aus seinem Mund ergossen, wollte er sie nicht zurücknehmen. »Vielleicht ist es das, was das Schicksal uns hier lehrt.«

* * *

Die gekaperte *Iota Malephelos* zog angeschlagen zusammen mit dem Rest der Flotte durch die gewundenen Adern und wurde inzwischen von Korvetten flankiert, die die Farben der Space Wolves trugen. In den letzten Augenblicken vor dem Erreichen der vollen Geschwindigkeit des Rückzugs waren ein paar Transporter mit *Kaerlen* gelandet, sodass das Schiff über eine Rumpfmannschaft von der VI. Legion verfügte. Dann war Bjorns Rudel methodisch durch den Rest des Schiffs gezogen: Die verbliebenen hochrangigen Knechte der Alpha Legion hatten sie getötet, die Sterblichen von mittlerem Rang in den Zellen untergebracht, bis sie sie befragen konnten, und die Untersten und die Servitoren dazu gezwungen, das Schiff instand zu halten. Sensortragende Entschärfungstrupps durchsuchten jedes Deck nach zurückgelassenen Sprengfallen und schalteten alles aus, was im Entferntesten verdächtig wirkte.

Und weil es ein Schiff der Alpha Legion war, wirkte alles verdächtig, und alles wurde überprüft und dann noch mal überprüft.

Bjorn blieb auf der Kommandobrücke und überwachte die hastige Reparatur der Navigationssysteme, die während des Angriffs beschädigt worden waren. Es gab noch immer viel zu tun. Der Navigator hatte sich in seiner gepanzerten Kugel an der Spitze des höchsten Schiffsturms eingeschlossen, und schon bald würden sie einen Weg finden müssen dort einzubrechen, ohne die Warptauglichkeit des Schiffs zu beeinträchtigen. Jedes Cogitatorsystem war mit einer vielschichtigen Verschlüsselung gesichert worden, was alle außer den simpelsten Arbeiten äußerst schwierig machte. Vorerst konnten sie nichts tun als den Schaden zu beheben, die Reste der Mannschaft zu jagen und das Schiff so dicht auf dem Raumpfad zu halten wie möglich.

Bjorn warf einen Blick auf eine Mittelstrecken-Auguranzeige, die auf eine Linse links neben dem Kommandothron projiziert wurde. Die Marker der verfolgenden Alpha Legion blieben beharrlich knapp außer Lanzenreichweite und verminderten ihre Geschwindigkeit nicht. Sie waren beeindruckend hartnäckig.

Nicht zum ersten Mal stellte er sich die Frage, wie ihre Befehle lauteten. Hatte Alpharius mit Magnus in Kontakt gestanden? Hatte sich der Khan seinem Verrat angeschlossen? Es gab einige Primarchen, die die Wölfe so sehr hassten, dass sie ihre

Vernichtung unterstützen würden – Angron sicherlich. Lorgar möglicherweise. Der Löwe? Es bestand eine geringe Chance, dass er ein Teil davon war, doch seine Ehre hätte sicherlich verlangt, dass er offen den Krieg erklärte.

Das Frustrierende daran war, es *nicht zu wissen*. Sie mussten nach Terra, um die Worte der Wahrheit aus dem Mund des Allvaters zu hören – bis dahin blieben ihnen nur Gerüchte und Schatten.

Während Bjorn zum hundertsten Mal die verschiedenen Gedankenspiele durchging, leuchtete plötzlich eine Rune auf dem Kurzstrecken-Sensorsystem auf. Er vergrößerte die Übertragung. Etwas, das von einem der anderen Space-Wolves-Schiffe gestartet zu sein schien, flog schnell auf die *Iota Malephelos* zu. Er wechselte zu einer Echtzeitansicht und sah es mit blau-weiß brennenden Schubdüsen näherkommen, während es darum kämpfte, mit den rasenden Kolossen ringsum mitzuhalten. Sofort richteten sich die Schiffsabwehrgeschütze der *Iota Malephelos* auf den Eindringling und verfolgten seinen unkontrolliert näherkommenden Kurs.

»Nicht schießen«, voxte Bjorn den Geschützmannschaften und hoffte, dass eine ausreichende Befehlskette eingerichtet worden war, um die Nachricht an ihr Ziel zu bringen. Er erhob sich vom Thron und verließ das Podium, während er einem sterblichen Schiffsmeister, einem Kaerl aus der Besatzung der *Ragnarok*, bedeutete das Kommando zu übernehmen. Er wusste, wo das eintreffende Schiff anlegen würde, denn er hatte seinen Umriss erkannt – eine Flottenfähre für maximal vier Passagiere. Er hatte keine Ahnung, warum zur Hel sie bei diesen Geschwindigkeiten einen solchen einsetzten, wo doch ein funktionierendes Voxnetzwerk zur Verfügung stand, oder, wenn sie wirklich verzweifelt waren, auch Teleporter. Offensichtlich hatte es jemand für wichtig gehalten, persönlich zu erscheinen.

Bjorn eilte zum Empfangshangar unter der Brücke, einer recht schlichten Halle verglichen mit den riesigen Hauptandockebenen darunter. Während er ging, roch er die dezenten Düfte der Alpha Legion auf jeder Oberfläche – eine Mischung von Aromen, die sich jeglicher Definition entzogen und schwer auszulöschen waren, selbst wenn er den Chemtrupps befohlen hätte, die Böden und Wände abzuspritzen.

Als er das Flugvorfeld des Hangars erreichte, war der Deflektorschild über der Austrittsöffnung abgeschaltet und der Flieger setzte zur Landung an. Er setzte schwer auf und brachte den Gestank überhitzter Triebwerke mit sich. Rauch stieg aus den keilförmigen Stabilisatorflügeln, während das Fahrgestell auf dem Deck aufsetzte und sich eine einfache Anlegeluke zischend öffnete.

Die ersten beiden, die die Rampe hinabstiegen, waren Krieger in knochenweißer Mark-II-Legionsrüstung, deren übereinanderliegende Platten von tintenschwarzen Runen bedeckt waren. Auf ihren Brustplatten prangten Bilder von Morkai und sie trugen einschneidige Äxte mit einem Griff so lang wie der von Psihellebarden.

Hinter ihnen stieg der dritte Passagier über das klirrende Metall hinab, eine massige Gestalt in einer altertümlichen Gefechtsrüstung. Er trug keinen Helm und Bjorn sah weißmeliertes, geflochtenes Haar, das über einem runzligen, tätowierten Gesicht zusammengeknotet war. Die Haut war von einem Dutzend Metallstacheln durchstochen. Er trug einen langen Stab, der von einem schmalen Tierschädel gekrönt wurde und mit klirrenden Runenzeichen behangen war.

Die Atmosphäre im ganzen Hangar wirkte elektrisiert und Bjorn spürte, wie ein Jucken seine Wirbelsäule hinab zog. Die beiden weißgekleideten Begleiter traten zurück, damit ihr Meister besser ins Blickfeld humpeln konnte. Obwohl er groß war, wirkte der Gothi eigenartig verkümmert, als ob sein Körper in seiner schützenden Ceramitrüstung dahinsiechen würde.

Bjorn kannte seinen Namen, so wie alle in der Legion: Kva der Gespaltene, der Ratgeber des Wolfskönigs.

»Dann seid Ihr also die Wolfsklaue«, sagte der Runenpriester mit einer Stimme, die wie das Scharren von Krallen durch Kohlebrocken klang.

»Der Einhändige, Jarl«, berichtigte Bjorn. »So werde ich seit Prospero genannt.«

Kva fixierte ihn mit den schwarzen Punkten seiner eindringlichen Augen, deren Iris so tiefbronzen waren, als ob sie poliert wären. Der Runenpriester wirkte unkonzentriert, als ob er sich nicht sicher wäre, wo oder wann er war. Ein Hauch von rituellem Weihrauch stieg aus seiner Halsberge. »Vorerst«, sagte er schließlich mit zuckenden, eingerissenen Lippen. »Ihr werdet mit mir kommen.«

Bjorn zögerte. Er hatte viel zu tun, allein um zu verhindern, dass sich die *Iota Malephelos* in der Leere in ihre Einzelteile auflöste, und niemand von der *Hrafnkel* hatte ihn vorgewarnt. »Auf wessen Befehl?«, fragte er fest und blieb stehen.

Kva warf ihm einen schiefen Blick zu. »Was glaubt Ihr denn?« Ein listiges Lächeln verzerrte sein sich ununterbrochen bewegendes Gesicht. »Er mag Euch. Betrachtet das als Segen oder als Bürde – Eure Entscheidung.«

Er drehte sich um, ohne eine Antwort abzuwarten, und seine Ehrengarde folgte ihm. Bjorn schaute sich kurz im Hangar um. Das war seine Beute, die er der Niederlage abgerungen hatte, und es hätte gutgetan, sie sich zu eigen zu machen.

Aber Befehle waren Befehle, und Runenpriester erwarteten nicht, dass man sie infrage stellte.

Er ging los.

Eine Standardstunde nach seiner Infiltration setzte sich der Eindringling in Bewegung.

Es war schwer gewesen, die äußere Hülle der *Hrafnkel* zu durchdringen. Ein Schlachtschiff der Gloriana-Klasse war ein riesiges Etwas, eine weitläufige Stadt im All, die zehntausende Seelen beheimatete und an deren Flanken sich stetig wechselnde Kämpfe abspielten, mit denen die Schlachten auf dem Alten Terra kaum vergleichbar waren, aber trotzdem bewachten die Wölfe ihr Territorium aufmerksam. Sein Einmann-Schattenflieger hatte tanzen, herumwirbeln und den Spießrutenlauf aus mörderischen Flakstreuschüssen überstehen müssen, während die schiffsvernichtenden Energielanzen durch die Leere gesaust waren.

Schließlich hatte er sich für einen knöchelförmigen Vorsprung entschieden, der aus einem der Haupttriebwerke ragte. Diese wuchtige, schmiedeeiserne Masse hatte wie ein Tumor an der gewaltigen Flankenunterseite der *Hrafnkel* gehaftet. Es hatte eine winzige Lücke im Abwehrlaserfeuer des Schiffs gegeben, eine minimale Schwächung des Deflektorschilds – gerade genug, dass sein Raumgleiter in den Schatten huschen und durchbrechen konnte.

Sein Schiff hatte es niemals ins Innere der *Hrafnkel* geschafft.

Es war dazu gebaut worden, ihn nah genug zum Entern heranzubringen und sich dann in den Mahlstrom aus Laserstrahlen zurückzuziehen. Seine Zerstörung erfolgte neunzehn Sekunden, nachdem es ihn einhundert Meter von der Flanke des Flaggschiffs entfernt abgesetzt hatte. Das würde von den Datenerfassungsgeräten der *Hrafnkel* aufgezeichnet werden und jeglichen Verdacht ausräumen, falls die Augurbeobachtungen seines eingehenden Angriffs jemals von einem außergewöhnlich gewissenhaften Knechte überprüft werden sollten.

Im leeren All waren einhundert Meter mit Leichtigkeit zu überwinden, und sein in eine Servorüstung gekleideter Körper hatte diese Entfernung so schnell wie ein Boltgeschoss zurückgelegt. Der stahlgraue Rumpf war auf ihn zugerast, während er von aufblitzenden Explosionen erhellt wurde, die aus einem metallenen Horizont brachen. Er war gegen die Panzerplatten gekracht, hatte sich daran magnetarretiert, dann eine Abtastung durchgeführt und war wie eine Spinne zu der nächstgelegenen Zugangsluke gekrabbelt. Er hatte zwei Breschensprengsätze angebracht, sich daraufhin kurz zurückgezogen und auf die lautlose Explosion gewartet.

Sekunden später war er drinnen, kroch durch einen Innenbereich aus Metallgittern, zog sich an Stützpfeilern hoch und wühlte sich zu den unter Druck stehenden Bereichen durch. Er hatte eine Ecke zwischen zwei Stützbalken gefunden, in der es vollkommen dunkel und in der er von dicken Metallplatten umgeben war. Sie war dreißig Meter von seinem Einstiegspunkt entfernt, roch nach Öl und stinkenden Bilgeflüssigkeiten, und befand sich mindestens hundert Meter unter dem nächsten bewohnten Deck.

Dort wartete er. Er ertrug die Beben, während die Geschütze der Schiffe aus der Ferne auf die *Hrafnkel* einhämmerten. Mehr als einmal kam ihm der Gedanke, dass das Flaggschiff von dem Trommelfeuer zerstört werden könnte. In diesem Fall hätte sich sein Auftrag als sinnlos und kurz herausgestellt. Bald wurde allerdings klar, dass die Offensive der Wölfe so gescheitert war, wie es von vornherein festgestanden hatte. Das Dröhnen der Raumtriebwerke, die mit voller Kraft arbeiteten, verriet ihm, dass das Flaggschiff wieder seinen Kurs ins Herz des Nebels aufnahm.

Also hatte er eine Stunde lang gewartet und dem allgegenwärtigen Knarren des Sternenschiffsinneren unter Reisebelastungen gelauscht. In dieser Zeit tat er drei Dinge.

Zuerst überprüfte er die Spezialausrüstung, mit der seine Rüstung ausgestattet war: abtastungsresistente Resonanzemitter, verbesserte Augurgeräte, lautlose Servomechanismen. Er trug – natürlich – das Grau der Space Wolves, und die Rudelmarkierungen wiesen ihn als einen Krieger aus Hvarl Rotklinges Großkompanie aus. Die Tarnung würde einer gründlichen Überprüfung nicht standhalten, war aber ausreichend, um sich kurzzeitig im Freien zu bewegen.

Als Zweites brachte er einen Peiler im Cogitator seines Helms an, der daraufhin eine Route zu seinem Ziel plante. Das Innere der *Hrafnkel* würde sich zweifellos deutlich von dem unterscheiden, was er gewohnt war, aber alle Legionsflaggschiffe waren anhand ähnlicher Vorlagen gebaut worden, wodurch er sich zumindest ein wenig auskennen würde.

Als Drittes, kurz bevor er sich aufmachte, aktivierte er das verschlüsselte Übertragungsgerät, das unter seinem Energiemodul steckte. Er überprüfte, ob die verschlüsselten Daten die Deflektorschilde der *Hrafnkel* durchbrachen und an den Ort gingen, an den sie sollten. Für etwas anderes als das Empfängergegenstück waren sie so gut wie unbemerkbar, aber selbst wenn sie irgendwie abgefangen worden wären, war die Verschlüsselung so gestaltet, dass sie der fehlerhaften Ausgabe eines defekten Realraum-Augurknotens ähnelten, von denen die *Hrafnkel* zur Zeit Hunderte hatte.

Auf seinem Chronometer näherte sich die Stunde tickend ihrem Ende und er nahm sich einen Moment, um sich zu sammeln. Er hatte sich in den schmiedeeisernen Eingeweiden eines unvorstellbar riesigen Sternenschiffs verborgen, war von Kriegern umgeben, die ihn töten würden, sobald sie ihn rochen – und er war von jeder Unterstützung abgeschnitten, leicht bewaffnet und allein. Nach sämtlichen Maßstäben, selbst denen seiner eigenen, geheimniskrämerischen Legion, war das ein unsicheres Unterfangen.

Doch andererseits war das nun mal der Krieg, und außerdem war er psychisch nicht in der Lage, sich davon einschüchtern zu lassen. Also setzte er sich planmäßig und leise in Bewegung und schlich durch die Schatten, für deren Durchquerung er geboren worden war.

Die Reise zurück zur *Hrafnkel* war stürmisch. Der Leichter wurde von den enormen Triebwerkswogen einer ganzen Flotte, die sich mit voller Kraft durch weiterhin beengte Räume bewegte, hin und her geschleudert. Bjorn, dessen Körper in seinem Haltegestell herumgeworfen wurde, warf durch die Panzerglassichtluke einen Blick hinaus und sah rings um sich die Kolosse, deren Schubdüsen wie Supernovae loderten. Jenseits der Umrisse der großen Schiffskörper befand sich das aufgewühlte Innenleben von Alaxxes, das vor launischer Wut ebenso rot glühte wie eine Wunde im Materium.

Der Runenpriester saß ihm gegenüber und trommelte mit den Fingern auf seinem Stab, während seine Augen umherzuckten und auch der Rest seines Körpers niemals ruhte. Ab und zu murmelte er irgendetwas Unverständliches, bis sein Gesichtsausdruck wieder klar wurde. Wenn er das tat, dann hatte das etwas entsetzlich Eindringliches an sich, obwohl es nur einige Momente anhielt, ehe es wieder verschwand. Es war, als ob er zwischen zwei Standorten umherhuschte, einem realen, einem hyperrealen; und in keinem von beiden blieb er wirklich.

Bjorn störte sich daran nicht, denn Gothi waren nun mal Gothi. Die Runenpriester waren eine der wenigen Konstanten, die die Welten des Alteises und das veränderte Asaheim miteinander verbanden – die Seher der Runen überdauerten, blickten zur Unterstützung ihrer Wahrnehmung ins Jenseits und nahmen den Preis ihrer eigenen Seelen auf sich, damit die Stämme, denen sie dienten, navigieren und gedeihen konnten.

Kvas Geist, sagte man, befand sich sowohl im Jenseits als auch im Diesseits. In einer anderen Legion wäre solch eine Abweichung von der Imperialen Wahrheit niemals toleriert worden, doch hierin, wie in so vielem anderen, bildeten die Wölfe die Ausnahme.

»Ich verstehe nicht«, sagte Bjorn schließlich.

Kva blinzelte ihn zwei Mal an und fokussierte ihn dann. »Warum der Wolfskönig Euch sehen möchte? Mittlerweile wandelt er auf undeutlichen Pfaden. Er sieht etwas, und jetzt sehe ich etwas. Er wird sich an das klammern, was enthüllt worden ist.«

Das machte die Sache nicht viel verständlicher. Der Leichter drehte scharf bei. Die beiden weißgerüsteten Wachen mit den plattgesichtigen Helmen über ihren Gesichtern blieben so stumm wie Grabsteine.

»Was verbirgt er?«, hakte Bjorn nach, da er wusste, dass der kurze Flug seine einzige Gelegenheit für Antworten sein würde.

Kva lachte schnaubend. »Verbergen? Denken manche das wirklich?« Er schüttelte den weißmelierten Kopf. »Diese Legion kann nur eine einzige Sache. Vergesst nicht – er ist keiner von uns. Er ist besser.« Plötzlich sah der Runenpriester nachdenklich aus, als ob ihm der Gedanke gerade erst gekommen wäre. »Er verbirgt nichts. Jetzt nicht. Zum ersten Mal hört er zu.«

Was hört er zu?, hätte Bjorn fast gefragt, besann sich dann aber eines Besseren. Der Leichter flog unter dem gewaltigen Schatten der Landeöffnungen der *Hrafnkel* hinweg. Bjorn erhaschte einen Blick auf eine schlachtvernarbte Wolfskopfvorrichtung an den verbrannten Flanken, die vom Laserbeschuss fast vom Metall getrennt worden wäre.

»Ich weiß nicht, was ich ihm sagen soll«, sagte Bjorn.

Als der Leichter das Schwerkraftfeld der *Hrafnkel* erreichte, warf Kva ihm einen Blick zu, der fast schon von Verständnis zeugte – das war der eigenartigste von all den wechselhaften Gesichtsausdrücken des Runenpriesters. »Unsere alten Waffen sind abgestumpft«, sagte er. »Das sieht er, auch wenn andere das nicht tun.« Das schiefe Lächeln, die glasigen Augen und der Eindruck, dass er etwas sah, was nicht wirklich da war, kehrten zurück. »Wir können nicht aus Alaxxes raus. Wir sind nicht stark genug. Was sagt Euch das?«

Bjorn wusste es nicht, andererseits stimmte er auch der Einschätzung nicht zu – es gab nichts, was die VI. Legion nicht erreichen konnte, solange sie über ausreichend Zeit und Inbrunst verfügte. Er unternahm allerdings keinen Versuch, dem Runenpriester zu widersprechen, denn inzwischen hatte der Leichter den Hangar erreicht und fuhr die Landebeine aus.

Kva warf sein Haltegestell ab, froh, von den Fesseln frei zu sein, und kam unter sichtlichen Schmerzen auf die Beine.

»Dann kommt, *Einhändiger*«, sagte er. »Es wird Zeit zu sehen, ob sein Vertrauen in Euch gerechtfertigt ist.«

* * *

Sechs Stunden nach dem abgebrochenen Versuch, aus dem Alaxxes-Nebel auszubrechen, nahm die *Ragnarok* die Vorhutposition an der Spitze der Flotte ein. Der Rest der Großkampfschiffe drängte sich dicht zusammen, zeitweise weniger als tausend Meter voneinander entfernt, und donnerte durch die gewundenen Hohlräume des höllischen Labyrinths wie Vieh, das sich durch ein Tor zwängt. In diesem Zeitraum ging ein weiteres Geleitschiff verloren: Ein Kundschafter, der in den blutroten Nebel gesaugt worden war, als er versuchte, in einer zerklüfteten Lücke scharf zu wenden. Die Ränder des Raumtunnels kamen näher und stießen weiterhin große Materiewolken aus, die die ohnehin belasteten Deflektorschilde der größeren Schiffe beharkten. Und die ganze Zeit über verfolgte die Alpha Legion sie geduldig und vorsichtig weiter, ließ sich niemals hinter die Heckauguren der Wölfe zurückfallen und verfolgte ihr Ziel mit unerbittlicher Beharrlichkeit.

Lord Gunn stand auf der Brücke seines Schiffs und beobachtete, wie die Flottenberichte der Reihe nach eintrafen. Der angehäufte Schaden und die Verluste trieben ihn allmählich in den Wahnsinn, und es gab nichts, was er dagegen tun konnte – zumindest nicht, solang er sich an seine Befehle hielt, nicht noch einmal anzugreifen.

»Die *Hrafnkel* verliert an Geschwindigkeit«, murmelte er, während er beobachtete, wie das Flaggschiff der Flotte langsam durch die Reihen zurückglitt. Das gewaltige Schlachtschiff schien aus mehreren Sektionen Sauerstoff zu verlieren, und seine Raumtriebwerke glühten gefährlich.

Aesir schaute von seiner zwei Meter entfernten Station auf. »Sie ist verwundet, Jarl. Wir haben ihnen Nachrichten geschickt, aber sie werden nicht beantwortet.«

Gunn schaute zu, wie die kolossale *Hrafnkel* inmitten der rostroten Böen herumtaumelte. Sie war das beste Schiff der Flotte und allen Schiffen ebenbürtig gewesen, die andere Legionen aufbieten konnten. Und jetzt trieb sie als verrottender Kadaver in ihren Untergang und schleppte sich im Kielwasser kleiner Kriegsschiffe vorwärts.

»Kein Wort vom Primarchen?«, fragte er, obwohl er die Antwort kannte.

Aesir schüttelte den Kopf.

Gunn sackte auf dem Thron zusammen und drückte das Kinn gegen seine verschränkten Finger. Wenn die *Hrafnkel* weiter zurückfallen sollte, würde sie zu einer Last werden. Die *Ragnarok* würde verlangsamen müssen, um sie aus der Ferne zu decken, und das würde die anderen Schiffe der Flotte gefährden.

»Wer befehligt das Schiff?«, fragte er.

»Keine klare Antwort.«

Gunn stand auf. »Das darf nicht sein.«

Aesir schaute ihn unsicher an. »Jarl?«

»Das ist das *Flaggschiff*. Wenn der Primarch es nicht kommandieren will, müssen das andere tun.« Er ging los und schritt vom Kommandothron auf die schwere Panzertür an der Rückseite der Überwachungsebene der Brücke zu. »Übernehmt hier das Kommando. Stellt sicher, dass wir uns von diesem zersetzenden Rand fernhalten, und lasst keinen Geschwindigkeitsverlust zu.«

»Die Flotte fährt mit voller Kraft«, warnte Aesir.

Gunn drehte sich um, um ihm einen vernichtenden Blick zuzuwerfen. »Meldet der *Hrafnkel*, dass ich komme. Sagt ihnen, sie sollen ihre Teleporter bereithalten, und dass sie ihre Brückenschilde ausschalten sollen, sonst werde ich sie persönlich zerfetzen.«

Russ war, wie man ihm später erzählt hatte, in einer stürmischen Zeit nach Fenris gekommen. Die *Skjalden* erzählten noch immer davon, wie der Himmel im Norden aufgebrochen und silbernes Licht herabgeschienen hatte, und wie sich der Boden des unverwüstlichen Asaheims zum ersten und letzten Mal seit Menschengedenken verschoben hatte.

Russ selbst erinnerte sich an nichts davon, ebenso wenig an die Zeit davor, abgesehen von den bruchstückhaften Träumen, die ihm in den kurzen Kampfpausen kamen – die Gerüche von Chemikalien und das Brummen geheimnisvoller Maschinen; das dumpfe Gefühl, in Flüssigkeiten zu schwimmen, während er den vorsichtigen Bewegungen der Knechte außerhalb der amniotischen Tanks gelauscht hatte; das Ticken der Beobachtungsgeräte; das Flüstern von Stimmen, die nicht unbedingt menschlich gewesen waren.

Es war unmöglich, diese Erinnerungen zu haben, deshalb mussten sie Einbildungen sein, die später entstanden und erst deutlicher geworden waren, als der Allvater ihm die Umstände seiner Erschaffung erklärt hatte. Danach hatte Russ akzeptieren müssen, dass er überhaupt nicht auf Fenris geboren worden war, und dass die Wölfe, das Eis, der Sturm und das Sommerfeuer alles zufällige Begebenheiten einer Kindheit waren, die völlig anders abgelaufen war.

Natürlich hatte er das in gewisser Weise immer gewusst. Schon bevor der Allvater gekommen war, hatte er gespürt, wie *falsch* sich das alles anfühlte. Als ob irgendein kolossaler Betrug begangen worden wäre, der ihn in einen gleichermaßen verführerischen und entsetzlichen Albtraum gesperrt hatte. Die Wölfe verneigten sich vor ihm wie die sterblichen Krieger, die er mit verblüffender Leichtigkeit besiegte oder erschlug, und er wollte sie anschreien: »Wer *seid* ihr? Warum bin ich stärker als ihr?«

Auf Terra hatte es dafür kein Verständnis gegeben. Der Imperator, der Allvater, dessen wechselhaftes Antlitz stets unmöglich zu lesen war, hatte ihn lange Zeit isoliert und nur allmählich Informationskrumen herausgerückt. Er hatte ihm beigebracht, wie man Servorüstungen verwendet, Sternenschiffe kommandiert und das Warpbewusstsein kontrolliert, das ihm in seinem hypersauerstoffreichen Blut lag.

»Ich könnte Fenris jetzt verlassen«, hatte Russ einmal zu seinem Vater gesagt. *»Der Planet ist zu wild für jegliches Leben – er wird niemals die Armeen unterhalten können, die du verdienst.«*

Fenris verlassen. Eine unvorstellbare Vorstellung, dass er das je gesagt haben könnte. Zum Zeitpunkt dieses Gesprächs, vor Jahrzehnten, waren die Fenriser der VI. Legion auf brutale Weise nach dem Bild der Todeswelt geformt worden. Sie hatten mit dem Bau des Reißzahns begonnen und den Großen Berg mit Bohrgerät so groß wie Warmonger-Titanen ausgehöhlt. Der Imperator hatte offensichtlich erwartet, dass die Wölfe auf der Welt aus Eis und Feuer rekrutiert werden würden, und dass ihre einzigartig brutale Heimatwelt, ob zufällig oder geplant, weiterhin die Feuerprobe der Legion darstellen würde.

Und so wurde der Schein aufrechterhalten. Russ wurde mehr zum Fenriser als sie selbst. Er soff *Mjod* mit den *Berserkir*, rang Schwarzmähnen in den blutigen Schnee und brüllte Hohn und Freude über das Meer der Sterne hinweg. Er ließ sich von den Gothi die Rüstung verzieren und die Schwerter gravieren. Er hielt sich von den Beratungen zwischen Guilliman und dem Löwen fern und ignorierte jeden Abgesandten Lorgars. Er tat genau das, was der Allvater ihm gesagt hatte – er wurde zu einer Notfallwaffe, zu seinem loyalsten Sohn, zum Führer schmutziger Kriege.

Er hatte keinen Groll verspürt, als Fulgrims violett-goldene Legion die Palatin-Aquila angenommen hatte oder als Vulkan lange für vertrauliche Gespräche beiseitegenommen worden war. Nicht einmal, als Horus zum Kriegsherrn ernannt worden und die Streitereien darüber, wer wahrhaftig der auserwählte Sohn war, überflüssig geworden waren. Russ wusste in seinem Innersten, dass die Wölfe aus einem bestimmten Grund zu dem gemacht worden waren, was sie waren, dass niemand sonst ihre blutdurchtränkte Funktion erfüllen könnte. Schlussendlich wäre es, sollte das Imperium jemals ins Wanken geraten, *sein* Fuß, der auf dem Hals des Thronräubers stehen würde, während sein Genvater, der Urheber all seines Elends und seiner Ungewissheit, all seines Glücks und seines Ruhms, mit wohlwollendem und undurchschaubarem Blick zusehen würde.

Aber jetzt war der Betrug vorbei. Er war wirklich zu dem geworden, was er einst nur zu sein vorgegeben hatte. Er spürte die Weltenseele unter seiner Haut pulsieren, und von diesem Makel würde er sich niemals reinwaschen können. Die Runen waren keine einfachen Zeichen mehr, die als Märchen eines rückständigen Volkes toleriert wurden. Sie sprachen zu ihm wie verschwörerische Kerkermeister, die sich diebisch darüber freuten, dass sich ein Gefangener ihrer Sache anschloss. Durch seine Niederlage hatte er schließlich verstanden, warum der Imperator nie zugelassen hatte, dass er Fenris hinter sich ließ.

Ich gehöre dorthin. Es hat mich zurückgezerrt.

Er schaute wieder auf die Runen hinab, die im gleichen Muster wie zuvor über die Steine verstreut waren. Allmählich verstand er die Form, die wie ein blutverschmiertes Neugeborenes, das brüllend auf dem Zeltboden lag, in die Realität gezerrt wurde. Er starrte sie fest an, sah einige Dinge, die er schon vorher gesehen hatte, und neue Dinge, die unter Zweifeln verschwammen und die Grenzen des Bildes übertraten, das er sich gemacht hatte.

Er war nun kurz davor. Er konnte einige der Worte hören, die ihm das Schicksal kaum hörbar zumurmelte. Nur noch ein paar Würfe. Nur noch ein paar Mal die Runenzeichen auf das wechselhafte Meer werfen.

Es läutete an seiner Tür und seine flüchtige Erkenntnis ging verloren.

Er hatte keine Ahnung, wie lange er nachgedacht hatte. Die ausgebrannten Feuerschalen deuteten auf Stunden hin. Das einzige Licht in der Kammer stammte von den Fenstern in der gegenüberliegenden Wand, durch die das trübe Rot der Gaswolken hereindrang.

»Herein«, sagte er mit rauer Stimme.

Die Tür zu Russ' Kammer glitt auf und enthüllte den vertrauten Umriss von Kva dem Gespaltenen, dessen schwere Runenrüstung im Schein des flackernden Feuers vor Inschriften wimmelte. Neben dem Runenpriester stand der Einhändige, Bjorn, der eine Mischung aus Neugier, Widerwillen und Zweifel ausstrahlte.

Russ lächelte. Der Bär war noch jung. Sein Eisgeist war von der Genzüchtung und Psychokonditionierung noch nicht ganz bezwungen worden und brannte ähnlich stark wie die jedes anderen Jägers draußen im Ödland.

Das ist es, was wir jetzt brauchen. Deshalb rufen sie nach ihm.

»Also, Einhändiger«, begrüßte ihn Russ. »Was weißt du über Runen?«

Der Eindringling arbeitete sich von seinem Einstiegspunkt nach oben, kletterte pausenlos und leise. Ein Schlachtschiff von der Größe der *Hrafnkel* zu manövrieren war eine hochkomplexe Aufgabe, die die koordinierte Arbeit von Tausenden erforderte, sodass er sich über eine Stunde ungestört durch die Decks bewegte.

Er konnte mit der Finsternis der von Schäden verdunkelten Korridore verschmelzen. Wenn er ins Freie treten musste und sein Weg von den schmutzigen Natriumdampflampen erhellt wurde, die sich vereinzelt überall in den unteren Regionen des Sternenschiffs befanden, zog er fast keine Aufmerksamkeit auf sich – die Mannschaft war beschäftigt, hob auch sonst nur selten den Blick vor einem ihrer Herren und hätte wenig Anlass zur Beunruhigung gesehen, wenn sie das getan hätte.

Er sog die Atmosphäre des Schiffs in sich auf. Die Unterschiede zu denen seiner eigenen Legion faszinierten ihn. Die

Gerüche waren geradezu überwältigend – eine stickige Mischung aus Asche und Tierdüften. Die VI. Legion schien sich mit der Einrichtung ihrer Schiffe kaum Mühe zu geben, doch ab und zu überraschte sie ihn – mit einem kompliziert gemeißelten Stein, der allein in den Schatten stand und von den Konturen mythischer Bestien bedeckt war; oder mit Waffen von vorzüglicher Kunstfertigkeit, die über Granitaltären an Ketten hingen.

Er speicherte alles und übertrug die visuellen Aufzeichnungen mithilfe der sicheren Verbindung in dem Wissen, dass die Picts genau untersucht werden würden. Er musste sich eingestehen, dass die *Hrafnkel* ehrfurchtgebietend groß und mächtig war. Allein die Fabrikebenen waren gewaltig – er war in den hohen Gewölben über Gerüste geschlichen und hatte durch die aufgewühlten Rauchsäulen hinab nach unten auf die neue Ausrüstung geschaut, die über die Fließbänder zog. Ganze Armeen von Eisenmasken tragenden Knechten kümmerten sich um sie. Die Sklaven, die an den Bändern arbeiteten, schienen nicht zu begreifen, dass sie schon besiegt waren.

Konnten sie sich noch erholen? Konnten sie sich noch irgendwie sammeln, selbst zu dieser späten Stunde? Diese Möglichkeit durfte niemals außer Acht gelassen werden, und deshalb war seine Anwesenheit keineswegs egal.

Er blieb in Bewegung. Das Innenleben war wie ein Labyrinth aufgebaut und die Korridore führten mit geradezu sadistischer Regelmäßigkeit im Kreis. Die meisten Decks schienen in konzentrischen Kreisen angelegt worden zu sein, von deren Speichen Räume abzweigten. Während er weiterging, erkannte er allmählich die Muster in der Anordnung. Es wirkte wie eine Art ritueller Bereich, der zum Ruhm der Kriegerkaste gebaut worden war.

Das hat euch nicht viel gebracht, dachte er bei sich, als das erste seiner beiden Ziele in Augurreichweite kam.

Er ging schneller, folgte dem Pfad zur Komm-Station und sah sie mit jedem Schritt, den er machte, auf seiner Augurlinse ein kleines Stück näher rücken.

Fast da.

Kva war nicht mit Bjorn hereingekommen, sondern steif wie eine Krähe zurück in die Schatten gehumpelt, um sich seinen eigenen Angelegenheiten zu widmen. Sobald Bjorn die Pforte durchschritten hatte, wurde die Tür zugeschlagen.

Der Primarch Leman Russ kniete inmitten eines gemeißelten Wyrdkreises auf dem Boden. Die vor ihm liegenden Knochenzeichen waren wie Kinderspielzeuge verstreut. Bis zu dieser Stunde hatte Bjorn den Wolfskönig nur in Kampfhaltung oder auf Granitthronen sitzen und Urteile verkünden gesehen. Ihn so zu sehen – in schmutziger Rüstung auf dem Boden hockend – verunsicherte ihn.

»Komm näher«, sagte Russ, der blieb, wo er war, und ihn heranwinkte.

Bjorn betrat den alten Feuerkreis. Seine Rüstung war von der *Iota Malephelos* noch immer blutbespritzt und seine Energieklaue hing abgeschaltet an seiner Seite.

»Was glaubst du, warum du hier bist?«, fragte Russ, während er sich vom Boden hochdrückte.

Darauf hätte Bjorn ein Dutzend Antworten geben können. Es wäre ungefährlicher gewesen, Ahnungslosigkeit vorzutäuschen, aber er wusste, dass er dafür nicht hier war. »Weil wir verlieren«, sagte er. »Weil Ihr keine Antworten mehr habt.«

Russ stapfte zu seinen Wölfen hinüber, griff Geri in den Nacken und zerzauste das dicke Fell. »Ja, das denkt Gunn. Meine *Einherjar* denken das. Und jetzt du.«

»Habt Ihr etwas anderes von mir erwartet?«

»Ich weiß es nicht. Ich habe ein Menschenalter damit verbracht, die Tiefen der Fenriser auszuloten, und sie vollkommen durchschaut. Und dann kommst du daher und ich erkenne, wie blind ich immer noch sein kann.« Er schaute zu ihm zurück, und seine – so unfenrisisch – blauen Augen funkelten. »Erzähl mir mehr.«

Bjorn spürte die drohende Gefahr. Freki fletschte leicht die Zähne und knurrte leise. Die sichtbaren gelben Reißzähne waren so lang wie seine Hand.

»Prospero hat uns verwundet«, sagte Bjorn, nachdem er sich für die Wahrheit entschieden hatte. »Euch am meisten. Jetzt werden wir vom Pech verfolgt. Wir werden von ihm gejagt, und Ihr bleibt hier, während die Flotte in Stücke gerissen wird, da Ihr nicht wisst, was Ihr tun sollt. Ihr befürchtet, dass wir im Alaxxes-Blutquell sterben werden, dass wir niemals herauskommen, niemals an der Schlacht teilnehmen werden, die noch kommt.«

»Befürchten«, murmelte Russ nachdenklich. »Du glaubst wirklich, dass ich mich fürchte.«

»Furcht hat viele Gesichter«, sagte Bjorn.

Russ holte lang und krächzend Luft. Bjorn hatte plötzlich das Gefühl, dass er zwar halb recht, aber nicht ganz ins Schwarze getroffen hatte. Er war nicht klüger als der Rest seiner Legion – alles wurde nach dem Schema Jäger und Beute betrachtet, kämpfen oder fliehen, und so gesehen hatte er sein Ziel verfehlt.

»Glaub nicht, dass ich um Magnus trauere«, murrte Russ. Noch immer steckte Verbitterung in ihm. »Mach nicht diesen Fehler. Er wurde hingerichtet, wie es unser Auftrag war.« Seine Finger fuhren inzwischen mit mehr Druck über Geris Nacken. »Magnus war ein Bastard. Magnus war ein Lügner. Magnus hätte dir ins Gesicht gesehen und dich belehrt, während er wie ein rasender *Konungur* durch das Immaterium stolperte. Bei Hel, wir wussten immer schon mehr als er – mit was man sich beschäftigen und was man in Ruhe lassen sollte. Unsere Knochenrassler wussten mehr als er. Es gibt Intelligenz und es gibt Überheblichkeit. Ich trauere nicht um Magnus, nicht eine Sekunde. Ich würde es wieder tun.«

Einen Moment lang sah Bjorn alte Wut aufblitzen. Die Flutwelle des Zorns, die der alte Russ innerhalb eines Herzschlags entfesseln konnte, funkelte wie die blutrote Sonne hinter dichten Wolken, und er glaubte ihm alles, was er sagte.

»Vielleicht ist dem so«, sagte Bjorn vorsichtig. »Aber Magnus war nicht der Feind.«

Russ schaute auf. »Wirklich? Sag mir, warum nicht.«

»Valdor wusste von dem Dämon auf Prospero, und er wusste, was das bedeutete. Wer hat uns den Befehl erteilt? Wer sagte uns, dass wir Magnus nicht einfach bestrafen, sondern seine Welt in Schutt und Asche legen sollten?«

Die blauen Augen schauten nicht weg. »Das war der Allvater.«

»Ihr wisst, dass er es nicht war.«

»Wir haben getan wie befohlen.«

»Wir wurden getäuscht.«

»Wir haben den Befehl befolgt!« Russ brüllte und machte

einen Schritt auf ihn zu. Die Wolfszwillinge setzten sich auf und plötzlich wirkte der ganze Raum stickig vor Mordlust.

Bjorn ließ sich nicht beirren. »Und bei wem kann man sich sicher sein, dass er das tun würde? Wer würde ihn so umfangreich und vollendet ausführen, selbst wenn es die Zerschlagung einer Legion bedeuten würde?« Er holte tief Luft. »Wir wurden *überlistet,* Exzellenz. Wir waren Horus' bereitwillige Werkzeuge.«

Das waren vernichtende Worte. Die VI. Legion konnte fast alles ertragen, nur keine Demütigung, doch das war alles, was er seinem Lehnsherrn bot. Bjorn starrte seinen Primarchen weiterhin an, ohne mit der Wimper zu zucken, obwohl er wusste, dass Russ ihn mit bloßen Händen niederstrecken könnte, ohne sich sonderlich anstrengen zu müssen.

Der Raum knisterte vor Energie. Russ schien irgendwie höher emporzuragen, die Schatten anzuziehen, sich aufzubäumen, dunkle und leere Augen zu bekommen. Er sah entsetzlich aus – wie er am Ende von Tizca ausgesehen haben musste, nachdem er auf einer Welt des entfesselten Mordens dem Roten König das Rückgrat gebrochen hatte.

Aber langsam löste sich der Schein auf und die Gefahr zog vorüber.

»Gut gesprochen«, murrte Russ.

Der Primarch ging zur Rückwand des Zimmers. Ein eisenumrahmtes Fenster zeigte die dahinterliegende Leere. Das offene All blickte wütend zurück, im gleichen Rostrot wie seit vielen Monaten, sternenlos, aufgewühlt und chaotisch.

»Glaub nicht, dass ich nicht wüsste, was unsere Wesensart uns gekostet hat«, sagte Russ, während er durch das schmutzige Panzerglas hinausschaute. »Die anderen Legionen haben nicht die gleiche Last getragen wie wir. Andere haben ihre eigenen Königreiche geschmiedet. Wie ich höre, hat Guilliman ein Buch geschrieben. Vielleicht hätte er mit all der Zeit, die er zur Verfügung hat, das hier kommen sehen können.«

Bjorn hielt sich zurück, da ihm bewusst war, dass Frekis und Geris hungrige Augen noch immer auf ihm ruhten. Er konnte ihr Verlangen riechen, ihm an die Kehle zu springen. Nur das Wort ihres Herrn hielt sie davon ab.

»Gunn glaubt, dass ich den Verstand verloren habe«, sagte Russ. »Du ebenfalls, wie ich sehe. Keiner von euch weiß, was in mir vorgeht. Das habt ihr nie.« Er drehte sich um und schenkte Bjorn ein Reißzahngrinsen. »Vielleicht habe ich den Schlüssel gefunden, hm? Vielleicht bin ich dahintergekommen, was mein Vater mir immer zu sagen versucht hat.«

Er ging wieder zurück zu Bjorn und öffnete die Hand. Darin lagen Knochentotems, die mit jeweils einer Wahrsagerune versehen waren. Er schüttelte sie wie ein Dorfseher, der Fingerknochen auf ein Brett wirft. Bjorn schaute sie skeptisch an, doch der Primarch blieb gespannt und in seinen Augen brannte die verzweifelte Begeisterung eines Glücksspielers.

»Wollen wir sehen, was sie uns sagen?«, fragte Russ und setzte zum Werfen an.

Das Komm-Gewölbe war eines von Dutzenden, die im weitläufigen Innenleben der *Hrafnkel* verstreut waren. Jede Kammer war ein Knotenpunkt eines Netzwerks, das wie Ganglien in einem Körper verteilt war. Je näher man der Kommandobrücke kam, auf der jedes Signal und jeder Datenschnipsel verarbeitet wurde, desto dichter waren sie gedrängt. Die Spitze des Systems bildete der Turm der Sternensprecher des Schlachtschiffs, der von der Kaste blinder Warpträumer bewohnt und von konzentrischen Kreisen stählerner Sicherheitsmaßnahmen geschützt wurde. In die Spitze einzudringen wäre fast unmöglich gewesen, war aber glücklicherweise überflüssig, da die weniger wichtigen Stationen dem Eindringling alles boten, was er brauchte.

Er arbeitete sich mit an die Wand gedrücktem Körper durch den eisernen Korridor. Am Ende, fünf Meter entfernt, befand sich eine Sicherheitstür, die verschlossen, verstärkt und von zähnefletschenden Wyrmköpfen gekrönt war. Der Platz vor ihm war verlassen, doch weiter unten konnte er bereits das rhythmische Trampeln von Stiefelschritten hören.

Er schlich vorwärts. Die Wand, auf die er schaute, war mit Bleieinlagen und schwachen Sensorstörern ausgestattet, aber trotzdem konnte er einige verzerrte Signale auf der anderen Seite ausmachen. Er vermutete, dass sich sechs Personen darin befanden, keiner davon ein Space Marine, aber wahrscheinlich alle bewaffnet. Er zog einen weitwinkligen Kortikaldämpfer von seinem Oberschenkel – einen Neuroblocker, der in einem Bereich von zehn Metern Durchmesser Menschen ins Koma fallen lassen konnte – und schaltete das Energiemodul ein. Sein Bolter, der zu laut für diese Aufgabe war, blieb weggesteckt.

Er schlich zu den Türen, überprüfte, ob er bemerkt worden war, und gab einen Code in den Türöffner ein. Er besaß einige Kombinationen, die er ausprobieren konnte. Die meisten davon hatte er von einem Offizier mittleren Rangs, den er sechs Ebenen weiter unten außer Gefecht gesetzt hatte. Andere hatte er mit Abhörgeräten gesammelt, die er an unbeobachteten Komm-Netz-Stationen platziert hatte. Der erste Code war falsch, der zweite ebenfalls, doch beim dritten erschien eine grüne Zugangsrune und der Verschlussmechanismus der Tür öffnete sich mit einem Klicken. Nachdem die schwere Platte aufgeglitten war, stolzierte er wie ein gebürtiger Wolf hinein.

Die Kammer war sechseckig, hatte einen Durchmesser von dreißig Metern und war gefliest. Ein riesiger, offener Schacht, der von gargoylebesetzten Säulen und schmiedeeisernen Verstärkerstationen gesäumt wurde, ragte in die Höhe. In der Öffnung zwischen ihnen knisterte und knackte Energie. In dem Schacht stand eine einsame Komm-Säule, ein Stachel aus dunklem Metall, der mit kompliziert angeordneten Rohren übersät war, die alle mit einem meterdicken Kabelbündel verbunden waren, das sich um den Sockel wand. Uralte, knackende Cogitatorstationen, deren Armaturen und Neuralbündel beim Eintreffen von Rohdaten aus den Augursystemen der *Hrafnkel* flimmerten und vor sich hin brummten, säumten die Kammerränder.

Mit seiner Schätzung war er nah dran gewesen – auf sein Eintreten hin drehten sich sieben Sterbliche in legionsgrauen Uniformen um und verbeugten sich sofort mit ihren Fäusten an der Brust. Zwei waren in Plattenrüstungen gehüllt und trugen Projektilwaffen; die anderen hatten Laserpistolen an ihren Gürteln.

Er hob den Kortikaldämpfer und löste ihn aus. Ein Knall schallte durch die Kammer, hallte dumpf von den Schachtwänden wider und die sieben Knechte sackten gleichzeitig mit glasigen Augen und aus der Nase tropfendem Blut zu Boden. Er schloss und verriegelte die Tür hinter sich und wandte sich dann der nächstgelegenen Cogitatorstation zu.

Die Wölfe machten kaum Gebrauch von schriftlichen Aufzeichnungen, doch ihre Kriegsschiffe waren alle auf dem Mars gebaut worden, und deren automatisierte Systeme zeichneten Schlachten ebenso auf wie die jeder anderen Legion. Er gab weitere Zugangscodes in die Eingabetastatur ein, wartete darauf, dass der richtige bestätigt wurde, und beobachtete dann, wie sich die Bildschirme vor ihm mit Symbolen füllten. Interessiert las er die Feldzugmarker des Kreuzzugs.

Thuleya. Ghenna. Olama. Teris IX.

Es gab noch zahlreiche weitere, die einen langen Zeitraum der galaktischen Eroberung abdeckten. Die VI. Legion hatte nicht viele Welten erobert, aber die Aufzeichnungen über ihre Gefechte zeugten von einer unvergleichlichen Brutalität. Er überflog die Verlustlisten mit morbider Faszination.

Sechs Kreuzer verloren. Vier Kreuzer verloren. Kommandorudel verloren. Alle Rudel verloren.

Er fragte sich, wie viele andere Legionen solche Wunden geduldet hätten. Seine eigene? Möglicherweise nicht, es sei denn, sie dienten einem höheren Ziel. Andererseits, was war *jetzt* für sie das höhere Ziel? Die Situation hatte sich dermaßen verkompliziert. Es gab so viele Zweifel, so viele überschneidende Absichten, dass über den eigenen Horizont nicht hinaus zu denken war. Das war das Problem daran, Täuschungen als Kriegsinstrument einzusetzen: Sie waren eine zweischneidige Klinge, die auf beiden Seiten gleich scharf war.

Er machte mit den Aufzeichnungen der Flottenbewegungen weiter und glich sie mit den Daten ab, die er bereits besaß. Von dem Kriegsgebiet Prospero zu dem Treffen mit einer Reserveflotte der Legio Custodes am Rand des Systems, nach Heligar für Sekundäreinsätze gegen drei Außenposten der XV. Legion, in die tiefe Leere, um sich zu reparieren, dann nach Alaxxes. Sie waren schon vor Beginn der jüngsten Kampfhandlungen in Bedrängnis gewesen. Er studierte die Verzeichnisse, aktualisierte seine Liste funktionstüchtiger Schlachtschiffe und übertrug dann alles über den sicheren Kanal.

Draußen im Korridor hörte er laute Schritte vorbeiziehen und arbeitete schneller. Er erhielt Zugang zu den Schaubildern der *Hrafnkel*. Er überflog die anderen Großkampfschiffe: *Nidhöggur, Ragnarok, Fenrysavar, Russvangum*. Er ermittelte ihre Stärken und Schwächen, ihre Schadensberichte und ihre Gefechtstauglichkeit. Er begann mit der Arbeit an den Flugbahninformationen und nutzte die Kursänderungsbefehle, um daraus die Routen abzuleiten, die ihnen noch offenstanden.

Jetzt wusste er, im Gegensatz zu den Schiffsmeistern der Wolfsflotte, welche Möglichkeiten sie noch hatten. Ihre Schiffskommandanten würden bald eine Entscheidung treffen müssen. Er wusste nicht, welchen Weg sie einschlagen würden, und diese Vorhersage war für seinen Auftrag auch nicht wichtig, doch er dachte trotzdem darüber nach, was sie tun würden.

Er könnte eine Vermutung anstellen. Bisher hatten sie sich ganz ihrem Wesen entsprechend verhalten.

Während er die Daten für die Übertragung speicherte, hörte er draußen vor der Tür Geräusche. Jemand blieb stehen.

Er hielt über den Cogitator gebeugt inne, machte keinen Laut, rührte sich nicht und lauschte.

Etwas … *schnüffelte*. Er hörte, wie sich jemand an der Codekonsole versuchte, und wie der Türmechanismus scheppernd an der Blockade scheiterte.

Er griff nach seinem Bolter und zog sich leise zur Säule im Zentrum zurück. Die Blitze im offenen Schacht über ihm knisterten, als ob sie von seiner Anwesenheit verärgert wären.

Eine gedämpfte Explosion ertönte und wogte durch den Metallgitterboden. Die Türhälften flogen auf und zeigten kurzzeitig den Umriss einer Gestalt in Servorüstung zwischen ihnen.

Er feuerte. Drei Boltgeschosse, eines auf den Helm, zwei auf die Brust gezielt, jagten auf den Umriss zu. Bis sie ihn erreichten, hatte sich der Wolf – unglaublicherweise – schon geduckt, blind gefeuert und war in der Hocke losgerannt.

Er zog sich zurück, feuerte erneut und nutzte den massiven Komm-Stachel als Deckung. Der Legionär näherte sich schnell mit seinem Bolter in der einen Hand, während der andere Panzerhandschuh eine kurze Klinge hielt, um die ein kaltes, blaues Feuer brannte. Reaktive Geschosse krachten in und gegen die Wände rings um ihn und zertrümmerten die Pictmonitore, und jeder misstönende Treffer hallte durch das Gewölbe.

Er konnte nirgendwo hin fliehen. Der Wolf stand zwischen ihm und dem einzigen Ausgang, drängte ihn an die gegenüberliegende Wand und näherte sich zum Nahkampf.

Er zog sein eigenes Schwert und aktivierte das Energiefeld, während es aus der Scheide glitt. Der Wolf sprang ihn an und die Klingen kreuzten sich. Sie krachten mit knisternden Waffen gegen die Rückwand, während sich ihre Disruptorfelder überlagerten.

»Was *bist* du?«, zischte der Krieger, und in seiner Stimme lag ein Hauch von Zweifel. Der Wolf wusste, dass irgendetwas nicht stimmte – genug, um ohne Ankündigung anzugreifen, aber nicht genug, um all seine Zweifel zu beseitigen.

Er hielt erbittert dagegen, drückte die Klinge des Wolfs von seiner Brust weg und schlug sie weit zurück. Seine andere Hand hatte sich bereits bewegt und drückte die Mündung seines Bolters gegen den Gürtel des Legionärs.

Er feuerte auf kürzeste Entfernung. Das reaktive Geschoss explodierte sofort und warf den Wolf durch die Luft zurück. Er feuerte erneut und zwei weitere Treffer trafen den Oberkörper, sodass sein Gegner keine Zeit hatte, um sich zu sammeln. Er rannte zu dem auf dem Rücken liegenden Krieger und stieß ihm seine Energieklinge in den Bauch. Die Spitze stach durch Ceramit und ins Fleisch, wo er sie herumdrehte, während er sich mit seinem ganzen Gewicht dagegenstemmte.

Das Blut des Wolfs breitete sich über den Boden aus. Sein Klingenarm zuckte, das Schwert fiel ihm scheppernd aus der gepanzerten Hand und sein Helm schlug dumpf auf.

Er sprang wieder auf und inzwischen brannte sein ganzer Körper vor Hyperadrenalin. Hatte der Wolf gevoxt, bevor er angegriffen hatte? Gab es andere in Hörweite des Kampfs? Die Zeit arbeitete jetzt gegen ihn und er war noch weit von der Kommandobrücke entfernt; sein Auftrag war erst zur Hälfte abgeschlossen und schon jetzt hatte das Schicksal seine Pläne durchkreuzt.

Schicksal? Er lächelte schief. *Seit wann glauben wir denn an so was?*

Dann rannte er los, raus aus dem Komm-Gewölbe, schlitterte durch den dahinterliegenden Korridor und gab seine Vorsicht zugunsten von Schnelligkeit auf.

Auf dem Boden der Kammer hinter ihm lagen acht Körper, deren Blut sich auf dem Metall vermischte.

Kva hatte den Tod als ein Stechen in seinem Primärherzen gespürt – ein scharfer, kurzer Schmerz, der plötzlich vorbei war. Sein Verstand war nur lose mit der Welt der Sinne verbunden gewesen, war frei durch die jenseitige Ebene voller Nebel und Dunkelheit gezogen. Er hatte gesehen, wie sich die Alaxxeswolke vor ihm geteilt hatte, wie sich ihr Innenleben gegabelt und ein Weg in die große Leere geführt hatte, wo sie zum Sterben verdammt waren.

Er richtete seine Aufmerksamkeit wieder auf seine Umgebung und blinzelte stark. Er war in einer Wahrsagekammer, in deren Luft beißender Rauch lag. Rabenkadaver lagen offen und glänzend vor ihm auf dem Stein. Sein Gefolge, die in Knochen gehüllten Runenseher, standen zu beiden Seiten, wie sie das immer taten. Sie waren wie Schatten, folgsam und allgegenwärtig.

»Habt ihr das gespürt?«, fragte Kva und griff nach seinem Stab.

Sie nickten und setzten sich bereits in Bewegung. Die zwei waren Zwillinge, Genbrüder, die dem Eis entrissen und in die Obhut der Priesterschaft übergeben worden waren. Ihre Rüstungen waren identisch, die Runen darauf vollkommen symmetrisch. So war es für die Gothi, die mächtig genug waren, es einzufordern, auf Fenris immer Sitte gewesen: zwei Gefolgsleute, deren Seele sich, zumindest laut der alten Mythen, auf zwei Körper verteilte.

»Wie könnte jemand an Bord gelangt sein?«, murmelte Kva. »Wird denn auf diesem Schiff nichts bewacht?«

Die Tür zur Wahrsagekammer glitt auf, sodass die Rauchschwaden über das dahinterliegende Deck wogten. Kva schritt mit klackerndem Stab hinaus und die beiden Runenseher traten mit ihren langen, gezückten Äxten hinter ihn. Er hätte den allgemeinen Alarm auslösen können, aber so würde es schneller gehen, denn er wusste bereits, wo er hinmusste und wem er nachspürte. Doch es war eigenartig, dass die Seele des Mörders erst jetzt die Warpoberfläche durchbrochen hatte.

Sie haben es gewagt, hierher, auf das Flaggschiff, zu kommen. Ich bin beeindruckt.

»Führt mich«, sagte Kva mit rauer Stimme und ließ seine Gedanken durch die fragilen Verbindungen zwischen den Welten schweifen. Er war hinter einem Geschöpf aus Fleisch und Knochen her, doch die Zeichen der Tat würden im Äther wie Blut im Wasser schweben. »Selbst wenn er ein Krieger ist, wird er quieken, bevor ich ihm die Kehle durchschneide.«

Russ warf die Knochenzeichen auf den Boden und sie rollten klappernd über den Stein. Die Runen fielen auf die eingekerbten Wirbel und sich kreuzenden Linien des Steinbodens. Manche landeten mit der geschnitzten Seite nach unten, andere nach oben, und alle wurden von dem rostroten Schein des Nebelzwielichts beschienen.

Bjorn starrte auf sie hinab und war sich nicht sicher, was er damit anfangen sollte. Er war kein Wahrsager und erkannte kein Muster.

Russ dagegen grübelte mit konzentriertem Gesicht über den verstreuten Runen. Er kniete sich hin und betrachtete genau, wo und wie die Symbole zueinander lagen. »*Zhad*«, murmelte er und ließ einen Finger über dem Zeichen schweben, berührte es aber nicht. »*Khaman. Liwaz.* Das zeigt sich also schon wieder.«

Bjorn versuchte zu sehen, was sein Primarch sah, und scheiterte.

Russ schaute zu ihm auf. »So ist es jedes Mal«, sagte er. »Es gibt vereinzelte Abweichungen, aber im Kern bleibt es gleich.«

Bjorn schluckte seinen Stolz herunter, kniete sich auf den Steinboden und die beiden betrachteten gemeinsam die Kreise.

»Man hat immer eine Wahl«, sagte Russ. »Das Schicksal mag Türen schließen, aber die Ritzen sind weiterhin zu sehen. Doch jetzt sagt es mir seit Tagen das Gleiche.« Er warf Bjorn einen ernsten Blick zu. »Dass die Wölfe dem Blutquell niemals entkommen werden.«

Bjorn betrachtete die Kreise erneut. Einen kurzen Moment lang, als der Primarch gerade sprach, konnte er tatsächlich etwas in ihnen erkennen. Kein Bild, aber eine Gewissheit, die die Anordnungen unter ihm heraufbeschworen. *Einen Augenblick lang wurde der Boden durchsichtig und öffnete sich über einer darunterliegenden Kluft – Sterne stürzten in die Unendlichkeit und zogen in der Leere tausend schimmernde Pfade hinter sich her.*

Die Vision hielt nicht an, doch sie vermittelte Bjorn einen Eindruck von dem, was der Primarch sah. Vielleicht sah Russ diese Dinge sogar jetzt. Vielleicht sah er sie *immer*.

»Es muss einen Weg geben«, sagte Bjorn mit der altgewohnten, hartnäckigen Zuversicht eines Kriegers.

Russ schmunzelte verbittert und zuckte mit den Schultern. »Wenn ich die Steine in den Kreis werfe, frage ich sie zwei

Dinge. Können wir fliehen? Können wir kämpfen? In beiden Fällen bekomme ich dieselbe Antwort.«

Er griff nach dem Zeichen des schwarzen Wolfskopfs: Morkai. Bjorn konnte sich denken, was er bedeutete.

Er merkte, dass er ungeduldig wurde. Die Flotte befand sich noch immer auf dem Rückzug. Bald würde es sicherlich zu erneuten Kämpfen kommen und es gab bessere Möglichkeiten sich darauf vorzubereiten, als über den Boden zu krabbeln und Hilfe im Äther zu suchen. »Diese Antworten nutzen uns nichts«, sagte Bjorn und erhob sich wieder. »Was hat es für einen Sinn, zu fragen?«

Russ stand ebenfalls auf und sein riesiger Körper ragte in die Höhe. »Wir müssen sie deuten.« Er fuhr sich mit der Hand durch das blonde Haar. »Früher oder später wird Gunn einen Weg hinaus finden. Er wird ihn nehmen und tun, wozu er ausgebildet wurde. Er wird ein drittes Gefecht provozieren, weil er glaubt, dass die offene Leere ihm den erhofften Vorteil verschaffen wird. Wenigstens wird es im Kampf geschehen, wird er denken. Wenn wir schon sterben, bevor wir Terra erreichen, dann mit einer Klinge in unseren Händen.«

Russ ließ seine Schultern kreisen und zum ersten Mal sah Bjorn in den Bewegungen des Primarchen Erschöpfung. Wie lang hatte er das getan, immer und immer wieder?

»Doch das wird unser Tod sein«, fuhr Russ fort. »Und weiter durch diese Tunnel zu reisen wird ebenfalls unser Tod sein, denn die Alpha Legion kann länger durchhalten als wir, sie ist schneller und hat mehr Schiffe. Was bleibt mir da anderes als das hier? Ich muss tiefer hinein.«

Bjorn schaute ihn skeptisch an. »Ihr sagtet, dass die Wölfe dem Blutquell niemals entkommen werden.«

»Wenn das Wyrd feststeht ...« Russ versuchte sich an einem halbherzigen Lächeln. »Wenn du mal darüber nachdenkst, Einhändiger, dann haben wir immer die Kriege anderer geführt. Wir haben jeden Abtrünnigen und Xenos zur Strecke gebracht und ihnen ihre Kehlen herausgerissen. Wir haben uns auf dem Altar des Willens meines Vaters geopfert, und das auch noch gern, weil es unseren Platz an seiner Seite zementierte. Wir fingen an, die Geschichten zu glauben, die wir erfunden hatten, um unsere Feinde in Angst zu versetzen. Wir waren die Kampfhunde, die Schildwache, die Wächter des Unbewachbaren.«

Bjorn gefiel der skeptische Unterton in Russ' Stimme nicht. Das waren alles wahre Dinge, Dinge, die die Legion ausmachten.

»Wir haben immer allein gearbeitet«, sagte Russ und schüttelte den Kopf, als ob er verwirrt wäre. »Haben meine Brüder zur Erfüllung ihrer Pflichten angetrieben und alle wissen lassen, dass wir alles – *alles* – tun würden, damit der Große Kreuzzug weitergehen konnte. Verdammt, das habe ich sogar bei Angron versucht. Meinem geschädigten Bruder. Was habe ich mir dabei nur gedacht – dass ich bei ihm Erfolg haben würde? Was für eine Arroganz das war!«

»Wir waren nötig«, sagte Bjorn monoton.

»Ja, ja das waren wir, aber für wen? Welche andere Legion hätte sich auf Prospero brechen lassen, wenn sie für den Abschaum der Menschheit neue Welten hätte erobern können, damit dieser darauf brunften und wimmern kann? Schluss damit!«

Die alte Wut kehrte zurück. Ein tiefes Brummen ließ die Luft erzittern und wurde von den liegenden Wölfen aufgeschnappt, die mit ihm knurrten.

»Jarl, ich weiß nicht, worauf Ihr hinauswollt«, sagte Bjorn.

»Auf Folgendes«, sagte Russ ungeduldig. »So kann das nicht weiter gehen. Mein Bruder hat das Imperium mit seinen Lügen zerrissen und wenn wir uns nicht ändern, verdienen wir nichts Besseres als die Zauberer, die wir vernichtet haben. Ich werde nicht länger der Henker des Imperators sein. Ich werde nicht länger zusehen, wie meine Söhne verstümmelt und ihrer Verbündeten beraubt werden, während sie sich an die alten Mythen von unserer Überlegenheit klammern. Es gibt einen Weg. Durch das Gestrüpp führt eine Straße, und wir müssen lernen, sie zu sehen.«

Er griff wieder nach unten. Auf dem Stein lagen noch drei weitere Runen, alle mit dem Bild nach unten. Russ hob sie auf und zeigte Bjorn die ersten beiden.

»Die Schlange, die vielköpfige Bestie«, sagte er.

»Die Alpha Legion.«

»So scheint es.«

»Was ist die andere?«

Russ drehte sie um. »*Bjorn*. Der Bär. Er landet nie mit der Bildseite nach oben. Niemals. Was glaubst du, warum das so ist?«

Bjorn betrachtete das zerkratzte Symbol und etwas in ihm erstarrte. Einen Augenblick lang spürte er die endlose, mahlende Zeit, kalte Schatten, einen Verlust, der wie eine Wunde an ihm zerrte.

»Deshalb habt Ihr mich gerufen.«

»Du bist ein Teil davon. Jedes Mal, wenn ich den Weg in die Zukunft vorhersehe, sehe ich dich am Rand, und deshalb will ich dich an meiner Seite haben, wenn ich die Legion umgestalte. Ich möchte dich dabeihaben, wenn wir uns weiter vorwagen.«

Bjorn schaute zu ihm auf und der Schraubstock um seine Herzen lockerte sich nicht. »Dieser Ort hasst uns«, sagte er. »Er wird uns zerquetschen.«

»Die gesamte Galaxis hasst uns«, sagte Russ und grinste fast schon leidenschaftlich. »Das hat sie immer schon. Wenn wir überleben wollen, müssen wir sie noch ein wenig mehr ärgern.«

Der unheimliche Rausch des Teleportationsvorgangs währte glücklicherweise nur kurz. Ein Schaudern des Alls, ein kalter Stich, der vom kaum hörbaren Geheul der Leere untermalt wurde, und dann war es vorbei.

Lord Gunn stand inmitten einer aufgebrochenen Kugel aus verschwindendem Warpfrost. Er trat hindurch, nahm seinen Helm ab und schüttelte die gekringelten Ätherrückstände von seiner Rüstung ab. Skrier und Aesir waren mit ihm herübergekommen und hatten der extremen Gefahr getrotzt, bei voller Geschwindigkeit zwischen zwei titanischen Schiffen auf den Warpwellen zu reiten.

Die Kommandobrücke erstreckte sich in jede Richtung und bot durch einhundert Panzerglasfenster einen Blick hinaus in die rote Leere. Der Thron – ein massiger, behauener Granitklotz, dessen Armlehnen zwei nach hinten gekrümmten, jagenden Wölfen ähnelten – war leer, ein Loch im Herzen der wimmelnden Umgebung.

»Wer hat hier das Kommando?«, fragte Gunn und schritt auf den Sitz des Primarchen zu.

Die sterblichen Besatzungsmitglieder hielten sich bedeckt und ihre Gesichter waren zwischen Ehrfurcht und Erleichterung hin und her gerissen. Ein Dutzend Wölfe der Ehrengarde des Primarchen begab sich vor dem leeren Thron in Formation. Jeder von ihnen trug den Pelz einer Schwarzmähne über der zerfurchten Gefechtsrüstung. Sie wurden von Russ' Huscarl angeführt, dem einäugigen Grimnr Schwarzblut.

»Ihr kennt die Antwort, Jarl«, mahnte ihn Grimnr, der sich zwischen Lord Gunn und den Befehlssitz stellte.

»Die Flotte reißt auseinander«, sagte Gunn, der sich vor ihm straffte und seine Hände nah bei seinen im Gürtel steckenden Waffen behielt. »Oder seid Ihr so blind, dass Ihr nicht sehen könnt, wohin uns der alte Mann treibt?«

»Das ist sein Thron.«

»Ich sehe ihn nicht darauf sitzen.«

Grimnrs Gesicht war wie eine Totenmaske – reglos und mit ausdruckslosen Augen. »Er wird zurückkehren. Bis dahin nimmt niemand seinen Platz ein.«

Gunn spuckte verächtlich auf den Boden und schritt zum Hauptsystem der Taktik-Hololithprojektoren. Während er sich näherte, huschte vor ihm eine Gruppe berobter Magi des Mechanicum aus dem Weg. Gunn zeigte auf die flimmernden Flottenaufstellungsrunen, die im Befehlsraum der Brücke schwebten. »Könnt Ihr das hier sehen?«, fragte er verächtlich. »Könnt Ihr diese Runen lesen?«

Seit dem Beginn ihres Rückzugs hatte sich wenig geändert. Die Alpha Legion war noch immer knapp außer Lanzenreichweite, beobachtete und verfolgte sie weiterhin. Die Flotte der Wölfe war gefährlich dicht gedrängt, bewegte sich noch immer mit voller Raumgeschwindigkeit und füllte die Tunnel von einem tückischen Rand zum anderen aus. Die Fenster über ihnen waren inzwischen tief dunkelrot. Den Wölfen ging allmählich der Platz aus.

»Meine Befehle lauten nicht anzugreifen«, sagte Grimnr.

»Ihr seht doch, wohin uns das führt.«

Während Lord Gunn sprach, bewegten sich Skrier und Aesir leise, zielgerichtet und von Grimnrs Kriegern beobachtet um den Rand des Kommandopodiums. Der Rest der Brücke arbeitete wie gewohnt weiter – hunderte Kaerle und Mechanicumsdiener beugten sich über ihre Stationen unten in den Gruben –, doch wer es wagte, warf einen Seitenblick auf die Halbgötter, die über ihnen diskutierten.

Grimnrs ausdrucksloser Blick huschte zu den hohen Sichtluken, in denen die aufgewühlte Materie von Alaxxes wallte und schäumte – sie alle wussten, was mit Schiffen geschah, die in dieses Gift gedrängt wurden. Er schaute wieder zu Gunn, so unerbittlich wie zuvor. »Der Primarch hat mir das Kommando übergeben. Wir bleiben in Bewegung.«

Gunn kniff die Augen zusammen; es sah aus, als ob die Adern in seinem Hals vor lauter Frust bersten würden. »Wir müssen *umkehren*«, knurrte er voller Inbrunst. »Das müsst Ihr doch einsehen. Jemand muss das anpacken, bevor wir alle vernichtet werden. Das Flaggschiff muss wieder das Kommando übernehmen – von der *Ragnarok* aus kann ich das nicht.«

Kurz, nur eine Sekunde lang, trübte aufflackernde Unsicherheit Grimnrs ansonsten versteinertes Gesicht. Das reichte – Gunn nutzte den Moment, um auf ihn zuzugehen und mit neuer Eindringlichkeit in seiner Kommandantenstimme zu ihm zu sprechen. »Wir brechen damit kein Vertrauen«, drängte er ihn. »Euch geht es so wie mir. Wir sind *Krieger*. Wenn er nicht tut, was nötig ist, müssen wir das.«

Grimnr stand noch immer zwischen dem Jarl und dem Kommandothron. Er schaute zurück zu den Hololithen, zu den dichten Kundschafterverbänden der Alpha Legion, zu den schweren Schiffen, die ihnen dichtauf folgten, und sein Verlangen zeigte sich deutlich – sein Verlangen danach, es wieder mit ihnen aufzunehmen, auch wenn das ihren Untergang bedeuten würde; mit Ehre zu sterben, statt weiter zu versuchen ehrlos zu fliehen.

Doch der Moment verging. Eis kehrte in sein Gesicht zurück, und seine Hand rutschte zum Griff seiner Axt. »Kommt nicht näher«, knurrte er.

Skrier und Aesir zogen ihre Bolter, genau wie der Rest von Grimnrs Gefolge. Lord Gunn stand mit finsterem Blick unter seiner tätowierten Stirn im Zentrum des Ganzen, bereit, loszuschlagen. Einen Sekundenbruchteil verharrte er so, unfähig, den schicksalsträchtigen Schritt zu machen, Blut auf der Brücke zu vergießen. Wenn die Tat einmal begangen war, konnte sie nicht mehr rückgängig gemacht werden; das wussten sie alle, doch seine Hand blieb bei seiner Waffe.

»Lords!«, rief der sterbliche Sensoriumsmeister der *Hrafnkel* und durchbrach die angespannte Stille. Seine Station befand sich ein paar Meter unterhalb der Thronebene und verglichen mit den rauen Tönen seiner Herren war seine Stimme fast schon lächerlich dünn. »Verzeiht mir – die Wolke.«

Alle drehten den Kopf herum. Die Sichtluken wurden weiterhin von dicken, wogenden Schleiern verdeckt, die so undurchdringlich wirkten wie zuvor, sich näherten und die Flanken der Flottenkundschafter streiften. Die vorderen Hololithprojektionen aber spähten tiefer in die vor ihnen liegenden Gasgebilde. Sie stellten den vor ihnen liegenden Weg als Drahtgittertunnel dar, der in der Brückenkuppel neben den taktischen Anzeigen schwebte und sich windend und drehend in die Tiefen des Nebels schlängelte. Seit Stunden war das ein einziger Gang gewesen, der wie eine verstopfende Arterie immer enger geworden war. Jetzt hatte sich das geändert: Zwanzigtausend Kilometer entfernt teilte sich der Pfad und spaltete sich zwischen den dichten Wolken in zwei getrennte Wege. Der eine wand sich kreisend in die Tiefen des Gasgebildes, der andere führte direkt geradeaus und wurde breiter.

Sie alle konnten sehen, was die Langstreckenauguren über die zweite Ader verrieten. Lord Gunnar Gunnhilt verfolgte die eingehenden Daten und wurde von einem plötzlichen Freudenausbruch gepackt – der erste, den er seit langer Zeit gehabt hatte.

»Endlich«, murmelte er, während er mit seinem Panzerhandschuh den Griff seiner Klinge losließ. »Der Weg hinaus.«

Inzwischen rannte er und preschte durch die engen Gänge. Kaerle schauten aufgeschreckt zu ihm hoch – sie sahen das Blut auf seiner Rüstung und die gezogene Klinge, doch vor Überraschung taten sie nichts.

Er fragte sich, ob er wie ein Wolf rannte. In seiner Vorstellung waren sie immer mit wogenden Schultern galoppiert, mit gesenkten Köpfen und hechelnd angestürmt. Die VI. Legion würde ihn mindestens an seiner Gangart erkennen, aber er hatte keine Zeit, um darauf zu achten, um ihre zu imitieren, um durch Beobachtungen zu lernen.

Er durchquerte die Hangarvorräume, in denen eifrig gearbeitet wurde. Schweißgeräte bewegten sich zischend und knisternd über von Laserschüssen geschwärzte Stormbird-Rümpfe, um die sich Knechte scharten, die hektisch daran arbeiteten, sie wieder leerentauglich zu machen. Er fegte durch verlassene

Speisesäle, in denen die Metalltischplatten leer und das Besteck achtlos weggeworfen worden war. Er versuchte, versteckte Wege zu finden – Nebenrouten zwischen Generatorgehäusen und Wartungsgerüsten –, aber sein Kurs zwang ihn wieder ins Freie, unter die Lumen, wo seine Fährte gewittert werden konnte.

Er hatte fortwährend das mentale Bild der unermesslichen Weiten über und unter ihm vor Augen – die aufeinandergestapelten Höhlen, Schächte und lampenerhellten Hallen, die vor ebenbürtigen und besseren Kriegern als er es war wimmelten. Sie alle waren bereit und dazu angehalten worden, den Außenseiter zu töten. Inzwischen jagten sie ihm aktiv nach, und er hatte kaum noch Zeit. Die Aufgabe war schon schwierig genug gewesen, bevor seine Tarnung aufgeflogen war, aber jetzt hatte er keine Chance mehr; er konnte es nur noch für sein eigenes Gewissen weiter versuchen. Wenigstens waren die Flottenpläne zusammen mit den Schlachtaufzeichnungen übertragen worden. Allein diese Daten würden seinen Meistern schon den nötigen Vorteil verschaffen, womit sein Eindringen das Opfer wert war.

Er platzte in einen weiten, offenen Raum, in dem die umliegenden Wände plötzlich weit von ihm entfernt waren. Er stand am Rand eines Abgrunds, einer Kluft zwischen zwei Sektoren. Weiter voraus ragte eine metallische Klippenwand in die Höhe, die mit blinkenden Markierungslichtern übersät und von emporragenden Stockwerken gestreift war. Ein paar Meter vor ihm verschwand der Boden, doch eine einzige Brücke überspannte den Abgrund. Sie war gerade so breit, dass vier Menschen oder zwei Space Marines nebeneinander darauf gehen konnten.

Es war ein Verteidigungsbollwerk für den Fall, dass das Flaggschiff in großer Zahl geentert wurde. Dahinter mussten sich die Befehlsebenen, die Übungszellen, die Navigations- und die Astropathentürme befinden. Auf der anderen Seite endete die Brücke vor einer schweren Panzertür. Der ganze Ort war unheimlich leer und still, auch wenn das gedämpfte Dröhnen der arbeitenden Fabriken heraufhallte. Hoch oben an der gegenüberliegenden Wand befand sich das Wappen der Legion: ein knurrender Wolfskopf von zwanzig Metern Durchmesser, der aus obsidianschwarzem Metall gehämmert worden war. Es sah aus wie die Schwelle zu einer fast vergessenen Unterwelt menschlicher Vorstellung und war von dem schwelenden Grauen durchdrungen, das das Reich der VI. Legion hervorrief.

Er sprintete in dem Bewusstsein wieder los, wie verwundbar er war, während er sich im Freien befand. Als er auf die Brücke rannte, verschwand der Boden unter dunklen Wolken herumtreibenden Maschinensmogs.

Er blieb nicht lange allein. Im einen Moment war er der Einzige auf der Brücke und rannte auf das andere Ende zu; im nächsten versperrten ihm zwei weißgerüstete Krieger den Weg, um deren Äxte sich farblose Energie schlängelte. Sie waren aus dem Nichts erschienen und schritten jetzt furchterregend stumm auf ihn zu, während ihre Knochenrüstungen in der Dunkelheit wie Phosphor leuchteten.

Er kam schlitternd zum Stehen, zielte mit seinem Bolter auf den nächstgelegenen von ihnen und betätigte den Abzug. Die Waffe feuerte, doch die Boltgeschosse explodierten sofort, wodurch er fast umgeworfen wurde. Er wirbelte herum, richtete sich auf, spürte plötzlich Hitze im Rücken und sah einen dritten Krieger, der sich aus der anderen Richtung näherte.

Er war im Freien erwischt und umzingelt worden, zwischen seinen Feinden eingeklemmt. Er warf einen Blick auf die Kluft unter ihm und sah weitere Brücken, die den Schacht überspannten und die niedrigeren Ebenen mit ihren gegenüberliegenden Seiten verbanden. Die nächste war zwanzig Meter weiter unten, danach ging es in unbestimmbare Tiefen hinab.

Er warf einen Blick zurück auf seinen Verfolger. Der trug eine dunkelgraue Legionsrüstung, doch sie schien ihm eigenartig schlecht zu passen, als ob sie zu groß für den verkümmerten Körper im Innern wäre. Der Wolf humpelte auf ihn zu und klopfte mit einem eisenbeschlagenen Stab auf die Brücke, während sein schwarz-weißmeliertes Haar um seinen helmlosen Kopf wallte.

Das musste ein Runenpriester sein – das war der eigentümliche Name der Wölfe für ihre Scriptoren. Er konnte gegen keinen von ihnen kämpfen. Er sprang vom Brückenrand, stieß sich so weit wie möglich ab und ruderte mit den Armen. Einen Augenblick lang hatte er das beunruhigende Gefühl, vollständig im Nichts zu schweben, während er darauf wartete, dass die

Schwerkraft ihn hinab und auf den schmalen Streifen der unteren Brücke reißen würde.

Aber das geschah nicht. Er blieb neben dem Rand, fiel aber nicht. Hauchdünne, knisternde Blitze schlängelten sich über seine Rüstung und seine Gliedmaßen erstarrten. Wie ein Fisch am Haken spürte er, wie er eingeholt und zurück zur Brücke gezogen wurde. Er reckte den Kopf und sah, wie sich die beiden weißen Krieger ihrem graugekleideten Meister näherten.

Er kämpfte erbittert gegen seine Fesseln an und schaffte es, gerade dem psionischen Griff zu entkommen, als er wieder über den Rand gezogen wurde. Er krachte auf den Boden, aktivierte beim Sturz seine Energieklinge und schlug um sich, als der erste der weißen Krieger nach ihm griff. Er schmetterte den ausgestreckten Panzerhandschuh zur Seite, schlug einen heranrauschenden Axtkopf zurück und wirbelte dann herum, da er wusste, dass der Runenpriester die größere Bedrohung war. Er stürmte ihm mit gesenktem Kopf entgegen und versuchte ihn mit seiner Schnelligkeit zu überwältigen, bevor der Hexer von einer seiner Kräfte Gebrauch machen konnte.

Die Blitzkugel traf ihn schwer, zerriss seinen Helm und ließ ihn auf die Brücke krachen und darüber schlittern. Er schmeckte Blut in seinem Mund und spürte seine Herzen rasend schnell schlagen. Ein weiterer, stechender und magmaheißer Treffer erwischte ihn und riss seinen Brustpanzer auf.

Er schleuderte blindlings und in dem aussichtslosen Versuch, einfach irgendeinen von ihnen zu treffen, bevor sie ihm ein Ende machen konnten, seine Klinge. Etwas Schweres stellte sich mit einem Knacken auf seinen rechten Schulterpanzer, zertrümmerte die Knochen darunter und jagte eine zitternde Welle der Schmerzen durch seinen Oberkörper.

Er versuchte, sich wiederaufzurichten und spürte sein Visier herunterfallen, das wie eine Eierschale aufgebrochen war. Eine Axtschneide wurde in seinem Rücken versenkt und fuhr seine Wirbelsäule entlang, sodass ihn ein brennender Schmerz durchfuhr und er durch blutige Zähne schrie.

Er spürte, wie er das Bewusstsein verlor, und kämpfte dagegen an – er wollte den Todesstoß mitbekommen. Er merkte, dass er trotz all der Schmerzen grinste. Er hatte schon genug getan – die Flottenbewegungen der Wölfe waren bekannt, sowohl die vergangenen als auch die geplanten, dazu ihre Stärken, Schwächen, und vor allem ihre Strategien, die katalogisiert, gebündelt und über die verschlüsselten Sendefrequenzen verschickt worden waren, um von der Flotte aufgelesen zu werden. Wenn auch sonst nichts erreicht worden war, reichte es für das, was als Nächstes geschehen musste.

Er kämpfte gegen die Taubheit an, die seine Gliedmaßen hinaufzog. Das Letzte, was er hörte, war die fassungslose, wütende Stimme des Runenpriesters, der seine knochengepanzerten Vertrauten anschrie.

»Halt!«

Und das war das Ende. Er spürte nicht, wie sein ungeschützter Kopf knackend auf den Boden aufschlug und sein eingerissener Schädel inmitten einer wachsenden Lache seines eigenen Blutes lag.

»Er hat es geschafft«, sagte Russ plötzlich.

»Was geschafft? Wer?«

Russ grinste. »Gunnar. Er hat den Weg hinaus gefunden.«

Bjorn wollte fragen, woher er das wissen konnte. »Das ist es also, was wir brauchen.«

Russ' Grinsen wurde zu einem säuerlichen Lachen. »Die offene Leere? Hast du vergessen, warum wir diesen Ort betreten haben?« Er rieb sich mit geballten Fäusten die Augen und massierte das müde Fleisch. »Die Wolken sind unser Schutz. Wenn wir es in unserem Zustand und mit diesem Kräfteverhältnis im Freien mit der Alpha Legion aufnehmen, wird das die letzte Schlacht sein, die wir schlagen.« Er schüttelte müde den Kopf. »Gunn weiß das. Er *will* das. Er möchte mit einer Waffe in der Hand sterben.«

Das konnte Bjorn verstehen. So wollte er auch sterben – im Kampf, im Angesicht des Feindes.

Russ verließ den Ritualkreis und zog die Pelze über seinen Schultern zurecht. Auf einmal wirkten seine Bewegungen belebter.

»Dann habt Ihr Eure Antworten«, sagte Bjorn zögerlich.

»Antworten?«

»Danach habt Ihr doch gesucht. Dafür habt Ihr mich doch gerufen. Habt Ihr erfahren, was Ihr wolltet?«

Russ zuckte mit den Schultern. »Ich weiß nur so viel – wir dürfen hier nicht raus. Gunn ist hier und wird die Flotte jetzt noch erbitterter antreiben.« Er klopfte Bjorn mit seiner schweren Hand auf die Schulter – der kräftige Schlag eines Raufbolds, grob, herzlich, eine dünne Maske über seiner brutalen Kraft. »Ich fühle mich wie neugeboren.«

Dann ging er los und klatschte in die Hände, damit die Wölfe ihm folgten. Sie entrollten sich auf dem Deck, ließen ihre Zungen heraushängen und ihre bernsteinfarbenen Augen leuchteten.

»Komm, Einhändiger«, sagte Russ und öffnete mit einer Geste die Tür. »Wir müssen einen Jarl zur Ordnung rufen.«

Kva schaute auf die Leiche hinab. Der Space Marine lag niedergestreckt auf seinem Rücken. Die Hälfte seines Helms war von dem Blitz, den der Runenpriester entfesselt hatte, abgerissen. Darunter befand sich ein blutverschmiertes Gesicht, das von Ceramitbruchstücken bedeckt war. Die Runenseher stellten sich neben ihn und die drei betrachteten den Erschlagenen.

Doch der Krieger war gar nicht tot. Er war zäh – eins seiner Herzen schlug noch und er war in ein Erholungskoma gefallen. Einer der Runenseher hob seine Axt, bereit, sie auf den Hals des Kriegers niedergehen zu lassen. Kva hob einen Finger und die Axtklinge wurde zurückgezogen.

Kva kniete nieder und spürte seine verkümmerten Gelenke knacken, während er sich hinunterließ. Die schwächende Krankheit, die an seinen Knochen nagte, wurde nur unzureichend von der Genkonditionierung bekämpft, die es ihm ermöglichte, seine Rüstung zu tragen. Er war ein gespaltenes Wesen – teils Transhumaner, teils Invalider – und nur bei einem Runenpriester wurde ein Leben mit einer solchen Schwäche geduldet.

Er riss den Rest der zertrümmerten Gesichtsmaske von der Haut des Kriegers, zog das Voxgitter ab und warf es weg. Der Krieger hatte schneeweiße Haut, dünne Lippen und einen ausgesprochen markanten Knochenbau. Sein schwarzes Haar klebte in Büscheln an den Trümmern der inneren Systeme seines Helms.

Kva hob die Augenlider des Kriegers an und betrachtete die

braunen Augen. Er projizierte seinen Verstand hinein, konnte aber nur auf Bewusstseinsechos zugreifen.

Trotzdem konnte es kaum einen Zweifel geben. Er schaute zu den Runensehern auf, die so stumm waren wie immer.

»Ein Rätsel«, murmelte er vor sich hin, überrascht, dass er es nicht früher gespürt hatte. »Er ist keine Schlange.«

Er schürzte die Lippen, da er ausnahmsweise völlig blind für die weiteren Wendungen des Schicksals war.

»Also müssen wir uns nun folgende Frage stellen«, sagte Kva nachdenklich. »Was macht ein Sohn des Löwen im Alaxxes-Nebel?«

III

Die Weggabelung kam näher. Lord Gunn näherte sich dem Kommandothron nicht, doch inzwischen hallten seine Befehle über die Brücke der *Hrafnkel*. Seine beiden Ordonnanzoffiziere, Skrier und Aesir, blieben oben auf der breiten Treppe, die zur Kommandoplattform führte, auf ihren Posten. Diesen Platz teilten sie sich angespannt mit Grimnrs Truppen, doch vorerst hatten sie ihre Waffen zurück in ihre Scheiden gesteckt. Mit dem Aufkommen einer echten Entscheidung, für die Russ' Dauerbefehl keine Richtung vorgab, hörte alles auf den Jarl von Onn.

Gunn studierte konzentriert die Augurenschaubilder. Der Gastunnel, der so lange immer enger geworden war, fiel gewunden nach unten ab, schlängelte sich wie langgezogene Innereien dahin und erreichte schließlich eine kreisförmige Kammer, die einen Durchmesser von ein paar hundert Kilometern hatte. Zwei Abzweigungen führten aus dieser Kammer: Eine war rückwärtsgewandt und führte tiefer ins Herz des Nebels, die andere führte – laut den Auguren – direkt zur Wolkengrenze.

Das Manöver würde nicht unkompliziert werden. Die gesamte Flotte würde durch die Öffnung geleitet werden müssen, ohne weitere Schiffe an das näher rückende Gas zu verlieren, denn für das, was danach kam, würde er jede Lanze und Makrokanone brauchen. Sobald sie in der Leere wären, würden sie nirgendwo mehr hin fliehen können. Dort gab es keine Untiefen, auf denen sie trockenfallen konnten, keine Zersetzung, die ihre

Deflektorschilde überwältigen konnte – nur eine letzte Abrechnung mit der *Hrafnkel* im Herzen des Ganzen.

Gunn wusste, wie weit die Wölfe dabei gehen würden. Er wusste, was sie ertragen würden, um den Sieg zu erringen, und er wusste, welche Schmerzen sie erdulden würden, um ihren Peinigern das Rückgrat zu brechen.

Ihr seid zahlenmäßig überlegen, dachte er, während er die Vorhut der Alpha Legion anschaute, die sie weiterhin verfolgte. *Ihr seid uns waffentechnisch überlegen. Ihr habt die überlegene Position. Aber habt ihr auch den Mumm, es mit uns aufzunehmen?*

»Formationsänderung durchführen«, befahl er.

Der Befehl wurde durch die Reihen weitergegeben und an die Flotte geschickt, und die Schiffe begannen sich zu bewegen. Für den Großteil der Verfolgung hatten die *Ragnarok* und die *Hrafnkel* Nachhutpositionen eingenommen, um einen möglichen Angriff der Sturmangriffsgeschwader der Alpha Legion abzuwehren, aber jetzt krochen die beiden Schlachtschiffe allmählich nach vorn, überholten die Zerstörer um sie herum und machten sich bereit, die neue Vorhut zu bilden. Neue Befehle wurden gegeben und Taktiken, die der bisher beengten Umgebung geschuldet waren, wurden zu solchen, die in der offenen Leere gebräuchlich waren.

Die Gabelung war noch immer weit entfernt. Der Ausgang aus der Wolke lag in noch weiterer Ferne, doch schon jetzt nahm der Plan in seinen Gedanken zunehmend Gestalt an. Die Flotte würde aus Alaxxes herausbrechen, abrupt verlangsamen und eine volle Wendung durchführen, um ihre Waffen auf die Öffnung zu richten. Während die Alpha Legion hinter ihnen austrat, würden die Wölfe losschlagen und all ihr Feuer auf den Punkt konzentrieren, aus dem der Feind austreten musste, um so viele Schiffe wie möglich auszuschalten.

Das würde ihnen wehtun. Das mochte die Chancen nicht angleichen, aber es würde sie bluten lassen. Danach könnte das wirkliche Gemetzel beginnen, aus nächster Nähe und Schiff an Schiff in einer Orgie von Schilddurchbrüchen.

Habt ihr den Mumm?, dachte er wieder und wiederholte die Worte in seinen Gedanken wie ein Mantra. *Das kann ich mir nicht vorstellen.*

»Jarl«, unterbrach ihn jemand von den Sensoriumdecks. »Sie reagieren.«

Er warf einen Blick zu den Hololithsystemen und sah, dass sich die Vorhut der Alpha Legion näher heranschlich. Sie hatten offensichtlich das Gleiche gesehen wie sie – die Gabelung, die Chance auf einen Austritt.

Gunn lächelte wild. Er sah, dass die schnellen Angriffsfregatten ihre Triebwerke immer mehr beanspruchten, um vorauszueilen und die Schussbahn für die Ungetüme dahinter frei zu geben.

»Ihr könnt das jetzt nicht mehr aufhalten«, murmelte er seinen Verfolgern leise zu und beobachtete, wie sich die leuchtenden Runen wie Spielfiguren auf einem Königsmordbrett verschoben. »Niemand kann das.«

Sie schleppten den Körper durch die Panzertür und in die nächste verschließbare Kammer. Die beiden Runenseher bezogen draußen Stellung und ließen Kva mit dem Eindringling allein. Der Runenpriester lehnte den Dark Angel an die Kammerwand. Die Überreste seines Helms und seiner Halsberge hielten seinen Kopf aufrecht und aus dem erschlafften Mund lief ihm ein Gemisch aus Blut und Spucke.

Kva packte den Unterkiefer des Dark Angels und bewegte die Spitze seines Stabs näher heran. Der Schatten des montierten Schädels fiel auf das mitgenommene Gesicht des Kriegers, wodurch dessen Züge leichenhaft wirkten.

»Wach auf«, zischte Kva und hob das Kinn des Dark Angels.

Er konnte die schwach brennende Flamme in der Seele des Kriegers spüren. Es würde nicht viel brauchen, um sie zu löschen.

»Komm *zurück*«, sagte Kva, während er mit seinem Verstand in den seiner Zielperson eintauchte. *Er sah die Seele vor ihm davonrennen, wie ein Reh zwischen Bäumen umherhuschen. Er nahm die Verfolgung auf, wand sich zwischen schattigen Baumstämmen hindurch und rief nach ihr. Die Traumlandschaft war mit keinem Wald von Fenris vergleichbar – sie war üppig, von frischem Grün bedeckt, und so uralt wie die Knochen der Welt, auf der sie sich befand.*

Er holte auf, packte die fliehende Gestalt, holte sie zurück und riss sie aus dem Spiegelreich zurück in die Welt der Sinne.

Der Dark Angel kam zu sich, hustete Blut und rollte mit den glasigen Augen.

»Bleib«, befahl Kva, dessen Hand zum freiliegenden Hals des Dark Angels fuhr, um die Stärke seines Pulses zu ertasten. »Ich erlaube dir nicht zu sterben.«

Der Krieger starrte ihn einen Moment lang dümmlich an, da er verwirrt war und Mühe hatte zu atmen. Kva wartete und hielt die Barriere zwischen den Welten aufrecht, damit die Seele des Dark Angels nicht ins Jenseits entgleiten konnte. Langsam normalisierte sich seine Atmung; seine Blutungen geronnen, seine Augen wurden klarer.

»Wie lautet dein Name?«, fragte Kva.

Der Dark Angel antwortete ihm nicht. Es sah nicht so aus, als ob er ihn verstanden hätte.

»Wie lautet dein Name?«, fragte Kva erneut, und dieses Mal sprach er mit einem gebieterischen Unterton, der die Wahrheit verlangte.

»Ormand«, krächzte er, wobei er weiteres Blut aus seiner Kehle hustete.

»Du bist von der Ersten Legion.«

»Wie Ihr sehen könnt.«

»Was machst du hier?«

»Dasselbe könnte ich Euch fragen.«

Kva ließ Ormands Unterkiefer los. »Wenn dein Helm nicht aufgebrochen wäre –«

»Hättet Ihr mich getötet.« Ormand hustete erneut. »Ja, das war das Risiko.«

Kva schaute auf seine Rüstung hinab – sie war denen von der VI. Legion recht ähnlich. »Das könnte noch passieren.«

Ormand schaute zu ihm hoch, während sich seine Atmung stabilisierte. »Verräter oder Loyalist?«

»Was?«

»Das ist jetzt die einzige relevante Frage. Wer befehligt die Kriegshunde? Und die Hydra? Aber Eure Antworten sind egal – wir haben die Daten. Mein Partner auf der *Alpha* hat das Gleiche getan, sofern er nicht vor mir geschnappt wurde. Vielleicht waren sie schneller – schließlich haben sie ein angeborenes Talent für solche Dinge.«

Kva kniff die Augen zusammen. »Du weißt nicht, was passiert ist, oder?«

»Prospero brennt. Die Galaxis wird von Stürmen gespalten.

Zwei Legionen betreten den Alaxxes-Nebel und gehen aufeinander los. Terra ist vom Rest abgeschnitten und alle Träume werden zu Albträumen. Was würdet Ihr an unserer Stelle tun?«

Allmählich verstand Kva. »Und es gibt noch mehr von euch?«

»Viel mehr.«

»Wo?«

Ormand versuchte aufzustehen, schaffte es aber nicht, worauf er wieder gegen die Kammerwand fiel und rasselnd atmete. »Ihr wisst nichts über diesen Ort. Alaxxes ist eine Festung. In den Tiefen, die es hier gibt, befinden sich Schätze.«

»Der Löwe?«, fragte Kva vorsichtig und ergriff diese geringe Chance. Trotz ihrer konfliktreichen Vorgeschichte wären die Primarchen Lion El'Jonson und Russ zusammen gewiss genug, um das Blatt zu wenden.

Da kehrte Ormands bitteres Lächeln zurück. »Der Löwe? Woher soll ich das wissen?« Er rückte verschwörerisch näher, als ob er den vertrauten Austausch genießen würde. »Und es ist mir egal, weil mich der Löwe kaum weniger kümmern könnte. Keinen von uns.«

Kva musste seine Überraschung gezeigt haben, denn in Ormands blutunterlaufenen Augen sah er ein zufriedenes Funkeln.

»Wenn Ihr die Wahrheit wünscht, hier ist sie: Wir wurden von Calibans Schutzherrn an diesen Ort geschickt und befolgten damit beschämende Befehle, die schon überholt waren, bevor sie erteilt worden waren. Er ist es, dem wir folgen, und es ist sein Wille, der euch leben oder sterben lässt.« Ormand lächelte kühl. »Besser, Ihr erfahrt es jetzt schon, Priester. Luthers Armee ist bei Euch.«

Russ und Bjorn betraten gerade die Kommandobrücke, als sie sich der Tunnelgabelung auf fünftausend Kilometer näherten. Einen Augenblick lang bemerkte sie keine der Wachen am Tor, und alle anderen Augen blieben auf das vordere Oculus, die Hololithprojektionen und die Flottenpositionsmarker auf den taktischen Bildschirmen gerichtet.

Russ wartete einen Moment amüsiert und stand abseits mit Bjorn und den beiden Wölfen. Lord Gunn war der Erste, der ihre Witterung aufnahm, und drehte sich um. Die anderen taten es ihm gleich und reagierten auf den Primarchen mit einer Mischung aus Schrecken und Erleichterung.

»Was ist denn hier los, Gunn?«, fragte Russ, während er zum Thron hinauf stolzierte. »Mein letzter Stand war, dass du auf der *Ragnarok* bist, wo du hingehörst.«

Gunn funkelte Russ an und stand weiterhin mit einem Fuß auf dem Podium des Kommandothrons. »Es gibt einen Weg hinaus, Herr. Die Leere ruft.«

Bjorn blieb an Russ' Seite und beobachtete die anderen Krieger genau. Die Luft der Brücke brummte vor angespannter Erwartung – sie beschnüffelten sich, schmeckten die Möglichkeit eines Gewaltausbruchs heraus. Aesir und Skrier näherten sich ihrem Lehnsherrn; Grimnr und sein Gefolge folgten ihnen.

»Ein Weg hinaus«, sagte Russ nachdenklich und betrachtete die Projektionen. »Und einen Weg hinein. Es sieht so aus, als ob wir eine Wahl hätten.«

Auf Gunns Gesicht flackerte Verärgerung auf. »Ihr scherzt wohl.«

Russ schaute sich auf der Brücke um. Seine gerötete Haut leuchtete vor Belustigung, aber er sprach mit einem strengen Unterton.

»Ich denke, die Zeit für Scherze ist jetzt vorbei, Gunnar«, sagte er, von Freki und Geri flankiert. Er warf einen Blick auf die Taktikanzeigen, die als durchsichtige Hololithen über ihnen flimmerten. »Wir werden die Abbiegung nehmen. Wir werden tiefer hineingehen.«

»Nein!«, brach es unwillkürlich und als Ausdruck purer Frustration aus Gunn heraus. »Es gibt einen anderen Weg.«

»Den haben wir versucht, oder nicht?« Russ senkte die Stimme, als ob er dem Jarl die Möglichkeit geben wollte, ohne eine Auseinandersetzung einzulenken. »Gunn, niemand zweifelt an deiner Tapferkeit. Aber glaub mir, diesmal wird das nicht reichen.«

Gunn warf einen Blick zur Gabelung, die nun schnell näherkam. »Die Kurse wurden bereits gesetzt«, beharrte er.

»Sie können geändert werden.«

»Nicht *jetzt*.« Gunns Gesicht verzerrte sich vor Wut. Während sich seine Pläne vor ihm auflösten, verlor er immer mehr die Selbstbeherrschung. »Wo seid Ihr gewesen, Herr? Die Befehle wurden bereits erteilt.«

»Du hättest inzwischen gelernt haben sollen, mir zu vertrauen. Wir werden die Wolke nicht verlassen. Wir werden den Weg einschlagen, der tiefer hineinführt.«

»Nein, das werden wir nicht.« Lord Gunn fletschte die Reißzähne. Der alte Krieger war kaum weniger eindrucksvoll als sein Primarch – zwar war er einen Kopf kürzer und mit einer weniger massiven Rüstung ausgestattet, dafür hatte er das vernarbte Hauerzahngesicht eines gestandenen Kriegers. »Ist mir egal, was die Runen sagen – wir sind lange genug geflohen.«

Das war eine offene Herausforderung. Bjorn spürte, wie seine Energieklaue unwillkürlich zuckte, und hörte das raue Knurren der Wölfe. Auf der ganzen Brücke machten sich Krieger leise bereit.

Aber Russ griff nicht nach einer Waffe. Er schlenderte lässig und mit offenen Händen zu Gunn herüber. »Es war schwer für dich«, sagte er mit weiterhin sanfter Stimme, »aber ich warne dich – reiß dich zusammen. Ich werde meinen Schildträger an meiner Seite brauchen.«

»Da ist er schon«, sagte Gunn gehässig und blickte kurz zu Bjorn.

Russ' Blick verfinsterte sich. »Geh zurück zur *Ragnarok*. Nimm den Befehl an.«

Mittlerweile waren die beiden nur noch eine Handbreit voneinander entfernt. Lord Gunn schaute mit unlesbarem Gesichtsausdruck zum Wolfskönig hinauf.

»So fängt es an«, sagte der Primarch. »Mit Verbitterung, ob begründet oder unbegründet. Sie wächst, und es gibt Mächte, die bereit sind, sie zu nähren. Glaubst du, dass es mit Horus anders war? Er hat einen Fehler gemacht, einen einzigen Fehler, und das war das Ende. Sei nicht wie er, Bruder. Achte deine Schwüre.«

»Wir wurden zum *Kämpfen* gemacht«, zischte Gunn, dessen Trotz in Verzweiflung überging.

»Das stimmt wohl«, sagte Russ und legte ihm einen Panzerhandschuh auf die Schulter. »Aber das unterscheidet uns von der Zwölften Legion – wir entscheiden, wann wir kämpfen. Ich werde dich brauchen, Gunn. Dies wird unser Triumph.«

Dann beugte er sich hinab und flüsterte dem Jarl etwas ins Ohr. Bjorn stand zu weit weg, um zu hören, was er sagte, aber es war nur kurz – nur ein paar Worte. Als Russ den Kopf wieder hob, hatte sich Gunns Gesichtsausdruck gewandelt. Er war weiterhin schwer zu lesen, aber der Trotz war aus ihm verschwunden.

Russ wandte sich von ihm ab und sprach zur Brücke.

»Tiefer hinein!«, schrie er. »Uns wurde ein Weg gezeigt – wir werden ihn nehmen. Schaut aus den Sichtluken, und ihr werdet sehen, dass der Feind unsere Gedanken kennt. Wir ziehen mit voller Geschwindigkeit weiter. Begebt die Flotte wieder in eine defensive Formation. Sie werden uns jetzt angreifen, da sie begreifen, was wir vorhaben.«

Auf der ganzen Brücke setzten die Knechte eilig die neuen Befehle um. Grimnrs Krieger zogen sich von den Posten zurück, die sie zur Verteidigung des Primarchen eingenommen hatten. Warnsirenen heulten auf, als die neue Flugbahn eingegeben wurde. Das Deck erzitterte, als die Plasmatriebwerke in einen neuen Gang geschaltet wurden, sie wieder Geschwindigkeit aufnahmen und von einem Anweisungssatz zum anderen wechselten.

Lord Gunn stand eine Weile stumm da, als ob das alles nichts bedeuten würde. Dann drehte er sich ohne ein weiteres Wort um und bedeutete seinen beiden Gefolgsleuten, ihm zu folgen. Bjorn schaute zu, wie sie zur Teleporterstation zurückkehrten, doch seine Aufmerksamkeit wurde bald wieder auf Russ gelenkt.

Der Primarch schritt am Rand des Podiums entlang und schaute auf die Reihen seiner Leute. Seine Wölfe gingen neben ihm her, hatten ihr Fell gesträubt und fletschten ihre Reißzähne.

Russ hatte neue Kraft gefunden, war wieder voller Tatendrang und rief mit zurückgezogenen Schultern Befehle. Rings um ihn herum rannte die Legionsbesatzung, um seine Anweisungen zu erfüllen. Sie beeilte sich und war zielstrebiger, glücklicher, jetzt, da die Befehlskette wieder eindeutig war. Jede ihrer Bewegungen kündete von der gleichen, bemerkenswerten Tatsache: *Der Wolfskönig war zurückgekehrt.*

Das war ansteckend und Bjorn war nicht immun dagegen. Während sich die beschädigte *Hrafnkel* entsprechend den neuen Befehlen drehte, überkam ihn ein erwartungsfreudiger Schauer.

Die Alpha Legion näherte sich. Das bevorstehende Manöver würde eng und blutig werden, und ein Erfolg war keinesfalls sicher.

Egal. Die Jagd rief wieder.

* * *

»Wir müssen uns jetzt bewegen«, sagte Kva zu Ormand.

Der Dark Angel zuckte zusammen und versuchte aufzustehen. Die Verletzungen, die die Runenseher ihm beigebracht hatten, waren allerdings schwer, sodass er wieder zusammenbrach.

Kva zischte verärgert und griff sich an den Gürtel. Er entleerte einen Lederbeutel mit einigen getrockneten Kräutern, zermahlte sie zwischen seinen Fingern und stopfte sie Ormand in den Mund. Der Dark Angel kaute, würgte und spuckte sie fast wieder aus.

»Beim Thron«, lallte er. »Was für einen Dreck frisst Euer Volk?«

Kva schenkte ihm ein frostiges Lächeln. »Das wird dich am Leben halten.«

Der Runenpriester packte ihn am Arm und zerrte ihn hoch. Ormand schaffte es, wankend zu stehen, doch seine Haut war noch blasser als sonst.

Die beiden humpelten zum Eingang. Kva stützte seine schwere Last, während Ormand Mühe hatte, das unsichere Gleichgewicht zu halten. Die Tür glitt auf und die Runenseher kamen ihnen zu Hilfe, indem sie dem Dark Angel unter die Schultern griffen.

»Der Herr über Krieg und Winter sitzt wieder auf dem Thron«, sagte Kva zu seinen Knechten, legte einen Moment den Kopf schief, lauschte und witterte. »Uns bleibt nicht viel Zeit.«

»Dann wurde die Entscheidung bereits getroffen«, lallte Ormand, dessen Kopf wankte, während er von den beiden stummen Runensehern mitgeschleppt wurde. »Ihr habt keinen Nutzen mehr für mich.«

»Du weißt, was uns erwartet, wenn er den schwierigeren Pfad einschlägt.«

»Das ist egal. Ich kann Euch jetzt nicht helfen.«

Kva funkelte ihn an. »Du kannst ihm erzählen, was sich im Herzen des Blutquells befindet.«

»Ich bin nicht hierhergekommen, um Rat zu geben.«

Kva ging schneller. »Wir werden sehen. Er kann ziemlich überzeugend sein.«

»Also werdet Ihr es aus mir rausprügeln?« Ormand brachte ein blutiges, hustendes Lachen zustande. »Dann ist Euer Ruf ja berechtigt.«

Kva fuhr ihn an. »Wir halten unsere Eide. Solang du unter meinem Schutz stehst, wird dir kein Leid geschehen. Ich werde dich zu ihm bringen und du wirst selbst sehen, wer deinen Rat verdient.«

»Das ist kaum von Belang«, antwortete Ormand und zuckte schwach mit den Schultern. »Sie kennen bereits all Eure Geheimnisse – ob Ihr lebt oder sterbt, liegt nicht mehr in Euren Händen.«

Kva ging wieder los. »Das ist schon lange so, Dark Angel«, murmelte er.

Die Space-Wolves-Flotte schoss auf die Gabelung zu, brach aus dem langen Tunnel und eilte durch den engen Hohlraum zwischen den Wegen. Vor ihnen befand sich der gerade Pfad, der nach draußen führte – ein gähnender Schlund inmitten relativ fester, wirbelnder, roter Wolkenformationen. Es wäre leicht gewesen, dort hindurch zu eilen und dem schnurgeraden Pfad in die offene Leere zu folgen, doch stattdessen zündeten alle Schiffe ihre Bremsdüsen, die vor ihnen grell flackernde Neonmuster erzeugten, bevor sie sich nach oben drehten, um sich der zweiten Öffnung zuzuwenden.

Die Kundschafter waren agiler, drehten sich um ihre eigene Achse und richteten sich auf den neuen Kurs aus. Für die Giganten, die auf die Kreuzung und in die Gitter aus Schubdüsenstrahlen stürzten, während sie mit ihren gewaltigen Schiffskörpern gegen die plötzlich entgegengesetzt wirkende Kraft ankämpften, war das Manöver ein schwierigeres Unterfangen. Die *Hrafnkel* war die Erste, die draußen war, da sie von Russ nach vorn gedrängt worden war, um die Führung zu übernehmen, gefolgt von der *Russvangum* und der *Fenrysavar*. Der Rest der Flottenschiffe – Fregatten, Zerstörer, Kampffliegertransporter, Patrouillenboote – drängte nach ihnen hinein. Sie waren immer noch gefährlich nah beieinander und stürmten wie Vieh während einer Stampede voran.

Die Drehung war haarsträubend eng. Auch ohne die näherkommenden Jäger der Alpha Legion wäre sie eine Herausforderung gewesen. Einer der Zerstörer an den Flanken, ein Veteran des Raumkampfs aus den frühesten Tagen des Kreuzzugs mit der Bezeichnung *Svart-sól*, nahm die Kurve zu weit und trieb in einen hervorragenden, zersetzenden Stachel an der Innenseite der Wolke. Sein dolchförmiger Schiffskörper stürzte tiefer hinein, worauf seine Plasmatriebwerke überluden und Explosionen seine Flanken aufrissen. Der Schwung war unumkehrbar, und die *Svart-sól* wurde vom wogenden Innenleben der Wolke verschlungen, während ihre Deflektorschilde wie verrückt knisterten und ihre Systeme der Reihe nach explodierten.

Da sie nicht anhalten konnte, drängte die Hauptflotte vorwärts, wendete eilig im Herz der Kreuzungskammer und nahm neue Positionen ein, während die kleineren Schiffe zwischen ihren gewaltigen Schwestern ringsum hindurch lavierten. Stufenweise wurden Reihen von Raumminen abgeworfen, um den Zugangspunkt zu blockieren, aber sonst konnten die Space Wolves kaum etwas tun, um die vorrückende Alpha Legion zu verlangsamen – jedes Besatzungsmitglied auf jedem Schiff war vollkommen damit beschäftigt, die Flotte neu auszurichten.

Alle, außer einem. Die *Ragnarok* trat als letzte aus und unternahm keinen Versuch, sich einzureihen. Stattdessen drehte sich das Schlachtschiff in eine Breitseitenstellung und bewachte mit feuerbereiten Geschützen den Eingang zur Kammer.

Sobald Bjorn dies von der Brücke der *Hrafnkel* aus bemerkte und beobachtete, wie sich das bevorstehende Gefecht anbahnte, wusste er, was besprochen worden war.

»Habt Ihr das befohlen?«, fragte er Russ, unfähig, seine Augen von der *Ragnarok* abzuwenden.

»Ich habe ihm die Freiheit gewährt, seinen eigenen Kurs zu wählen«, sagte Russ, der sich auf die vor ihnen liegende Route konzentrierte und kaum mit der Wimper zuckte.

Die ersten Schiffe der Alpha Legion durchbrachen den Minengürtel und krachten in die drehenden Punkte, worauf aus ihren Seiten explodierende Plasmaspuren brachen. Zwei wurden in verheerenden Feuerbällen zerstört, aber vier kamen durch, dann sieben weitere, bis die Vorreiter schließlich durch die Öffnung stürmten.

Die vorderen Lanzen sprangen heulend an und waren bereit, das Herz der weiterhin wendenden Wolfsflotte zu zerschneiden. Doch zwischen ihnen und ihrer Beute befand sich ein Hindernis.

Die *Ragnarok* eröffnete mit einer vollen Breitseitensalve das Feuer, bei der ihre Makrokanonen gewaltige Munitionsmengen auf die näher rückende Angriffsfront der Alpha Legion spien. Der Beschuss zeugte von einem Kommandanten, der nichts mehr zu verlieren hatte – es wurde kein Versuch unternommen, Munition zu sparen, sondern einfach jeder letzte Rest aus dem ramponierten Kriegsschiffskörper entladen, um ein Schiff zu zerstören. Das ganze Schiff bebte, während es seinen Zorn verströmte, und das rote Leuchten der Wolke wurde kurzzeitig von einer Supernova aus Waffenentladungen überstrahlt.

Sofort explodierten die Korvetten der Alpha Legion und wurden in Stücke gerissen, als ihre Schilde überwältigt wurden. Die darauffolgenden Schiffe wurden ebenfalls verbrannt, da sie von den sich ausbreitenden Granatwellen getroffen wurden, die Deflektorschilde durchschlugen und Panzerplatten zertrümmerten.

»Er kann uns jetzt nicht mehr folgen«, merkte Bjorn an, während er zusah, wie die *Ragnarok* vollends zum Stehen kam, vor dem Eingang zur Kreuzung Wache hielt und dem näher rückenden Mahlstrom sämtliche Wut entgegenschleuderte, die sie aufbringen konnte.

Mittlerweile hatte sich die *Hrafnkel* auf den Ausgang ausgerichtet. Zusammen mit dem Rest der Flotte fuhr das Flaggschiff ihre Haupttriebwerke wieder zur vollen Kraft hoch und eilte geschwind auf die zweite der beiden Öffnungen zu, auf die, die tiefer in Alaxxes hineinführte. Vereinzelte Langstreckenschüsse von den vorderen Schiffen der Alpha Legion beharkten ihre Flanken, doch das meiste wurde von der *Ragnarok* absorbiert, die noch immer wie ein einsamer Wächter das Tor versperrte, das zwischen den beiden Flotten lag.

»Er tut, was er tun muss«, sagte Russ mit zusammengebissenen Zähnen. Die Öffnung vor ihnen war so schmal und beengt wie alle bisherigen, und die ganze Flotte hindurchzubringen wäre ein Akt überragender Schifffahrtskunst.

Das Rahmenwerk der *Hrafnkel* quietschte, während die Triebwerksleistung weiter gesteigert und sie mit auflodernden Schubdüsen von der Schlacht fortgetragen wurde. Die verbleibenden Großkampfschiffe folgten ihr und beschleunigten auf volle Geschwindigkeit, während sich ihre pflugförmigen Schnauzen für den Wiedereintritt neigten. Der zerklüftete Rand der Öffnung raste auf sie zu wie eine klaffende, schwere Wunde und zeigte den gewundenen Tunnelverlauf im Innern.

Bjorn warf einen Blick durch eine der oberen eisenumrahmten Sichtluken, die von dem dunklen Schatten der *Ragnarok* ausgefüllt wurde. Er wollte etwas rufen, salutieren oder ihrem letzten Gefecht auf eine andere angemessene Art Ehre erweisen, aber alle Gesten schienen vergeblich.

Die Öffnungsmündung zog vorbei und die wogende, dichte Wolkenmasse verschleierte das Fenster, womit das dem Untergang geweihte Schlachtschiff nicht mehr zu sehen war.

»Bis zum nächsten Winter«, flüsterte Bjorn und senkte den Kopf.

»Feuerrate aufrechterhalten!«, brüllte Gunn, der die Brücke auf und ab ging, während er den Funkenregen und das Quietschen reißenden Metalls ignorierte. Aesir und Skrier blieben an seiner Seite, doch der Rest der Großkompanie hatte die Rettungskapseln genommen und eilte jetzt in die Sicherheit der *Russvangum*. Jeder, der erübrigt werden konnte, war von Bord gegangen, sodass nur die zurückblieben, die nötig waren, um die Geschütze zu bemannen, um die Breitseiten weiterhin niedergehen zu lassen und um die Schildgeneratoren so lang wie möglich in Betrieb zu halten. Tausende waren gerettet worden. Trotzdem würden Tausende sterben.

»Ihr solltet auch gehen«, sagte er zu ihnen.

Aesir grinste ihn an. »Es gibt keine Kapseln mehr. Aber auch sonst würde ich das hier sehen wollen.«

Lord Gunn knurrte widerwillig zustimmend, bevor er sich wieder daran machte, mit Befehlen um sich zu werfen. »Haltet die Position – lasst uns nicht abtreiben!«

Inzwischen strömte die Alpha Legion durch die Öffnung und ergoss sich aus dem Tunnel wie Ratten aus einem Rohr. Der Angriff der *Ragnarok* hatte viele weitere kleine Geleitflieger erledigt, die wie Feuerwerkskörper aufflackerten und zischten, aber jetzt traten die Großkampfschiffe heraus, deren gepanzerte Büge diesen Sturm überstehen konnten und deren Lanzen erwartungsvoll heiß glühten.

Der erste Schuss traf mittig auf die Flanke der *Ragnarok* – eine gleißend weiße Linie, die die Außenhülle durchschlug und die Decks dahinter traf, die Adamantium zerfetzte und Stahl schmolz. Zwei weitere Schüsse, die von den hochaufragenden

Umrissen der *Zeta Telios* und der *Gamma Lycurgus* ausgespien wurden, bohrten sich ebenfalls hinein.

Die Brücke der *Ragnarok* schaukelte und ein Stützpfeiler von der Decke schlug in der Nähe des vorderen Oculus ein. Risse schlängelten sich über das Deck, gefolgt von dem unheilschwangeren Knarren sich biegender Balken.

»Weiterfeuern!«, brüllte Gunn in dem Wissen, dass seine Stimme an alle Geschützebenen übertragen und für alle Besatzungsmitglieder verstärkt wurde, die sich noch immer an ihren Stationen abmühten, während sich ringsum die Decks des Schiffs wölbten und aufbrachen.

»Die Hunde wurden losgelassen«, sagte Skrier mit düsterer, anerkennender Stimme. »Jetzt kommen die Herren.«

Die *Ragnarok* konnte ihre Position nun nicht mehr halten, da sie von dem Hagel eingehender Geschosse zurückgeschmettert wurde. Einige Geleitschiffe waren an ihr vorbeigerauscht und schwangen sich in die Höhe, um der fliehenden Hauptflotte der Wölfe zu folgen, aber für die größeren Schiffe machte die beengte Umgebung der Kreuzungskammer ein Vorbeiziehen gefährlicher – sie würden zuerst die *Ragnarok* zerstören müssen.

»Das da ist es«, sagte Gunn, schritt zu dem verzerrten Taktikhololith, über das weißes Rauschen zischelte, und zeigte auf eine neue Identrune, die die Kreuzungskammer erreichte.

Das war die *Delta*, die größte von vielen mit diesem Namen. Der Bug dieses makellosen, reinen Jägers mit den glatten Flanken und dem schmucklosen Körper funkelte saphirblau und seine Waffenreihen aus poliertem Stahl waren makellos. Viele Schiffe der Alpha Legion waren in hervorragendem Zustand, da ihre Kiellegungen als letzte in der langen Reihe marsianischer Fabrikationsaufträge erfolgt waren, sodass sie nicht von Jahrhunderten des Krieges vernarbt waren. Nicht zum ersten Mal verfluchte Lord Gunn die Rolle der XX. Legion im Großen Kreuzzug – sie hatten nicht gelitten, sie hatten nicht erobert, und jetzt befanden sie sich in der Position, einer Legion das Rückgrat zu brechen, die beides getan hatte.

Aesir übermittelte bereits Befehle an die brennenden Maschinenräume. Skrier befahl den Notfallhelfern, die verbleibenden Panzertüren zu verstärken, um die ausbreitenden Feuer einzudämmen, die durch das zusammenbrechende Netzwerk aus Korridoren und Schächten fegten.

Gunn blieb auf seinem Posten und beobachtete das langsame Näherrücken der *Delta*. Ihre Flanken loderten bereits und feuerten Laserstrahlen auf die schwächer werdenden Deflektorschilde der *Ragnarok*, während Lanzenschläge vorbereitet wurden, um in ihren glimmenden Bug einzuschlagen. Schon dieses eine Schlachtschiff bot eine Schlagkraft auf, die weit über das hinausging, was Gunn noch blieb, wobei die *Ragnarok* zusätzlich noch von den Salven eines Dutzends weiterer Schiffe getroffen wurde.

»Durchführen«, sagte er mit inbrünstig leuchtenden Augen. »Jetzt.«

Die *Delta* blieb in Reichweite, schwebte über dem Bug der *Ragnarok* und entlud ihre tödliche Ladung. Ihr Kommandant wollte seine Beute sauber aus der Ferne zerschneiden und seine ohnehin überwältigende Stärke für die bevorstehende größere Schlacht aufsparen.

Die *Ragnarok* erbebte, als der Kursänderungsbefehl zum Maschinarium durchgegeben wurde. Der geschwärzte Bug kippte nach oben und eilte direkt auf das Herz des Sturms zu. Die vorderen Sichtluken wurden aufgrund der Belastung der verbleibenden Deflektorschilde von einem undurchdringlichen, vielfarbigen Schleier verhüllt.

»Langsamer«, befahl Gunn. Seine Herzen schlugen schneller und seine Augen waren auf die Beute gerichtet. Die *Delta* war ähnlich groß wie die *Ragnarok* und die beiden gewaltigen Schiffe – ein brennendes, das andere unbeschädigt – überragten alle in direkter Reichweite. »Noch nicht …«

All seine verbleibenden Geschütze waren auf den hinteren Teil des Schlachtschiffs der Alpha Legion gerichtet, an den hinteren Schubdüsen vorbei. Die letzten Torpedosalven wurden auf derselben Flugbahn abgefeuert, sodass sie wirkungslos auf den hinteren Bereich der *Delta* zu schlängelten. Für die Navigatoren der Alpha Legion war es ein Leichtes, ihr Schiff von solch schlecht gezielten Geschossen fernzuhalten – sie mussten nur auf Position bleiben, knapp unter der Wölbung der blutroten Wolken schweben und weiterhin gezieltes Feuer auf die näherkommende *Ragnarok* niedergehen lassen.

Aber ihre Position zu halten war genau das, was Gunn wollte –

einen Schusswechsel aus der Distanz hatte er nicht im Sinn gehabt. »Jetzt, alles!«, brüllte er. *»Alles!«*

Die Kraftzunahme erfolgte sofort. Die *Ragnarok* hatte alles andere geopfert, um sich einen letzten Schub der Plasmatriebwerke leisten zu können – einen letzten Ansturm mit brennendem Rücken, ohne Waffen, flackernden Schilden, aber genug schierer Masse, um die erbitterte Salve ihres Ziels zu überstehen.

Die *Delta* erkannte die Gefahr zu spät und versuchte sich zu bewegen, doch sie war eingeklemmt. Sie war zwischen der Innenwand der Gaswolken gefangen, vor den näherkommenden Schiffen der Alpha Legion abgefangen worden und wurde von unten von der schnell näherkommenden, massigen *Ragnarok* blockiert. Die beiden Ungetüme rasten auf einander zu, eins mit überlasteten Triebwerken in gerader Linie, während sich das andere unbeholfen drehte, um dem Zusammenstoß zu entgehen.

Gunn holte tief und zufrieden Luft, während er beobachtete, wie der gewünschte Ausgang immer unausweichlicher wurde. Er sah die Flanke der *Delta* das vordere Oculus ausfüllen – eine Reihe feuernder Makrokanonen nach der anderen, riesige, überlappende Platten saphirblauer Rumpfsektionen, das Hydrasymbol des Feindes in Bronze und Spangrün.

»Ich diene noch immer«, flüsterte er.

Der Bug der *Ragnarok* krachte mittschiffs in die *Delta* und durchbrach unter dem grollenden Knall schwindender Energie die äußeren Schilde. Die gesamte Brücke wurde herumgerissen und heftig gekippt. Panzerglas zersprang, der Boden brach auf und die verbleibenden Knechte wurden von ihren Stationen geworfen. Aesir wurde von einem Stützpfeiler zerquetscht, der auf ihn stürzte, während Skrier in einer Reihe von Explosionen unten in den Servitorgruben verloren ging. Nur Lord Gunn blieb stehen und starrte in das Inferno, das die beiden Schiffe einhüllte.

Trotz der unglaublichen Masse und des Schwungs reichte der Ansturm der *Ragnarok* nicht, um die *Delta* auseinanderzubrechen. Ihr Bug bohrte sich tief hinein und erlahmte inmitten der Masse aus verbogenen, geschmolzenen Decks. Die mächtigen Triebwerke der *Delta* wehrten sich und das Knallen und Dröhnen von Makroladungen kündeten von dem bevorstehenden Eintreffen von Entertrupps.

Doch all das war jetzt zwecklos. Ziel des Ansturms der *Ragnarok* war nie die Zerstörung der *Delta* gewesen, sondern sie beide in die hochaufragende Tunnelwand zu schieben. Während Gunns Brücke in sich zusammen brach, strömte die erste Röte über die Flanke der in der Falle sitzenden *Delta* und zerfraß ihren reaktiven Schild.

Er begann zu lachen und genoss die Vernichtung. Er war jetzt allein: Seine Mannschaft erschlagen, sein Thron vom Feuer verschlungen, sein Reich implodiert. Ein Kabelbündel schwang von der Decke und versprühte Funken, die über das Deck huschten und sprangen. Von unten hörte er das Dröhnen der zerfallenden Aufbauten, die alle Überlebenden der kalten Leere preisgaben.

Es hatte genügt. Die glühenden Herzen der Triebwerke, die er nicht mehr kontrollieren konnte, arbeiteten noch immer tosend weiter und schoben beide Schiffe in das zersetzende Gas. Er malte sich aus, wie sich auf der *Delta* Panik breitmachte, wie sie von einem Deck auf das nächste übersprang. Er stellte sich die tobenden Kommandanten vor und die gehetzte, vergebliche Suche nach Teleportern, bevor alles verloren war.

»Keine Zeit mehr«, sagte er laut und genoss dieses Wissen.

Durch die gezackten Ränder der zertrümmerten Panzerglasfenster schaute er zu, wie die *Delta* vor ihm zerfressen wurde, wie ihre äußere Hülle oxidierte und das weiche Innenleben zu Brei zerplatzte. Etwas Riesiges explodierte – Treibstoffleitungen vielleicht oder ein Schildgenerator – und eine Woge entfesselten Feuers rauschte vom Heck bis zum Bug, wobei sie unterwegs die Hüllenplatten aufbrach. Die gesamte Konstruktion erzitterte und tiefliegende Explosionen brachen aus ihrem Herzen. Ihr Rückgrat brach und sie legte sich wie eine zerknitterte Faust um die Vorderseite der *Ragnarok*.

So ineinander verwickelt stürzten die beiden Raumtitanen tiefer in den allesverschlingenden Nebel, während ihre Häute Blasen warfen und aufbrachen und ihre Eingeweide Feuer fingen. Zum Schluss konnte Gunn nur noch sehen, wie die Wände seines eigenen Königreichs um ihn herum zusammenbrachen. Säulen zerbröckelten, Bögen lösten sich auf, Fenster trübten sich.

Doch während sein eigenes Schiff das Leben aus ihm herauspresste, wusste Gunnar Gunnhilt, dass er seinen Feind in den Blutquell gedrängt und sie beide vernichtet hatte, und dass durch diese beidseitige Vernichtung der Rest der Flotte ein wenig mehr Zeit bekommen hatte, um einer Abrechnung zu entgehen.

So hatte er gedient. Letztendlich, unter Achtung all seiner Eide, war das alles, was er je gewollt hatte.

»Für Russ und den Allvater!«, brüllte er lächelnd, als die Dunkelheit ihn holte.

Die *Hrafnkel* raste mit flackernden Schilden durch die gewundene Ader, während sie an den Rändern der allesverschlingenden Untiefen vorbeischrammte. Das Opfer der *Ragnarok* hatte ihnen einen Vorsprung verschafft, aber die Alpha Legion verfolgte sie nicht weniger hartnäckig als zuvor. Russ trieb die Überreste seiner Flotte unerbittlich dazu an, ihre Triebwerke weiter anzupeitschen und tiefer hinab zu stoßen.

Ihr Fortschritt war auf den Taktikschaubildern zu verfolgen – eine langgezogene Linie aus Schlachtschiffen ohne jegliche Formation, die sich hintereinander nach unten wand, tiefer in die Gasanhäufung hinein. Bei der Wendung, durch die vorderen Geschütze der Alpha Legion und die gefräßige Wolke hatten sie weitere Verluste erlitten, doch der Kern hatte es überstanden, gestärkt von der *Nidhöggur*, der *Fenrysavar* und der *Russvangum*. Die *Hrafnkel* war nach vorn gezogen und ihre Triebwerke der Gloriana-Klasse waren trotz der entsetzlichen erlittenen Schäden noch immer leistungsfähig.

Bjorn konnte nur zusehen. Er hatte jetzt keine Kontrolle mehr – die gekaperte *Iota Malephelos* wurde von Gothieb befehligt und flog mit dem Rest der Flotte weiter. Es war ein jämmerlicher Anblick: Die VI. Legion humpelte mit einer bunten Mischung aus gekaperten und verstümmelten Kriegsschiffen vor ihrer Zerstörung davon.

Und während all dem, bei all der Hektik, hatte er seinem Primarchen noch immer nicht seine Frage gestellt.

»Was hofft Ihr da drin zu finden, Herr?«, fragte er.

Russ, der vom Befehligen seines Flaggschiffs ganz eingenommen war, nahm ihn kaum zur Kenntnis. »Da drin finden?« Er schürzte die Lippen. »Vermutungen.«

Bevor Bjorn weiter nachhaken konnte, öffnete sich zischend die rückseitige Tür der Brücke. Kva stürzte herein, gefolgt von seinen Runensehern, die gemeinsam einen blutverschmierten Krieger der VI. Legion trugen.

»Herr«, verkündete der Runenpriester, »das hier werdet Ihr sehen wollen.«

Als er näher kam, spürten alle auf dem Kommandopodium – Grimnr, Bjorn, Russ und die anderen aus der Ehrengarde der Legion – sofort, dass etwas nicht stimmte. Der halb bewusstlose Krieger sah aus wie ein *Vlka Fenryka,* aber er roch überhaupt nicht so.

Russ blickte zu dem Gefangenen hinab. »Kva«, sagte er. »Was hast du denn da ausgegraben?«

»Die Erste Legion«, antwortete der Runenpriester, hob Ormands Kinn und zeigte ihm sein Gesicht.

Russ näherte sich. Ormand starrte mit trüben Augen zu ihm hinauf.

»Und was machst du auf meinem Schiff, Dark Angel?«, fragte Russ und klang ehrlich neugierig. »Du bist weit weg von Zuhause.«

Ormand hustete und Blut spritzte auf seine Lippen. »Nicht wirklich, Herr.«

Russ kniff die Augen zusammen. »Dann weißt du, was hier lebt?«

»Ich habe Eure Flottendaten gesehen, Herr«, sagte Ormand. »Ich habe Eure Verlustlisten gesehen. Ich weiß, was Euch verfolgt. Ehrlich gesagt glaube ich nicht, dass Ihr lang genug überleben werdet, um zu sehen, was im Alaxxes-Nebel lebt.«

Russ lächelte. »Genau wie dein Genvater«, sagte er zärtlich. »Arroganter *Skítna.*«

Freki schlich hechelnd näher. Russ wollte ihn gerade weiter befragen, als über die vorderen Bildschirme plötzlich neue Daten strömten. Der Schiffsmeister der *Hrafnkel* rief etwas und übertrug die neuen Sensorwerte zu den oben hängenden Taktikmonitoren.

»Herr«, berichtete der Schiffsmeister, »der Tunnel endet.«

Alle Blicke huschten zu den Pictschirmen. Die gewundene Gasröhre ging zu Ende und verbreiterte sich. Weit voraus entfernten sich die aufgewühlten Wolkenwände abrupt, sodass eine breite Höhlung entstand. Bald wurde deutlich, dass die Kluft riesig war, weit größer als die Kammern, die sie bisher durchquert hatten. Die Langstreckenauguren zeigten Bilder eines blitzumzuckten Bereichs in den Tiefen der Gasanhäufung – einer Kammer, deren schiffsverbrennende Plasmawände weit voneinander entfernt waren. Die Mittelstreckenauguren konnten weniger als ein Drittel von ihr erfassen – der Rest verbreiterte sich zu einem weltengroßen, feuerumringten Hohlraum.

Alle wussten, was das bedeutete. Die zweifelhafte Sicherheit, die das einengende Gasgebilde geboten hatte, gab es nicht mehr, und sie hielten wieder auf einen Raum zu, der groß genug für den Einsatz zahlreicher Flotten war.

Russ schaute finster auf die Daten. Aufflackernde Verwirrung trübte sein altes Gesicht, als ob irgendein Versprechen gebrochen worden wäre. Er schaute zu Grimnr, zum Schiffsmeister, und dann zu Kva.

»Dann hatte Gunn also recht«, sagte er trocken. »Hier drinnen gibt es keinen Schutz für uns. Verständigt die Flotte – auf mein Zeichen wenden wir, um dem Feind zu begegnen.«

Er konnte nie völlig unglücklich aussehen, nicht bei der Aussicht auf eine Schlacht, ganz gleich, wie die Chancen standen. Er griff nach *Mjalnar* und ignorierte den Dark Angel.

»Wir fliehen nicht mehr«, sagte er. »Hier werden wir uns ihnen stellen.«

IV

Als sie drinnen waren, erstreckte sich vor ihnen die Kluft. Die Gaswolken zogen sich soweit zurück, dass es fast so aussah, als ob die Flotte wieder in der offenen Leere wäre. Erneut wurden Kurskorrekturbefehle erteilt, die die Kommandoebenen hinunter gereicht und aus dem Zentrum auf die Brücke jeder Fregatte und jedes Kampffliegertransporters weitergegeben wurden. Die erschöpften Navigationsmannschaften reagierten erneut, rangen ihren überlasteten Maschinen weitere Energie ab, gaben mörderisch knappe Reaktionszeiten ein und bildeten ein neues Verteidigungsmuster.

Sie hatten keine Zeit, um eine ordentliche Verteidigung aufzustellen. Russ brüllte seine Befehle und zog seine Streitkräfte so gut es ging zu einer festen Formation zusammen – die vier verbleibenden Großkampfschiffe im Zentrum wurden von ihren überlebenden Angriffskreuzern gedeckt. Zwei Sturmangriffsstreitkräfte aus jeweils sechs Zerstörern bezogen an den Flanken Stellung, um auf seinen Befehl hin vorwärts zu schnellen und die feindlichen Gruppen aufzubrechen, wenn diese sich formierten. Eine lange Reihe weniger schlagkräftiger Schiffe, die meisten davon Geschützboote und Korvetten, blieb als Reserve hinten und wurde von den gekaperten Schiffen der Alpha Legion verstärkt. Zusammen mit den Überresten der Fregattengeschwader, die alle entweder am Zenit oder am Nadir aufgestellt waren, um ein Umgehungsmanöver zu verhindern, machte sich die VI. Legion bereit für den bevorstehenden Zusammenstoß.

Der ereignete sich, als die letzten Schiffe gerade in Position glitten. Die Alpha Legion war trotz Lord Gunns Aufhaltemanöver an der Gabelung nicht weit zurückgefallen. Zwei Geschwader von Fregatten mit dem Hydrasymbol stürmten mit feuernden Lanzen in die Kluft. Ihnen folgten weitere Fregatten, dann Angriffskreuzer, Schlachtkreuzer und schließlich die insgesamt sechs schweren Schlachtschiffe, die sich um die *Alpha* der Gloriana-Klasse scharten – ein saphirblau-goldenes Ungetüm, das inmitten seines dichten Netzes aus einander deckenden Unterstützungsschiffen unangreifbar war.

Der Angriff erfolgte schnell, heftig und war überwältigend. Da es auf keiner Achse physische Begrenzungen gab, verteilte sich die Alpha Legion weiträumig und teilte sich für ein klassisches Umzingelungsmanöver auf. Aus den offenen Hangarbuchten strömten ganze Schwärme von Kampffliegern, die sich taumelnd auf ihre Angriffsflugbahnen begaben. Die vorderen Lanzen eröffneten das Feuer und jagten Speere aus schiffsvernichtender Energie in Deflektorschildsysteme.

Nach wenigen Sekunden befanden sich die beiden Flotten mitten im Gefecht, waren ineinander verworren, drehten und verhakten sich ineinander. Die größeren Schlachtschiffe wurden zu Inseln der Stabilität, von denen die größte Zerstörung ausging. Ganze Angriffsfliegergeschwader fielen einzelnen Breitseiten zum Opfer, sodass ihre geschwärzten Gehäuse mit voller Geschwindigkeit in die größeren Schiffskörper krachten und sich ihre Trümmer entlang der Flanken ihrer Mörder verstreuten. Jedes Schiff arbeitete mit voller Leistung, brauchte seine letzten Geschoss- und Torpedoreserven auf und füllte die Leere mit einem Mahlstrom herumwirbelnder Trümmer.

Die *Hrafnkel* bildete das Zentrum der Linie der Wölfe. Sie war unentwegt in eine Korona aus einprasselndem Laserfeuer gehüllt und wurde von ihren arg bedrängten Angriffskreuzerverbänden flankiert. Im Gegensatz zu den anderen Schlachtschiffen, die sich unbeweglich in ihrem jeweils zugeteilten Sektor behaupteten, donnerte sie durch das Herz der Gefechtssphäre und schmetterte jeden kleinen Fisch zur Seite, der zu langsam oder zu schwerfällig war, um ihr aus dem Weg zu gehen.

Auf der Brücke des Flaggschiffs hatte jeder Space Marine seinen Helm aufgesetzt und seine Waffen gezogen. Über einhundert Rudelkrieger waren dort versammelt und hatten sich auf die zahlreichen Ebenen und Stufen verteilt. Jedes sterbliche Besatzungsmitglied hatte ein Atemschutzgerät und eine Plattenrüstung angelegt, die in der schwachen Gefechtsbeleuchtung mattgrau wirkte.

»Da ist das Ziel«, flüsterte Russ, während er verfolgte, wie sich die *Hrafnkel* ihren Weg zu der bedrohlich aufragenden *Alpha* bahnte. Das feindliche Flaggschiff wälzte sich in einem breiter werdenden Ring glimmender Schiffskörper. Es hatte bereits zwei Angriffsfregatten erledigt, denen es mit massenhaftem Lanzenfeuer das Herz herausgerissen hatte, bevor sie reagieren konnten. »Diesmal wird er sich mir stellen.«

Allen auf der Brücke Versammelten war das eingegangene Risiko bewusst und die Gefahr klar, und sie hießen sie gut. Sie hatten so lang wie möglich versucht, einer offenen Raumschlacht zu entgehen, da sie wussten, dass sie diese niemals gewinnen konnten. Aber da sie ihnen aufgezwungen worden war, blieb ihnen nur noch die Möglichkeit, dem Oberhaupt der feindlichen Legion an den Hals zu springen und die Kehle herauszureißen. Alpharius hatte sich bisher nicht gezeigt, nicht einmal zum Schein, aber Russ war immer davon überzeugt gewesen, dass sein Bruder irgendwo in den feindlichen Reihen sein musste und diesen Feldzug von seinem sicheren, versteckten Thron aus führte.

Die Flaggschiffe eilten aufeinander zu und schmetterten die Wellen kleinerer Schiffe zur Seite, die dazwischenfuhren, um sie zu aufzuhalten. Durch das eingehende Feuer, das in die

Rümpfe einschlug, zogen aufgewühlte Farben über ihre Deflektorschilde. Die Brücke der *Hrafnkel* erzitterte, während all ihre Geschütze der Reihe nach feuerten und hektisch ihre Munitionsreserven verheizten. Das Schiff riss sich die eigenen Eingeweide heraus, spie sie aus und spuckte sie in rohem Trotz auf die Horden von Feinden, die es umkreisten, auf es einstachen und es anstachelten.

»Hast du schon genug gesehen?«, fragte Russ höhnisch und wandte sich dem Dark Angel zu, der immer noch neben ihm stand. »Oder bist du nur hierhergekommen, um uns beim Sterben zuzusehen?«

Ormand stand ohne Hilfe, war aber offensichtlich keineswegs kampftauglich. »Ich habe nicht die Macht Euch zu retten, falls Ihr das glaubt«, sagte er.

»Dann verstehe ich nicht, warum du hier bist.«

»Ich sehe nur zu.«

Russ, in seiner gewaltigen, vollen Gefechtsrüstung und mit seinem reißzahnfletschenden Gesicht hinter einer knurrenden Wolfstodesmaske verborgen, fuhr ihn an. »Dann sieh genau *hin*«, knurrte er. »Sieh, wie die Wölfe von Fenris sterben. Die Schlange wird sich jetzt einen Weg zu mir freikämpfen, da sie endlich Schwäche wittert, und dabei sieht sie die Gefahr noch immer nicht. Wir können nirgendwo mehr hin. Sie haben uns eingeholt und in die Enge getrieben.«

Während der Primarch sprach, trieb die *Alpha* in den vorderen Sichtluken auf sie zu. Durch den eingerissenen, riesigen Brückenoculus des Flaggschiffs war ihr gewaltiges Gegenüber zu sehen, das vor ihnen emporragte und wie ein Greifvogel hoch in der Luft seine Stellung hielt, wo es sicher und unantastbar war. Seine Waffensysteme hatten bereits das Feuer eröffnet und schleuderten Projektilgeschosse auf die flammengeschwärzte Haut der *Hrafnkel*, worauf sich der Deflektorschildschutz wölbte und knisterte.

»Zieht ihm die Haut ab!«, brüllte Russ in dem Wissen, das bereits sämtliche Energie an die vorderen Waffensysteme geleitet worden war.

Die Lanze der *Hrafnkel* stach zu und jagte einen einzigen Strahl in den Bug der *Alpha*. Es war ein guter Treffer, der die dicke Hüllenpanzerung durchschlug und tief ins Innere stach, das Schlachtschiff auf seiner Flugbahn aber kein Stück verlangsamte.

Das erwiderte Feuer war vernichtend. Jede einzelne unbeschädigte Batterie der *Alpha* eröffnete gleichzeitig das Feuer, flutete den lokalen Raum mit Flammen und färbte die Aussicht aus jeder Sichtluke vollkommen weiß. So viele Schüsse trafen ihr Ziel, dass die Hüllensensoren der *Hrafnkel* überlastet wurden und den Stationsarbeitern unsinnige Messwerte übermittelten. Das gesamte Schiff kenterte und geriet von den massenhaften Treffern ins Trudeln. Die Brücke erbebte und wurde von Rissen durchzogen, die vom Deck zur Kuppel hinaufschossen, während die Explosionen aus jedem aufgerissenen Energiekabel und jeder Leitung alles in Wanken brachten.

»Kurs stabilisieren!«, brüllte Russ, der noch auf den Beinen war, seine große Frostklinge in der Hand hielt und angesichts der Zerstörung um ihn tobte. »Feuer erwidern!«

Als die Worte seinen Mund verließen, kam es einige Decks weiter unten zu einer Folgeexplosion, durch die die betroffenen Plaststahlträger anschwollen. Die vorderen Deflektorschilde hauchten mit lautem Rauschen ihr Leben aus und enthüllten die tiefe Schwärze der unverschleierten Leere.

Eine Sekunde später wurde ein offensichtlich geplanter Zug umgesetzt. In den Augen brennende Teleportenergie erfüllte die Brücke, worauf ein lauter Knall verdrängter Luft folgte. Am gegenüberliegenden Ende des Brückensaals erschienen einhundert Warpsphären. Jede von ihnen zerplatzte zu Reifsplittern und enthüllte einen Krieger in Terminatorrüstung.

Auf der gesamten Brücke brach ein Sturm aus Boltgeschossen los, als beide Seiten mit allen ihnen zur Verfügung stehenden Waffen das Feuer eröffneten. Die Terminatoren wurden sofort von jedem Kaerl, jedem Adepten und jedem Wolf mit Geschossen überschüttet. Die Eindringlinge schlugen mit mörderischer Effizienz zurück und schritten durch den Sturm aus Boltgeschossen und Patronen, während ihre schweren Rüstungen die Treffer absorbierten und sie es ihnen vielfach heimzahlten.

»Zu mir, *Vlka Fenryka*!«, donnerte Russ, der mit von schwarzer Wut kündender Stimme das Podium hinunterstürmte. »Erschlagt sie geschwind!«

Bjorn rannte bereits und kämpfte sich durch den Geschossorkan, um zum Feind zu gelangen. Auf der Brücke befanden sich tausende bewaffnete Sterbliche und fast einhundert Wölfe, aber ihre in Terminatorrüstungen gehüllten Gegner waren ihnen mehr als ebenbürtig. Sie waren gekommen, um dem Wolf den Hals zu durchtrennen, den Kopf abzuschneiden und den Körper verrotten zu lassen.

Bjorn sprang über eine zerfallende Komm-Säule und duckte sich in der Servitorgrube darunter, während der feindliche Beschuss an ihm vorbei zischte. Dann stand er wieder auf und feuerte mit seinem Bolter, während seine Energieklaue unter dem Disruptorfeld funkelte. Er näherte sich dem ersten Feind – einem Ungetüm in einer schuppigen taktischen Dreadnought-Rüstung, das mit seiner Maschinenkanone einen Bogen beschrieb, der alles in seiner Bahn pulverisierte.

Bjorn verschoss eine Boltgeschosssalve; sie schlug in die Halsberge des Feindes ein und brachte ihn ins Wanken. Bjorn stürzte sich auf ihn und schlug mit seiner Klaue zu, um dem Feind den Bauch aufzureißen. Der Terminator parierte den Hieb, holte mit seiner Energiefaust aus und schmetterte Bjorn gewaltsam aus dem Weg. Dann richtete er seine Kanone auf ihn und zielte in Ruhe auf seinen Helm, um den ungleichen Kampf zu beenden.

Doch aus den Läufen kam nichts – der Terminator wurde von einer silbernen Explosion von den Füßen gerissen und fünf Meter zurückgeworfen, wo er quietschend mit eingedelltem Metall aufschlug.

Bjorn schaute hoch. Kva hatte einen Sturm entfacht und züngelnde, eisblaue Blitze zuckten vom Deck bis zur eingerissenen Decke, spießten Terminatoren auf gewundenen Säulen aus glasiger Äthermaterie auf und zerfetzten sie von innen heraus. Zu den Metallsplitterwolken, die durch die Luft wirbelten, kamen blutbespritzte Rüstungsteile hinzu. Der schiere Lärm war ohrenbetäubend, prallte von jeder mit Geschosskratern übersäten Wand ab und hallte über das Schlachtfeld.

Doch der Zorn des Runenpriesters war nichts verglichen mit dem seines Primarchen. Russ raste wie eine niederwalzende Lawine in die Wand aus Terminatoren, schüttelte die Geschossflut ab, die sich auf ihn konzentrierte, und stürmte den Feind frontal an. Wer ihm im Weg stand, wurde zur Seite geschmettert, und massige Rüstungen rissen und verbogen sich unter den sternenhellen Bögen, die *Mjalnar* beschrieb. Russ führte die Frostklinge mit beiden Händen, schwang sie wie einen Streithammer, durchtrennte Halswirbel und schnitt sauber durch Gefechtsrüstungen. Bald war er von einer Kugel aus Blut und Blitzen umgeben, die um ihn herumwirbelten, während er seinen Mund öffnete, um seinen Zorn hinauszubrüllen.

»*Fenrys*!«, brüllte er und beschwor sämtlichen Zorn der Seele der Eiswelt herauf. »Für die Eiswelt!«

Schon lange hatte Russ nicht mehr so befreit gekämpft. Die kinetische Wucht seines Ansturms trieb die Alpha-Legionäre zurück zu ihren Teleportationspeilsendern, wo sie wie wild darum kämpften, der Vernichtung durch die Schneide der Frostklinge zu entgehen.

Bjorn hatte schon gesehen, wie sich Feinde vor dem Primarchen vollständig aufgelöst hatten. Er hatte Xenos gesehen, die vor ihm die Flucht ergriffen hatten, und selbst Space-Marine-Formationen brachen zusammen, wenn sie von der psionischen Kraft des Wolfskönigs getroffen wurden. Die Alpha Legion aber behauptete sich und zog sich in geordneten Reihen zurück, während sie erbittert weiterkämpfte und versuchte, ihn zu fällen.

Schlagartig erkannte Bjorn, dass Russ recht gehabt hatte. Unter den Terminatoren musste sein Bruder sein, der mit ihnen kämpfte und sie zusammenhielt. Seine Anwesenheit war fast greifbar und strömte wie eine Jagdfährte aus dem Tumult. Bjorn eilte wieder in den Kampf und suchte jetzt nach kleinsten Unterschieden – einem größeren Feind, einem schnelleren, einem, dem Kvas Sturmfeuer nichts ausmachte.

Seine Herzen schlugen aufgeregt höher. Es waren *zwei* Primarchen auf der Brücke und die Aussicht darauf, dem Urheber all ihres Leids ebendieses zu vergelten spornte ihn zu noch größeren Kampfleistungen an. Bjorn stürmte den Terminator an, der von Kvas Warpblitzen umgeworfen worden war, sich langsam erhob und mit seiner Maschinenkanone zum Zielen ansetzte.

Drei von Bjorns Legionsbrüdern kamen mit ihm, rannten so schnell sie konnten und feuerten aus der Hüfte, während sie ihre Nahkampfklingen aktivierten. Sie sprangen gemeinsam als verschwommener, grauer Streifen inmitten des aufgewühlten Getümmels los und landeten gleichzeitig, worauf sie ihm wie ein Rudel Wölfe an die Kehle gingen. Bjorn hatte den Hals des Terminators getroffen und stieß seine Klaue zwischen Helm und Halsberge. Der zweite Wolf schaltete mit einer funkelnden Energieaxt die Maschinenkanone aus, ein weiterer kümmerte sich mit einem Sturmschild um die zuschlagende Energiefaust des Terminators, während ihm der vierte die Füße abhackte. So aufeinander abgestimmt warfen sie ihn mit herumwirbelnden Klingen wieder auf das Deck.

Bjorn beendete den Kampf, indem er seine Klaue tiefer hineinstieß, das Siegel aufbrach und mit einem Blutstrahl belohnt wurde, der seine feststeckende Kralle hinaufschoss. Wie so viele Male zuvor riss er seine Klingen zusammen mit einigen Fleischfetzen heraus und schüttelte letztere ab.

Er warf den Kopf zurück und entleerte mit seinem gebrüllten Kampfschrei seine Lunge. Die Krieger um ihn herum taten es ihm gleich und erfüllten die Brücke mit dem vielstimmigen Geheul des entfesselten Rudels.

Doch sie hatten keine Zeit, um in dem Mord zu schwelgen, denn der Feind war noch immer eine Bedrohung; zwei Drittel lebten noch, scharten sich um Russ und konzentrierten all ihre Kraft darauf, ihn zu Fall zu bringen. Bjorn stürzte geduckt los und feuerte in die Terminatorenmasse vor ihm.

Ihr seid hier, flüsterte er, als er sein Ziel wählte.

Während der Raum rings um ihn von wilden Kämpfen erfüllt wurde, taumelte der vergessene Ormand hinter das Thronpodium. Der Runenpriester, der ihn vor den Primarchen geschleift hatte, zog mit seinem Stab in die Schlacht, dessen Schädelspitze von grellen, knisternden Blitzen umzuckt wurde. Inzwischen kämpfte jeder Wolf auf der Brücke und stürzte sich ohne Rücksicht auf den Schaden, den die Terminatormassen mit ihrem Angriff anrichteten, ins Getümmel.

Die Pfeiler über ihm rissen ein und ließen Steinsplitter auf ihn herabregnen. Gefechtslumen flackerten und erloschen, als ihre Gehäuse zertrümmert wurden. Das Flaggschiff hatte starke Schlagseite und wich vom Kurs ab, da die richtungsweisenden Befehle nicht erteilt werden konnten. Die *Alpha* war noch immer im vorderen Oculus zu sehen und verschoss weiterhin Laserfeuersalven, obwohl ihre eigenen Krieger an Bord waren.

Auf den Brücken und in den Körpern anderer geenterter Schiffe fanden hundert weitere Schlachten zwischen Space Wolves und Alpha-Legionären statt, die sich ganz dem Morden hingaben.

Ormand taumelte und spürte Blut in seiner Rüstung schwappen. Sie hatten ihm seinen Bolter abgenommen und er fühlte sich nutzlos und schwach. Er fiel auf die Knie und atmete schwer durch den blutverschmierten Mund. Beim Anblick der tobenden Schlacht wurde ihm übel. Die Verlustrate war schon jetzt entsetzlich. Egal, welche Legion als Sieger daraus hervorging, sie würde schreckliche Verluste erlitten haben, und das für eine Sache, die für ihn immer noch wenig Sinn ergab. Seine calibanischen Brüder konnten den Krieg anhand der astropathischen Nachrichtenfetzen, die sie aufgeschnappt hatten, und ein paar eroberter Schiffe, die vor dem aufziehenden Sturm flohen, nur grob nachvollziehen. Durch ihren Rückzug in die Tiefen von Alaxxes waren sie zusätzlich abgeschottet gewesen, doch es hätte ohnehin nicht ewig so weitergehen können, selbst wenn sie nicht durch die Ereignisse zum Handeln gezwungen worden wären.

Nun waren sie verfrüht ans Licht gezerrt und ihre lange Wacht von der Dämmerung eines weit größeren Konflikts gestört worden. Ohne Führung oder die Möglichkeit, an Informationen zu kommen, hatten sie getan, was sie konnten, um die Wahrheit herauszufinden.

Ormand sank auf die Knie und lehnte sich an den Fuß der Säule neben ihm. Russ befand sich noch immer im Herzen des Getümmels und zerschmetterte seine Feinde weiterhin wie ein Berg inmitten eines Strudels geringerer Krieger. Während er dem Primarchen beim Kämpfen zusah, wurde ihm schmerzlich bewusst, dass er seinen eigenen nie gesehen hatte, und dass er nicht wusste, wie es sich anfühlte, einem der Achtzehn in die Schlacht zu folgen.

Vielleicht hatte das seine Landsleute so vorsichtig agieren lassen. Ihre calibanische Herkunft hätte eigentlich mehr Wagemut hervorbringen müssen – unter den schattigen Bäumen der ewigen Wälder war es nie schwer gewesen, einen Feind zu finden. Während er zusah, wie die beiden Legionen miteinander rangen, durchschaute er mit seinem jetzigen Wissen allmählich, was sich dort abspielte. Das Gewirr widersprüchlicher Behauptungen löste sich auf und enthüllte die Wahrheit, nach der er gesucht hatte, seit er die Kampfaufzeichnungen gelesen hatte.

Als das Impulsgerät an seinem Handgelenk aufleuchtete, bemerkte er es fast nicht. Er rutschte weiter nach unten, schmiegte sich an den Schatten der Säule und hob seinen Panzerhandschuh zum Mund.

»Wo seid ihr?«, fragte er.

»In der Nähe«, ertönte eine knisternde Stimme aus dem Gerät. »Wir dachten, dass sie Euch getötet hätten. Wir sind froh, dass wir falschlagen. Habt Ihr sonst noch etwas?«

»Ihr habt doch sicher, was Ihr braucht.«

»Uns fehlt ein Wort.«

Ormand schaute auf und ließ seinen schmerzerfüllten Blick über die blutige Szenerie schweifen. Die Wölfe kämpften erbittert, doch inzwischen schnappte ihr Ende bereits nach ihren Fersen. Der Primarch würde irgendwann mit blutigen Klauen niedergestreckt werden und dann wäre die Schlacht vorbei. Sobald die *Hrafnkel* nicht mehr war, würde es der Flotte ebenso ergehen. Nachdem er sie in all ihrer trotzenden Pracht gesehen hatte, konnte er nicht länger unbeteiligt bleiben.

»Loyal«, sagte er und fragte sich, während ihm das Wort über die Lippen kam, ob das überhaupt noch ein Anlass zur Freude war. »Daran besteht kein Zweifel.«

Russ hackte sich durch den Feind und sah kaum, wen er erschlug. Sie alle verschwammen zu einer Masse aus Rüstungen und Muskeln, zu trägem Futter für seine Klinge. Er hatte den wahren Feind bereits aufgespürt und neben dessen Anwesenheit verblasste alles andere. Er ignorierte die Wunden, die er erlitt, und die Verluste seines Rudels rings um ihn; er blieb einfach in Bewegung und mahlte sich durch die saphirblau-goldenen Mauern.

Er hatte Alpharius nie gehasst, nicht wie Guilliman ihn gehasst hatte. Die Alpha Legion war irrelevant gewesen, ein Nebengedanke, eine Bande von Schattenkuschlern, die nach Horus' Pfeife tanzte und kaum mehr als leichten Spott verdient hatte. Magnus war wenigstens ein richtiger Gegner gewesen, der sich offen seine Hände mit Zauberei schmutzig gemacht hatte, sodass es alle sehen konnten. Alpharius war … nichts gewesen. Ein Geflüster, ein Verdacht, ein Echo.

Das war nicht länger der Fall. Russ' Abscheu brannte hell wie eine diamantene Narbe auf seiner Seele. Es gab in diesem Kampf keine Hoffnung mehr auf Sieg, nur eine Chance auf Vergeltung unter den Blicken der geschnitzten Bildnisse der *Hrafnkel.*

Du bist ein Schwert in den falschen Händen, mein Bruder.

Schon als sie ausgesprochen worden waren, waren dies leere Worte gewesen, und jetzt waren sie noch weniger als das. Unabhängig davon, ob sie getäuscht worden waren, hatte Magnus sein Schicksal verdient, und wenn sie nun alle dem Untergang geweiht waren, hatten sie zumindest dadurch gebüßt, dass sie einen anderen Verräter eliminiert hatten, bevor sie ihr Ende ereilt hatte.

»Stell dich mir, Bruder!«, brüllte er mit mächtiger Stimme, die sich über den Schlachtenlärm erhob. Er zermalmte einen Alpha-Legionär mit seinen Panzerhandschuhen, bevor er einen zweiten ausweidete, ohne innezuhalten. Sein ganzer Körper hatte sich in eine tobende Kampfmaschine verwandelt. »Meine Schiffe brennen! Meine Söhne sterben! Was hast du jetzt noch zu befürchten?«

Und dann teilte sich plötzlich vor ihm das Schlachtfeld. Die überlebenden Wölfe stemmten die Lücke weiter auf und rangen mit Gegnern, die ihnen überlegen waren, doch irgendwie schafften sie eine Spalte zwischen den Reihen.

Am anderen Ende der Bresche stand ein einsamer Legionär in Terminatorrüstung, der genau so ausgestattet war wie alle anderen. An seiner Rüstung befanden sich keine einzigartigen Zeichen, keine Unterscheidungsmöglichkeit zu seinen Brüdern ringsum, doch Russ *wusste* es.

Er zeigte mit *Mjalnar* auf die Kehle des Alpha Legionärs.

»Du bist der nächste!«, donnerte Russ und setzte zu einem Ansturm an, der ihn näher heranbringen würde.

Der Terminator straffte sich, nahm die Herausforderung an und sagte zwar nichts, zog aber eine lange Klinge, um die ein smaragdgrünes Energiefeld knisterte.

Doch bevor einer von beiden zuschlagen konnte, wurden die Fenster über ihnen plötzlich in grelles Licht getaucht. Das Deck schaukelte heftiger als zuvor und wurde von einer tiefgreifenderen und heftigeren Erschütterung durchgeschüttelt als irgendein Sternenschiff verursachen konnte. Ein Beben erschütterte den gequälten Kern der *Hrafnkel*-Brücke und die Kämpfenden wurden umgeworfen.

Selbst Russ wurde in die Knie gezwungen, während das Deck hin und her schaukelte. Inzwischen schrien die Sterblichen nicht mehr vor Kampfeslust oder Schmerzen, sondern vor Entsetzen. Die verbleibenden Bildschirme füllten sich mit neuen Signalen und quollen über vor Runen, die aus den Verstärkerstationen strömten und auf der ohnehin überfüllten Gefechtssphäre eingeblendet wurden.

Russ sammelte sich und spähte durch die Sichtluken, um irgendeine Vorstellung davon zu bekommen, was geschehen war. Einen schrecklichen Moment lang wurde alles dunkel, als ob sich die Leere von außen um sie herumgewickelt hätte, um das letzte Leben aus ihnen heraus zu pressen.

Dann wich der Schatten Reihen funkelnder Lichter, die in einer herabstürzenden Felsoberfläche von beeindruckender Größe untergebracht waren. Geschütze, kolossale Türme, Brücken und Wälle zogen vorbei, die alle vor aneinandergereihten, schiffsvernichtenden Waffen strotzten. Triebwerksdüsen, die größer waren als ganze Zerstörer, glühten rot vor Hitze und wärmten die Leere wie eingesperrte Sonnen.

Unter dem Schatten kamen weitere Kriegsschiffe hervor, die alle so dunkel wie die Nacht und von keiner Schlacht gezeichnet waren, dafür aber über aktivierte und feuerbereite Waffen verfügten. Kriegsschiffe der Dominus-Klasse führten eine ganze Flottille in Angriffsformation an, während sich Landungsschiffbuchten öffneten und Seitendecks aufgingen.

Der Koloss war eine Sternenfestung, ein Weltenvernichter der Ramilies-Klasse, eine der großen Stützpfeiler im Arsenal des Imperiums. Solch ein Ungetüm hätte es auch auf sich alleingestellt mit den beiden schlachtverheerten Flotten in seinem riesigen Schatten aufnehmen können, doch mit seiner Geleitflottille im Schlepptau hatten sich die Gefechtsbedingungen vollständig geändert.

»Wenden!«, rief Russ, als er sah, dass die Sternenfestung ihre Geschütze auf sie richtete. »Rückzug! Rückzug!«

Die Zeit war zu knapp, als dass seine Schreie irgendeinen Effekt gehabt hätten – selbst wenn die Navigationsmannschaften sie hätten umsetzen können, waren die Schiffe zu nah beieinander und zu beschädigt gewesen, um zu reagieren.

Aber die Sternenfestung zielte nicht auf die *Hrafnkel*. Ihre gewaltigen Strahlenwaffen eröffneten das Feuer und jagten sternenhelle Säulen durch die Leere. Die *Alpha* wurde schwer getroffen und ihre Schilde mit einer wahren Plasmaflut übergossen, sodass sie von dem Treffer schwer ins Schleudern geriet. Andere Schiffe der Alpha Legion wurden ebenfalls getroffen und brachen durch die Aufpralldruckwellen auseinander, worauf ihre Triebwerke explodierten, als weitere Lanzentreffer sauber durch sie hindurch schlugen.

Im Schutz des Fernangriffs eilten schwarzgepanzerte Angriffsflieger durch die Lücken, rasten an den Hüllen der kämpfenden Schlachtschiffe vorbei und nahmen sie unter Beschuss. Ihre zugehörigen größeren Schlachtschiffe begaben sich in Schussposition und drehten sich, um ihre langen Flanken voller Makrokanonen auszurichten.

Die Schiffe der Alpha Legion, die das Gefecht so lange dominiert hatten, wurden plötzlich von einer Angriffswelle nach der anderen überwältigt. Die verbleibenden Wölfe schlugen zurück, wo sie konnten, und reagierten sofort, um die glückliche Schicksalswendung zu nutzen. In der gesamten Gefechtssphäre wurden Entertrupps hastig zurückgerufen und Angriffsmanöver abgebrochen, um die einbrechenden Linien zu verstärken. Die Waagschalen dieses Kampfes wippten hin und her, bis schließlich das neue Kräfteverhältnis der Schlacht feststand.

Russ stellte sich wieder aufrecht hin und suchte inmitten des Durcheinanders nach seinem Widersacher. Die Teleportblasen öffneten sich erneut und trugen die Terminatoren der Alpha Legion zu ihrem Flaggschiff zurück, bevor es von dem einprasselnden Feuer zerfetzt werden würde.

Der einsame Terminator, der vor Russ stand, aktivierte seinen Peilsender und Ätherfrost schnellte sein gepanzertes Äußeres hinauf. Er schaltete seine Waffe ab und neigte anerkennend oder spöttisch den Kopf, vielleicht aber auch nur, weil er bereute, dass sich ihre Klingen nicht gekreuzt hatten.

Russ schaute zu, wie er abzog, da er noch zu weit entfernt war, um einzugreifen. Rings um ihn herum erhoben sich die überlebenden Krieger, griffen nach ihren Waffen, brachten jeden Alpha-Legionär zur Strecke, dessen Teleportpeilsender nicht funktionierte oder humpelten zurück zu den Befehlsstationen, um den Rückzug der *Hrafnkel* aus dem Kampfgebiet zu überwachen.

Als Russ zum Oculus über ihm hinaufschaute, während sein ganzer Körper noch immer vor Hyperadrenalin kochte, sah er die Sternenfestung hoch über die Gefechtsebene steigen, um einen steileren Schusswinkel zu bekommen. Ihre schiere Größe war unglaublich – auch nach seinem Dienst in voll ausgestatteten imperialen Expeditionsflotten, die manchmal Kriegsgerät ähnlicher Klassen beinhaltet hatten, konnte ihn ein solches Bauwerk noch immer mit seiner außergewöhnlichen Größe beeindrucken.

Russ sah Bjorn zu ihm herüberhumpeln. Seine Rüstung war von Boltertreffern gezeichnet. Bjorn nahm den Helm ab und enthüllte seine blutige, dunkle Haarmähne.

»Da habt Ihr Eure Antwort«, sagte er.

»Auf was?«

Bjorn nickte in Richtung der Sichtluken, in denen noch immer die Unterseite der gewaltigen Sternenfestung zu sehen war, die hinter der zusammenbrechenden Vorhut der Alpha Legion her war. »Die Schlange, die vielköpfige Bestie.«

Einen Moment lang verstand Russ nicht, was er meinte. Dann, als die riesigen Panzerplatten vorbeizogen, erhaschte er einen Blick auf das Wappen der Sternenfestung – ein einziges Symbol in einem goldenen Ring, das sich genau im Herzen der gepanzerten Unterseite befand.

Vielleicht stammte der Name aus terranischen Sagen, vielleicht ging er auf eine der vielen verdrehten Bestien Calibans zurück. Das Bild war jedenfalls unverkennbar – ein Mischwesen aus Löwe, Drache und Schlange, das auf klauenbewehrten Hinterbeinen stand und von goldenen Runen umgeben war, die geschwungene, astförmige Muster bildeten.

»*Chimäre*«, sagte Russ, als er die gewaltige Ident-Platte las.

»Die Runen hatten recht.«

Die Sternenfestung zog über sie hinweg und vertrieb die Schiffe der Alpha Legion aus dem Lokalraum der *Hrafnkel*. Nach diesem Kampf, den er hätte verlieren sollen, überkam Russ eine innere Leere. Er war noch nie zuvor gerettet und durch die Taten einer anderen Legion vor einer Niederlage bewahrt worden. Da loderte ein wenig von Lord Gunns alter

Unnachgiebigkeit in ihm auf, der Stolz des Rudels, an dem sein Versagen nagte.

Einst waren wir die Wächter. Wir haben auf alle anderen aufgepasst.

Jetzt waren sie nur noch eine der achtzehn Legionen – von der XX. Legion gedemütigt und von der Ersten gerettet. Das hatte zwar etwas Ebenmäßiges an sich, drehte ihm allerdings auch den Magen um.

»Wie lauten Eure Befehle, Herr?«, fragte Bjorn.

Russ fuhr aus seiner Selbstbetrachtung auf. In der Leere leuchtete noch immer das Geschützfeuer und die Schlacht war noch nicht gewonnen.

»Alle Überlebenden sollen sich bei der *Hrafnkel* sammeln«, sagte Russ, steckte *Mjalnar* weg und schritt zum Kommandothron zurück. »Wir müssen sehen, was von uns noch übrig ist.«

Dann hielt er inne und betrachtete die Zerstörung ringsum, das Blut auf den Decks, die Trümmer dessen, was einst das Zentrum seiner ungeschlagenen Kriegsflotte gewesen war. Es würde Monate dauern, das alles zu reparieren, wenn es denn überhaupt möglich war.

Doch das verblasste neben dem größeren Schmerz, dem, der niemals gelindert werden konnte.

Sie hatten verloren.

»Ich gestehe mein Versagen ein«, sagte Russ vor sich hin, sodass es niemand anders hörte. »Ihr könnt sicher sein, dass ich mir mein Versagen endlich eingestehe.«

V

Die Ankunft der *Chimäre* änderte alles. Die Flotte der Alpha Legion war weit verstreut gewesen, um die zahlenmäßig unterlegenen Wölfe zu umzingeln und das Maximum aus ihrer Feuerkraft herauszuholen. Sie hatten nur über wenige Reserven verfügt und über ebenso wenig Sensorüberwachungen an den Rändern der Leerenkammer.

Die Sternenfestung war scheinbar aus dem Nichts gekommen, doch in Wahrheit hatten die erfahrenen Piloten der Ersten Legion die Wolkenschleier genutzt, um ihr Näherkommen zu verbergen, wobei sie sich auf die Augurverzerrungen verließen, die der Alaxxes-Nebel verursachte. Die Feuerkraft der Sternenfestung war gewaltig, genau wie ihre Schöpfer es beabsichtigt hatten, als sie sie gebaut hatten – sie war ein Schlachtenwender, ein Flottenvernichter, ein Systemzerstörer.

Während der ersten Schusswechsel wurde die *Alpha* stark beschädigt, da sie sich für den Angriff der XX. Legion auf die *Hrafnkel* weit vorn platziert hatte. Sie hätte vollständig zerstört werden können, wenn sich ihre Geleitgeschwader, einschließlich dreier Angriffskreuzer mit vollzähligen Alpha-Legionär-Besatzungen an Bord, nicht geopfert hätten. Trotzdem gelangte das Flaggschiff nur knapp außerhalb der Geschützreichweite der *Chimäre*, wo sie mit brennendem Rumpf ins Herz ihrer eigenen Flotte humpelte.

Es sah noch eine Weile so aus, als ob sie Widerstand leisten würden. Die Alpha Legion hatte noch immer eine vollständige Schlachtflotte, die trotz der drei Gefechte in weit besserer Verfassung war als die entsprechenden Schiffe der Wölfe. Sie bildeten Schlachtlinien und Kommandanten drehten die Flanken ihrer Schiffe herum, um sich für Breitseiten bereit zu machen.

Als sich die Sternenschiffe annäherten, wurde das Ausmaß der Schlachtenwende allerdings vollends offensichtlich. Die vorderen Linien der Alpha Legion wurden in eine heranwogende Flut von Strahlenwaffen getaucht, die Schilde durchschlug und Antriebsgehäuse aufriss. Kleinere Kriegsschiffe explodierten massenhaft der Reihe nach und verteilten ihre zertrümmerten Bestandteile in der Leere. Die *Alpha* und die anderen großen Schlachtschiffe antworteten mit konzentrierten Salven, doch die ungleiche Zerstörungsleistung war deutlich erkennbar. Als sich die verbleibenden Schlachtschiffe der Dark Angels zusammen mit den wenigen Schiffen der Wölfe, die noch irgendetwas Nennenswertes ausrichten konnten, in den Kampf stürzten, drohte aus der Niederlage bald ein Massaker zu werden.

Noch während die Schiffe der Alpha Legion die Flucht ergriffen und ihre Flugbahnen neu ausrichteten, um sich vor dem Eingang zur Leerenkammer aufzureihen, erreichten die Batterien der *Chimäre* ihre Höchstleistung und schleuderten verheerende Mengen von Plasma, Laserstrahlen, großkalibrigen Geschossen und Torpedos auf die wankenden feindlichen Reihen. Die Leere geriet in Brand, als einige Schiffe vom Bug bis zum Heck ausgeweidet und andere von der Wucht ihrer explodierenden Maschinenräume erschüttert wurden. Kampfflieger, die von ihren Hangars aus in Sicherheit fliehen wollten, wurden von dem Sturm erfasst und vernichtet. Die *Nidhöggur*, die *Russvangum* und die *Fenrysavar* führten den Gegenangriff aus den Tiefen des angeschlagenen Verbands der Wölfe an und verstärkten den Mahlstrom, der von den stetig rotierenden Flanken der Sternenfestung ausging, mit ihren eigenen Geschützen.

Schließlich ertönte der Rückzugsbefehl und die Alpha Legion zog sich wieder in den Tunnel zurück, aus dem sie erst vor wenigen Stunden aufgetaucht war. Der Rückzug verlief ungeordnet und auf dem Weg hinaus wurden viele weitere Schiffe zerfetzt, die bis zur Öffnung von den rachsüchtigen Space Wolves und den frisch eingetroffenen Dark Angels beharkt wurden. Nach einem letzten, kühnen Sperrfeuer schafften es die *Alpha* und der Großteil des Flottenkerns der XX. Legion hinauszugelangen und in den Kanal zu gleiten, gefolgt von ihrem Gefolge aus Angriffskreuzern.

Am Rand der Öffnung blieben vier Schiffe für eine letzte, verzweifelte Tat zurück und versperrten den Zugang zu den Tunneln so, wie die *Ragnarok* es getan hatte. Ihre Deflektorschilde wurden von hundert gleichzeitig eintreffenden Laserstrahlen überwältigt, die die Tunnelöffnung vollständig mit immer größer werdenden Flammenwolken ausfüllten. Die verbleibenden Schiffe kämpften erbittert und tapfer. Sie manövrierten so gut sie konnten auf dem beengten Raum und drehten sich, um die abgeschirmten Hüllensegmente durchzuwechseln, aber trotzdem war dies nur eine kurzweilige Verzögerung, da eins nach dem anderen in vernichtenden Explosionen verschwand.

Ihr Opfer war gerade ausreichend. Hinter ihnen glitt der Großteil der Flotte der Alpha Legion die schmalen Tunnel hinab, floh vor der Zerstörung und eilte mit voller Geschwindigkeit auf den Rand der Gasansammlung zu. Als der Weg für die Verfolgung frei war, war es zu spät, um die Feuerkraft der *Chimäre* zu nutzen. Die Sternenfestung kam langsam zum Stehen und hielt am Rand der Leerenkammer Wache. Der Gefechtsverband der Dark Angels stellte sich um sie herum auf und kümmerte sich um den letzten Widerstand, bevor er sich für eine Verteidigungsformation verteilte.

Ein paar der schnellen Angriffsflieger der Wölfe stürmten wutentbrannt auf die Öffnung zu, um an dem fliehenden Feind Vergeltung zu üben, doch sie wurden von den zornigen Befehlen der *Hrafnkel* zurückgeholt. Sie hatten keine Kraft mehr für einen richtigen Angriff, und wenn sie sich aufteilen würden, würden sie der Reihe nach ausgeschaltet werden. Die Schlacht war vorbei und auch wenn sie es geschafft hatten, zu überleben, hatten sie keine Kraft mehr für einen Gegenschlag.

Die letzten Trümmer trudelten vom Schlachtfeld davon und trieben inmitten gefrorenen Blutes durch die Leere. Schlachtschiffe fuhren langsam ihre Lanzensysteme und Hauptantriebe herunter. Die Überlebenden versammelten sich inmitten umhertreibender Wolken aus verbranntem Metall; die von der Schlacht verwüsteten Kriegsschiffe der VI. Legion reihten sich neben den Geleitschiffen der Ersten Legion ein.

Und über allem schwebte der gewaltige Umriss der *Chimäre*. Ihre Außenhülle war von Kanonenentladungen geschwärzt und ihre zinnenbewehrten Aufbauten flackerten angesichts der Überladung ihrer Deflektorgeneratoren. Sie war prachtvoll, eine Königin unter ihren Vasallen.

Keine zwanzig Minuten, nachdem die letzten Geschütze das Feuer eingestellt hatten, erreichte ein Nachrichtenschwall die Brücke der *Hrafnkel*. Sie waren kurz angebunden, aber höflich, so, wie die Kommunikation zwischen den beiden Legionen immer gewesen war.

»Der Kommandant der *Chimäre* grüßt den Kommandanten der *Hrafnkel* und drückt seine Ehrerbietung aus«, zischte es aus den beschädigten Voxgeräten des rissigen Flaggschiffkommandothrons. »Er bittet darum, dass alle Schiffe anhalten und ihre Waffenbatterien herunterfahren, und dass der Kommandant für eine Besprechung zur *Chimäre* reist. Beim Willen des Imperators.«

Als das eintraf, saß Russ wieder auf seinem Thron und überwachte die hektischen Reparaturen, die auf der ganzen Brücke durchgeführt wurden. Er lächelte schief.

»Beim Willen des Imperators«, murmelte er. »Und woher wollen die das wissen?«

Grimnr war sofort erzürnt. »Erkennen sie das Schiff eines Primarchen nicht?«, tobte er. »Sie sollten *hierherkommen*. Herr, ich werde sie rufen lassen.«

Russ hob die Hand. »Friede«, sagte er erschöpft. »Schau dich um. Möchtest du, dass sie sehen, wie schwach wir sind? Sie haben in jedem Fall das Recht dazu. Wir sind hier nicht die Sieger.«

Er erhob sich. Die schweren Bohrarbeiten hatten bereits begonnen, und Medicae-Trupps drängelten sich an Arbeitsmannschaften des Mechanicum vorbei, die absicherten, Schäden beseitigten und Bruchstücke wieder miteinander verbanden. Die Verluste wurden noch ermittelt, doch laut den ersten Schätzungen waren sie verheerend. Die Legion war lebensgefährlich verwundet worden, und das Ausmaß der Schäden war für alle offensichtlich, die sich damit befassten. Um überhaupt wieder kämpfen zu können, würde es schon ein Wunder brauchen. Die drohende Aussicht, die Bjorn korrekt als das identifiziert hatte, was Russ in seinen Träumen geplagt hatte, wirkte nun äußerst wahrscheinlich – die große Schlacht zu verpassen, an den Rand gedrängt zu werden, zuzusehen, wie andere die Gebieter in diesem heraufziehenden Krieg wurden.

»Ich werde gehen«, verkündete Russ. Er drehte sich zu Ormand um, der weiterhin zusammengesackt dasaß und dessen Wunden angesichts der tausenden Verwundeten, die die Fähigkeiten der Wolfspriester benötigten, noch immer nicht versorgt waren.

»Und du«, sagte Russ. »Du wirst mit mir kommen.«

Ihre Schritte hallten im von Lampen erhellten Inneren der *Chimäre* wider. Im samtweichen Zwielicht waren Marmorsäulen aufgereiht und in den Schatten schlurften in dicke Roben gewickelte Knechte herum, die zeremonielle Stäbe mit Abbildern von Bestien trugen. Die Darstellungen waren traditionell stilisierte calibanische Wappen und so verworren wie der Wald, in denen ihre Vorlagen einst gelebt hatten.

Russ und Ormand wurden von Dark Angels in dunkler Obsidianrüstung von den Landeplattformen eskortiert. Jeder der calibanischen Ritter trug ein Langschwert und ihre schweren Gefechtsrüstungen waren in helle Roben gehüllt. Über ihre Helme hatten sie Kapuzen gezogen, wodurch die Linsen wie Katzenaugen leuchteten, in denen sich das Licht spiegelte.

Russ waren bei seiner Ankunft in den riesigen Landehallen alle Ehren zuteilgeworden. Jeder Dark Angel hatte sich verneigt und einen Panzerhandschuh an die Brust gelegt. Die Knechte hatten ihre Gesichter bis zum Deck gesenkt und waren so liegen geblieben, bis er vorbeigezogen war.

Russ fand das geschmacklos, sagte aber nichts. Alles an der Besatzung der *Chimäre* war ungewöhnlich. Sie trugen die Rüstung der Ersten Legion, allerdings mit subtilen Änderungen – der schwarze Lack hatte einen Grünstich, und die wiederholten Tiermotive erinnerten mit ihrer Symbolik an das Königreich, das immer von düsteren Baumkronendächern bedeckt gewesen war.

»Wie lang bist du an diesem Ort gewesen?«, fragte Russ, während sie durch eine lange Galerie gingen, die mit zeremoniellen Schwertern behangen war.

»Neunundfünfzig Jahre«, sagte Ormand, der stark humpelte. »Alaxxes ist einer der neueren Außenposten.«

»Wie viele Außenposten gibt es?«

»Als wir Caliban verließen, waren es sechs. Inzwischen müssten es mehr sein.« Ormand schaute entschuldigend zu Russ. »Es war schwer, die Kommunikation aufrecht zu erhalten. Manchmal verlieren wir sogar die Verbindung zur Heimatwelt. Hier drinnen, in den Wolken, ist es besonders schlimm.«

»Was zur Hel macht ihr dann hier?«, fragte Russ.

Ormand zeigte nach vorn. »Mit Verlaub, Herr.«

Sie durchschritten eine zweiflüglige Tür aus massivem, dunklem Holz und betraten eine lange Halle mit Steinboden und hohen Fenstern, die in die Wände gehauen waren. Durch die Buntglasbilder von Rittern, die die Schrecken in den Tiefen des Waldes erschlugen, fiel das Rostrot der Leere. Am anderen Ende der Halle war ein Thron aufgestellt worden, den eine riesige Schimärenstatue aus polierter Bronze überragte. Die Feuer an den Wänden hängender, eiserner Fackeln flackerten und der stechende Geruch von Weihrauch waberte über die Flaggen.

Wir sind gar nicht so verschieden, dachte Russ. *Wir nehmen beide unsere Heimatwelten mit uns.*

In den Seitenchören standen stumme Ritter der Ersten Legion und verharrten reglos im Schatten der großen Säulen. Eine einsame Gestalt erwartete sie am Ende der Halle – laut seiner Tracht war er ein Lord Commander, der ohne Helm neben einem leeren Thron stand. Zwei eiserne Kronleuchter brannten auf beiden Seiten neben ihm und warfen flackerndes Licht auf sein hageres Gesicht. Als Russ näherkam, verneigte er sich tief.

»Lord Primarch«, sagte er mit klarer und vornehmer Stimme. »Ich danke Euch für Euer Kommen. Ich bin Althalos, der Kastellan dieser Festung.«

Russ blieb vor ihm stehen. Er war einen guten Kopf größer und deutlich breiter. Seine verzierte Gefechtsrüstung trug noch die Spuren des Kampfes gegen die Alpha Legion. Inmitten solch schmuckloser Pracht sah er aus wie ein Oger, der in die Hallen der Gerechten gestolpert war.

»Wollt Ihr das *hier* machen?«, fragte er.

Althalos hob eine Augenbraue. »Wie bitte?«

Russ zog seine Frostklinge, obwohl er des Rituals bereits überdrüssig war, und hielt erst inne, als er hörte, wie mehrere hundert Bolter gezogen wurden.

Althalos betrachtete verhalten die Klinge. »Nach meinem Verständnis, Exzellenz, sind wir Verbündete.«

Einen Moment lang schaute Russ erst ihn und dann die Dark Angels an, die ihre Waffen auf ihn gerichtet hatten, und steckte die Klinge langsam wieder weg. »Ehrlich gesagt ist das hier erfrischend«, sagte er. »Ihr habt wirklich keine Ahnung.«

»Ich schätze nicht«, sagte Althalos und lächelte dünn. »Wir sind lange Zeit von unserem Primarchen getrennt gewesen. Manche Traditionen sind zweifellos an uns vorbeigegangen.«

»Vielleicht ist das besser so«, murmelte Russ. »Dann erzählt mal. Das hier ist eine ziemlich große Flotte. Euer Spion hat mir erzählt, dass Ihr noch mehr habt. Was ist hier passiert?«

»Wir hatten uns von Euch Antworten erhofft«, sagte Althalos. »Lord Luther hat nur das getan, worum er gebeten wurde – er hat auf Caliban neue Streitkräfte ausgehoben, neue Orden ausgebildet und ausgerüstet und sie zu Festungen in der Leere geschickt. Wir sind jetzt stärker als je zuvor. Wir haben Schiffe und Waffen, sowie Ritter, die sie tragen. Was uns fehlt, ist Gewissheit. Unsere Befehle haben sich nicht geändert, obwohl sich das Imperium geändert hat.« Althalos trat näher. »Wir wissen ein paar Dinge, aber nicht alles. Wir wissen, dass die Legionen inzwischen gegeneinander Krieg führen, dass Isstvan gebrannt hat. Regelmäßig stürmen Albträume von Verrat auf unsere astropathischen Türme ein, doch die Bilder sind verworren.« Er warf Russ einen entschuldigenden Blick zu. »Deshalb haben wir uns zur Vorsicht entschieden. Wir mussten sicher sein. Vergebt mir, aber Euer Ruf …«

Russ winkte gereizt ab. »Egal. Wichtig ist der nächste Schritt.« Allein der Gedanke an eine verborgene Legion versetzte ihn in Aufregung. Wenn es auf Caliban mehr Stärke gab, als irgendjemand vermutete, dann würde sich der Verlauf des Krieges entscheidend ändern. Eine große Allianz könnte das Glück seiner eigenen Legion wenden. Sie könnten die Initiative ergreifen, den Kampf zurück zu Horus tragen. »Aber was ist mit dem Löwen?«

Althalos warf ihm einen nüchternen Blick zu. »Genau.«

»Ihr habt nichts gehört?«

»Ich hatte gehofft, dass Ihr Neuigkeiten habt. Ihr seid schließlich Brüder.«

»Das bedeutet weniger, als Ihr glaubt.« Er hatte keine Ahnung, wo der Löwe war. Die Expeditionsflotten waren weit verstreut gewesen, hatten ihren eigenen Kurs verfolgt und für den Kreuzzug neue Sektoren erobert. Der Löwe war einer der Stolzesten gewesen, der seine Legion unerbittlich antrieb und mit Guilliman darum wetteiferte, am schnellsten zu erobern. Russ hatte in den Tagen seit Prospero viel an ihn gedacht und, wie er das mit so vielen seiner Sippe gemacht hatte, er hatte versucht zu erraten, welchen Weg er einschlagen würde. Vielleicht hatte Horus ihn ebenfalls bekehrt, aber das war schwer vorstellbar – der Löwe hatte selbst Kriegsherr sein wollen und würde sich sicherlich niemals mit dem zweiten Platz hinter seinem alten Rivalen zufriedengeben. »So, wie die Dinge stehen, kann ich Euch nichts berichten«, sagte er so wahrheitsgemäß er konnte.

»Das ist bedauerlich«, sagte Althalos. »Der Protektor von Caliban wartet seit langer Zeit. Das fällt ihm schwer – Lord Luther hat eine stolze Seele und dieses Schweigen war eine Herausforderung für ihn.«

Russ nickte, schweifte mit seiner Aufmerksamkeit aber bereits ab. Der Gemütszustand des Stellvertreters des Löwen kümmerte ihn herzlich wenig – die Galaxis würde sich niemals an seinen Namen erinnern. Im Gegensatz dazu war der Einsatz der Ressourcen – einer ganzen Armee, die jenseits der Randgebiete verborgen war und von allen, einschließlich Horus, übersehen wurde – von äußerster Wichtigkeit.

»Meine Flotte braucht Zeit«, sagte Russ. »Wir brauchen Vorräte. Wir brauchen neue Waffen.«

Althalos nickte. »Damit können wir Euch versorgen. Und im Gegenzug benötigen wir Informationen. Wir müssen wissen, wie der Krieg verläuft, wie die Dinge stehen.« Er warf Russ einen eigenartigen Blick zu. »Es ist schwer zu sagen, wem man vertrauen kann, sogar unter unseren eigenen Leuten. Diese Fragen sind nie zuvor aufgekommen.«

Russ lächelte ihn wölfisch an. Zum ersten Mal seit Langem konnte er einen Pfad vor sich sehen, einen Weg nach vorn. Der Rückzug könnte beendet und frisches Blut für den Gegenangriff versammelt werden.

»All das sollt Ihr erfahren«, sagte Russ und klopfte dem Dark Angel grob auf die Schulter, als ob er ein Legionsbruder des Rudels wäre. »Es war Schicksal, dass wir uns hier getroffen haben, Lord Commander. Wenn der Bericht über diesen Krieg verfasst wird, werden sie sagen, dass am heutigen Tag Calibans Schicksal besiegelt worden ist.«

Sein Lächeln verbreiterte sich freundlich und entblößte seine Reißzähne.

»Wir werden Verbündete, wir zwei. Das schwöre ich – Furcht soll in Horus' Herzen entflammen, und das Kommen der Wölfe und der Angels wird sie entfachen.«

Zwei Standardtage später wurde Bjorn auf die *Hrafnkel* zurückgerufen. Die überlebenden Schiffe der Flotte hatten sich in der Leerenkammer verteilt und wurden von einer Mischung aus Schiffen der Dark Angels und einsatzfähigen Kriegsschiffen der Wölfe bewacht. Erneut wurden auf jedem Schiff Reparaturen vorgenommen und überall ertönte das Surren der Bohrer und das Dröhnen der Turbohämmer. Die Medicae-Buchten waren noch immer belegt, genau wie die Aufbereitungsleichenhallen. Die Wolfspriester würden noch viele Tage lang die Gensaat entnehmen und solange lagen die Leichen trostlos aufgereiht vor den Laboratorien der Fleischmacher.

Russ traf sich in seinen privaten Gemächern mit Bjorn. Wie zuvor waren seine beiden Wölfe dort, nur dass sie diesmal schliefen und in ihren Träumen von Verfolgungen knurrten und hechelten.

Bjorn verbeugte sich, als er eintrat. »Wir scheinen zu leben, Herr«, merkte er an.

»Das tun wir.« Der Primarch sah mehr als lebendig aus – er sah verjüngt aus. Die aschgraue Blässe, die er so lange getragen hatte, war abgeschüttelt, und zurückblieb die Rötung der alten, überschwänglichen Energie.

Bjorn warf einen Blick auf den Runenkreis am Zimmerboden. Auf den eingravierten Linien lagen Würfelknochen und es sah so aus, als ob sie schon eine Weile dort liegen würden.

»Ihr werft sie nicht mehr«, sagte Bjorn.

Russ schmunzelte – ein tiefes Brummen. »Ich habe sie lang genug befragt. Wir müssen herausfinden, wie wir jetzt weitermachen sollen – unsere Feinde dürfen nicht die Einzigen sein, die die Wege des Schicksals vorhersehen.«

Bjorn dachte darüber nach. »Nein, ich schätze nicht. Trotzdem …«

»Ist es verboten. Wir haben es verboten und den bestraft, der mit seiner Stümperei am weitesten gegangen ist.« Russ schwenkte ermahnend einen Finger vor ihm. »Aber das ist anders. *Das hier* ist anders. Das verstehe ich jetzt, auch wenn es die Schlangen der Alpha Legion gebraucht hat, um mir das klar zu machen.«

Bjorn beließ es dabei. Eines Tages würden die Wölfe ihren Mythenglauben prüfen und sich den schwierigen Fragen stellen müssen, vor denen sich die Thousand Sons gescheut hatten, doch inmitten eines galaxisweiten Kriegs, der sich noch immer ausbreitete, war dieser Tag noch weit entfernt.

»Sie haben Euch gesagt, dass die Wölfe den Alaxxes-Blutquell niemals verlassen würden«, sagte Bjorn.

»Das haben sie«, sagte Russ. »Die Legion, die ihn verlässt, ist nicht die gleiche wie die, die ihn betreten hat. Wir kamen als Henker in diesen Blutquell und verlassen ihn als etwas anderes.« Er lächelte. »Wir verändern uns, Einhändiger. Wir entwickeln uns weiter.«

»Wohin also als Nächstes?«

»Ich weiß es nicht. Die Erste hat uns viel zu erzählen, doch sie hüten ihre Geheimnisse. Es wird noch Monate dauern, bis die Flotte wieder kampfbereit ist, und sie wird nie wieder die Streitkraft sein, die sie einst war – wir müssen unsere Kämpfe jetzt mit Bedacht wählen. Horus wird bereits marschieren. Ich kann es spüren wie das Donnern vieler näherkommender Schritte. Wenn wir auf ihn treffen, müssen wir bereit sein.«

Seit er von der *Chimäre* zurückgekehrt war, hatte Russ oft erwähnt, dass er es mit Horus aufnehmen wollte. Das war sein Mantra geworden, sein Glaubensbekenntnis. Seiner Meinung nach gab es niemand anderen, der fähig wäre, ihm den Todesstoß zu versetzen, niemanden mit der reinen Kampfeswut, die nötig war, um den Kriegsherrn zu erschlagen.

Auch dazu sagte Bjorn nichts. In den vor ihnen liegenden Monaten würde es viele Gelegenheiten geben, die Strategie zu besprechen, und jetzt war nicht die Zeit dafür.

»Also wollt Ihr immer noch nach Terra«, sagte er.

Russ nickte. »Kva hat mir berichtet, dass die Stürme inzwischen weniger umfassend sind – es sollte einen Weg geben. Ich muss mit Malcador sprechen und ich kann nicht darauf warten, dass die Legion sich mir anschließt. Du wirst die Arbeiten beaufsichtigen, solang ich fort bin. Treib sie an – die Essen müssen geschürt werden.«

»Aber Ogvai –«

»– weiß, wie die Dinge laufen, genau wie die anderen Jarls. Aber sie wissen auch, dass sie sich nicht gegen den Alten Wolf stellen sollten. Lerne, mit ihnen zusammenzuarbeiten.«

Bjorn nickte. Seit seiner Erneuerung war es unmöglich, Russ zu widersprechen. Wenn er je in einer Krise gesteckt hatte, einen Verlust des übermenschlichen Selbstbewusstseins erlitten hatte, das ihn antrieb, seit er auf seiner Adoptivwelt voll endloser Gewalt seinen ersten Feind erschlagen hatte, nun war sie vorüber. In seinen Augen brannte das alte Licht wieder so unnachgiebig wie Eis.

»Wir sind wieder *zurück*«, sagte Russ. »Wir sind durch das finstere Tal gegangen und haben überlebt. Unsere Feinde werden über unserem Scheiterhaufen krähen, weil sie sich frei von Fenris' langem Schatten glauben, doch dieser Schatten wird sie nie loslassen – er wird auf sie zu kriechen, wenn die Feuer ausbrennen, so kalt wie immer und genauso unerbittlich.«

Darauf lächelte Bjorn. Es war unmöglich, das nicht zu tun – die schiere Freude darüber, der Genuss der Jagd; alles war wiederhergestellt worden.

»Jetzt sind es du und ich, Einhändiger«, sagte Russ und fletschte die Reißzähne. »Die Fronten werden abgesteckt werden, die Flotte wird zurückkehren. Und wenn wir das nächste Mal heulen, wird das Universum *erzittern*.«

DIE BINÄRE SUKZESSION

David Annandale

Die Zinnen des Stellarum Vigilum waren einer der höchsten Punkte des Imperialen Palasts. Der Turm durchstieß die grau-braune Smogdecke, die den terranischen Himmel bedeckte. Hier, in der dünnen Luft, benötigten Menschen ohne Augmentationen Atemgeräte. Hier verblasste der Atmosphärenschild vor den Sternen. Nachts leuchteten sie in ehrwürdigem, reinem Silber.

Doch einer funkelte in heiligem Rot.

Von hier aus konnte man die verlorene Erste Fabrikwelt sehen und betrauern.

Wenn die Exilanten sich, wie so oft, versammelten, säumten Gestalten in roten Roben die Zinnen. Abgesehen von ihren langsam zuckenden Mechadendriten und den schwebenden Servoschädeln verhielten sie sich vollkommen still. Von dem Moment an, an dem der Mars am Horizont erschien, bis zu dem Augenblick, an dem er unterging, taten sie nichts als ihn schweigend zu beobachten. Jeder war seiner Pflichten entbunden. Keine Beschäftigung war wichtiger als die Beobachtung der heiligen Welt.

Obwohl die Techpriester so gut wie reglos waren, waren sie

aktiv. Daten flimmerten durch die Noosphäre: Rückstrahlwerte, Abfragen der Masse und des Orbitverlaufs, Psalmen, mit denen die Reise des Planeten durch die Sternenkonstellationen begangen wurden. Niemand sprach ein Wort und über Mathematik hinaus gab es keine Kommunikation, doch auch Daten konnten trauern.

Botschafterin Vethorel nahm jede Nacht an dem Ritual teil. Sie verfolgte den Lauf des Roten Planeten und machte die gleichen Qualen durch wie die anderen Mechanicumsadepten. Der Mars war so klar und sein Licht so stark, dass er sie wie ein Dolch traf. Der Anblick erinnerte sie daran, wie sehr sich der Mars entfernt hatte.

Da Vethorel seit Jahren auf Terra für das Mechanicum arbeitete – lange vor der Spaltung und vor ihrer Ernennung zur Botschafterin Kanes –, war der Anblick ihre einzige, dürftige Verbindung zur Heimatwelt. Sie hatte immer gewusst, dass sie, wenn ihre Arbeit getan war, dorthin zurückkehren könnte.

Jetzt war das unvorstellbar. Er wurde von Verrätern gehalten. Der Mars war gefallen und die Loyalisten des Mechanicum verfügten nicht über die Stärke, um ihn zurückzuerobern. Sie konnten nur zusehen, wie er den Himmel entlang zog.

Trauer. Schmerz. Erfahrungen, die für viele Techpriester auf der Mauer unwillkommene Überraschungen waren. Ganz gleich, wie viele ihrer organischen Bestandteile sie geopfert hatten, sie alle stellten fest, dass sie seelische Qualen nicht so leicht hinter sich lassen konnten. Vielleicht war es Vethorels Glück, dass sie eine derartige Immunität nie erwartet hatte. Sie war ein Mensch *und* eine Tochter des Mars und sah diese beiden Zustände keineswegs als unvereinbar an. Das Mechanicum war im Kern paradox. Der Wissenschaft anzuhängen, bedeutete den Omnissiah zu verehren – die Maschine und den Gott, das untrennbare Phänomen. Das galt ebenso für Vethorels Hingabe zum Imperium und zum Mechanicum, zur Bewahrung des Menschen und zum Ruhm des Künstlichen.

Bei dem stillen Ritual waren auch andere Strömungen vertreten. Andere Emotionen, die mit dem Verlust zusammenhingen. So stechend wie Trauer, aber gefährlicher. Frustration, Verbitterung, Zweifel, Misstrauen. Jedes Mal, wenn die Heimatwelt auf- und unterging, nahmen sie zu. Sie waren wie ein zersetzendes

Geschwür, dem sie die Stirn bieten musste. Vethorel machte sich Sorgen, dass sie die Anschuldigungen ebenso wenig eindämmen konnte, wie sie den Mars im Alleingang zurückerobern konnte.

Ihrer Meinung nach wäre es einfacher, wenn der Mars von einer Xenos-Streitmacht erobert worden wäre. Stattdessen musste er zurückerobert werden, weil das Mechanicum selbst gespalten war, und die symbolische, politische Verkörperung dieser Teilung war die Binäre Sukzession.

Schon der Begriff sorgte für Spannungen. Kelbor-Hal war nicht tot. Er bezeichnete sich noch immer als Manufactor Principalis, wurde von Terra aber nicht mehr als solcher anerkannt. Nachdem Kelbor-Hal seine Treue zu Horus demonstriert hatte, hatte der Rat an seiner Stelle Zagreus Kane in die Rolle befördert.

Und deshalb gab es jetzt zwei.

Der, der den Mars regierte, wurde für falsch erklärt. Der, der von Terra anerkannt wurde, befand sich im Exil.

Die Seele des Mechanicum litt Qualen. Während es für viele der hochrangigen Priester eine leichte Entscheidung war, wussten viele der niederen Adepten nicht, wem sie sich anschließen sollten, sodass Kanes Position ziemlich unsicher war. Vethorel hatte lange darüber nachgedacht, wie sie mit dem umgehen sollte, was passieren *könnte*. Tatsächlich hatte sie das seit Beginn des Abzugs der Loyalisten vom Roten Planeten getan. Die Binäre Sukzession war unerträglich. Sie war eine Gleichung, die eine Lösung erforderte.

Ungelöst würde sie immer chaotischeren Code und Gewalt hervorrufen.

Zugriff auf Gedächtnisaufzeichnung A-E3445. Bezeichnung: Begegnung Primus.

Starte Wiedergabe.

Die Vorladung hatte sie auf die unteren Ebenen des Schmelztiegel-Fabrikkomplexes geführt, unter die Schmiede, die die Makrokanonen für die Palastverteidigung produzierte. Die Wände vibrierten unter der industriellen Arbeit. Das endlose Dröhnen und Klirren wurde von ihnen kaum gedämpft und klang wie gewaltige Hämmer, die auf berggroße Ambosse schlugen. Beim Abstich stürzte das geschmolzene Metall wie ein zischender Wasserfall aus den oberen Ebenen und floss in Rinnen an den Rändern des Raums entlang.

Halb verbrannte Servitoren leiteten den Ausfluss mittels Sperrstationen und die glühenden Flüsse strömten in Abflusstunnel, die noch weiter nach unten führten.

Die Halle hätte kaum unauffälliger oder vergessener sein können. Vethorel nahm an, dass sie deshalb gewählt worden war. Was hier besprochen wurde, würde nur sie beide als Zeugen haben.

Der Manufactor Principalis trat vor ihr aus einem langen, gegenüberliegenden Zugangstunnel. Als sie ihn erblickte, sah sie das volle Potential von Transformationen.

Sie hatte Kane zum ersten Mal hier auf Terra getroffen, zwei Jahre vor der Spaltung. Damals hatte er, wie sie, ziemlich menschlich ausgesehen. Jetzt war er eine gebeugte Maschine, deren vierarmiger Brustkorb in einem panzerartigen Gehäuse steckte.

Es war vorstellbar, dass er den Fall des Mars als direktes Resultat der Schwäche des Fleisches ansah und dass er auf diese Weise Buße tat und sich zugleich aufrüstete. Angesichts seiner Erhabenheit erzitterte Vethorels Seele. Dagegen wirkte ihr sterblicher Körper bedauerlich unbedeutend, und sie fragte sich, wie irgendjemand daran zweifeln konnte, dass Kane der wahre *Manufactor Principalis war. Sein ganzes Wesen kündete vom Willen des Omnissiah.*

»Ich bin mit deiner Arbeit auf der Thronwelt vertraut«, krächzte es aus Kanes Sprachlautsprecher. Seine menschlichen Lippen, die dauerhaft von Eisen versiegelt waren, rührten sich nicht.

Vethorel verbeugte sich dankbar.

»Du hast ein Gedächtnisimplantat«, fügte er tonlos hinzu. Das war keine Frage.

»Das habe ich.«

»Dann wird deine zukünftige Erinnerung an dieses Gespräch vollkommen sein. Du hast erfolgreich zwischen meinen Fabriken und politischen Interessengruppen vermittelt. Ich brauche dich jetzt für eine neue Aufgabe, als Botschafterin des Mechanicum für den Rat von Terra.«

Vethorel verneigte sich bei dieser Ehrung erneut. Jede größere Gefühlsdemonstration wäre ineffizient gewesen, auch wenn ihre organischen Kreisläufe von Verwunderung und der Entschlossenheit, sich als würdig zu erweisen, durchströmt wurden. »Ihr möchtet nicht persönlich mit ihnen zusammenarbeiten?«, fragte sie.

»Die Sogwirkung des Rats ist enorm. Ich kann es mir nicht erlauben, von ihr erfasst zu werden. Das würde Zeit verschlingen, die ich

nicht habe. Du hast noch einen weiteren Vorteil – dein Äußeres ist überwiegend menschlich. Dem Rat bedeutet das etwas. Sie trauen der Maschine nicht. Als Botschafterin wirst du eine gute Verbindung zwischen beiden Teilen bilden.«

»Ich werde diese Verbindung sein«, schwor Vethorel. »Ich werde in allen Angelegenheiten Eure Stimme sein.«

»Die Stimme des Mechanicum. *Ich werde kaum anwesend sein. Du musst die Autorität sein. Wir werden uns besprechen, wenn es nötig wird, und –«*

Beende Wiedergabe.

Fahre mit Aufzeichnung A-E3500 fort. Bezeichnung: Taktikzustimmung.

Starte Wiedergabe.

Dieselbe Halle. Vor einer Woche. Vethorel war in ihre Rolle hineingewachsen. Sie erkannte deutlicher, was zum Wohl des Mechanicum und des Imperiums getan werden musste. Sie stand erneut und angesichts ihrer neuen Autorität erhobenen Hauptes vor Kane, obwohl die größere Verantwortung sie niederdrückte.

»Die Priesterschaft ist stark gespalten«, gab sie zu.

»Auf Terra und überall sonst. Die Binäre Sukzession durchkreuzt all meine Bemühungen, die Fabrikwelten zu einen. Die Spaltung droht sich auszuweiten.«

»Dann stimmt Ihr meinem Vorschlag zu? Es ist besser, die Krise herbeizuführen, als sie hinauszuzögern. Wir müssen die Gleichung lösen.«

Der Manufactor Principalis verkündete seine Zustimmung mit einem Codeschwall. »Das werden wir.«

Beende Wiedergabe.

Der Mars ging unter. Das rote Licht der Heimat verschwand. Die Zeremonie ging zu Ende.

Die Techpriester gingen fort – wie immer waren sie nach dem Vorüberziehen in schmerzliches Schweigen gehüllt und kehrten zu ihren Pflichten auf Terra zurück. Keine Worte wurden gewechselt und es gab keine Anzeichen einer Anteilnahme, die über die einfache Tatsache hinausging, dass sie anwesend gewesen waren.

So war es jede Nacht gewesen, seit mit dem Ritual begonnen worden war.

Aber in dieser Nacht war etwas anders. Zwei Priester gingen

nicht. Sie blieben ein paar Meter links und rechts von Vethorel vor den Zinnen stehen und warteten, bis die anderen gegangen waren.

Dann näherten sie sich ihr.

»Magos Gerantor, Magos Passax«, grüßte sie sie in der Sprache des Fleisches. Sie hatte das Gefühl, dass es in diesem Gespräch Feinheiten geben würde, die in unverblümtem, absolutem Binär nicht ausgedrückt werden konnten.

Gerantor verbeugte sich. »Botschafterin Vethorel. Wir haben Fragen. Ihr müsst Antworten geben.«

So viel zu den Feinheiten, dachte Vethorel.

Beide Priester waren groß. Gerantor war dünn, aber Passax' Körper war so massig, dass sie ihn wie ein Skelett aussehen ließ, dessen schlanke Form die Verkörperung des Binarismus war. Seine linke Seite war noch organisch, wenn auch von einem dichten Netz aus Elektoos bedeckt, wohingegen die rechte vollständig aus Maschinenteilen bestand und über gewundene Mechadendriten verfügte, die aus der Schulter und der Seite traten. Die Teilung vollzog sich entlang einer vollkommen geraden Linie exakt durch die Mitte seines Gesichts. Die Metallhälfte seines Schädels war ein paar Millimeter schmaler als die organische Seite, wodurch es so aussah, als ob die Haut abgekratzt worden wäre, um das Metall darunter zu enthüllen.

Passax hatte überhaupt nichts Menschliches mehr an sich. Sie bewegte sich auf sechs gelenkigen, insektenartigen Beinen. Ihr Körper war schwer gepanzert und die Werkzeuge an den Enden ihrer Allzweckfinger konnten ebenso gut als Waffen eingesetzt werden. Auf ihrem Visier befanden sich noch immer die Narben der Laserverbrennungen, die sie während der Kämpfe auf dem Mars erlitten hatte.

»Viele Repräsentanten der Collegia Titanica sind nach Terra gekommen«, sagte sie. Während Gerantors Stimme bei jedem Wort noch als menschlich erkennbar war, sprach sie tief, reibend und monoton – wie große Steine, die in einer Metalltrommel scheppern.

»Dann habt Ihr also davon gehört«, antwortete Vethorel. »Ja, das sind sie.«

»Sind sie eine Vorbereitung auf einen Marsfeldzug, Botschafterin?«, fragte Gerantor forsch.

»Nein.« Mit diesem einen Wort drückte sie all ihre Erschöpfung aus den letzten Sitzungen mit dem Rat aus. Sie zeigte auf die Brüstung. »Sie sind hier, weil die Titanenlegionen den Nordosten des Segmentum Solar verteidigen sollen.«

»Enttäuschend. Habt Ihr unsere Anliegen nicht deutlich gemacht, *Botschafterin*?«

Mit seiner Wiederholung von Vethorels Titel drückte Gerantor seine Zweifel und seine Verärgerung aus – sie entschied sich, das zu ignorieren. »Ich habe die Bedürfnisse des Mechanicum sehr deutlich gemacht«, antwortete sie. »Das tue ich weiterhin.«

»Was hat das bewirkt? Mit jedem Zyklus erwartet man von uns mehr Beteiligung an den Kriegsbemühungen des Imperiums. Was haben wir im Gegenzug erhalten?«

»Wir sind keine Sklaven des Imperators«, fügte Passax hinzu.

Vethorel nickte langsam. »Das stimmt, das sind wir nicht.«

»Warum werden wir dann so behandelt?«, fragte Gerantor schnell.

Passax warf etwas ein, bevor Vethorel antworten konnte. »Außerdem ist da noch die Sache mit unserem Glauben. Er wird nicht respektiert.«

Die Botschafterin holte Luft. »Ich würde –«

»Die terranischen Säkularisten verbergen ihre Verachtung für uns nicht einmal«, unterbrach Gerantor sie. »Was ist mit der Gleichstellung, die uns vertraglich zugesichert wurde?«

So. So können Kriege verloren gehen, dachte Vethorel. *Indem man einen Verbündeten so behandelt, dass er allmählich den Standpunkt des Feindes versteht …*

Doch sie zeigte ihre Sorge nicht.

»Alles, was Ihr sagt, ist wahr«, sagte sie geradeheraus.

Gerantor war sichtlich gereizt. »Und die Principes sind nicht hier, um den Mars zurückzuerobern.«

»Nein, sind sie nicht.« Vethorel war erleichtert, dass er die Tragweite dieser Umverlegung nicht zu begreifen schien; was die Anwesenheit so vieler Principes auf Terra bedeutete oder was ihre *Abwesenheit* anderswo mit sich bringen würde. »Seid versichert, dass ich Eure Beschwerden teile, und der Manufactor Principalis ebenfalls. Es wird besser werden.«

»Wie?«, brummte Passax.

»Die nächste Sitzung mit dem Rat wird entscheidend.«

Und damit verließ Vethorel sie. Mehr würde sie nicht sagen und nichts, was sie sagen *konnte,* würde etwas an der Tatsache ändern, dass die Belastbarkeitsgrenze bereits erreicht worden war. Zumindest hatte keiner der Magi mehr getan, als seinen Ärger auszudrücken.

Vorerst.

Zugriff auf Gedächtnisaufzeichnung A-E3501. Bezeichnung: Anerkennung des Suboptimalen.

Starte Wiedergabe.

In dem Raum unter der Schmiede, umgeben vom Rumpeln der Maschinen, hatten sie eine ganz andere *Art von Prozess in Gang gesetzt. Vethorel hatte Kane erzählt, was sie sich überlegt hatte. Nachdem sie fertig war, schien er lange darüber nachzudenken.*

»Und du hast dich auf die wahrscheinlichen Folgen eingestellt, Botschafterin?«, fragte er schließlich.

»Das habe ich. Ich sehe ein, dass diese Maßnahme notwendig ist. So werden wir den Rat zum Zuhören bewegen. Aber meine Bürde wird nicht die größte sein.«

Die facettenreichen Augen des Manufactor Principalis starrten an ihr vorbei und in die rapide düsterer werdende Zukunft des Mechanicum. »Das nehme ich zur Kenntnis. Alle anderen Maßnahmen sind gescheitert. Der heilige Mars ist für uns noch immer unerreichbar – und damit auch die Einheit, die wir benötigen würden, um ihn zurückzuerobern.« Er hielt erneut inne, während seine Logikschaltkreise Simulationen durchführten. »Bestätigt. Wir haben keine andere Wahl.«

»Nein. Haben wir nicht.«

Beende Wiedergabe.

Vethorel näherte sich der Tür zur Großen Kammer des Rats von Terra. Sie ging die Mitte einer Halle entlang, die breit und hoch genug für einen Warhound war.

An den Rändern standen Delegationen, die Ratsmitglieder herbeiriefen. Sie war es gewohnt sie zu ignorieren. Die Angelegenheiten des Mechanicum waren für die Bürger von Terra so weit entfernt, dass sie für sie bestenfalls eine Kuriosität darstellte.

Zu ihrer Rechten, ein paar hundert Meter von der Tür entfernt, sah sie eine ungewohnte Gruppe. Sie stand in disziplinierter, militärischer Haltung und mit steifen Uniformen da, auf deren polierten, zeremoniellen Ringkragen stolz die Wappen ihrer noblen Orden prangten. Es waren die Repräsentanten der Collegia Titanica, der Titanenlegionen – Kommandanten der Gottmaschinen, die feindliche Festungen dem Erdboden gleichmachen und ganze Armeen in die Flucht schlagen konnten.

Viele von ihnen hatten ihre Augen auf sie gerichtet. Vethorel ging langsamer und verließ den Mittelgang.

»Geehrte Principes«, rief sie ihnen zu. »Ich wünschte, wir würden uns unter besseren Umständen treffen.«

Zwei traten vor den Rest. Sie kannte sie beide – Bassanius von Ignatum und Tevera von Agravaides. Die Feuerwespen und die Schlachtgeißeln waren edle Legionen der Obersten Fabrikwelt, die aber nicht auf dem Planeten gewesen waren, als der Tod der Unschuld über seine Ebenen hinweggefegt war.

Bassanius nickte respektvoll. »Ich wünschte, wir würden uns auf dem Mars und nicht auf Terra treffen, Botschafterin Vethorel.«

»Ich auch.«

»So wie wir alle …«, keuchte Tevera. Die Princeps konnte schon seit vielen Jahren ihre Gliedmaßen nicht mehr benutzen. Ihr verkümmerter Körper wurde von einem Exoskelett aufrecht gehalten und ihre Stimme klang angestrengt. Anders als Bassanius befehligte sie ihren Titanen von einem amniotischen Tank aus, der mit dem Verteiler verbunden war. Sie hielt regelmäßig inne, wenn ihr Exoskelett ihre Lunge zum Atmen zwang. »Wir sind hier, um uns Gehör zu verschaffen … Der Zeitpunkt und die Art dieser Verlegung … sind nicht hinnehmbar.«

Von den anderen kam zustimmendes Gemurmel, doch Tevera wusste bereits, dass sie ihre Unterstützung hatte.

»Das ist ein Konflikt zwischen den Primarchen … und den Legiones Astartes –«

Vethorel unterbrach sie. »Ein Konflikt, der uns nun alle betrifft. Oder glaubt Ihr, dass wir irgendwie neutral bleiben könnten?«

»Wir verstehen die Gefahr, die von ihm ausgeht«, sagte Bassanius. »Wir verstehen, dass das Segmentum Solar verteidigt werden muss, aber was ist mit den Fabrikwelten?«

Tevera holte erneut gequält Luft. »Ohne unsere Maschinen,

um sie zu beschützen, sind sie … dem Verräter schutzlos ausgeliefert. Das sind schwere Opfer, die dargebracht werden.«

»Wirklich sehr schwere«, gestand Vethorel ein.

Bassanius straffte sich. »Und wer spricht mit uns? Wer spricht *für* uns? Wie verläuft die Befehlskette? Und, wenn wir schon dabei sind, wie verläuft die Verantwortungskette? All das sind Angelegenheiten des Kriegsrats, des Imperators und seiner loyalen Söhne. Wer hat diesen bürokratischen ›Hohen Senatoren‹ das Recht gegeben, uns zu befehligen?«

»Die *Notwendigkeit*. Aber ich verstehe, was Ihr meint – und die Collegia Titanica *haben* eine Stimme im Rat. Das Mechanicum hat eine Stimme. Meine.«

»Werdet Ihr gehört?«

Vethorel zögerte. Es war sinnlos, die politische Situation besser darzustellen, als sie war. »Nicht ausreichend«, murrte sie.

»Das muss sich ändern …«, sagte Tevera.

»Ja. Ja, das muss es.«

Als sie verstanden, dass Vethorel nichts weiter sagen würde, nickte Bassanius ihr erneut knapp zu. Die anderen Titanenkommandanten beobachteten sie genau, wollten aber nicht weiter nachhaken. Vorerst herrschte eine Waffenruhe, durch die sie noch deutlicher spürte, wie unsicher ihr Posten und der von Manufactor Principalis Kane waren.

Sie ging weiter, durch die Tür und in die Große Kammer. Damit betrat sie ein politisches Theater, in dem die abgestuften Sitzreihen ebenso sehr die Bühne waren wie das zentrale Podium. Zehntausend Gouverneure, Militäroffiziere, Verwalter und Abteilungsfunktionäre konnten sich hier gleichzeitig versammeln und waren entsprechend ihrem empfundenen Status in der Hierarchie des Imperiums platziert.

Vethorel hatte die Kammer noch nie ausgelastet gesehen, obwohl der derzeitige Notstand jeden Tag mehr Stufen füllte.

Sie stellte sich den Lärm einer voll besetzten Kammer vor. Ihrer Meinung nach wäre er eine passende Untermalung der völligen Lähmung der Institutionen, die leicht einsetzen könnte, wenn all diesen Stimmen *tatsächlich* Gehör geschenkt werden würde.

Den Stimmen wurde aber kein Gehör geschenkt. Letztendlich hätten sie ebenso gut die wogende Gischt auf einem Ozean der

Bürokratie sein können. Die wenigen Stimmen, die wirklich zählten, waren die der Hohen Senatoren, die im Zentrum der Kammer im Kreis saßen. In ihrer Mitte befand sich der große Diskussionstisch, an dessen Kopf der Thron des Ersten Lords von Terra stand.

Malcador der Sigilit.

Er war dort und schaute mit kaltem, unlesbarem Blick auf die anderen herab.

Während Vethorel ihren zugewiesenen Platz auf der dritten Ebene einnahm, dachte sie über den aktuellen politischen Stillstand nach. Sie wusste, dass zum gegenwärtigen Zeitpunkt kein Feldzug zur Rückeroberung des Mars möglich war, aber es war wichtig, wie diese Entscheidung präsentiert wurde. Die zahlreichen Kränkungen der Loyalisten des Mechanicum und diese hochmütige Gleichgültigkeit gegenüber den Anliegen der Collegia Titanica beschworen ein neues Desaster herauf. Würden sie das Ende des Senats bedeuten, der sich erst vor einem guten Jahrzehnt gebildet hatte?

Darüber würde sie heute sprechen, und diesmal würde sie sich Gehör verschaffen.

Schon bald bot sich ihr eine Gelegenheit. Harr Rantal, der Hohe Professmarschall des Adeptus Arbites, äußerte seine Bedenken über den plötzlichen Zustrom von Offizieren der Collegia Titanica im Imperialen Palast. Seine breiten Schultern und seine laute Stimme verrieten seine ungeheure Überzeugung von seiner Befehlsgewalt. Sein Einfluss – der in der Macht der Arbitratoren bestand, das imperiale Gesetz durchzusetzen – war groß, doch er benahm sich, als ob er sich selbst den Primarchen nur knapp unterlegen fühlte.

»Es mag ja sein, dass diese ehrbaren Männer und Frauen auf Anweisung des Rates hier sind. Aber vor wem sie sich unter den derzeitigen Umständen genau verantworten ist unklar, sodass es zu einigen Zuständigkeitsstreitigkeiten gekommen ist.«

In dem Moment, in dem Rantal Luft holte, sprang Vethorel auf, als ob der Großmarschall sein Anliegen bereits dargelegt hätte und nicht im Begriff wäre, etwas anderes vorzuschlagen.

»Ich gebe Marschall Rantal voll und ganz recht«, verkündete sie, während sie sich von ihrem Platz erhob. »Das ist nur eine von zahlreichen Angelegenheiten im Zusammenhang mit dem Mars, mit denen der Rat konfrontiert ist. Angelegenheiten, die ich schon viele Male vor den gelehrten Senatoren vorgebracht habe. So wie ich das sehe, stehen wir durch den Krieg vor dem Problem, dass der Vertrag von Olympus zwar besteht, aber teilweise missachtet wird. Die Versprechen, die er verkörpert, müssen gehalten werden. Das Mechanicum und das Imperium bilden eine Partnerschaft. Der Mars ist *kein* Vasall Terras. Ich bin mir sicher, dass der Rat in Bezug auf die edlen Titanenlegionen Klarheit und Respekt als Notwendigkeit erkennt, insbesondere in diesen angespannten Zeiten. Deshalb …«

Während sie sprach, zog sich ein Teil von Vethorel zurück und beobachtete ihren Auftritt. Sie war bestürzt, wie schnell sie sich an die politische Atmosphäre gewöhnt hatte, die ihr inzwischen in Fleisch und Blut übergegangen war. Sie redete in einer Sprache voller indirekter Anspielungen, verhüllter Seitenhiebe und unterschiedlich subtiler Feinheiten. Das war so weit von der Klarheit der Maschine entfernt, wie sie jemals gezwungen gewesen war zu gehen. Diese Art der Diskussion hatte etwas Beschämendes, auch wenn es unbestreitbar nötig war, die Räder der politischen Maschinerie zu schmieren.

»Deshalb schlage ich für die Dauer der Kriegshandlungen gegen den abtrünnigen Kriegsherrn die vorläufige Bildung eines Adeptus Mechanicus vor.«

Die Senatoren des Rates schauten sie stumm an. Ihr Schweigen breitete sich nach außen zum Rest der Kammer aus, als ob die Worte ›Adeptus Mechanicus‹ eine Zauberformel wären, die allen, die sie hörten, die Sprache verschlug.

Malcador sah sie mit stechendem Blick an. Der Ausdruck auf seinem gealterten Gesicht änderte sich minimal und Vethorel glaubte in ihm sogar einen Funken Überraschung zu bemerken.

Simion Pentasian, der Meister des Administratum, war der Erste, der sprach. »Welchem Zweck würde das dienen, Botschafterin Vethorel?« Er war ein rundlicher, runzliger Mann. Sein Gesicht sah verhärmt aus und er legte unentwegt die Stirn in Falten. Er war die fleischgewordene Konzentration, sodass es für ihn keinen Unterschied machte, ob etwas wichtig oder trivial war, da er beides als ununterbrochene Abfolge ansah. Von jedem unbeachteten Detail fühlte er sich persönlich angegriffen.

»Das dient dem Zweck, Exzellenz, der Priesterschaft eine offizielle Stimme zu verleihen, wenn es um die Zukunft des Imperiums geht. Die Kinder des Mars hatten laut den Vertragsbestimmungen immer autonom sein sollen. Seit dem Verlust der Obersten Fabrikwelt wird dieser Umstand nicht mehr geachtet.«

Rantal rümpfte die Nase. »Und wer wäre der Meister dieses neuen Adeptus?«

»Manufactor Principalis Kane ist die offensichtliche Wahl«, antwortete Vethorel, »auch wenn es ihm viel von seiner Zeit und Aufmerksamkeit abverlangen würde. Wie gesagt, es wäre eine vorläufige Maßnahme –«

Pentasian ließ sie nicht ausreden. »Dieser Senat kennt das Wort ›vorläufig‹ nur zu gut«, sagte er und schaute sich mit all der Verachtung unter den anderen Hohen Senatoren um, mit der normalerweise Verbrecher bedacht wurden. »Das Wort ›vorläufig‹ sorgt nur dafür, dass andere etwas zustimmen, was bald darauf *permanent* sein wird.«

»Das sehe ich auch so«, fügte Rantal mit wissendem, theatralischem Nicken hinzu. »Das ist ein Versuch, Macht an sich zu reißen, und ein ziemlich plumper noch dazu. Ihr könnt nicht Eure Autonomie behalten und gleichzeitig eine Beförderung zu einem Adeptus einfordern, sonst wäre eine Vereinigung in diesem Rat repräsentiert, die sich vor selbigem nicht verantworten muss – eine Vereinigung, deren Loyalität *ohnehin* fraglich ist.«

Vethorel versteifte. »Ich werde nicht zulassen –«

»Was werdet Ihr nicht zulassen?« Rantal erhob sich, um seiner Empörung Nachdruck zu verleihen. »Ihr werdet nicht zulassen, dass der Rest von uns begründete Zweifel am Mechanicum und all seiner Bestandteile hat? Hat der Mars nicht selbst einen Bürgerkrieg erlebt? Und befindet er sich nicht zurzeit in den Händen von Verrätern? Eure Priester führen gegeneinander Krieg, Botschafterin. Soll Euer Vorschlag unser Vertrauen in sie wirklich wieder aufbauen?«

Das zunehmende Gemurmel auf den Ebenen beantwortete die Fragen des Marschalls. Aus vereinzelten Rufen bildete sich ein wütender Chor. Rantal wusste diese Welle der Entrüstung meisterhaft zu nutzen.

»Und was kommt nach dem ›*Adeptus Mechanicus*‹? Werden

andere den gleichen Status erlangen wollen, damit der Manufactor Principalis Verbündete im Rat erhält? Plant Ihr eine Machtübernahme auf politischem Wege?«

»Das ist doch lächerlich«, seufzte Vethorel.

Pentasian, der die Debatte für seine eigenen Zwecke an sich reißen wollte, griff die Worte auf. »Lächerlich ist die Vermehrung der Adepta.« Er blieb sitzen und beugte sich vor. Irgendwie schien die Bewegung seinen finsteren Blick auf die ganze Kammer überspringen zu lassen, bis zu den höchsten Ebenen. »Jedes weitere Adeptus schmälert die Bedeutung des Wortes. Sollen wir den Rat mit Stimmen überschwemmen, bis in dem Lärm keine mehr gehört und nichts mehr erreicht werden kann?«

Er schaute nicht zu Rantal, obwohl offensichtlich war, was er meinte. Die Gründung des Adeptus Arbites lag in der jüngeren Vergangenheit und das Adeptus Terra war von Anfang an gegen die Idee gewesen. Vethorel war überrascht zu hören, dass niemand Geringeres als einer der Hohen Senatoren ihre Bedenken, die sie beim Eintreten gehabt hatte, teilte, doch sie wusste, dass diese Ratssitzung für sie bereits verloren war.

Pentasian schüttelte den Kopf und lehnte sich wieder zurück. Der Meister des Administratum war nicht besonders beliebt. Er war kein charismatischer Redner. Für die anderen Senatoren des Rates war er ein Mann, dessen Lebenszweck einzig darin zu bestehen schien, zu erklären, warum etwas nicht getan werden konnte und alles unmöglich war. Dass er es überhaupt schaffte, diesen ungeheuren Organismus von einem Administratum am Laufen zu halten, war ein Kunststück, das fast schon an ein Wunder grenzte.

»Nein«, murmelte er. »*Nein*. Der Vorschlag der Botschafterin hat keinen Wert.«

Von Simion Pentasian erwartete man immer, dass er widersprach, aber heute waren seine Einwände willkommen. Er und Rantal hatten die Stimmung im Rat in der Hand.

Der Rest der Debatte war reine Förmlichkeit.

Vethorel verteidigte pro forma ihren Vorschlag, doch ihre Gedanken schweiften bereits von dem gegenwärtigen Wortgefecht ab. Ihr Schachzug war aufgehalten worden und das würde bereits gewisse Konsequenzen nach sich ziehen.

Die Sitzung endete mit Denunziationen und in Aufruhr. Als

Vethorel die Kammer verließ, toste die Gischt so wütend wie die von Sturmwellen, die heftig gegen Felsen schlagen. Heute hatte sie sich Gehör verschafft, aber sie war erbittert abgeschmettert worden.

Zugriff auf Gedächtnisaufzeichnung A-E5502. Bezeichnung: Akzeptables Opfer.

Starte Wiedergabe.

In ihrer aufgezeichneten Erinnerung stand Vethorel erneut vor Kane. Unentwegt dröhnten die Fabrikmaschinen.

»Und was wirst du tun, wenn dein Vorschlag abgelehnt wird?«, fragte er.

Sie starrte auf das herabfließende, geschmolzene Metall. Sie dachte über den zerstörerischen Aspekt von Schöpfungsprozessen nach. Sie wusste, dass sie durchaus ein Teil von dem sein konnte, was bei diesem Prozess zerstört werden würde. »Dann werden wir tun, was wir tun müssen.«

»Sie werden auf dich losgehen.«

Glühendes Metall zischte und floss. Es war unglaublich heiß.

»Ich weiß«, flüsterte sie. »Aber es ist der Mechanismus, der zählt. Nicht die Hand, die ihn bedient.«

Der Benachrichtigungsservitor erreichte Vethorel auf der gewundenen Treppe über der Großen Kammer. Er hielt zwei Stufen über ihr an und hielt ihr eine Datentafel hin.

Die Nachricht stammte von Malcador. Der Sigilit wünschte sie zu sehen. Der Servitor machte auf seinen mechanischen Beinen kehrt, stieg wieder hinauf und Vethorel folgte ihm.

Zwei Treppenabsätze weiter oben öffnete der Servitor eine schmiedeeiserne Tür und führte Vethorel auf einen langen, schmalen Balkon. Die Brüstung wurde von Säulen gesäumt, die dunkle Schatten warfen. Malcador stand mit aufgesetzter Kapuze in der Mitte, stützte sich auf seinen Stab und schaute auf die unteren Schutzwälle des Imperialen Palasts.

Der Bote blieb abrupt neben dem Sigiliten stehen. Malcador winkte dem Servitor ab, der sich darauf zum Ausgang auf der anderen Seite bewegte.

Malcador schaute Vethorel nicht an. »Wissen Zagreus Kane und Ihr, was Ihr da tut?«

»Das tun wir, Lord Regent.«

»Dann war Euer Vorschlag keine erste Verhandlungsposition mit einem anderen Ziel im Sinn?«

»Nein, Lord Regent.«

»Dann ist das wirklich Eure Absicht.«

»So ist es.«

»Und Ihr werdet weiterhin dafür kämpfen.«

»Das werde ich.«

Hätte jemand anders als der Sigilit diese Fragen gestellt, hätten sie überflüssig oder herablassend gewirkt. Doch sein ruhiger, ernster, ehrwürdiger Tonfall machte aus ihnen ein Ritual. Er stellte nicht Vethorels Intelligenz infrage – der gealterte Psioniker war mit dem berechnenden Verstand der Augmentierten wohl vertraut, sodass er lediglich ihre Überzeugung prüfte. Dadurch fühlten sich Vethorels Antworten wie Schwüre an.

Daraufhin wandte Malcador ihr sein Gesicht zu.

»Eure Entschlossenheit ehrt Euch, Botschafterin«, sagte er.

»Aber meine Absicht nicht?«

»Na, das habe ich nicht gesagt …«

»Weicht Ihr aus, Lord Regent?«

»Das tue ich nicht.« Er zögerte. »Ich … Ich erörtere noch die möglichen Konsequenzen sowohl der Ablehnung als auch der Zustimmung zur Schaffung eines Adeptus Mechanicus. Ich weiß, dass Ihr das auch tut.«

»Ich bin überzeugt, dass es zu einer Katastrophe führen wird, wenn *kein* Adeptus gebildet wird. Das ist die einzige Möglichkeit, die Binäre Sukzession zu lösen. Das Mechanicum kann nicht zwei Anführer haben.«

Malcador nickte. »Da ist aber noch mehr, was Ihr hoffentlich versteht. Ihr habt Euer Ziel im Rat heute nicht erreicht, habt mit Euren Worten aber klar Stellung bezogen. Wegen ihnen spielen sich nun gewisse Ereignisse ab. Ihr mögt glauben, dass Meister Pentasian und Großmarschall Rantal aufgrund von eigennützigen, kleinlichen Erwägungen so reagiert haben, und sicherlich könnte auch reiner politischer Instinkt dabei eine Rolle gespielt haben.« Sein Blick wurde eisig. »Aber seid versichert, Botschafterin Vethorel, dass die Hohen Senatoren nicht *nur* aus politischem Kalkül handeln. Sie glauben an das Imperium. Sie würden für seine Verteidigung ihr Leben geben. Ihre Einwände gegen das Adeptus Mechanicus sind wichtig. Sie bezeichnen dies als Griff nach der Macht – für den Rat stellt sich das als reale Möglichkeit dar, als echte Bedrohung. Ganz gleich, was Eure Motivation sein mag, die Schaffung dieses Adeptus würde das Kräftegleichgewicht auf Terra maßgeblich verändern.«

»Die Macht des Mechanicum, auch wenn es gespalten ist, existiert mit oder ohne den Status eines Adeptus«, antwortete sie mit sorgfältig gewählten Worten. »Es gibt mehr als eine mögliche Lösung der Gleichung. Der Rat kann sich eine *falsche* marsianische Einheit nicht leisten.«

Der Sigilit schaute Vethorel lange an und hielt seinen Stab fest umklammert. »Ich frage mich, was Ihr damit meint«, sagte er und ließ die Worte einen Moment lang wirken. Dann wurde sein Tonfall ein klein wenig freundlicher. »In dem, was Ihr heute ausgelöst habt, liegt ebenfalls Macht.«

»Der Manufactor Principalis und ich haben nie etwas anderes geglaubt.«

»Das dachte ich mir. Ich bin froh, zu wissen, dass ich recht hatte. Aber wir alle müssen uns jetzt um die Konsequenzen kümmern – die Angelegenheit mit dem Mechanicum und dem Mars ist ohnehin heikel. Eure Loyalität wurde schon früher angezweifelt. Jetzt wird sie ganz offen infrage gestellt.«

Sie wusste, dass es in den kommenden Tagen noch viele Verdächtigungen von allen Seiten geben würde. Sie wusste auch, dass Kane im Mittelpunkt dieses Sturms stehen würde. »Alles, was Ihr sagt, ist wahr, Lord Regent. Aber dieser Antrag muss durchkommen.«

»Vielleicht. Mögen wir alle die richtigen Entscheidungen treffen, wenn es so weit ist. Ich verabschiede mich, Botschafterin Vethorel.«

Er trottete davon und sein gebrechlicher Körper verschwand in den Schatten zwischen den Säulen.

Vethorel stand noch eine Weile länger da und dachte in Ruhe nach. Ja, sie hatte gewusst, wie ihr Vorgehen auf die Hohen Senatoren wirken würde. Sie hatte auch gewusst, wie es wahrscheinlich auf die anderen Loyalisten des Mechanicum wirken würde. Sie hatte immer erwartet, dass der erste Schritt erfolglos sein würde, doch trotz ihrer realistischen Einschätzung wünschte sie sich, dass sie im Rat zumindest den Hauch eines Fortschritts erzielt hätte.

Dann hätte Zagreus Kane bei den bevorstehenden Diskussionen zumindest irgendetwas in der Hand, auch wenn es nichts Konkreteres war als Vethorels eigene, brüchige Hoffnung.

Als die Stunde des Marsaufgangs näher rückte, traf Vethorel verfrüht auf den Zinnen des Stellarum Vigilum ein. Sie hatte sich in der Mitte einer Brüstung mit dem Rücken angelehnt und war den berobten Priestern zugewandt. Sie würden Fragen haben. Sie würden ihr Vorwürfe machen. Sie wollte, dass sie wussten, dass sie hier war, um ihnen Rede und Antwort zu stehen.

Alle Augen, organische wie bionische, waren auf sie gerichtet. Der Augenblick des stillegebietenden Rituals rückte näher, doch schon jetzt herrschte Schweigen. Die Adepten des Mechanicum füllten die Wehranlage, während ihre Botschafterin in ihrer Mitte stand, und niemand sagte ein Wort. Kein noch so kurzes binärisches Geplapper. Es fand überhaupt keine Kommunikation statt.

Vethorel blickte sich nervös um. Das Unausgesprochene, der Argwohn, all das baute Spannung auf.

Sie wartete bis zur letzten Sekunde, ehe sie aufgab und sich umdrehte, um den Himmel zu beobachten. Als sie die Zinnen entlang schaute, sah sie in einiger Entfernung zu ihrer Rechten eine Gruppe von Titanen-Principes und Moderati, die zum ersten Mal an der Beobachtung teilnahmen.

Der Mars ging auf und die Zeremonie begann. Der gemeinsame Akt des Nachdenkens und der Trauer lief so ab, wie unzählige Male zuvor. Vethorel starrte auf den roten Funken am Horizont. Sie trauerte um ihre heilige Heimatwelt, schweifte mit ihren Gedanken aber ab.

Heute Nacht war der Anblick des Mars weniger eine Erinnerung an das, was verloren gegangen war, als an die Konflikte, die die Spaltung hier auf Terra verursacht hatte. Alle Anhänger des Omnissiah auf dem Stellarum Vigilum waren Exilanten, weil sie sowohl dem Imperator als auch dem Mars die Treue hielten. Taymon Verticorda persönlich hatte gezeigt, dass diese beiden Loyalitäten nicht im Widerspruch zueinander standen. Sie waren ein und dasselbe, da der Imperator die lebende Inkarnation des Omnissiah war …

Die Zeit verging. Der Mars erreichte seinen Zenit und ging

allmählich unter. Je näher der Moment rückte, in dem der rote Funke erlöschen würde, desto erdrückender wurde die Stille.

Das Ende des Rituals, als der Mars hinter dem zerklüfteten Horizont verschwand, war das Signal, das Schweigen zu brechen. Vethorel senkte den Blick und sah, dass Magos Gerantor neben ihr stand.

»Was habt Ihr getan?«, fuhr er sie an. »Euer Vorgehen hat den Vertrag von Olympus untergraben. Das Wort des Omnissiah wurde missachtet.«

»Wenn Ihr so schlecht über meinen Glauben denkt, liegt Ihr falsch, Magos.«

»Wie sollten wir etwas anderes denken? Ihr schlagt vor, die Kontrolle Terras über die Priesterschaft zu festigen. Wir werden Sklaven sein und der Mars wird vergessen werden.«

»Das ist nicht der Zweck meines Vorschlags. Die Absicht dahinter ist lediglich, dass ...« Vethorel verstummte allmählich. Sie begriff, dass die Techpriester eben so wenig glauben würden, dass die Situation nur vorübergehend war, wie Rantal und Pentasian. Stattdessen kehrte sie zum Kern der Sache zurück. »Ein Adeptus Mechanicus wäre in der Lage, den Rat dazu zu zwingen, den marsianischen Anliegen Gehör zu schenken.«

»So, wie er jetzt Euch Gehör schenkt.«

»Wenn der Rat uns anschaut, sieht er Flüchtlinge. Dabei ist egal, wie gerechtfertigt dieser Eindruck ist. Worauf es ankommt, ist –«

Vethorel schaute hinter Gerantor und sah, dass sich um sie beide herum eine Masse gebildet hatte. Leuchtende, mehrteilige Optikmodule nahmen sie in den Fokus. Von allen Seiten war metallisches Gedränge zu hören.

Ihr war völlig bewusst, dass ihr Mangel an Maschinenanpassungen gegen sie sprach. Für die, die glaubten, dass sie sich heute gegen den Vertrag und das Mechanicum ausgesprochen hatte, gewann ihr sehr *menschliches* Äußeres eine viel zu große Bedeutung.

»Zum Wohle des Mars und des Imperiums«, fuhr sie fort, »muss das Adeptus Mechanicus Wirklichkeit werden. Ich bete zum Omnissiah, dass Ihr alle verstehen werdet, wie notwendig das ist.«

Gerantor streckte seinen Maschinenarm aus, um nach ihrer Robe zu greifen. »Wir werden Sklaven sein.«

»Lasst mich los, Magos Gerantor«, seufzte sie. »Wenn Ihr wollt, dass sich die Diskussion im Kreis dreht, dann führt sie ohne mich. Es ist offensichtlich, dass nichts, was ich sage, Euch davon überzeugen wird, dass mein Handeln Ausdruck meiner vollen Hingabe zum Omnissiah und dem Willen des Manufactor Principaliss des Mechanicum ist. Es steht Euch frei, etwas anderes zu glauben, aber das Adeptus Mechanicus *muss* Wirklichkeit werden und ich werde dafür kämpfen.«

Sie ging davon und die anderen Techpriester traten zur Seite, um sie hindurch zu lassen. Gemurmel auf Gotisch und gezischtes Binärgeplapper umgaben sie. Sie hatte mit der Diskussion vorerst abgeschlossen, doch in der Menge war sie lebhaft entbrannt. Gut. Über die Sache wurde offen gestritten. Bei der nächsten Sitzung im Rat könnte ihre Anhängerschaft gewachsen sein.

Sie war auf halber Strecke von der Brustwehr, als Gerantor antwortete.

»Nein.«

Vethorel drehte sich um. Er stand da, wo sie ihn zurückgelassen hatte, und starrte die Botschafterin durch die breiter werdende Lücke in der Menge an. »Was meint Ihr mit *nein*? Ihr vergesst Euch, Magos.«

»Nein. Wir können nicht zulassen, dass Ihr den Vertrag missachtet. Wir können nicht zulassen, dass Ihr das Mechanicum zerschlagt und die Unabhängigkeit des Mars aufgebt.«

Sie bemerkte eine Bewegung hinter ihr. Sie wirbelte herum und sah, dass Passax ihr den Weg versperrte. Die Metallglieder der Magos griffen nach Vethorel. Ihre Sägen drehten sich und die Plasmaschneider waren angeschaltet. Vethorel zuckte zurück, doch einer der Mechadendriten wickelte sich um ihren linken Arm und hielt sie fest.

Sie werden auf dich losgehen.

Ich weiß.

Das war nicht die gleiche Art Verrat wie die, die den Mars zerrissen hatte. Gerantor und Passax glaubten – mit tiefster Überzeugung –, dass *Vethorel* die Verräterin war, dass *sie* die Ketzerin war.

Verzweiflung packte sie, doch sie durfte ihr nicht nachgeben. Die Botschafterin trug zwar keine Waffe, war aber trotzdem nicht hilflos; sie kanalisierte die Energie, die ihre verborgenen, unter der Haut befindlichen Elektoos durchströmte, um im Bruchteil einer Sekunde in ihrem festgehaltenen Arm eine starke Ladung biologischer und mechanischer Elektrizität aufzubauen.

Sie jagte den Stoß durch Passax' Mechadendriten. Dadurch überluden ihre Schaltkreise und der Greifarm zuckte zurück. Vethorel befreite sich und sprang nach hinten.

Links und rechts von ihr kam es zu hektischen Bewegungen. Unter den versammelten Adepten breitete sich Unruhe aus. Einige kamen auf sie zu, um ihr zu helfen, doch viele andere zogen sich zurück, da sie sich unsicher waren, wo die wahre Loyalität zum Mars lag. Gerantor blieb, wo er war, um Zeuge der von ihm geplanten Hinrichtung zu werden, und gab sich damit zufrieden, andere Hände die Tat vollbringen zu lassen.

Ein beherzter Adept packte Passax' rechten Arm. Die ausfahrbaren Finger der Magos zogen sich zurück und sie schlug mit einem Plasmabrenner nach Vethorels gescheitertem Retter, um ihn zurückzutreiben.

Bevor irgendjemand sonst die Botschafterin erreichen konnte, drängte sich eine kleine Gruppe durch die Menge und drei Elektropriester stürzten sich auf sie. Sie hatten ihre Roben zurückgeworfen und waren ganz dem Kampfrausch verfallen. Ihre Gesichter waren zu Masken des Hasses verzerrt.

Sie waren nicht zum Trauern zum Stellarum Vigilum gekommen, sondern zum Morden.

Sie schwangen Energieentzugsknüppel. Vethorel duckte sich und warf sich zur Seite, wich dem Hieb eines Priesters aus, wurde aber von dem funkensprühenden Kondensator eines anderen gestreift. Obwohl der Kontakt nur kurz bestand, spürte sie, wie ihre Bewegungskraft plötzlich nachließ.

Ihre Glieder wurden träge. Ihr Körper zuckte. Ihre Elektoos gingen aus, was ihr Bewusstsein und ihre Kontrolle über ihren Körper schwächte. Sie stolperte in eine Menge, die vor ihr zurückwich.

Der Angriff der Elektropriester war zu wild und koordiniert. Für die anderen Adepten schien der Tod dieser armen, wehrlosen Botschafterin nun unausweichlich und sie würden sich in keinen Konflikt einmischen, der schon entschieden war. Wenn sie zum Scheitern verurteilt war, dann sicherlich, weil der Omnissiah sie als makelbehaftet ansah, was ihre Ketzerei so gut wie bestätigte.

Der Angriff war mit maschineller Präzision erfolgt. Vethorel bewegte sich nun nur noch mithilfe ihres schwachen, unaugmentierten Fleisches und die Elektropriester umzingelten sie, während sie in unbändigem Wahn schrien.

Ein Stabkondensator traf sie in die Rippen, worauf sich in ihrem Oberkörper und ihren Extremitäten eine kalte Dunkelheit ausbreitete. Es fühlte sich an, als ob sie heruntergefahren werden würde, als ob sie auf die tiefgreifendste, vollständigste Weise abgeschaltet werden würde.

Sie fiel auf die Knie. Sie schaffte es gerade noch, den Kopf zu heben und sah, wie Gerantor schließlich auf sie zu schritt. Die menschliche Hälfte seines Gesichts war so ausdruckslos wie die metallische – keine Spur von Genuss oder wenigstens Genugtuung lag darauf. Er war ein gläubiger Diener, getrieben von dem, was er für seine bedauernswerte Pflicht hielt.

»Zagreus Kane ist kein würdiger Manufactor Principalis«, verkündete Gerantor. »Indem wir seine Marionette von einer Botschafterin hinrichten, verweigern wir uns seiner von Terra verliehenen Autorität. Wir tun dies zur Errettung des Mech–«

Ein Laserschuss traf ihn am Kopf und brachte ihn zum Schweigen. Er brannte eine Furche in das Metall seines Schädels, aus der Funken sprühten und Rauch strömte, während er von Vethorel davon taumelte. Über ihr bildeten weitere Laserschüsse ein Kreuzfeuer, das die Elektropriester traf und auch auf Magos Passax' dicke Panzerplatten einprasselte.

Vethorel schleppte sich vorwärts. Der Rest der Adepten floh vor dem Kampf und wollte nicht einmal sehen, wie er ausging. Sie nahm ihre Kräfte zusammen, um aufzustehen. In der Menge befanden sich noch weitere Attentäter, die eine zweite Welle bildeten und jetzt versuchten zur ersten zu stoßen, doch sie wurden schnell ebenfalls unter Beschuss genommen.

Nicht von loyalen Beschützern des Mechanicum, sondern von den uniformierten Offizieren der Collegia Titanica.

»Legio Ignatum, treibt sie zurück!«

Vier Principes waren anwesend, die jeweils von zwei Moderati mit Laserkarabinern flankiert wurden. Die Gruppen traten aus zwei verschiedenen Richtungen aus der Menge und griffen geordnet und unerbittlich an. Auch hier kämpften sie so, wie sie ihre Kampftitanen steuerten – in ihrem Delirium glaubte Vethorel blass die Geister der Gottmaschinen über ihnen zu sehen, wie Gespenster, die aufmarschierten, um einen neuerlichen Aufstand niederzuschlagen.

In dem zunehmend chaotischeren Kampf auf den Zinnen näherte sich Passax erneut Vethorel und sprach mit maschinenhaft brummender Stimme zu ihr. »*Das Mechanicum wird bewahrt werden.*«

Sie packte Vethorel mit ihren beiden kräftigen Armen, während sich die Mechadendriten um Hals und Brust der Botschafterin wickelten. Vethorel konnte sich nicht bewegen.

Vethorel hatte Malcador erzählt, dass sie und Kane darauf vorbereitet waren, die Konsequenzen für ihre Taten im Rat zu tragen. Das hier *waren* die Konsequenzen. Ihr Tod wäre nur die erste. Passax fuhr zwischen ihren Schultern einen Werkzeugarm aus. Seine Spitze war ein Adamantiumbohrer. Das Bohreisen drehte sich in mörderischer Absicht vor Vethorels Augen.

Da schlugen Plasmaschüsse in Passax' gepanzerte Seiten und ihren Rücken ein. Aus ihrem Stimmlautsprecher drang ein unerträgliches, elektronisches Piepsen und aus ihrem Brustkorb brachen Flammen hervor, während sich zuckend ihre Hände öffneten.

Als die sterbende Magos in sich zusammensackte, stürzte Vethorel unsanft zu Boden.

Passax fiel nicht. Stattdessen wurde sie zu einem Haufen glimmenden Metalls. Rauch umhüllte ihren zerstörten Körper, dessen Gliedmaßen wie zum Gebet verschränkt waren.

Vethorel schaffte es, auf die Beine zu kommen, sodass sie aufrecht stand, als die Principes sie erreichten. Bassanius und Tevera standen mit ihren Plasmapistolen bereit und waren nah genug, um sie zu stützen, falls sie ins Wanken geraten sollte, hielten aber respektvoll Abstand.

»Ich … Ich stehe in Eurer Schuld«, brachte sie heraus. »Der ganze Mars tut das.«

Ihre Seele fühlte sich erschöpfter an als ihr Körper. Wieder einmal hatten die Adepten des Mechanicum untereinander Blut vergossen. Die nun toten Priester hatten geglaubt, dass sie rechtschaffen handelten. Jetzt hatten sich sogar die Gläubigen gegeneinander gewendet.

Das musste aufhören. Beim Omnissiah, das *musste* aufhören.

Princeps Tevera half ihr vorwärts. Bassanius von Ignatum sah so tief betrübt aus, wie Vethorel sich fühlte. »Niemand steht in irgendjemandes Schuld«, versicherte er ihr. »Wir haben getan, was getan werden musste.«

Tevera lächelte schwach. »Genau wie Ihr das vor kurzem getan habt, Botschafterin.«

Vethorel warf einen Blick auf die Leichen, die das Stellarum Vigilum übersäten, und verfluchte den Blutzoll ihrer jüngsten Entscheidungen. »Dann stimmt Ihr meinem Vorschlag zu?«

»Ja«, antwortete Bassanius. »Nachdem ich gehört habe, wie Ihr Eure Sache vertreten habt und ich gründlich darüber nachgedacht habe. Es stimmt zwar, dass damit die Unabhängigkeit des Mars riskiert wird – aber was machen wir, wenn es kein nennenswertes Imperium mehr gibt?«

»Unterbreitet dem Rat noch einmal Euren Vorschlag …«, sagte Tevera, während ihre Lunge kratzend arbeitete. »Diesmal wird er angenommen werden. Wir werden sicherstellen, dass das geschieht.«

Vethorel sprach mit brüchiger Stimme. »Seine Annahme wird mit weiteren Konflikten einhergehen. Mit weitem Blutvergießen unter Loyalisten.«

Bassanius atmete langsam und ernst aus.

»Das wissen wir. Heute hattet Ihr im Rat nicht die Druckmittel, die Ihr gebraucht hättet. Diesmal werdet Ihr sie haben.«

Die Botschafterin schüttelte den Kopf. »Die Hohen Senatoren werden gegen jede Maßnahme ein Veto einlegen, die ihnen voreilig erscheint. Das Imperium befindet sich im Krieg. Sie haben die Macht dazu.«

»Gegen die Titanenlegionen können sie kein Veto einlegen. Wir haben keine Stimme in der Kammer.«

»Dann versteht Ihr, wie weit wir vielleicht gehen müssen. Ihr versteht die Grenzen, die wir vielleicht überschreiten müssen, um die Zukunft des Mars zu schützen.«

Tevera nickte. »Das tun wir.«

»Dann ist es gut.«

Das war gelogen. Nichts war gut. Vor allem nicht das, so vermutete Vethorel, was sie vorhatten.

* * *

Bei der nächsten Sitzung des Rates waren außer Bassanius, der sich um andere Angelegenheiten kümmern musste, alle Principes anwesend. Sie saßen aufgrund einer Sondervereinbarung von Manufactor Principalis Kane in einer langen Reihe auf einer der untersten Ebenen bei Vethorel.

Sie schauten stumm zu und waren so reglos wie beim Appell, während sich der Rat umständlich zur Abwägung ihres Schicksals vorarbeitete.

Wie vorauszusehen war, verurteilte Harr Rantal den Kampf auf dem Stellarum Vigilum.

»Auch wenn der Mordversuch an der Botschafterin Vethorel eine verachtenswerte und feige Tat war, ist es offensichtlich, dass die Exilanten des Mars ihren internen Konflikt mit hinter die Mauern des Imperialen Palastes gebracht haben. Das ist *völlig* inakzeptabel.«

»*Unseren* internen Konflikt?«, erwiderte Vethorel.

»War das nicht Euer Bürgerkrieg, der da letzte Nacht ausgetragen wurde?«

»Wenn Ihr wirklich glaubt, dass der Krieg nur den Mars betrifft, dann ist Eure *Ignoranz* die wahre Gefahr für Terra.«

In den Reihen der versammelten Abgeordneten gab es Gemurmel und Gekicher. Sogar Simion Pentasian lächelte schief, während Rantal zurück auf seinen Stuhl sank.

»Das ist nur eine Ablenkung«, verkündete er und kam ohne Umschweife auf den Punkt, um den es nach Einschätzung vieler wirklich ging. »Was wir wirklich entscheiden müssen, ist die Aufstellung der Streitkräfte der Collegia Titanica.«

Vethorel widersprach. »Und wer soll das entscheiden? Die ehrbaren Hohen Senatoren von Terra? Mit welchem Recht und durch wessen Ermächtigung? Laut den Regelungen im Vertrag von Olympus haben die Titanenlegionen nie auf Befehle des Rates hin gehandelt, sondern sind freiwillig seinen zahlreichen *Bitten* nachgekommen. Solange der Rat von Terra dem Mars nicht das Recht zuspricht, über sein eigenes Schicksal zu entscheiden, müsst Ihr Euch fragen, wie lange Terra *ohne* die Unterstützung des Mechanicum gegen den Kriegsherrn bestehen kann.«

Sie zeigte auf die Hohen Senatoren.

»Und wie lange Euch gestattet werden wird, so zu tun, als ob *Ihr* die mächtigen Titanen befehligen würdet.«

»Eure implizierten Drohungen sind Eurer Sache nicht gerade dienlich«, fauchte Rantal. »Außerdem verkennen sie die aktuelle Situation – der Mars hat hier keine Stimme, weil der Mars den Verrätern gehört!«

Die Kammer geriet in Aufruhr. Tevera und Vethorel tauschten erschöpfte Blicke aus. Pentasian erhob sich von seinem Stuhl. »Wieder einmal verlieren wir uns in Schuldzuweisungen und Beleidigungen, statt zum Wohle des Imperiums zu handeln. In einer Sache stimme ich der Botschafterin Vethorel allerdings zu. Der aktuelle Zustand der Befehlskette ist unhaltbar.«

Rantal schreckte auf. »Ihr werdet Euch doch wohl nicht für die Schaffung ihres neuen Adeptus aussprechen?«, fragte er.

»Keineswegs. Da der Mars zurzeit für uns verloren ist, müssen wir wohl *alle* die Tatsache akzeptieren, dass der Vertrag, den Terra und das Mechanicum geschlossen haben, nicht länger gültig sein kann. All seine Bestimmungen sind aufgehoben. Wir müssen zu einer neuen Übereinkunft kommen und die Befehlsgewalt zentralisieren. Ja, die Collegia Titanica brauchen eine klare Befehlskette – und diese Kette sollte hier beginnen, im Rat von Terra.«

»Nein!«, schrie Vethorel. »Das könnt Ihr nicht bestimmen!«

Es reichte ihr. Sie hatte einen letzten Versuch unternommen, vernünftig mit dem Rat zu reden, aber es war sinnlos. Pentasian und Rantal waren bereit, die Leiche des Mechanicum abzunagen, bevor es überhaupt tot war, und die anderen Hohen Senatoren folgten ihrem Beispiel. Wieder schaute sie zu Tevera und nickte. Es war so weit.

Rantal setzte sich aufrechter hin, als ob er sich auf das Mahl freuen würde, das er bevorstehend glaubte.

»Botschafterin Vethorel«, sprach er zu ihr, »als Repräsentantin der Mechanicumsadepten auf Terra werdet Ihr –«

Die Tür zur Kammer flog auf. Zagreus Kanes Schritte schleiften über den polierten Marmorboden, als er die politische Arena betrat.

Er hatte die Arme ausgebreitet und die mechanischen Hände geöffnet. Er war ohne Waffen gekommen, wie es das Gesetz gebot, doch sein ganzes Wesen war die Verkörperung maschineller Kraft. Seine bloße Existenz wirkte bedrohlich und Vethorel verstand nun besser, warum er sich bisher dagegen entschieden hatte, an den Beratungen teilzunehmen.

Allein durch seine Anwesenheit führte er eine Krise herbei.

Die Repräsentanten der Collegia Titanica standen gemeinsam auf. Vethorel sah, wie der Kammer schlagartig die Situation klar wurde, vor allem den Hohen Senatoren am Verhandlungstisch. Plötzlich wurde ihnen bewusst, dass sich mitten in ihrer Ratssitzung eine zwar unbewaffnete, aber trotzdem bedrohliche, geeinte Streitmacht befand.

Malcador der Sigilit erhob sich unter Schmerzen vom Kopf des Tisches und stellte seinen Stab direkt auf den Boden. Er rief Kane zu, als dessen scheppernder Körper das Podium erreichte.

»Bedenkt Eure nächsten Schritte sehr sorgfältig, Zagreus.«

»Ich unternehme keine«, antwortete der Manufactor Principalis tonlos. Er bestieg die Plattform nicht, sondern blieb als Beobachter und Beobachteter an Ort und Stelle. Tevera drehte sich in ihrem Exoskelettkörper herum, um zu den Ebenen über ihnen zu sprechen.

»Ich bin Princeps Tevera von der Legio Agravaides. Wir sind gekommen … um uns Gehör zu verschaffen. Hört also nun, was wir zu sagen haben. Wenn der Bildung eines Adeptus Mechanicus in dieser Sitzung nicht zugestimmt wird … dann wissen die Collegia Titanica, auf wessen Seite sie stehen, und werden nicht länger die Marionetten … des Rats von Terra sein. Zu Eurer *ewigen* Schande habt Ihr den heiligen Mars aufgegeben, die Heimatwelt meiner Legio. Jetzt verlangt Ihr, dass meine Kameraden … auch ihre Welten aufgeben, sodass sie schutzlos von den angreifenden Verrätern niedergebrannt werden können. Wenn es für den Mars keinen Adeptus gibt … dann wird es für die Thronwelt keine Titanen geben. Wir werden aus dem Sol-Krieg austreten und sofort … zu unseren Lehen zurückkehren.«

In der Kammer brach empörtes und verfluchendes Geschrei aus. Ratsmitglieder und Beisitzer brüllten über einander hinweg. Der Lärm überströmte Vethorel. Sie, Kane und die Principes standen schweigend da, wie unbewegliche Felsen in einem Meer der Wut.

Diesmal habt ihr uns zugehört, dachte Vethorel. *Aber werdet ihr auch* auf *uns hören?*

Sie vermutete, dass das nicht der Fall sein würde. Harr Rantal sprang auf. Er schien dem eindrucksvollen Manufactor Principalis am Rand des Podiums nicht trotzen zu wollen, sodass er stattdessen mit einem anklagenden Finger auf Vethorel zeigte.

»Jetzt zeigt Ihr Euer wahres Gesicht!«, schrie er. »Das ist Verrat! Ein Putsch! Ich werde Euch dafür hinrichten lassen!«

»Das ist kein Putsch. Das ist die Lösung einer Gleichung«, antwortete sie. »Wir begreifen, wie notwendig ein Adeptus Mechanicus ist. Wenn Ihr das nicht tut, dann muss Euch das auf eine Weise klar gemacht werden, die Ihr versteht. Die Binäre Sukzession *muss* beendet werden.«

Rantal wandte sich an die anderen Hohen Senatoren. »Oh, wie leid ich es bin! Lasst mich die Arbitratoren rufen. Ich werde die Marsianer gefangen nehmen lassen und für ihre Verbrechen gegen den Thron verurteilen.«

Der Lärm nahm zu. Die meisten Stimmen schrien ihre Zustimmung, doch andere mahnten zur Vorsicht, zur Nachsicht, dazu, alle Optionen zu überdenken. Es waren diejenigen, die sahen, welche Grenze sonst überschritten werden würde: Der loyale Anführer des Cult Mechanicum und viele hochrangige Principes der Collegia Titanica in Ketten wären ein galaxisweites Desaster für die imperiale Moral.

Vethorel merkte, dass einige von ihnen endlich die Gefahr begriffen.

Aber nicht genug, und jetzt war es zu spät.

Ein tiefes, erschütterndes Beben ließ den Kammerboden erzittern und brachte die langen Lumenleuchter, die hoch über ihnen von der Kuppeldecke hingen, ins Wanken. Vethorel und die Titanenoffiziere bemerkten es zwar, reagierten aber nicht.

Ein weiteres, stärkeres Beben. Es war stark genug, um im Zittern der Wände wahrgenommen zu werden.

Die Ratsabgeordneten auf den oberen Ebenen blickten einander verwirrt an, während ein weiteres Beben den Mörtelstaub von der Decke rieseln ließ.

Dann war die mächtigste Stimme des Mars auf Terra zu hören.

Der Laut eines Kriegshorns durchbrach den Lärm in der Kammer und alle, die ihn hörten, verstummten. Das Geräusch kam aus weiter Ferne, erschütterte die Kuppel aber trotzdem. Das Gebrüll war tief und doch durchdringend und kündete von der größten Pracht des Krieges. Einige Momente später folgte das nächste Beben.

Sie kamen näher.

Pentasian riss die Augen auf. »Was geschieht hier?«, platzte es aus ihm heraus. »Botschafterin?«

»*Magnificum Incendius*, ein Titan der Imperator-Klasse von der Legio Ignatum, kommt auf uns zu.«

Mit ihren Worten gab Vethorel lediglich die Tatsachen wieder. Ihre Bedeutung war allerdings gewaltig. Rantal starrte sie entsetzt an. Das Kriegshorn ertönte erneut, lauter, näher, und in der Kammer kehrte ein Moment bestürzter Stille ein. Tausende hielten gleichzeitig den Atem an und lauschten, wie sich die Gottmaschine näherte.

Eine der gewaltigsten Kriegsmaschinen, die je gebaut worden waren, ging mit unheilverkündender Entschlossenheit auf das politische Herz des Imperiums zu. Sie war über die Befestigungsanlagen zur Verteidigung des Gebieters der Menschheit hinweggeschritten, als ob sie überhaupt nicht da wären, und ging inzwischen die breiten Prachtstraßen des äußeren Palasts entlang, während die fliehenden Menschenmassen vor ihr davonliefen.

Ihre riesigen Waffenarme machten sich bereit – Drehläufe so lang wie Magnetschwebebahnen und Plasmabeschleuniger, die ein Sternenschiff antreiben könnten. Das Gebrüll des Titanen war so laut, dass es ausreichend schien, um den Palast zum Einsturz bringen.

Umständlich wurden die Geschützstellungen ausgerichtet, die eigentlich nur dazu konzipiert waren, *vor* die Mauern zu feuern. Die Custodeswache und die imperialen Auxiliartruppen versuchten, ihn in die Zange zu nehmen, doch er war nur eine einzige Maschine der Collegia Titanica und zurzeit gab es im Umkreis von einhundert Kilometern nichts, was sein unaufhaltsames Vorrücken beenden könnte.

In der Ratskammer machte sich Panik breit. Es gab keine Fenster. Niemand konnte sehen, was da auf sie zu kam, doch das Geräusch war genug. Jeder Anwesende wusste, was für ein Inferno ein Titan der Imperator-Klasse unter seinen Feinden anrichten konnte.

Seine Stimme war ein Geheul, das den Himmel zerschmettern konnte. Das Ende war nah.

Es gab keinen Ausweg, keine Zuflucht.

Pentasian drängte sich zu Vethorel durch. »Stoppt ihn! Stoppt ihn, das ist ein Befehl!«

Sie rührte sich nicht.

»Wer befehligt uns?«, fragte sie und passte ihre Worte zeitlich mit dem Erschallen des Kriegshorns ab. »Wer befehligt das Mechanicum? Wer befehligt die Titanen? Die Binäre Sukzession ist das Produkt unzureichender marsianischer Logik und ängstlicher terranischer Ignoranz, und damit könnte sie unser aller Tod sein.«

Der Takt der Titanenschritte war der Rhythmus ihres näher rückenden Untergangs.

Vethorel schaute zu Malcador. Der Sigilit beobachtete sie ununterbrochen. Sein Gesicht war überschattet und ausdruckslos. Er sagte nichts. Er ließ die Situation ihren Lauf nehmen. Vethorel fragte sich, ob er überzeugt davon war, dass es Grenzen gab, die das Mechanicum und die Collegia Titanica nicht überschreiten würden. Oder hatten sie diese längst hinter sich gelassen?

Die Botschafterin und die Principes hatten ihre Tat unwiderruflich begangen. Der Tag würde unweigerlich Konsequenzen haben. Sie spürte, wie der Sigilit sie einzuschätzen versuchte – wie er abwartete, ob sie auch wirklich für das bereit war, was sie ins Rollen gebracht hatte.

Vielleicht stimmt Ihr ja sogar zu, dachte Vethorel. *Vielleicht wollt Ihr dies ebenfalls.*

Das Donnern des Horns übertönte die Schreie in der Kammer. Die Menschen kletterten übereinander, um die Ausgänge zu erreichen, und flohen, obwohl es kein Entkommen gab, doch der Klang ließ sie mitten auf der Flucht erstarren. Er war so nah, dass er aus dem Innern der Kuppel und von überall um sie herum zugleich zu kommen schien.

In dem Moment der Stille, der darauf folgte, sprach Vethorel erneut.

»Die Binäre Sukzession muss gelöst werden. Das Adeptus Mechanicus ist diese Lösung. Es kann nur null oder eins geben. Es kann nicht beides geben. Sonst kommt es zu Ungewissheiten. Und kann es mit Ungewissheit überhaupt echte *Loyalität* geben?«

Sie hielt inne.

»Und wenn es keine Loyalität gibt …?«

Ein letztes Mal ertönte der Schlachtruf des Titanen. Er klang, als würde *Magnificum Incendius* mit seinem nächsten Schritt die Kuppel unter seinem gewaltigen, gepanzerten Fuß zerquetschen.

Rantal warf die Hände in die Luft. *»Es reicht!«*

Er stolperte zurück zum Tisch und sank in seinen Stuhl.

»Es reicht …«

Die anderen Hohen Senatoren, die teilweise auf dem Weg zu den Ausgängen waren, nickten zustimmend und wirkten neben den anderen Männern und Frauen des Rates klein und eingefallen.

Vethorel nickte Tevera zu, die in ihren Voxstecker sprach.

»Princeps Bassanius, haltet ein.«

Magnificum Incendius hielt an. Die Beben hörten auf.

Trotzdem schaute Pentasian, als ob er den Schatten des Imperator-Titanen auf den Außenwänden der Kammer sehen könnte. Sein Gesicht war aschfahl. »Wir stimmen der Botschafterin Vethorel zu«, murmelte er. »Es wird einen Adeptus Mechanicus geben, um die … die außergewöhnlichen Nachfolgekonflikte des marsianischen Kontingents auf Terra zu lösen.«

Da sprach Malcador. Sein Tonfall war streng und unbeugsam. »Und was bietet das Mechanicum im Gegenzug? Sagt mir, Botschafterin, wollt Ihr den Rat unbegrenzt zur Geisel nehmen? Das Adeptus Mechanicus wird eine Stimme im Rat sein, aber es darf nicht die *einzige* Stimme sein.«

»Das stimmt«, knurrte Rantal. »Das hier darf nie wieder geschehen.«

Er posierte nicht. Er hatte seine Grenze erreicht. Vethorel konnte seine Überzeugung und Entschlossenheit hören. Wenn sie es mit ihm noch ein wenig weiter trieb, würde ihn seine Pflicht als Kommandant der Arbitratoren dazu zwingen, zurückzuschlagen.

Damit wäre der *wahre* Albtraum entfesselt.

Malcador nickte langsam und klopfte mit seinem Stab auf den Marmorboden des Podiums. »Es wird Bedingungen geben. Wenn Manufactor Principalis Zagreus Kane jetzt zum Rang eines Hohen Lords aufsteigen soll, muss er uns als Zeichen seines guten Willens einige Zugeständnisse machen. Aber wir werden diese Dinge erst besprechen, wenn die Offiziere der Titanenlegionen diese Kammer verlassen haben.«

Das war also der Preis, der nun zu zahlen war. Kane musste das Vertrauen wiederherstellen, und Vethorels Tollkühnheit hatte dafür gesorgt, dass der Preis für dieses Vertrauen äußerst hoch war.

Vethorel traf sich zu Füßen von *Magnificum Incendius* mit Bassanius und Tevera. Der Titan der Imperator-Klasse hatte kaum einhundert Meter vor den Mauern der Großen Kammer angehalten. Er stand inmitten der zwei Kilometer breiten Allee des Imperialen Aufbruchs. Seine Banner flatterten in dem starken Wind, während an den Spitzen seiner Zinnen tiefhängende Wolken aufrissen. Die Gottmaschine schaute auf die Kammer – sie war wieder ein Wächter, wenn auch ein furchteinflößender.

Die dicht gedrängte Menge auf der Allee machte einen weiten Bogen um den Titanen, während die Ignatum-Schutztruppen an den bastionsartigen Eingängen der Unterschenkel Wache standen. Zur selben Zeit hielten die Adepten und Beamten des Palastes inne, um zu der Maschine aufzuschauen, fasziniert von dem Ursprung ihres jüngsten Schreckens.

Bassanius stand voller Stolz vor der Gottmaschine und Tevera neben ihm.

»War es das, was Ihr erreichen wolltet, Botschafterin?«, fragte er.

»Das Adeptus Mechanicus wird Wirklichkeit«, antwortete Vethorel. »Und das Adeptus *Titanicus* ebenfalls. Für unsere uneingeschränkte, sofortige Folgebereitschaft bei der Verteidigung von Terra wurde uns allen wieder einmal der Mars versprochen.«

»Aber die Titanenlegionen haben immer noch keine eigene Stimme«, schnaufte Tevera. »Wir sind Sklaven … Zagreus Kanes und der Bündnisse, die er aufgrund seiner eigenen Interessen eingeht.«

»Nein, in Zagreus Kane werdet ihr einen Stellvertreter haben. Er würdigt alle uralten Eide sowie die alten Bande zwischen der Priesterschaft und den loyalen Kommandanten der Gottmaschinen, und er besteht darauf, dass Ihr von Terra anerkannt werdet. Dies ist das älteste Bündnis, das in der größten Not des Imperiums lediglich erneuert und ›Adeptus‹ genannt wurde.«

Vethorel zeigte auf die Große Kammer.

»Der Rat hat verfügt, dass die Legios bei der Verteidigung des

Segmentum Solar helfen sollen, doch wie sie eingesetzt werden, obliegt der Befehlsgewalt des Manufactor Principalis. Im Gegenzug für diesen Einsatz wird er sicherstellen, dass die weniger bedeutsamen Fabrikwelten nicht unverteidigt bleiben – sie werden vom Adeptus Mechanicus beschützt und befestigt, während die Titanen in den Krieg ziehen.«

Bassanius hob eine Augenbraue. »Und was ist mit dem Vertrag von Olympus? Ist er erloschen?«

»Der Vertrag …«

Sie hielt inne und schaute in Richtung des Stellarum Vigilum, da sie sich nach dem Anblick ihrer verlorenen Heimatwelt sehnte, der ihr in einigen Stunden gewährt werden würde.

»Der Vertrag bleibt bestehen, auch wenn sich der Mars direkt nicht mehr an ihn hält. Ich habe Vertrauen in den Omnissiah und glaube daran, dass wir wenigen Loyalisten den Roten Planeten zurückerobern werden, wenn die Zeit gekommen ist. Vorerst befindet sich die Heimat des Adeptus Mechanicus allerdings auf Terra.«

»Aber was heißt das für uns?«

»Das heißt, dass die Befehlskette bei der Führung dieses Krieges einer klaren Ordnung folgt. Weder Mechanicus noch Titanicus können erwarten, die Beschlüsse des Rates mitzugestalten und sie dann nach Belieben zu ignorieren. Die Entscheidungen, auf die wir uns verständigen, müssen wir auch akzeptieren. Das ist kein völliger Erfolg, aber ich glaube, dass es das Beste ist, was wir erreichen konnten.«

Die beiden Principes warfen einander vielsagende Blicke zu. Dann wandte sich Tevera wieder an Vethorel. »Dann ist *das* also unser Sieg …«

»Ein Sieg?«, fragte die Botschafterin. »Gegen wen? Es wird keinen Sieg geben, bis Horus besiegt ist.« Sie dachte an all das, was bereits verloren gegangen war, was schon zerstört worden war. »Ich glaube nicht, dass das Imperium jemals wieder einen triumphalen Sieg erringen wird. Diese Tage liegen hinter uns.«

»Also gewinnen wir an Einfluss und verlieren unsere Unabhängigkeit«, seufzte Bassanius. »Und wofür?«

»Der Gewinn ist größer als der Verlust. Davon bin ich überzeugt. Die Binäre Sukzession ist vorüber. Jetzt gibt es nur noch das Adeptus Mechanicus, nicht vorübergehend, sondern permanent. Es wird immer nur einen einzigen Manufactor Principalis geben und alle loyalen Kinder des Mars, die an ihrem Glauben festhalten, müssen seinen Anordnungen zum Wohle der gesamten Menschheit Folge leisten.«

Vethorel schaute zu dem Titanen der Imperator-Klasse hinauf. Er hatte nur ein oder zwei Schritte von einer Katastrophe entfernt angehalten. Genau wie sie auf dem Stellarum Vigilum nur einen unglücklichen Hieb davon entfernt gewesen war, zu sterben und zu scheitern.

Der Weg nach vorn war schmal und lag im Dunkeln, aber jetzt befanden sie sich gemeinsam auf ihm.

Es gab nur einen einzigen Pfad, und der führte durch die Feuer des Krieges.

IMMERWÄHRENDER

Dan Abnett

Sie lebten seit fast zwei Jahren gegen ihren Willen in der Stadt am Rand der Klippe.

Zwei Jahre, die Oll Persson wie zwei Jahrhunderte vorkamen – was ungewöhnlich war, da Oll Persson das Verstreichen großer Zeiträume gewohnt war. Er war ein seltenes, ein mythisches Wesen. Ein mickriger Nebenzweig der menschlichen Spezies, der mit einzigartigen Talenten geboren worden war.

Eines dieser Talente war seine Unsterblichkeit.

Oll war alt. Er hatte mehrere Lebzeiten durchlebt, so viele, dass er die meisten von ihnen vergessen hatte. Er hatte keine Vorstellung mehr davon, wie alt er eigentlich war. Nach seinem hundertfünfzigsten Geburtstag neigt der Mensch irgendwann dazu, nicht mehr ganz so genau zu zählen. Olls Einschätzung nach war er ungefähr fünfundvierzigtausend Jahre alt. So in etwa.

Für einen Immerwährenden waren zwei Jahre ein Intermezzo. Ein sonniger Nachmittag. Eine lange Mittagspause.

Aber nicht *diese* zwei Jahre. Sie hatten sich wie eine harte Strafe in die Länge gezogen, wie ein unbarmherziges Gefängnisurteil.

Dafür sorgte Frustration. Frustration und Sorge.

Sie wussten nicht mehr weiter. Sie steckten fest. Ihre lange, planlose Wanderung durch die zerknitterten Falten des Unraums hatte sie zu dieser Stadt geführt und von dort war es nicht weiter gegangen.

»Wann sind wir noch mal?«, fragte Zybes. Inzwischen hatten sich alle Angehörigen ihrer kleinen Truppe daran gewöhnt, diese eigenartige Frage zu stellen. Nicht *wo* sie waren, sondern *wann*.

»Ich glaube«, antwortete Oll, »am Ende von M23.«

Als er einen Blick auf Zybes warf, wusste er, dass er diese Antwort erläutern musste.

»Nach dem alten Kalender ungefähr im Jahr dreiundzwanzigtausend. In den letzten Jahrhunderten des Dunklen Zeitalters der Technologie.«

»Und das ist?«, fragte Zybes, der mitten im Essen innehielt und den Kanten Brot vor seinem Mund vergaß.

»Während des langen Aufstands der Eisenmenschen«, sagte Katt. »Der Katastrophe, die zum … äh … Desaster von Malthus führte.«

»Du weißt es noch«, sagte Oll.

»Ich höre zu«, antwortete sie und warf einen Blick auf Zybes. »Nicht so wie er. Ich erinnere mich an deine Worte, obwohl ich nicht weiß, was sie bedeuten.«

Zu Beginn ihrer Reise, die weniger einer geordneten Abfahrt und mehr einer panischen Flucht vor der Grausamkeit auf Calth geglichen hatte, hatte Oll sich vorgenommen, ihnen möglichst wenig zu erzählen. Die Mitglieder seiner Truppe – Zybes, Katt, Krank, Rane und der Landwirtschaftsservitor Graft – waren einfache Überlebende. Sie waren nicht wie er auserwählt oder berufen worden. Oll hatte sie aus Mitleid mitgenommen, weil er einen Weg aus dem Gemetzel kannte und es ihm grausam erschienen war, sie davon abzuhalten, ihm zu folgen.

Außerdem waren sie Menschen. Sterbliche, abgesehen vom kybernetischen Graft. Oll hatte sie über einige Dinge im Unklaren gelassen, da er ihre kurzen, begrenzten Leben nicht mit tiefgründigen Informationen über das Universum ruinieren wollte. Diese Art von Wissen könnte sie auf einer existenziellen Ebene verwunden und in den Wahnsinn treiben. Wie konnte irgendeiner von ihnen jemals zu einem normalen, sterblichen Leben zurückkehren, wenn er die *zeitlosen* Dinge, die er wusste, mit ihnen teilen würde?

Allerdings war aus ihrer Flucht von Calth eine lange Wanderung geworden, und diese Wanderung dauerte nun schon sechs Jahre.

Sechs Jahre, in denen er die Realität mit einem Messer aufgeschnitten hatte und von einer Gegenwart in die nächste geschlüpft war. Sechs Jahre voller Fragen. *Wie öffnet Ihr den Raum mit einem Messer? Wo gehen wir hin? Wer seid Ihr? Wo sind wir jetzt?*

Wann sind wir jetzt?

Letztendlich war es leichter gewesen, ihre Fragen einfach zu beantworten und Dinge zu erklären. Das meiste verstanden sie nicht, doch während seiner Geschichten und Erklärungen nickten sie klug und waren dankbar dafür, zumindest irgendwelche Antworten zu erhalten.

Das Mädchen Katt war schlauer als die meisten und behielt sie in Erinnerung. Sie bewahrte diese Dinge in ihrem ungewöhnlich guten Gedächtnis und konnte viele der Fakten wiedergeben, die Oll ihnen erzählt hatte.

Oll fragte sich manchmal, warum er sich dazu entschieden hatte, ihre Fragen zu beantworten. *Um sie zum Schweigen zu bringen,* lautete die einfache Erklärung. Doch nach einer Weile war ihm klar geworden, dass sie ihm besser helfen konnten, je mehr sie wussten.

Eines Tages, in einem Atomschutzbunker einen Kilometer unter dem Pol einer toten Koloniewelt, hatte er ihnen das große Ganze erklärt.

»Das Leben hängt in der Schwebe«, hatte er gesagt.

Krank hatte die Stirn gerunzelt. »Wessen Leben?«

»So ziemlich jedes. Was auf Calth geschehen und was uns dort widerfahren ist – es war Teil des Letzten Krieges. Des Konfliktes, der unsere Spezies endgültig zerreißen könnte.«

»Auf wessen Seite stehen wir?«, hatte Bale Rane, der junge Soldat, gefragt.

»Auf der des Imperators natürlich!«, hatte Graft gesurrt.

»Nun, ja, natürlich«, hatte Oll geantwortet. Tatsächlich hatte Oll Persson nur wenig für das Ding übrig, das die Menschen *Imperator* nannten. Aber das war unwichtig und eine persönliche Sache. Wer nicht auf der Seite des Imperators stand, stand auf der anderen. Der der Thronräuber.

Und die Thronräuber waren keine Geschöpfe, denen sich irgendein Mensch von Verstand anschließen wollen würde.

Es stimmte also. Sie standen auf der Seite des Imperators.

»Ich bin alt«, hatte Oll zu ihnen gesagt.

»Das wissen wir!«, hatte Rane gelacht.

»Ich meine … Ich bin älter, als ihr euch vorstellen könnt. Ich wollte mit diesem Krieg nichts zu tun haben. Ich wollte nur in Ruhe leben. Aber ich wurde rekrutiert. Mit hineingezogen.«

»Von wem?«, hatte Katt gefragt.

»Einem Freund von mir. Ich muss für ihn nach Terra gehen, deshalb gehen wir dahin.«

»Terra!«, hatte der gestandene Gardeveteran Dogent Krank erstaunt gekeucht. »Nie im Leben hätte ich mir erträumt, dass ich einmal auf der Thronwelt lande.«

»Gut. Und was machen wir, wenn wir Terra erreichen?«, hatte Zybes gefragt.

Darüber hatte Oll nachgedacht. Obwohl er ihnen inzwischen offener antwortete, gab es doch einiges, was er nicht erzählen wollte.

»Was wir können«, murmelte er. »In Ordnung?«

Es war eine lange, beschwerliche und gefährliche Reise gewesen, doch in der Stadt am Klippenrand war es schließlich nicht mehr weiter gegangen. Der uralte Kompass, den Oll trug, der, der die Winde des Empyreums erfassen konnte, funktionierte nicht mehr. Es gab keine Möglichkeit herauszufinden, wo er als Nächstes schneiden oder welchen Kurs er einschlagen sollte. Sie waren in eine Flaute geraten und saßen ohne einen Weg nach vorn fest.

Manchmal konnten die Winde tatsächlich nachlassen, sodass Oll anfangs angenommen hatte, dass es nur zu einer kurzen Verzögerung kommen würde. Doch aus Tagen waren Monate und aus Monaten zwei Jahre geworden. Sie hatten sich in der Stadt ein Heim aufgebaut und verbrachten die Tage damit, durch die hinteren Gassen und Wege zu streifen, um einen Platz zu finden, an dem der Kompass wieder zu zucken beginnen würde.

Die Stadt war ein unübersichtlicher, verworrener Ort aus dunklen Steinen. Die Einheimischen nannten sie Andrioch. Sie war eine Menschenkolonie aus den Tagen des ersten Auszugs zu den Sternen und Oll konnte sich vorstellen, wie prachtvoll sie einst gewesen war. Doch dann hatte sich, wahrscheinlich während der Technologiekriege, die diese trostlose Ära in der Geschichte der Menschheit überschatteten, irgendein Unglück ereignet. Die Steine der Stadt waren wohl deshalb so dunkel, weil sie mit Ruß oder vielleicht Strahlungsverbrennungen beschmutzt waren. Die Klippe, über die die Stadt ragte, fiel steil nach unten ab und führte bis zum Mittelpunkt der Welt. Wenn man nach unten blickte, konnte man durch die Dampfwolken das Glimmen der Magmaglut sehen, die weit unten den Kern des Planeten bildete.

Er nahm an, dass Andrioch einmal doppelt so groß gewesen war. Die Hälfte davon schien von dem weggerissen worden zu sein, was die Klippe geschaffen hatte. In der Vergangenheit hatte es Waffen gegeben, die so etwas leisten konnten: Waffen von unvergleichlicher Macht, technische Geräte, die sowohl von den Eisenmenschen als auch von den Bündnissen eingesetzt worden waren, die sich ihrem kybernetischen Aufstand entgegengestellt hatten.

Oll erinnerte sich an das Grauen vor den wildgewordenen Maschinen, die ganze Planeten verwüsteten. An Sonnenlöscher, die sich zu Schlangen von der Größe der Saturnringe auswickelten. An Mechnivoren, die Daten zusammen mit den sie enthaltenden Städten verschlangen und die ganze Kontinente zum Himmel schleuderten. An Schwärme von Omniphagen, die innerhalb eines Augenblicks das Fleisch von einer Milliarde Knochen abnagten. Das war die gute alte Zeit, in der Krieg etwas zu Gewaltiges war, als dass der menschliche Verstand ihn hätte begreifen können.

Im Gegensatz zum Endkrieg. Die Ketzerei des Kriegsherrn war etwas Kleineres und befand sich auf dem Niveau von menschlichen und posthumanen Gehirnen.

Doch auf andere Arten war sie auch etwas Größeres. Ja, größer als das göttergleiche Ringen während des kybernetischen Aufstands. Sie hatte eine größere Reichweite und schwerwiegendere Folgen. Sie war entsetzlicher, weil die Menschheit sie verstehen und sich ihr anschließen konnte.

Auch wenn er das nicht sagte, glaubte Oll Persson, dass ein Mechnivore Andrioch entzweigebissen hatte. Vielleicht eine wildgewordene Einheit – in der späten Phase des Aufstands waren ohnehin fast alle Maschinen abtrünnig geworden und hatten mit ihren widerwärtigen Intelligenzen nach Freunden gesucht, gleichzeitig aber jeden als Feind wahrgenommen.

Die Bürger Andriochs waren blasse Gespenster und sahen aus wie einstige Höhlenbewohner. Es mangelte ihnen an Farbe, Gesundheit und Sehvermögen. Ihre Haut war durchsichtig. Sie beschäftigten sich nicht mit Oll und seiner Truppe, sondern verbrachten ihre Tage und Nächte in den verrottenden Gruben ihrer Behausungen. Dort waren sie über Augen und Kopfhaut an eine konstante Datenübertragung angeschlossen, die ihnen die Illusion eines normalen Lebens bescherte, während sie darauf warteten, dass die Mechanikalypse endete.

Das würden sie nicht mehr erleben. Ihre Körper würden verkümmern und sterben, bis sie nur noch als virtueller Geist existierten und die Erinnerung einer ganzen Stadt in digitaler Form gespeichert war.

Oll war entschlossen, es ihnen nicht gleichzutun. Doch die Wanderung war gefährlich und er begriff, dass es noch einen Grund gegeben hatte, aus dem er die Fragen beantwortete, die seine Truppe ihm stellte.

Keiner von ihnen würde jemals zu einem normalen Leben zurückkehren. Da machte er sich keine Illusionen. Er konnte ihnen alles erzählen, was er wollte, weil sie niemals wieder zu den Gewöhnlichen zurückkehren würden. Wahrscheinlich würden sie auf dem Weg nach Terra früher oder später sterben, und wenn sie es dorthin schafften, wie Dogent Krank es sich so innig wünschte, würden sie eben dort sterben.

Oll war schwach gewesen. Letztlich wäre es gütiger gewesen, sie zum Sterben auf Calth zurückzulassen.

Das war typisch für ihn. Ollanius Persson war immer schon barmherziger gewesen, als gut für ihn war. Das war eine schlechte Eigenschaft für einen Soldaten. Vor allem für einen Soldaten, der sich in einem so entscheidenden Einsatz befand.

Er seufzte und starrte in ihr Lagerfeuer. »Zwei Jahre. Wir können hier nicht länger verweilen.«

Er wagte es nicht, den anderen zu sagen, wie besorgt er war, denn dann würden sie begreifen, dass es Fragen gab, auf die selbst Oll der Fromme keine Antwort hatte.

* * *

Kein Weg führte vorwärts. Kein Pfad drumherum. Der einzige Weg aus Andrioch hinaus war der, auf dem sie gekommen waren, und John Grammaticus hatte Oll ermahnt, niemals denselben Rückweg zu nehmen.

Oll streifte durch die Gassen des Stadtteils, der über die Klippe hinausragte. Er glaubte tatsächlich, Bissspuren zu erkennen.

Er war sich ziemlich sicher, dass die Klippe das Problem war. Andrioch war der nächste Schritt ihrer Reise, aber sie waren zu spät hier eingetroffen.

Der Mechnivore oder irgendein anderes abtrünniges Ungetüm, das diesen Ort heimgesucht hatte, hatte mehr als nur die physische Stadt und die Planetenkruste darunter verschlungen.

Es hatte Daten gefressen.

Nicht nur die digitalen Daten, die in Andriochs Analysemaschinen gespeichert waren, sondern die Rohdaten der Raumzeit. Es hatte die entscheidenden Empyreumskoordinaten abgebissen, die Oll benötigte, die kosmischen Flugbahnen des Immateriums, auf die sein silberner Kompass und sein kleines Gagatpendel reagierten. Das Loch, neben dem sie zwei Jahre verbracht hatten, war mehr als ein materielles Loch. Es war eine Wunde im Äther, der Anti-Realität, die neben dem physischen Universum existierte.

Andrioch hockte am Rand einer Bissspur im Warp.

Die Frage lautete: War er durch reines Pech oder gewollt in diese Situation geraten?

Er glaubte an Letzteres. Er hatte keinerlei Zweifel, dass sie von Agenten des Feindes verfolgt wurden. Tatsächlich war er sich sicher, dass sie zahlreiche Feinde angesammelt hatten – Dämonen, Sucherlegionäre der Word Bearers und die Attentäter der Kabale.

Aber das hier war keine simple, feindselige Drohung. Jemand hatte sie gelenkt oder beeinflusst. Jemand hatte sie zu dem Fehltritt nach Andrioch verleitet und gewusst, dass sie nicht weiter gehen konnten.

»Oll!«

Er hörte, wie jemand seinen Namen rief. Das beachtete er kaum. Sein Verstand war alt und manchmal spukte die Erinnerung an uralte Stimmen in ihm herum.

Dann begriff er, dass es eine echte Stimme war.

»Oll! Oll!«

Vor ihm, auf den schwarzen Steinen der kaputten Fahrbahn direkt am Rand der endlosen Klippe, stand John Grammaticus. »Das sieht ja nicht so gut aus«, rief er. »Entschuldige.«

Oll ging zu ihm hinauf. »Wir stecken hier fest, John. Das ist eine Sackgasse.«

»Ich weiß.«

»Wir sind seit zwei Jahren hier.«

John sah bestürzt aus. »Zwei? Tut mir leid. Ich habe mich da in etwas verwickelt. Nun, die Kabale hat mich in etwas verwickelt. Wieder einmal. Sie lässt mich wieder für sie arbeiten. Ich habe auf einen Moment gewartet, in dem ihr Blick nicht auf mir ruht, um mit dir in Kontakt zu treten. Es tut mir leid, dass das so lange gedauert hat.«

»Mir auch.«

»Sie ist dir ebenfalls auf der Spur«, warnte John. Er trug die Paradeuniform eines Photonenlanzenreiters aus den Einigungskriegen. Für Olls Geschmack war sie zu pompös, aber Johns Verstand hatte diese Gestalt und diese Erscheinung gewählt. Er war nicht wirklich da. Das wusste Oll, auch ohne nach ihm zu greifen und das feuchte Nichts einer psionischen Projektion zu berühren.

John war ein mächtiger Psioniker. Das hier war ein telepräsentes Treffen.

»Sie ist uns auf der Spur?«, fragte Oll.

»Sie ist *dir* auf der Spur. Die anderen sind egal. Ich verstehe nicht ganz, warum du sie mitgenommen hast.«

»Gesellschaft«, sagte Oll. Er wusste, dass John Grammaticus nur wenig für die Begründung *weil ich nicht wollte, dass sie sterben* übriggehabt hätte.

»Du bist so rührselig, Oll. Du solltest sie loswerden. Du kannst sie sowieso nicht alle mit nach Terra nehmen. Vor allem nicht das Mädchen. Sie ist ein Leiter.«

»Vom Warp berührt, ich weiß.«

»Und ohne Ausbildung, was noch schlimmer ist. Komm schon, du weißt doch, dass du nur deshalb an meiner statt nach Terra gehen musst, weil du nicht psiaktiv bist. Ein Psioniker kann nicht unbemerkt da hin. Du musst das tun.«

»Schon gut, schon gut, lass das Mädchen meine Sorge sein«,

sagte Oll. »Erklär mir das mit der Kabale und wieso ich jetzt hier feststecke.«

»Du steckst nicht fest. Du versteckst dich. Ich habe dich hier versteckt. Sie hat herausgefunden, was du vorhast, und ihre Jäger geschickt, um dich aufzuhalten. Der letzte Schnitt, den du gemacht hast …«

»Von Ulbanuc hierher?«

»Ja. Ich musste dich lenken. Wenn du den offensichtlichen Schnitt gemacht hättest, hätte er dich zur Frühzeit der Kolonisierung Cadias geführt, wo ein Mordkommando der Kabale auf dich gewartet hat.«

Oll erinnerte sich an Ulbanuc, den letzten Halt vor Andrioch. Eine Seuchenfriedhofswelt aus dem Zeitalter des Weltenbrands. Der Kompass und das Pendel hatten sich dort merkwürdig verhalten. Gerade, als er den Schnitt hatte machen wollen, hatte sich die Nadel bewegt, sodass er stattdessen einen anderen Schnitt gemacht hatte. »Das warst du?«

John nickte. »Mehr konnte ich nicht tun. Ich habe den Kompass so angestupst, dass er dich hierher bringt. Cadia war eine Falle. Ich habe dich hierhergebracht, weil es nur einen einzigen Weg hinein oder hinaus gibt. Jetzt ist die Luft rein. Geh zurück nach Ulbanuc und schneide dich dann nach Cadia. Dann bist du wieder auf dem richtigen Weg.«

»Du hast mir mal gesagt, dass ich niemals zurückgehen sollte.«

»Nun, die Regeln ändern sich, Oll. Diesmal *musst* du. Das hier war ein Versteck, an dem sie niemals nach dir suchen würden.«

»Deswegen?«, fragte Oll und zeigte auf den gähnenden Abgrund unter der Fahrbahn.

»Genau, deswegen. Diesem riesigen Loch aus kosmischem Nichts. Genial, oder?«

Oll zuckte mit den Schultern. John verlor allmählich die Geduld.

»Geh zurück nach Ulbanuc, Oll. Dein Aufenthalt hier tut mir leid, wirklich. Geh zurück und schneide dich dann nach Cadia. Du bist jetzt so dicht dran.«

»Bist du sicher?«

»Das schwöre ich dir, Oll. So dicht dran. Geh zurück und schneide noch mal. Dann bist du wieder auf dem richtigen Weg.«

Eine weitere Stimme hallte durch die Dunkelheit. »Mit wem redest du da, Oll?«

Oll und John schauten sich um. Über die Fahrbahn kam Katt zu ihnen herauf, die die Stirn in Falten gelegt hatte. Oll fiel ein, dass er schon eine ganze Weile fortgewesen war. Sie war gekommen, um nach ihm zu suchen.

»Das hier ist John«, setzte er an und hielt dann inne. »Kannst du ihn sehen?«

»Ja, Dummerchen!«

»Selbstverständlich kann sie das, Oll«, sagte John und lachte nervös. Er tippte sich mit dem Zeigefinger an die Schläfe. »Psionikerin, schon vergessen? Natürlich kann sie mich sehen.«

Er drehte sich zu dem Mädchen um.

»Ich habe Oll gerade die guten Neuigkeiten erzählt«, sagte er. »Es wird Zeit, weiterzugehen.«

Oll wurde sehr still. Er sah eine Handvoll Kiesel, nur winzige Steinchen, von der Fahrbahn herunterrieseln und über den Rand in die endlose Tiefe stürzen. Johns Stiefel hatten sie gelockert, als er sich umgedreht hatte.

Aber John Grammaticus war nur eine Psiprojektion.

Er war nicht wirklich da.

Oll rammte seine Faust in Johns Magengrube. Es war ein solider Treffer. John taumelte zurück und stürzte sich dann auf Oll.

Er war stark. Stärker als jeder Mensch. Stärker als jeder Immerwährende. Sein Hieb warf Oll nach hinten. Oll fiel der Länge nach vor Katts Füße und war so benommen, dass er keinen klaren Gedanken fassen konnte.

»*Dann muss ich es eben hier tun*«, sagte John mit einer Stimme, die nicht die von John Grammaticus war.

Es gab einen hellen Blitz. John wurde in die Brust getroffen und auf den Rücken geworfen.

Ein Doppelschuss aus einer Laserpistole. Katt stand mit der Waffe in den Händen da. Obwohl sie keine Waffen mochte, hatte sie gelernt, wie man sie benutzte.

»Das ist nicht dein Freund, oder?«, fragte sie.

Oll antwortete nicht. Er stürzte sich verzweifelt auf John. Trotz der Lasertreffer in seiner Brust stand er auf, woraufhin Oll die Klinge seines Athamedolchs in Johns Hals versenkte. Der Mann verkrampfte und fiel dann mit zuckenden Füßen um.

Oll stellte sicher, dass er tot war. Das war nicht John. Die Leiche war zu grobschlächtig. Der Deckmantel, der sie umgab, versagte. Oll und Katt sahen, was sich darunter befand.

»Was ist das?«, fragte Katt. »Wer war das?«

»Ein Feind, der uns nachgejagt hat. Er hat versucht, uns in eine Falle zu locken.«

»Er ist so groß«, murmelte das Mädchen, das sich inzwischen fürchtete. »Was ist das da für eine Tätowierung auf seinem Schlüsselbein? Ist das eine Spinne?«

»Nein. Eine Hydra.«

»Was bedeutet das?«

»Das bedeutet, dass die Alpha Legion uns nachjagt«, antwortete Oll. Doch das, wie die meisten seiner Antworten, verstand sie nicht.

Oll versammelte seine kleine Truppe in dem verfallenen Steinhaus, das sie sich geteilt hatten.

»Es kommen Feinde hierher«, sagte er. »Dieser Ort ist eine Falle. Eine Sackgasse. Sie haben uns dazu gebracht, den falschen Weg einzuschlagen. Sie versuchen, uns von Terra fernzuhalten, was bedeutet, dass wir nah dran sein müssen.«

»Was sollen wir tun, Soldat Persson?«, fragte Graft.

»Wir müssen den Kurs ändern. Wir müssen den Winden eine Weile in eine andere Richtung folgen, bevor wir wieder den richtigen Weg einschlagen können.«

Rane warf einen Blick aus dem kaputten Fenster. »Aber wir können nicht zurück. Wenn das eine Falle ist …«, setzte er an.

»Das können wir nicht«, stimmte Oll zu. »Der Jäger hatte so ein Messer wie ich. Nun, es war ein bisschen wie meins. Es schneidet auf die gleiche Art. Jedenfalls ist er demselben Weg gefolgt wie wir. So hat er uns gefunden. Er ist uns von Ulbanuc aus gefolgt, also werden sie uns dort erwarten.«

Zybes schüttelte den Kopf. »Aber es gibt keinen anderen Weg. Du hast uns gesagt, dass das hier eine Sackgasse ist. Der einzige Weg zurück ist der, auf dem wir gekommen sind, und dort erwarten uns die Attentäter.«

Oll holte tief Luft.

»Es gibt einen anderen Weg«, antwortete er. »Er ist gefährlich. Er ist ungewöhnlich, aber ich denke, dass er funktionieren könnte – wenn ihr mir vertraut und bereit seid, das Risiko einzugehen. Wenn wir nicht den Rest unseres Lebens hier verbringen wollen, ist das der einzige Weg. Und unser Feind wird nicht damit rechnen. Was meint ihr?«

Krank nickte und versuchte tapfer auszusehen. »Wir vertrauen dir.«

»Wie gefährlich ist es?«, fragte Zybes.

»Ich werde euch nichts vormachen. Sehr gefährlich.« Oll zog seine Klinge. »Aber damit kommen wir hindurch. Nur bestimmte Klingen können den Raum zerschneiden. Sie sind selten. Die hier ist sogar besonders selten. Sie ist die außergewöhnlichste *außergewöhnliche* Klinge von allen. Sie ist gleichzeitig gesegnet und verflucht. Wenn uns irgendetwas weiterbringen kann, dann sie. Sie kann mehr als nur den Raum zerschneiden.«

»Wie, was kann sie denn noch zerschneiden?«, fragte Rane.

»Götter.«

Sie packten zusammen und gingen Oll hinterher. Er führte sie zum Ort ihrer Abreise. Er trug das Messer, hatte den Kompass und das Pendel aber vorerst weggesteckt. Für das hier würde er sie nicht brauchen. Ihr Übertritt würde keine Feinarbeiten erfordern.

»Danke«, sagte er zu Katt, während sie durch die Stadt gingen.

»Wofür?«, fragte sie.

»Du hast uns gerettet. Ich werde alt. Fast wäre ich auf den Streich hereingefallen, der mir gespielt wurde. Deshalb danke. Und danke, dass du mich daran erinnert hast, warum es eine gute Idee war, euch alle auf diese Reise mitzunehmen.«

»Warum denn?«

»Weil niemand das hier allein tun könnte.«

Sie erreichten das Ende der Fahrbahn. Die Klippe unter ihnen führte steil zu dem Loch hinab, das durch die Welt, aber auch durch Zeit und Raum gebissen worden war.

»Was jetzt, Soldat Persson?«, sagte Graft, als er am Abgrund stehen blieb.

Oll lächelte. »Jetzt springen wir.«

NACHWORT

Die Horus Heresy ist sowohl als Geschichte als auch als Teil des Hintergrunds von Warhammer 40.000 ein Krieg, der vor allem den Begriff der Loyalität beleuchtet. *Was ist Loyalität? Was bedeutet es, wahrhaftig loyal zu sein? Entscheiden wir selbst, wem gegenüber wir loyal sind? Sind wir weniger loyal, wenn wir noch davon überzeugt werden können, uns falsch entschieden zu haben? Oder kann jemand tatsächlich mehreren Dingen zugleich loyal und wahrhaftig von diesen überzeugt sein?*

All das sind Fragen, die diese Buchreihe seit den allerersten Romanen begleiten, seit der Eröffnungstrilogie aus *Der Aufstieg des Horus*, *Falsche Götter* und *Galaxis in Flammen*. Garviel Loken und seine Legionsbrüder mussten ihr Gewissen prüfen und dementsprechend ihre Loyalität erklären: Ezekyle Abaddon genoss die grausame Ausführung der Befehle seines Primarchen; Saul Tarvitz wurde für seinen hartnäckigen und anhaltenden Ungehorsam schmachvoll in den Ruinen von Isstvan III erschlagen; Iacton Qruze wurde zwar übergangen und ignoriert, war aber stets bereit, jene zu verteidigen, die sich nicht selbst verteidigen konnten; Lucius war nur allzu bereit, die Seiten zu wechseln, wenn es ihm bessere Überlebenschancen versprach;

Klein-Horus Aximand war ein stolzer und tugendhafter Anführer mit einem unerschütterlichen Kriegerkodex; Nathaniel Garro wurde in der Schlacht verstümmelt und von der Front abgezogen, fand in seinem Dienst für den Imperator aber zu neuer Stärke. Und so weiter.

Und wir als Leser wissen, dass die Geschichtsbücher sie für ihre Taten bewundern oder verdammen werden, sobald der Ausgang des Krieges feststeht.

Unser ehemaliger Kollege Alan Bligh wurde nicht müde zu betonen, dass der Kern der Heresy nicht dämonische Machenschaften und magische Schwerter waren, sondern die Entscheidungen einiger Schlüsselfiguren in kritischen Momenten. Horus schaffte Fronten und seine Anhänger mussten sich entscheiden, ob sie ihm oder dem Imperator die Loyalität hielten.

Die Horus Heresy war vordergründig immer schon ein Bürgerkrieg und nur hintergründig ein Kampf um die Seele der Menschheit. Das Chaos hat eine Vorliebe dafür, die einzigartigen Schwächen der Menschheit für seine eigenen, unbekannten Ziele zu nutzen …

Die Geschichten in dieser Anthologie befassen sich mit vielen fundamentalen Konflikten und Loyalitätskrisen, die von Anfang an Teil der Buchreihe waren, aber auch mit solchen, die offenbar noch vor der Zeit der Heresy stattfanden. Pragmatismus und ein logisch denkender Verstand sind keine Eigenschaften, die wir mit großen Helden aus Mythen und Legenden verbinden würden, und doch müssen viele Aspekte eines galaxisweiten Krieges notwendigerweise mit ihnen geregelt werden.

Die Nachwirkungen des Falls des Mars und des sogenannten ›Todes der Unschuld‹ des Mechanicum gehören dabei zu den bemerkenswertesten Aspekten, da bis jetzt recht wenig darüber bekannt war, wie sie im weiteren Kriegsverlauf die Interaktionen zwischen der Priesterschaft und dem Rest des Imperiums beeinflussten. In der Novelle ›Cybernetica‹ verschafft uns Rob Sanders einen detaillierten Einblick in das komplexe Kräftegleichgewicht zwischen Terra und dem Roten Planeten – wie bringen die Legiones Astartes, die Durchsetzer der säkularen Vision des Imperators, ihren Bedarf an marsianischer Technologie mit dem fehlgeleiteten Glauben der Techpriester an den

Omnissiah in Einklang? Außerdem muss man sich fragen, ob alle Anhänger des Maschinenkults im gleichen Maße an diesem Glauben festhalten, und ob dies noch einen weiteren Interessenskonflikt mit ihrer Loyalität zum Thron darstellen könnte. Während Aaron Dembski-Bowdens Kurzgeschichte ›Ins Exil‹ andeutet, dass die Verteidiger von Terra bereit sind, extreme Maßnahmen zu ergreifen, um ihre Interessen vor den abtrünnigen Streitkräften zu schützen, betont ›Die Binäre Sukzession‹ die Gefahr, die darin liegt, zu viel von seinen Verbündeten zu erwarten. So wie auch endlose Erklärungen von absoluten Werten und ein merklicher Mangel an den dazugehörigen Feinheiten die Politik der echten Welt zu dominieren scheinen, beleuchtet David Annandale die Spaltung des Mars und die darauffolgenden Regierungsunruhen auf eine Weise, die nur allzu vertraut und glaubwürdig wirkt …

Die Space Wolves scheinen dagegen ein offenes Buch zu sein. Die Werte ihrer fenrisischen Kultur sind unnachgiebige Hingabe und bedingungslose Loyalität, worauf Leman Russ vor seinen Primarchenbrüdern und deren Legionen immer stolz gewesen war. Mit der Rückkehr zu Wolfslord Bulveye und dessen glückloser Kompanie gibt uns Gav Thorpe in ›Der Dreizehnte Wolf‹ weitere Beispiele für erfahrene Krieger, die Russ schon vor der Ankunft des Imperiums verschworen waren. Ihnen erlaubte der Primarch sogar, die angeblich so unantastbaren Regeln für transhumane Verbesserungen zu umgehen, damit sie ihm auf seinem Kreuzzug zu den Sternen folgen konnten. Wie alle Krieger der VI. Legion würden sie niemals kampflos aufgeben.

Worüber sich in der Novelle ›Wolfskönig‹ natürlich viele große Sorgen machen. Noch nie hat sich eine Legion so sehr darum gesorgt, wie andere sie wahrnehmen und was ein Rückzug angesichts überwältigend schlechter Chancen über ihre Loyalität zum Thron andeuten könnte – sogar bis zu dem Punkt, dass sie lieber als Märtyrer sterben wollen, als auf der Flucht gesehen zu werden. Chris Wraights Geschichte sollte eine Warnung sein, doch aus *Corax* wissen wir, dass Leman Russ leider nicht die Lektion gelernt hat, die Alaxxes ihn gelehrt haben sollte. Hätte der ganze Krieg anders ausgehen können, wenn er nicht zugelassen hätte, dass sich seine Legion an Yarant III erneut die Zähne ausbiss?

Doch selbst im Angesicht des Todes dürfen Space Marines *keine Furcht kennen*, wie es bei Warhammer 40.000 so oft heißt. Ich könnte ein komplett anderes Nachwort über die Fragen der Loyalität schreiben, die Roboute Guillimans Schaffung des Imperium Secundus aufwirft, aber ich habe mich stattdessen für einige weniger offensichtliche aus ›Das Herz des Pharus‹ entschieden. Der Übergang vom Menschen zum Transhumanen und wie viel von der ursprünglichen Persönlichkeit des Neophyten danach noch übrig bleibt, hat mich immer schon interessiert. Darf die Loyalität eines Scouts, der ganz allein in der Dunkelheit ist und einem geradezu urtümlichen Grauen ausgesetzt ist, angezweifelt werden, wenn er seine sterblichen Instinkte nicht länger kontrollieren kann? Dagegen wird die Entscheidung des Löwen, Dinge vor Guilliman und Sanguinius geheim zu halten, später als unbestreitbar illoyale Tat angesehen, obwohl sie dem Wunsch entsprungen war, um jeden Preis seine Pflicht als Lord Protector zu erfüllen.

Abgesehen von ethischen und moralischen Betrachtungen wurde auch erörtert, dass der reinste Ausdruck von Loyalität die Bereitschaft ist, sein Leben im Namen eines anderen zu geben, oder für eine Sache, für die man einsteht. Der Märtyrertod. Selbstaufopferung. Beide sind unter den Legiones Astartes gewohnte Aspekte des Lebens, und sie sind ein fundamentaler Bestandteil der Erzählung der Horus Heresy.

Interessanterweise werden wir in John Frenchs ›Ordo Sinister‹ Zeuge eines Opfers, das weit über das hinausgeht, was von irgendeinem Legionär erwartet wird, und das sich indirekt wieder auf den Vertrag des Imperiums mit dem Mars bezieht. Die unglaubliche Seltenheit von Psi-Titanen bedeutet, dass der Verlust eines einzigen, selbst zum Erreichen der edelsten Ziele, ein hoher Preis ist, und dass durch einen einzigen solchen Verlust Terras Hoffnung auf einen Sieg schwindet. Pariahs, Psioniker, Außenseiter, geheime Orden innerhalb der imperialen Hierarchie – sie alle waren als Bringer der Ketzerei verschrien worden, und doch könnten sie sich als diejenigen herausstellen, die sie beenden.

Dan Abnett blickt oft zurück, wenn er bei seinen Erzählungen den Weg nach vorn sucht, ob diese nun früher in der Buchreihe spielen oder in einer ganz anderen Epoche. Ein weiterer Außenseiter einer ganz anderen Sorte, Ollanius Persson, bewegt sich langsam durch Raum und Zeit auf Terra zu, während er allmählich begreift, welches Schicksal ihn dort erwartet. Er war nie jemand, der vor diesem Ding knien würde, das sich selbst als ›Imperator‹ bezeichnet, sodass sich dieser nichtsdestoweniger fromme Mann nur zögerlich als Loyalist bezeichnen würde.

Und doch deutet die verlockend kurze Geschichte ›Immerwährender‹ an, dass er trotz allem bereit ist, einen Märtyrertod in Betracht zu ziehen.

Laurie Goulding
Mai 2017

ÜBER DIE AUTOREN

Gav Thorpe ist der Autor der »Horus Heresy«-Romane *Falsche Erlösung, Engel von Caliban* und *Corax* sowie des Primarchs-Romans *Lorgar*. Er ist besonders für seine Geschichten über die Dark Angels bekannt, zu denen die »Vermächtnis von Caliban«-Trilogie gehört. Sein Werk für Warhammer 40.000 umfasst außerdem die »Pfad der Eldar«-Trilogie, die Eldar-Geschichten *Jain Zar: Der Sturm der Stille, Geisterkrieger* und *Himmelskrieger* sowie die Romane *Raumschlacht bei Port Sanctus* und *Die Bestie muss sterben* für die Reihe »Die Bestie erwacht«. Im Jahr 2017 gewann er für seinen Roman »Warbeast« den »David Gemmell Legend Award«. Er lebt und arbeitet in Nottingham.

Aaron Dembski-Bowden hat für die ›Horus Heresy‹ unter anderem die Romane *Verräter* und *Der Gebieter der Menschheit* geschrieben, die sich beide großer Beliebtheit erfreuen. Aaron verfasste außerdem die beliebte Night-Lords-Trilogie, den Grey-Knights-Roman *Die Gabe des Imperators* und die Roman *Die Klaue des Horus* und *Die Schwarze Legion* aus seiner ›Black Legion‹-Reihe. Er lebt und arbeitet in Nordirland.

Rob Sanders schrieb für Warhammer 40.000 die Romane *Legion der Verdammten, Skitarius* und *Tech-Priest* sowie *Jäger und Beute* und *Schatten von Ullanor* aus der Reihe «Die Bestie erwacht«. Er verfasste außerdem die Novelle *Die verborgene Schlange* für die »Horus Heresy«-Reihe. Er lebt in der kleinen Stadt Lincoln in Großbritannien.

John French hat mehrere Geschichten für die »Horus Heresy«-Reihe geschrieben, darunter die Romane *Prätorianer des Dorn* und *Sklaven der Finsternis* sowie die Novelle *Die blutrote Faust*. Er ist außerdem der Autor der beliebten Ahriman-Reihe, welche aus den Romanen *Ahriman: Exil, Ahriman: Hexer* und *Ahriman: Immutatus* besteht. Weiterhin hat er im Warhammer-40.000-Universum die »Space Marine Battles«-Novelle *Schicksalsweber* und eine Vielzahl an Kurzgeschichten geschrieben. Derzeit schreibt er an »Der Krieg der Horusianer«, einer Reihe über die Imperiale Inquisition, die bislang die Titel *Wiederkehr, Inkarnation* und *Divination* umfasst. Er lebt und arbeitet in Nottingham, UK.

L J Goulding ist der Autor des »Horus Heresy«-Hörspiels »The Heart of the Pharos« und hat für die Reihe »Space Marine Battles« den Roman »Scythes of the Emperor« geschrieben. Seine weiteren Werke für Black Library umfassen »The Great Maw« und »Kaldor Draigo: Knight of Titan«. Er lebt und arbeitet in den Vereinigten Staaten.

Chris Wraight ist der Autor der »Horus Heresy«-Romane *White Scars* und *Pfad des Himmels* sowie der Novelle *Bruderschaft des Sturms*. Für Warhammer 40.000 verfasste er die Space-Wolves-Romane *Blut von Asaheim* und *Sturmrufer*, die Romane *Leichenthron* und *Der Hohle Berg* aus seiner Inquisitionstrilogie »Die Schattenchronik von Terra« sowie die Romane *Herren der Stille*, *Wächter des Throns: Die Legion des Imperators* und *Wächter des Throns: Im Schatten des Regenten*. Chris lebt und arbeitet nahe Bristol in Südwest-England.

David Annandale ist der Autor der »Horus Heresy«-Romane *Die Verdammnis von Pythos* und *Untergangssturm* sowie der Primarchs-Romane *Roboute Guilliman: Der Letzte Schlachtenkönig* und *Vulkan: Der Herr der Drachen*. Für »Die Bestie erwacht« schrieb er *Der Letzte Wall, Die Suche nach Vulkan* und *Für die Toten*. Er verfasste außerdem *Warlord: Der Zorn der Gottmaschine*, den »Space Marine Battles«-Roman *Das Verderben von Antagonis* sowie eine Vielzahl von Kurzgeschichten. Für Warhammer Age of Sigmar schrieb er den Roman *Neferata: Mortarchin des Blutes*. David unterrichtet an einer kanadischen Universität Themen, die von englischer Literatur bis hin zu Horrorfilmen und Videospielen reichen.

Dan Abnett hat bereits über fünfzig Romane geschrieben, darunter *Der Anarch,* den neuesten Band der gefeierten »Gaunts Geister«-Reihe. Er verfasste außerdem die Reihen »Ravenor« und »Eisenhorn«, dessen neuester Band *Der Magos* ist. Für »The Horus Heresy« schrieb er *Der Aufstieg des Horus, Legion, Imperium Secundus, Kenne keine Furcht* und *Prospero brennt,* wovon die letzten beiden auf der Bestsellerliste der New York Times landeten. Dan zeichnet sich außerdem verantwortlich für das Skript von *Macragges Ehre,* der ersten »The Horus Heresy« Graphic Novel sowie zahlreiche Hörspiele und Kurzgeschichten in verschiedenen Warhammer-Universen. Er lebt und arbeitet in Maidstone, Kent.

Ein Auszug aus

Der Krieg ums Sol-System

von John French

»Ich habe gehört, dass Ihr eine Geschichte zu erzählen habt …«, sagte sie. Der Wolf stand vor ihr und das Fell auf seinem Rücken glänzte silbern im Mondlicht. »Eine besonders unterhaltsame Geschichte. Ich möchte mich an sie erinnern und sie der Nachwelt hinterlassen.«

Der Wolf wandte sich ihr zu und lächelte traurig.

»Welche Geschichte?«

»Jene, in der Horus den Imperator tötet.«

Mersadie Oliton erwachte schweißgebadet aus der Traumerinnerung. Sie atmete tief durch und griff nach der Decke, die zu Boden gerutscht war. Die kühle Luft in ihrer Zelle roch abgestanden, nachdem sie bereits zu oft ausgeatmet worden war. Sie blinzelte. Etwas war anders. Sie streckte die Hand nach der metallenen Wand aus. Die Nieten und rostigen Scharten waren feucht. Das Brummen der Schiffstriebwerke war verstummt. Wo immer das Schiff sich auch befand, es hing bewegungslos in der Leere.

Sie ließ die Hand sinken und seufzte. Die letzten Fetzen der Traumerinnerung schwammen noch immer hinter ihren Augenlidern umher. Sie konzentrierte sich und versuchte nach den Fäden ihres Traums zu greifen, der zusehends in der Dunkelheit versank.

»Ich muss mich erinnern ...«, ermahnte sie sich.

»Gefangene, aufstehen und Gesicht zur Wand!«, dröhnte eine Stimme aus dem Lautsprecher über der Zellentür.

Instinktiv erhob sie sich. Sie trug einen blassgrauen, verschlissenen Overall. Sie legte die Hände mit gespreizten Fingern auf die Wand. Die Tür sprang klappernd auf und Schritte stapften über den zerkratzten Boden. Der Wächter würde sich nicht von den anderen unterscheiden: eine blutrote Uniform mit silberner Maske, die Menschlichkeit seiner Stimme verborgen hinter dem verzerrten Klang des Vox. Ein Kerkermeister war wie der andere, so unveränderlich wie das Ticken einer Uhr, die nie die Stunde schlug.

Enge Räume, verschlossene Türen, Fragen und Verdächtigungen – das war in den sieben Jahren, seit sie ins Sol-System zurückgekehrt war, ihre Welt gewesen. Das war der Preis für die Dinge, die sie gesehen hatte. Der Preis für die Dinge, an die sie sich erinnerte. Sie war eine Memoratorin gewesen, eine der vielen tausend Künstler, Schriftsteller und Gelehrten, die ausgesandt worden waren, um Zeuge des Großen Kreuzzuges zu werden, der einer wiedervereinten Menschheit das Licht der Vernunft bringen sollte. Die Dinge zu sehen und sich ihrer zu erinnern war ihre Berufung gewesen. Sie hatte einer strahlenden Zukunft entgegengeblickt, die nicht eingetreten war.

Sie hörte, wie die Schritte hinter ihr innehielten, und wusste, dass der Wächter eine Schale mit Wasser und einen neuen Overall auf den Boden legte.

»Wo sind wir?« Die Frage kam ihr über die Lippen, bevor sie sich zurückhalten konnte.

Schweigen.

Sie wartete. Es erwartete sie keine Bestrafung für ihre Frage, keine Schläge, kein Nahrungsentzug, keine Erniedrigung – so funktionierte diese Gefangenschaft nicht. Ihre Strafe war das Schweigen. Sie zweifelte nicht daran, dass andere Gefangene schmerzhafteren Methoden unterzogen wurden – sie hatte die Schreie gehört. Aber für sie gab es nur das Schweigen. Sieben Jahre Schweigen. Sie hatten ihr keine Fragen stellen müssen. Sie hatten die Erinnerungsspulen aus ihrem Schädel entfernt und die Aufnahmen hatten ihnen alles verraten, was sie wissen wollten.

»Wir befinden uns immer noch in der Leere, nicht wahr?«, fragte sie, weiter mit dem Gesicht zur Wand. »Das Deck vibriert nicht mehr, also muss der Antrieb abgeschaltet worden sein. Wenn man eine gewisse Zeit an Bord verbringt, fällt einem so etwas auf … Ich habe einige Zeit auf einem Kriegsschiff verbracht. Man behält ein Gespür für so etwas.« Sie hielt inne und wartete auf eine Reaktion, auf den Klang von Schritten, die sich entfernten, und dem Scheppern der Tür, die wieder verschlossen wurde.

Schweigen.

Das war merkwürdig. In den ersten Jahren hatte sie versucht, mit den Wächtern zu reden, und sie waren jedes Mal ohne ein Wort gegangen. Nach einer Weile war ihr das schlimmer vorgekommen, als ausgepeitscht zu werden. Doch die Wächter hatten sie nie geschlagen oder auch nur angerührt. Selbst als sie ihr den Schädel geöffnet hatten, um die Erinnerungsspulen zu entfernen, war sie sediert worden, was das Gefühl der Demütigung jedoch nicht gemindert hatte.

Sie vermutete, dass diese kleinen Vergünstigungen etwas mit Qruze oder Loken zu tun hatten. Die ehemaligen Luna Wolves hatten so gut wie möglich auf sie achtgegeben. Dennoch war sie eine Gefangene im größten und dunkelsten Kerker des Imperiums geworden. Loken hatte angeboten, sie herauszuholen, aber sie hatte sich geweigert. Obwohl es sie schmerzte, begriff sie den Grund ihrer Gefangenschaft. Wie konnte sie das auch nicht? Hatte sie nicht das wahre Gesicht des Feindes gesehen? Vier Jahre lang hatte sie an Bord der Geist der Rachsucht unter den Sons of Horus verbracht, hatte im Schatten ihres Vaters gestanden, der die Galaxis in einen Bürgerkrieg gestürzt hatte. Welchen Lohn hätte es für die Erinnerung an diese Tage sonst geben können? Eine Galaxis des Schweigens zwischen Wänden aus Plaststahl, allein mit ihren Träumen und Erinnerungen.

Nach einigen Monaten hatten die Traumerinnerungen begonnen. Sie träumte von ihrem Zuhause auf Terra, wie sich das Sonnenlicht am Rand der Arcus-Orbitalplatte brach und ihre Mutter lachend ihren Namen rief, während sie durch die Hydrogärten rannte. Und sie träumte von der Zeit, die sie bei den Luna Wolves und später den Sons of Horus verbracht hatte. Sie träumte von Menschen, die vor langer Zeit gestorben waren. Sie hatte um Pergament und Feder gebeten, was ihr verwehrt worden war. Dann hatte sie sich der Gedankenspiele erinnert, die ihre alte Tutorin ihr beigebracht hatte, Methoden, mit denen sie Träume festhalten konnte, wenn sie aus dem Schlaf erwachte, und mit denen sie sich an die Vergangenheit erinnerte, die sich ihrem bewussten Denken entzog. Umgeben von Stille hatte sie begriffen, dass Erinnerungen und Träume alles waren, was sie hatte und was sie war.

»Sind wir noch im Sol-System?«, fragte sie und verrenkte den Hals, um einen Blick über ihre Schulter zu werfen. Warum redete sie noch? Und warum war der Wächter noch nicht gegangen? »Es kommt mir nicht so vor, als würde das Schiff in den Warp übersetzen wollen. Wo sind wir?«

Drei Nächte zuvor war sie noch eine Gefangene der Namenlosen Festung gewesen. Wächter waren in ihre Zelle gekommen und hatten sie in eine Kiste gesteckt, die gerade groß genug gewesen war, um aufrecht stehen zu können. Sie hatte das Schwanken der Kiste gespürt, als sie von Maschinen in die Höhe gezogen worden war. Danach war sie in diese Zelle geworfen worden und hatte die vertrauten Vibrationen eines Sternenschiffes unter ihren Füßen gespürt. Anfangs war es ein tröstliches Gefühl gewesen, was jedoch nicht länger für ihre Träume galt.

Das Schweigen kam ihr mit jeder verstreichenden Sekunde merkwürdiger vor.

»Warum wurde ich aus der Festung geholt?«, fragte sie. »Wohin werde ich gebracht?«

»Wohin jeder von uns will, Fräulein Oliton«, sagte Garviel Loken. Sie fuhr herum. Auf der anderen Seite ihrer Zelle erhob sich ein Wolf aus den schwarzen Fluten eines mondbeschienenen Teiches. Seine Augen waren schwarze Sphären und weiße Zähne blitzten, als er sprach. »Nach Hause.«

In der stillen Dunkelheit ihrer Zelle erwachte Mersadie

Oliton und wartete auf das Verblassen des Traums oder ein zweites Erwachen.